2023年中国温州（瓯海）
龙舟文化大会论文集

王玮康　主编

团结出版社
UNITY PRESS

图书在版编目（CIP）数据

2023 年中国温州（瓯海）龙舟文化大会论文集／王玮康主编. -- 北京：团结出版社，2023.12

ISBN 978-7-5234-0724-0

Ⅰ．①2… Ⅱ．①王… Ⅲ．①龙舟竞赛–文化–温州–学术会议–文集 Ⅳ．①G852.9-53

中国国家版本馆 CIP 数据核字（2023）第 239671 号

出　　版：团结出版社

　　　　　（北京市东城区东皇城根南街 84 号　邮编：100006）

电　　话：(010) 65228880　65244790

网　　址：www.tjpress.com

E – mail：zb65244790@vip.163.com

出版策划：力扬文化

经　　销：全国新华书店

印　　刷：四川科德彩色数码科技有限公司

开　　本：170mm×240mm　1/16

印　　张：33.5

字　　数：443 千字

版　　次：2024 年 2 月第 1 版

印　　次：2024 年 2 月第 1 次印刷

书　　号：ISBN 978-7-5234-0724-0

定　　价：98.00 元

编 委 会

目 录
Contents

第一篇　龙舟历史与文化研究

第二篇　龙舟民俗研究

第三篇 龙舟运动发展研究

第一篇

龙舟历史与文化研究

端午龙舟竞渡习俗至迟出现于唐代考^①

张 勃

（北京联合大学北京学研究所，北京 100101）

【摘要】 端午龙舟竞渡是在端午节期间举行的以龙舟为工具、以速度比赛为内容的活动。关于端午龙舟竞渡出现的时间有唐代说与宋代说两种观点。目前看这两种观点均论证不足。释读张建封《竞渡歌》、卢肇《竞渡诗》、李群玉《竞渡时在湖外偶为成章》、刘禹锡《竞渡曲》、张鷟《五月五日洛水竞渡船十只请差使于扬州修造须钱五千贯请速分付》、康建之《对竞渡赌钱判》等唐代文献，可以证明端午龙舟竞渡习俗至迟在唐代已经出现。

【关键词】 端午竞渡；龙舟竞渡；唐代

作者简介： 张勃（1972—），山东定陶人，历史学博士，民俗学博士后，北京联合大学北京学研究所副所长、研究员，中国民俗学会副会长。主要研究方向为民俗学与北京学。邮箱：sdzbo@163.com

　　竞渡是我国重要的习俗活动，也是端午节期间重要的习俗活动。关于竞渡习俗的源起，民间传说多将其与纪念屈原相联系，学术界则不以为然，并提出不同的观点。比如江绍原认为端午竞渡的本意是"命舟遣灾，

---

　　① 该文系国家社科基金项目"中华传统节日的文化内涵及其传承研究（项目编号：15BZW186）"的阶段性成果。田兆元教授启发了该文的写作，特致感谢。该文发表于《民族艺术》2019年第4期。此处发表有修改。

而非纪念谁";① 闻一多认为龙舟竞渡是史前图腾社会的遗俗,是龙祠活动的表现。② 万建中明确反对闻一多的观点,认为广布在我国南方的竞渡习俗源于原始的魂舟仪式,至于赛龙舟,则是"因龙而起的各种崇龙、祭龙、娱龙的民俗事象活动之一"③。崔乐泉认为竞渡原是长江流域多水地区的一种水上游戏,其起始与我国南方"陆事寡而水事众"的自然环境有关。④ 杨罗生主张竞渡"伴随水乡泽国的原始先民的生产、生活应运而生"⑤。等等。这些成果推动了竞渡起源问题研究不断深化,但也让学者更清楚地意识到,进一步的研究需要对竞渡与龙舟竞渡、端午龙舟竞渡等概念进行严格辨析,否则就会影响结论的科学性。⑥

竞渡与龙舟竞渡、端午龙舟竞渡等问题的起源研究,既涉及形成的背景和原因,也涉及形成的时间,本文则集中探讨端午龙舟竞渡形成的时间。

1 关于端午龙舟竞渡起源时间的两种观点

端午龙舟竞渡是在端午节期间举行的以龙舟为工具、以速度比赛为内容的活动。它既排除了不在端午节期间举行的龙舟竞渡活动,也排除了虽在端午节期间举行但不以龙舟为工具的竞渡活动,还排除了在端午节期间举行,也使用龙舟但非以比赛速度快慢为内容的活动。而这些活动,无论在历史时期还是在当代社会都真实地存在着。

关于端午龙舟竞渡出现的时间,主要有唐代说和宋代说两种观点。

---

① 江绍原:《端午竞渡本意考》,苑利主编:《二十世纪中国民俗学经典·社会民俗卷》,社会科学文献出版社 2002 年版。

② 闻一多:《端午考》,《神话与诗》,上海人民出版社 2005 年版,第 180—195 页。

③ 万建中:《龙舟竞渡习俗渊源新探》。《四川文物》1996 年第 2 期,第 90—94 页。

④ 崔乐泉:《中国古代的龙舟竞渡》,《江汉考古》,1990 年第 2 期,第 91—95 页。

⑤ 杨罗生:《竞渡本招屈考——兼论龙舟竞渡的起源及其文化意义》,《云梦学刊》2006 年第 6 期,第 48—52 页。

⑥ 参见张伦笃:《帝王与龙舟》,《紫禁城》2002 年第 1 期,第 2—7 页;张伦笃:《"越人龙图腾祭"质疑》,《钦州师范高等专科学校学报》2001 年第 4 期。蔡堂根:《论中国龙舟竞渡的起源》,《杭州电子科技大学学报(社会科学版)》2015 年第 1 期,第 51—57 页。

1.1 唐代说

持这一观点者如崔乐泉，他认为，至少在春秋战国时期，竞渡之舟已用龙形装饰，而被称为"竞龙舟"或竞渡，最迟在三国以后，大约自唐以后，"统一于五月端午节举行"。① 只是对这一观点没有进行论证。

王若光、刘旻航也持唐代说，认为"根据可靠、明确的古文献记载，龙舟与竞渡得以结合始自唐代"。不过令人遗憾的是，他们引用的文献不足以证明他们的观点。② 文中，作者引用了两条文献作为证据。其一是明朝人严衍《资治通鉴补》中关于杜亚斥巨资修造竞渡船的记载："亚乃以漆涂船底，欲其轻驶，又使篙工着油彩衣，没水不濡，亭观池沼，皆极华邃，费逾千万。"③ 然而，这一被引文献中既没有关于龙舟的信息，也没有竞渡的信息和端午的信息，因此是无效证据。其实，关于杜亚修船之事，成书时间比《资治通鉴补》早得多的《新唐书·杜亚传》和《册府元龟》中也有记载，均指明竞渡所在时间为春天，如《册府元龟》载："杜亚为淮南节度使，盛为奢侈。江南风俗，春中有竞渡之戏，方舟并进，以急趋疾进前者为胜。亚乃命以漆涂船底，贵其速进，又为罗绮之服，涂之以油，令舟子衣之，入水不濡。"④ 杜亚修船是因为"春中有竞渡之戏"，且文中明言是"方舟"而非"龙舟"，这与时在仲夏季节的端午龙舟竞渡是不相干的事情。

作者引用的第二条文献仍然是明朝人严衍《资治通鉴补》中的记载，"唐敬宗在位期间，'己未，诏王播造竞渡船二十艘……自唐以来，治竞渡船，务为轻驶，前建龙头，后竖龙尾，船之两旁，刻为龙鳞而彩绘之，谓之龙舟……'"这里的文献明确提到龙舟，提到竞渡船，看似没有问题，作者据此还认为"可以将龙舟竞渡形成的时间保守的定位在初唐（618

---

① 崔乐泉：《中国古代的龙舟竞渡》，《江汉考古》，1990 年第 2 期，第 91—95 页。

② 王若光、刘旻航：《"飞龙在天"：端午龙舟竞渡习俗考源》，《民俗研究》2013 年第 6 期，第 55 页。

③ 王若光、刘旻航：《"飞龙在天"：端午龙舟竞渡习俗考源》，《民俗研究》2013 年第 6 期，第 55 页。

④ （宋）王钦若等编：《册府元龟》卷四五四，中华书局 1960 年影印本。

年）至中唐时段（827年）"，① 然而令人遗憾的是，上文自"自唐以来"一直到"谓之龙舟"这段话，都是元代人胡三省为"诏王播造竞渡船"所作的注解，② 因而，它只能代表胡三省对龙舟建造年代的看法，并不能成为唐代已有端午龙舟竞渡的直接证据。至于诏令王播所造的二十艘竞渡船是不是龙舟，文中并没有明言，因此也难以为证。

1.2 宋代说

该说以田兆元为代表。他在《论端午节俗与民俗舟船的谱系》一文中明确区分了龙舟与鸟（凤）舟的不同，认为"关于竞渡的早期传说都是与鸟舟相关的"，"在唐代和唐代以前，龙舟与竞渡是没有交集的两个概念"，"可能的'龙舟竞渡'的表述时间是在南宋时期"，在南宋词人甄龙友的《贺新郎·思远楼前路》中，"开始出现与竞渡有关的龙舟"，南宋词人黄公绍《端午竞渡棹歌》"又将龙舟竞渡与端午连在一起"。田兆元反对唐代说的依据是："翻遍唐人的诗歌，发现关于龙舟的叙事，大多数是咏叹隋炀帝龙舟误国的事情，几乎与竞渡和端午节无关。而关于竞渡的诗歌描述，也没有见到龙舟。"③ 但是我们很难因为唐人诗歌中"没有"相关文献，就认定唐代没有端午龙舟竞渡习俗，毕竟诗歌只是十分重要的而非唯一的史料来源，更何况唐诗中是不是完全没有相关的叙事，也有待讨论。

2 端午龙舟竞渡出现于唐代的可能性

端午龙舟竞渡是时间（端午节期间）、工具（龙舟）、内容（竞渡）三个条件的同时满足，缺一不可。因此，要想考证唐代已经出现端午龙舟竞渡活动，首先就要说明端午、龙舟、竞渡在唐代或之前均已经出现。

2.1 端午节在唐代已成为民俗大节

在我国传统节日中，端午节是历史最为悠久的一个，标志性时间是在

① 王若光、刘旻航：《"飞龙在天"：端午龙舟竞渡习俗考源》，《民俗研究》2013年第6期，第55页。
② （宋）司马光编著，（元）胡三省音注：《资治通鉴》，中华书局1956年版，第7844页。
③ 田兆元：《论端午节俗与民俗舟船的谱系》，《社会科学家》2016年第4期，第10—11页。

·005·

夏历的五月初五日。① 一般认为，端午节在汉代即已出现。魏晋南北朝时期，伴随着人口大规模的移动和南北民俗文化的交融，它的地位获得较快提升，已成为民间一大节日。唐代之前的诸多文献，如《史记》《四民月令》《风俗通义》《后汉书》《风土记》《荆楚岁时记》《续齐谐记》《玉烛宝典》《艺文类聚》《宋书》《隋书》等著述中均有关于端午节的记载，当时多称为"五月五日""五日"或"端五"。② 到唐代，相关记载更多，从中可见端午节习俗十分丰富，既有粽子、蒲酒等专门的饮食，五色丝等专门的佩饰，还有竞渡、馈赠、铸镜、采药、斗草等多种习俗，社会交往活动也十分普遍。③ 应该说，端午在唐代是官民共享、朝野同庆的民俗大节，是无需赘述的基本事实。

2.2 龙舟的使用

舟船在我国起源甚早，2002 年浙江萧山跨湖桥遗址出土一艘由松木制成的独木舟，距今已有 7500—8000 年的历史。④ 甲骨文中已有多个与"舟"有关的字，《周易·系辞下》云"刳木为舟，剡木为楫，舟楫之利，以济不通，致远以利天下"，⑤ 更明确讲到舟的具体修造之法与功用。

舟船的形制多样，龙舟是其中一种，指建造或装饰成龙形的船。关于龙舟的出现，有着较为悠久的历史。按万建中教授的说法，"龙舟早在三千多年之前就出现了"。不过，由于这一说法所依据的是《大戴礼》中的"颛顼乘龙"与《穆天子传》中的"天子乘鸟舟龙浮于大沼"，⑥ 较难采信。但是汉代已有龙舟应该是没有问题的，《淮南子·本经训》中已有

---

① 但端午节的时间有着十分丰富的表现，比如有些地方将五月初一称为"小端午"。亦有一些地方将五月初五定为小端午，把五月十五或二十五定为大端午。如四川合川、黔江、大宁、湖北武汉等地，即俗谓十五日为大端阳；湖北长阳一带，则以十五日为大端午，以二十五日为末端午。

② 具体参见张勃主编《中国端午节·史料卷》，广西师范大学出版社 2013 年版，第 3—19 页。

③ 具体参见张勃《唐代节日研究》，中国社会科学出版社 2013 年版，第 3—19 页。

④ 参见蒋乐平、郑建明《萧山区跨湖桥新石器时代遗址》，中国考古学会编：《中国考古学年鉴（2003）》，文物出版社 2004 年版，第 179 页。

⑤ 黄寿祺、张善文撰：《周易译注（系辞下）》，上海古籍出版社 2001 年版，第 572 页。

⑥ 万建中：《龙舟竞渡习俗渊源新探》，《四川文物》1996 年第 2 期，第 90—94 页。

"龙舟鹢首，浮吹以娱"的明确记载，① 班固《西都赋》中也有"后宫乘
辇辂，登龙舟"的语句，② 均可为证。汉代以后，关于龙舟的记载明显增
多，反映了龙舟使用更加普遍的事实。晋人陆机《棹歌行》云："迟迟暮
春日，天气柔且嘉。元吉隆初巳，濯秽游黄河。龙舟浮鹢首，羽旗垂藻
葩。乘风宣飞景，逍遥戏中波。"是对上巳节乘龙舟的描述。③《北史·河
南王孝瑜传》载高孝瑜曾经"于第作水堂龙舟，植幡棨于舟上，数集诸
弟，宴射为乐"，结果"贵贱慕敩，处处营造"，成一时风气。④ 隋炀帝更
是龙舟的爱好者，史载大业元年"遣黄门侍郎王弘、上仪同于士澄往江南
采木，造龙舟、凤𦐏、黄龙、赤舰、楼船等数万艘"，并于八月"御龙舟，
幸江都"。⑤ 可见在唐代之前，龙舟已得到广泛应用。

龙舟可用于军事，也可用于水上娱乐。黄初五年（224 年）八月，曹
丕"为水军，亲御龙舟，循蔡颖，浮淮，幸寿春……"，这里的龙舟就是
军事用具，《太平广记》引《述异记》载吴王夫差"作大池，池中造青龙
舟，陈妓乐，日与西施为水戏"，这里的青龙舟是水上娱乐工具。又引
《拾遗录》："汉成帝常以三秋暇日，与飞燕游戏太液池，以沙棠为舟，贵
其不沉也。以云母饰于鹢首，一名'云舟'。又刻大桐木为虬龙，雕饰如
真像，以夹云舟而行。"⑥ 这里用桐木刻制的龙船显然也是娱乐工具。前引
陆机《棹歌行》中的龙舟，亦用于休闲娱乐。

2.3 舟船竞渡的流行

竞渡是一种水上活动，既可以指游泳比赛，也可以指划船比赛，与其
他水上活动不同的是，竞渡强调的是参与者的速度快慢。目前所见关于舟
船竞渡的最早记载出自南朝宗懔《荆楚岁时记》中："是日竞渡，采杂药。

① 何宁撰：《淮南子集释》，中华书局 2014 年版，第 592 页。
② （南朝梁）萧统辑、（唐）李善注：《宋尤袤刻本文选（第一册）》，国家图书馆出版社
2017 年版，第 111 页。
③ （晋）陆机：《中国古典文学基本丛书·陆机集》，中华书局 1982 年版，第 89 页。
④ （唐）李延寿撰：《北史·河南王孝瑜传》，中华书局 1974 年版，第 1876 页。
⑤ （唐）魏徵、令狐德棻撰：《隋书·炀帝纪上》，中华书局 1973 年版，第 63—65 页。
⑥ （宋）李昉等编：《太平广记》，中华书局，第 1810 页。

按五月五日竞渡，俗为屈原投汨罗日，伤其死所，故并命舟楫以拯之。舸舟取其轻利，谓之'飞凫'，一自以为'水车'，一自以为'水马'。州将及土人悉临水而观之。"① 竞渡在两方之间展开，一方叫水车，一方叫水马，所用船只有专门的名称，叫作"飞凫"，便于划行，竞渡时有众多人围观。值得一提的是，这里竞渡已与端午节联系起来，是端午节期间一项颇具吸引力的活动。

隋朝也有舟船竞渡的记载：

大抵荆州率敬鬼，尤重祠祀之事，昔屈原为制九歌，盖由此也。屈原以五月望日赴汨罗，土人追至洞庭不见，湖大船小，莫得济者，乃歌曰："何由得渡湖！"因而鼓棹争归，竞会亭上，习以相传，为竞渡之戏。其迅棹齐驰，棹歌乱响，喧振水陆，观者如云，诸郡率然，而南郡、襄阳尤甚。②

从"习以相传，为竞渡之戏"看，此地竞渡习俗应该有了较长时间的历史，而且也与端午节有关。

这时的舟船竞渡主要流行于南方，杜台卿《玉烛宝典》明确提到："南方民又竞渡，世谓屈沉汨罗之日，并楫拯之。在北，舳舻既少，罕有此事。"③ 进入唐代，舟船竞渡习俗仍然盛行于南方，这一点可从时人留下的文献中看得非常清楚。比如张说的《岳州观竞渡》、张建封的《竞渡歌》写于岳州（今湖南岳阳），刘禹锡的《竞渡曲》写于朗州（今湖南常德），白居易的《竞渡》为和万州杨使君所作，万州在今四川万州，卢肇的《竞渡诗》作于江宁（今江苏南京），骆宾王的《扬州看竞渡序》作于扬州，这些地方都在南方地区。当然，此时期它也开始在北方的某些区域如长安和洛阳兴起，并出现了"都人同盛观"的宏大

---

① （梁）宗懔著、宋金龙校注：《荆楚岁时记》，山西人民出版社1987年版，第48—49页。
② （唐）魏徵、令狐德棻撰：《隋书·地理志》，中华书局1973年版，第897页。
③ （隋）杜台卿撰、（清）杨守敬校订：《玉烛宝典》，载《续修四库全书·八八五·史部·时令类》，上海古籍出版社2002年版，第61页。

场面。①

这里需要格外关注两点，一是舟船竞渡的时间，一是竞渡舟船的形制。

舟船竞渡，不仅仅在端午节期间。前引杜亚修造奢侈之船时，明言为春中竞渡之戏。《新唐书》记载唐穆宗在鱼藻宫观竞渡，时间或在九月辛丑，或在三月戊寅，或在八月丙午，都不在端午节。② 不在端午节期间举行的竞渡活动在后世也十分多出，宋人孟元老《东京梦华录》详细描写了清明节时最高统治者"驾幸临水殿观争标锡宴"的盛大场面，其中就有舟船竞渡③，吴自牧《梦粱录》详细记载了杭州一带祠山圣诞日的竞渡活动，时在二月八日，也与端午节无关。④

说起竞渡，许多人想当然以为就是龙舟，其实未必。事实上任何舟船都可以用于竞渡，只是因为竞渡讲究的是速度，所以多取"轻利"的舟船，田兆元提醒学者们应该注意"端午民俗之舟的多样性"，是颇有见地的意见。⑤ 从现存记载来看，竞渡最早所用舟船并非龙舟。前引《荆楚岁时记》提到"舸舟取其轻利，谓之'飞凫'"，凫是野鸭的意思，会游水，亦会飞，这里将竞渡的舟船称为"飞凫"，大约是希望竞渡之舟如"飞凫"般快捷的意思，虽然难以确定是否为凫的形状，却可以确定并非龙舟。前引《隋书》所载荆州竞渡事也没有提及所用舟船的具体样式。不过宋人孟元老《东京梦华录》"驾幸临水殿观争标锡宴"为我们理解竞渡之舟形制的多样性提供了很好的资料：

有小龙船二十只，上有绯衣军士各五十余人，各设旗鼓铜锣。船头有一军校，舞旗招引，乃虎翼指挥兵级也。又有虎头船十只，上有一锦衣人，执小旗立船头上，余皆著青短衣，长顶头巾，齐舞棹，乃百姓卸在行

① 吴融：《和集贤相公西溪侍宴观竞渡》，（清）彭定求等编：《全唐诗（增订本）》，卷684，北京：中华书局1999年版，第7916页。

② （宋）欧阳修、宋祁撰：《新唐书》，中华书局1975年版，第228—229页。

③ （宋）孟元老撰、邓之诚注：《东京梦华录注》，中华书局1982年版，第184页。

④ （宋）吴自牧：《梦粱录》，古典文学出版社1957年版，第144页。

⑤ 田兆元：《论端午节俗与民俗舟船的谱系》，《社会科学家》2016年第4期，第7—13页。

人也。又有飞鱼船二只，彩画间金，最为精巧，上有杂彩戏衫五十余人，间列杂色小旗绯伞，左右招舞，鸣小锣鼓铙铎之类。又有鳅鱼船二只，止容一人撑划，乃独木为之也……水殿前至仙桥，预以红旗插于水中，标识地分远近。所谓小龙船，列于水殿前，东西相向。虎头飞鱼等船，布在其后，如两阵之势……又见旗招之，则两行舟鸣鼓并进，捷者得标，则山呼拜舞，并虎头船之类，各三次争标而止。①

在这里，既有龙船，又有虎头船、飞鱼船、鳅鱼船，形制多样，都参与了竞渡活动。

从唐代资料看，非龙舟竞渡也是普遍存在的。张说《岳州观竞渡》云"画作飞凫艇，双双竞拂流"，这里用于竞渡的舟船是飞凫艇。元稹《竞舟》云"画鹢四来合，大竞长江流"，这里用于竞渡的舟船也是鸟舟，而非龙舟。

从时间上看，竞渡并非只有端午节才有的活动；从用具上看，竞渡并非只有龙舟竞渡，这就是我们论证端午龙舟竞渡的必要性。而从上面的分析可以看出，唐代以前，端午节、龙舟、舟船竞渡均已出现，这为端午龙舟竞渡的形成提供了可能性。从目前的资料来看，形成的时间是在唐代。

3 端午龙舟竞渡在唐代已经出现

3.1 与端午龙舟竞渡有关的唐代文献

目前笔者所掌握的与端午龙舟竞渡有关的唐代文献资料主要有 6 条，其中 4 条为诗，2 条为文。详见下：

1. 张建封《竞渡歌》②：

五月五日天晴明，杨花绕江啼晓莺。使君未出郡斋外，江上早闻齐和声。

---

① （宋）孟元老撰、邓之诚注：《东京梦华录注》，中华书局 1982 年版，第 184—185 页。
② 该诗一作刘禹锡诗，一作薛逢诗。载（清）彭定求等编：《全唐诗（增订本）》，卷 275，中华书局 1999 年版，第 3112 页。

使君出时皆有准，马前已被红旗引。两岸罗衣破晕香，银钗照日如霜刃。

鼓声三下红旗开，两龙跃出浮水来。棹影斡波飞万剑，鼓声劈浪鸣千雷。

鼓声渐急标将近，两龙望标目如瞬。坡上人呼霹雳惊，竿头彩挂虹霓晕。

前船抢水已得标，后船失势空挥桡。疮眉血首争不定，输岸一朋心似烧。

只将输赢分罚赏，两岸十舟五来往。须臾戏罢各东西，竞脱文身请书上。

吾今细观竞渡儿，何殊当路权相持。不思得岸各休去，会到摧车折楫时。

2. 卢肇《竞渡诗》(一作及第后江宁观竞渡寄袁州刺史成应元)①：

石溪久住思端午，馆驿楼前看发机。鼙鼓动时雷隐隐，兽头凌处雪微微。

冲波突出人齐谳，跃浪争先鸟退飞。向道是龙刚不信，果然夺得锦标归。

3. 李群玉《竞渡时在湖外偶为成章》：②

雷奔电逝三千儿，彩舟画楫射初晖。喧江雷鼓鳞甲动，三十六龙衔浪飞。

灵均昔日投湘死，千古沉魂在湘水。绿草斜烟日暮时，笛声幽远愁江鬼。

4. 刘禹锡《竞渡曲》③：

沅江五月平堤流，邑人相将浮彩舟。灵均何年歌已矣，哀谣振楫从此起。

---

① 载（清）彭定求等编《全唐诗（增订本）》，卷551，中华书局1999年版，第6442页。
② 载（清）彭定求等编《全唐诗（增订本）》，卷568，中华书局1999年版，第6640页。
③ 刘禹锡：《竞渡曲》，载《全唐诗》卷356。

杨桴击节雷阗阗，乱流齐进声轰然。蛟龙得雨鬐鬣动，蝼蛈饮河形影联。

刺史临流褰翠帏，揭竿命爵分雄雌。先鸣馀勇争鼓舞，未至衔枚颜色沮。

百胜本自有前期，一飞由来无定所。风俗如狂重此时，纵观云委江之湄。

彩旗夹岸照蛟室，罗袜凌波呈水嬉。曲终人散空愁暮，招屈亭前水东注。

5. 张鷟《五月五日洛水竞渡船十只请差使于扬州修造须钱五千贯请速分付》①（节选）：

爰因此日，竞渡为欢。兰桡鸣鹤之舟，桂棹晨凫之舸。鸭头泛滥，与青雀而争飞；鹢首参差，共飞龙而竞逐。黄头执棹，疑素鲤之凌波；白衣扬橹，类苍乌之拂浪。竞渡所用，轻利为工。创修十只之舟，费直五千余贯。金舟不可以泛水，玉楫不可以乘湍。造数计则无多，用钱如何太广？玩物丧志，所宝惟贤。岂将有限之财，以供无益之费。所请非急，未可辄依。

6. 康建之《对竞渡赌钱判》②：

扬州申江都县人，以五月五日于江津竞渡，并设管弦。时有县人王文，身居父服，来预管弦，并将钱物赌竞渡，因争先，后遂折舟人臂。

对

康建之

日观遥临，旁分震泽。雷阪回瞰，近届邗沟。郊连五达之庄，地近一都之会。人多轻剽，俗尚骄奢。序属良辰，曛系令节，江干可望，俱游白马之涛；邑屋相趋，并载飞龙之舳。泛长波而急桨，有类乘毛；涌修浪而

① 载（唐）张鷟：《龙筋凤髓判》，卷2，四库全书本，第27—30页。
② 载（宋）李昉等编：《文苑英华》，卷504，四库全书本，第8—9页。

鸣舷，更同浮叶。箫吟柳吹，疑传塞北之声；棹引莲歌，即唱江南之曲。王文间阎贱品，蓬荜庸流，名教非闲，丧仪多阙。三年居庐，无闻毁瘠之哀，五月佳游，且预歌弦之乐。重以心存清胜，志在雄豪，争驰赤马之津，竞赌青凫之贯。先后由其不等，忿争于是遂兴。无思李老之言，俄折杨公之臂。然则居丧听乐，已紊科条，在服伤人，一何凶险。论情抚事，深秽皇猷。定罪明刑，理资丹笔。

3.2　对上述 6 条文献资料的释读分析

从目前研究成果看，唐代说与宋代说的分歧主要在于唐代端午竞渡是否已有龙舟的参与，因此能否从上述文献中发现龙舟，是这里释读分析的重点。

3.2.1　张建封《竞渡歌》。从诗题、诗句"五月五日天晴明"以及全诗的描写，可知该诗所涉及的正是端午竞渡活动，但是不是龙舟竞渡呢？如何理解诗中两次出现的"两龙"就成了关键所在。田兆元在引用"鼓声三下红旗开，两龙跃出浮水来"一句后说："这个两龙是真的龙舟，还是诗歌的比喻，我们不能确认。"并将其作为否定性的证据。然而，应该看到，该诗中有两处出现了"两龙"字样，一般而言，诗人不会在同一首诗里两次使用同样的比喻，所以，这里的两龙应该是指真的龙舟。更为重要的是，"两龙望标目如瞬"中的"目"字提示我们注意竞渡的两只舟船是有眼睛的，或者说两只舟船被刻画为有眼睛的动物形象，很难想象两只有着具体形象的鸟舟或其他什么舟会被称为"两龙"，所以这里的动物形象应该就是诗中明确提到的"龙"，而不是其他。

3.2.2　卢肇《竞渡诗》（一作及第后江宁观竞渡寄袁州刺史成应元）。从诗题、诗句"石溪久住思端午"以及全诗的描写，可知该诗所涉及的也是端午竞渡活动，那么竞渡的舟船是不是龙舟呢？"兽头凌处雪微微"提供一定的信息：竞渡船的头部做成了兽头的模样。那么这里的兽具体又指什么呢？"向道是龙刚不信，果然夺得锦标归"给出了答案，就是龙。因此，这里的端午竞渡就是龙舟竞渡。詹杭伦在《论唐代的端午竞渡诗》中提到这首诗，认为这首诗表面是写"龙舟竞渡，暗地里写自己科举夺魁"。若如此，这里的竞渡船更能确认为龙舟，否则卢肇的比喻便没有了喻体。此外，詹杭伦引用了《江西通志》转引《唐摭言》中的一段相关记载："卢肇、黄颇同举于乡，公车偕发，太守独饯颇而肇不与。明年肇魁多士，守延肇观竞渡，肇席上作诗云：扁舟鼓浪去如飞，鳞鬣峥嵘各斗机。向道是龙刚不信，果然夺得锦标归。"这里卢肇诗中有"鳞鬣"二字，与"向道是龙刚不信"结合起来理解，亦可知竞渡舟应当就是龙舟。①

3.2.3 李群玉《竞渡时在湖外偶为成章》。诗题没有明言端午，诗中也没有说明活动的具体时间，但其中有"灵均昔日投湘死，千古沉魂在湘水"句，灵均指屈原，考虑到将屈原与端午竞渡相联系在唐代已是主流观点，因此，这里的竞渡指的就是端午竞渡。那么是不是龙舟竞渡呢？"喧江雷鼓鳞甲动，三十六龙衔浪飞"可以为证。或有人说"三十六龙"可能是比喻的说法，但"鳞甲"一词对舟船的性质做了说明。因此，这里的龙不是对船的比喻，而是指真实的龙舟。

3.2.4 刘禹锡《竞渡曲》。这是沅江上的一次竞渡活动。诗题也没有明言端午，但联系诗句中的"沅江五月"和"灵均何年歌已矣，哀谣振楫从此起"，可以说明这里的竞渡是端午竞渡。诗中对竞渡的过程和环境进行了生动的书写，其中"蛟龙得雨鬐鬣动，螮蛛饮河形影联"两句描绘了激烈比赛的场景，从中可以看出参与竞渡的船只正是龙舟。

3.2.5 张鷟《五月五日洛水竞渡船十只请差使于扬州修造须钱五千贯请速分付》文，可从题中看出与端午竞渡有关，文中涉及舟船的多种形制，包括"鸣鹤""晨凫""鸭头""青雀""鹢首"，"飞龙"也在其中，这是唐代已有端午龙舟竞渡的铁证。

3.2.6 康建之《对竞渡赌钱判》。这是康建之针对一桩由端午竞渡所起争端的判文，关于竞渡，文中有"江干可望，俱游白马之涛；邑屋相趋，并载飞龙之舳，泛长波而急桨，有类乘毛；涌修浪而鸣舷，更同浮

---

① 詹杭伦：《论唐代的端午竞渡诗》，《长江大学学报（社科版）》2016年第7期，第20页。

叶"的描述，"飞龙之舳"再明白不过地说明端午竞渡中有龙舟的参与，这也是唐代已有端午龙舟竞渡的确凿证据。

那么其他学者又是如何释读上面的文献呢？可以说，现在尚未有学者将上述六条文献资料集中进行释读，但关注其中一两条的不在少数，并且多认可它们是龙舟竞渡的证据。比如张建封《竞渡歌》，闻一多先生在《端午考》就引用了其中的一部分，将其作为水手们划龙舟的证据。[1] 万建中虽然整体上不同意闻一多关于龙舟竞渡起源的观点，但同样认可张建封《竞渡歌》中描写的"的确是竞渡的龙舟"。[2] 张伦笃、黄靖中甚至将这首诗认定为关于龙舟竞渡的第一篇文献。[3] 另外，詹杭伦在《论唐代的端午竞渡诗》一文中也注意到这首诗，并用较多笔墨加以分析，他明确写道："诗中出现'两龙跃出浮水来''两龙望标目如瞬'的诗句，说明船头塑为龙头的形状，与前此的'鹢舟''飞凫舟'有所不同。"[4] 杨罗生在《竞渡本招屈考——兼论龙舟竞渡的起源及其文化意义》也承认《竞渡歌》对证明龙舟竞渡的意义，同时他还引用了张鷟文，并因张鷟的生卒年在660？—740年之间而认为"龙舟竞渡的文献记载可以确定为初唐"。[5]

综上所述，可以确定唐代已经出现端午龙舟竞渡。鉴于文献记载总要比它记载的事实晚出，因此不能说端午龙舟竞渡最早出现在唐代，但至迟出现在唐代是可以肯定的。

---

① 闻一多：《端午考》，《神话与诗》，上海人民出版社2005年版，第195页。
② 万建中：《龙舟竞渡习俗渊源新探》。《四川文物》1996年第2期，第94页。
③ 张伦笃、黄靖中：《竞渡、龙舟与龙舟竞渡之研究》，《中国民间文化》，学林出版社1991年第2集。
④ 詹杭伦：《论唐代的端午竞渡诗》，《长江大学学报（社科版）》2016年第7期，第18页。
⑤ 杨罗生：《竞渡本招屈考——兼论龙舟竞渡的起源及其文化意义》，《云梦学刊》2006年第6期，第48页。

从民俗文化到竞技体育

——《人民日报》龙舟报道（1949—2023年）的话语变迁

洪建平　潘　岳

（北京体育大学新闻与传播学院，北京100084）

【摘要】随着社会的变迁，龙舟作为代表性的民俗体育项目并未像某些民俗运动一样逐渐式微、消亡，而是乘着时代的东风不断适应、转型，其形象的流变也反映着我国不断变革、转型的社会环境。笔者使用费尔克劳三维话语模型对《人民日报》290篇龙舟相关报道进行梳理分析，梳理龙舟主流媒体镜像变迁脉络并探究其背后的推动力量。研究发现，《人民日报》随时代发展不断革新报道内容，丰富文本意涵，针对不同主体指定了"民俗文化""经济建设""竞技体育""社会整合""国际交流"五种框架范式，在不同时期建构出代表中华传统文化和中国时代精神、拥有庞大商业潜力、产业规模以及市场号召力、具备出色竞技性与庞大受众群体、成为中华民族协力同心的象征并得到国际社会的高度认同与喜爱的龙舟媒介镜像。同时，《人民日报》龙舟报道五种框架间的互动，也反映出意识形态、社会环境对报道范式的影响，提供了未来探索的方向。

【关键词】龙舟；批判话语分析；主流媒体；报道范式

作者简介：洪建平，北京体育大学新闻与传播学院副教授；潘岳，北京体育大学新闻与传播学院硕士研究生。

1　引言

民俗体育是为一定民众所传承和享用的一种具有普遍模式的生活化、仪式化的传统体育文化体，它既是一种体育文化，也是一种生活文化。[1]在中国城市化快速发展和现代体育向乡土社会浸透的进程中，多数民俗体育项目的生存空间受到了挤压。党的二十大报告提出要推进文化自信自强、铸就社会主义文化新辉煌，特别是加大文物和文化遗产保护力度，增强中华文明传播力影响力。

龙舟，起源于春秋战国时期的汉族传统端午节习俗，是龙图腾文化的代表之一。[2]随着时代的发展，龙舟的"龙"逐渐褪去了神性，1984 年，国家体育运动委员会把龙舟竞渡正式列为比赛项目。龙舟赛事作为最能代表中国文化的体育项目，在国家的大力扶持下如火如荼的发展。2010 年划进亚运会，2021 年现身海之森，龙舟竞渡俨然成为中国传统体育文化复兴和走出去的排头兵。

从节日风俗到民俗体育再到竞技项目，龙舟并未像某些民俗运动一样逐渐式微、消亡，而是乘着时代的东风不断适应、转型，其形象的流变也反映着我国不断变革、转型的社会环境。《人民日报》作为贯穿新中国始终的主流媒体，始终代表着党的观点的和人民的利益。《人民日报》见证共和国成长的同时也记录着龙舟的发展，其龙舟相关报道不仅可以帮助我们梳理出一条清晰的龙舟主流媒体镜像变迁脉络。具体问题如《人民日报》如何针对龙舟项目建构话语？其又将龙舟项目建构成怎样的形象？建构龙舟形象背后的推动力量是什么？本研究将对以上问题展开探索，并在此基础上结合当下的时代特征，尝试以龙舟为基点，窥见未来民俗体育发展的方向。

费尔克劳提出的三维话语模型从文本、话语实践与社会实践三个层面出发，为新闻语篇的批评分析视角提供了相对完善的探索路径。其中，文本分析层面侧重词汇、语法以及语言特征的描述；话语实践层面，则偏向阐释话语生成、传播与接受；社会实践层面则将话语置于意识形态与权力背景之下加以解释。[3] 合理运用费尔克劳的话语三维模型并理解其中各要素的互动，可以为挖掘隐藏于《人民日报》龙舟报道文字背后复杂的社会环境与意识形态互动提供恰当的分析手段。话语实践层面，《人民日报》在关于龙舟的报道过程中不断丰富报道话语内涵，形成了多种价值取向的报道规范。本文将立足《人民日报》龙舟报道文本内容，在归纳整理出其报道框架的基础上，挖掘其内在的产生逻辑与价值取向。同时，结合不同时期框架的沉浮，尝试阐明不同社会环境下龙舟媒介镜像构建的内在动力。

2 《人民日报》龙舟报道的文本特征

笔者以"龙舟"为关键词，在"人民日报数据库"中对《人民日报》1949 至 2023 年的文章标题进行检索，共得到图文 1591 篇，经过详细阅读，剔除无关项目与特征不显著的样本，共得到有效报道文本 290 篇作为主要研究样本。

2.1 《人民日报》龙舟报道时空分布及报道印象

2.1.1 报道时间分布

观察样本发现，《人民日报》关于龙舟的报道自 1950 年开始，数量总体呈逐渐上升的趋势（如图 1 所示）。改革开放以前，龙舟竞渡仪式被打上"四旧"标签[5]，因此报道甚少，"文化大革命"期间《人民日报》龙舟报道彻底停止，直到 80 年代才逐渐恢复。1984 年普遍被认为是龙舟项目复兴的元年，原国家体委决定将龙舟赛列为体育比赛项目，举办了"屈原杯"龙舟赛。龙舟报道迎来数量上的增长，随后在 90 年代保持较为平稳的报道频率。进入新千年，随着经济社会的发展，龙舟赛事、活动的日益丰富给龙舟报道提供了大量素材。2010 年龙舟划入亚运会吹响了"龙舟入奥"的号角，在龙舟竞技化的大背景下，《人民日报》龙舟报道数量进一步攀升，在 2012 年达到了顶峰，当年《人民日报》龙舟发文量达到 17 篇。2019 年末的新冠疫情影响下，龙舟报道短暂遇冷，随着 2022 下半年社会活动的全面开放，《人民日报》龙舟报道频率逐步回到正轨。

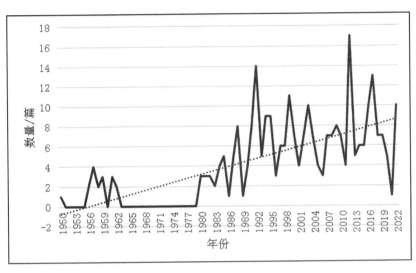

图 1　《人民日报》龙舟报道数量按年份的分布情况

2.1.2　报道空间分布

观察样本并统计发现，290 篇样本中有 271 篇明确交代了地点信息。其中湖南（34 篇）成为被报道最多的地区。作为龙舟竞渡发源地，湖南省岳阳市将龙舟作为城市符号，包含中外闻名的"岳阳龙舟节"在内的一系列活动成为《人民日报》重要的消息来源。北京（25 篇）作为我国的政治文化中心，承接了许多龙舟相关的大型赛事与经济交流活动，成为一众南方城市中龙舟报道较为密集的北方特例（地域分布情况具体见图 2）。国际报道方面，东南亚地区如泰国、老挝、印度凭借其与我国南方少数民族相似的龙舟习俗而受到关注，加拿大、英国等发达国家则多从龙舟文化节的视角出发来报道。总体上看，《人民日报》龙舟报道在我呈现南多北少、东多西少的特点，这与当地龙舟民俗传承、群众基础与经济水平有关，也受到龙舟竞渡依托水道的特性影响。江立中（1995）总结古籍记载，提出"舟"既能"战于江"也可"战于河"，龙舟并非南人专利。[6] 因此水系较为发达的吉、黑龙江两省和被誉为"江北水城"的山东聊城也诞生了相对较多的龙舟报道。

结合时间特征来看，《人民日报》龙舟报道随着时代变迁呈现出北扩、出海两个特征。以秦岭—淮河线区分南北省份，北方省份 50 篇龙舟报道中有36篇出自2000年以后。龙舟的现代化转型弱化了龙舟竞渡的民俗、地域属性，将其以运动项目的身份推广到全国范围，逐渐收获北方人民的喜爱。25篇国际报道中有23篇来自改革开放以后，其中18篇来自2000年以后，10篇来自2010年以后。《人民日报》龙舟报道愈发加速的国际化进程某种程度上反映出龙舟竞渡的国际影响诉求与成果。以上转变与下文《人民日报》龙舟报道的框架博弈形成了互文。

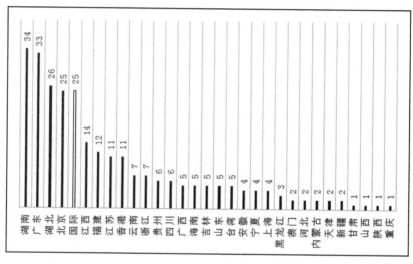

图 2　《人民日报》龙舟报道数量按地域的分布情况

2.2　《人民日报》龙舟报道的总体印象

笔者首先观察样本内容并建立基本参照语料库，随后运用数据处理软件"NVIVO 11"在参照与语料库的基础上制作高频词汇表（如表1所示）。随后通过语义网络分析探索高频词之间的共通语境空间。按词频由多到少排列，频次位于前10位并持续出现的有效高频词为龙舟、比赛、中国、文化、国际、传统、世界、大赛、人民、冠军。结合语义网络我们发现，《人民日报》龙舟报道以龙舟为核心要素，以龙舟历史传承与中华民俗文化为背景，引申出国内国外两条报道线索。面向国内，注重国家、地方各级赛事规模发展、龙舟队伍建设、历史文化挖掘、群众体育普及以及赛事冠军归属；放眼世界，关注国际邀请赛举办情况、中外沟通渠道搭建等。

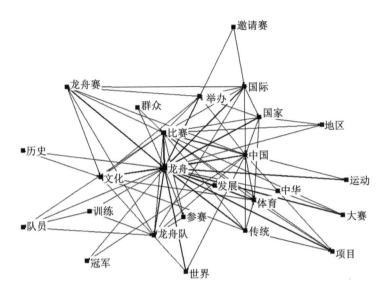

注：连接线表示高频词之间的相互关系。线越粗，表示两者关系越紧密；线越细，表示
两者关联越小。

图 3　语义网路分析结果

表 1 《人民日报》各个时期龙舟报道中的高频词（单位：次）

序号	高频词	频次	高频词（1984 年前）	频次	高频词（1984—2009 年）	频次	高频词（2010—2022 年）	频次
1	龙舟	2006	龙舟	102	龙舟	922	龙舟	982
2	比赛	534	人民	98	比赛	280	比赛	204
3	中国	297	比赛	50	中国	193	文化	165
4	文化	281	工人	48	国际	154	中国	104
5	国际	181	竞渡	44	文化	116	大赛	76
6	传统	157	大会	41	世界	108	传统	61
7	世界	126	纪念	33	冠军	51	体验	49
8	大赛	120	传统	31	群众	51	大学	49
9	人民	104	屈原	30	赞助	49	推广	45
10	冠军	78	伟大	30	旅游	46	群众	41

2.3 《人民日报》龙舟报道文本意涵的丰富

随着时代背景的变迁与龙舟项目自身形态的不断完善，《人民日报》龙舟报道的文本内涵也在不断丰富，话语构思更加多样。龙舟被赋予更强的符号表征能力，随着时间的推移，慢慢积累起了从传统民俗文化到经济建设要素再到竞技体育项目的丰富意涵。

学者胡娟（2008）认为龙舟竞渡转型经历自在自发期（1949年前）、令行禁止期（1949—1976年）、恢复调整期（1976—1984年）、加速发展期（1984—2008年）。[5] 笔者结合《人民日报》的报道实践以及新时代发展发现，1984年龙舟竞渡被原国家体委宣布为正式比赛项目，继而中国龙舟协会成立，屈原杯举办，拉开了龙舟这一民俗体育现代化转型序幕。2010年广州亚运会，龙舟被纳入比赛项目，成为"龙舟入奥"的风向标。因此，以1984年、2010年为节点，将《人民日报》龙舟报道分成三个阶段并扩展高频词汇表，以考察《人民日报》龙舟意涵的升格路径。

2.3.1 1984年以前：庆典、纪念

龙舟文化源远流长，其源流在"龙"。随着历史长河中不断演变，龙的形象在人们心目中逐渐成型。作为变化多端、掌管风雨的神灵，龙顺理成章地成为水乡泽国的中国南方大地上祭拜、祈祷的对象。龙舟便是人们将龙图腾装饰在舟头，以期风调雨顺、丰衣足食的产物。[7] 因此，《人民日报》中的龙舟一开始便有祈祷、庆贺吉祥丰年的意涵。1958年8月19日的《龙舟彩船领先　后跟载粮船》一文就描绘了人民群众丰收之时划出龙舟庆贺"大跃进"成就的场景。

南朝梁吴均的《续齐谐记》有"楚大夫屈原遭谗不用，是曰投汨罗江死，楚人哀之，乃从舟楫挽救。端阳竞渡，乃遗俗也"的记载。《曹娥碑》中"以汉安二年五月，时迎伍君"记载了吴越人端午竞渡祭拜伍子胥的习俗。《越王传》又提到龙舟自勾践而始。[7] 古以来被人们冠以纪念先贤、英雄的意涵，《人民日报》继承了这点。1957年6月3日的《锣鼓喧天百里江面泛龙舟　汨罗江农民纪念诗人屈原》里提到汨罗江畔百姓开展朗诵屈原诗歌、为屈原扫墓的活动。

2.3.2 1984—2009 年：产业、纽带

《梦溪笔谈·范文正治饥荒》中记载范仲淹"纵民竞渡"以解"吴中大饥，殍殣枕路"[8]。早在宋朝沈括就已点出了龙舟活动的经济属性。1984 年后，改革开放由农村向城市全面铺开，作为地方特色和文化旗帜，龙舟开始作为经济要素被党和国家重视起来。在 1985、1987、1988、1991、1992 年的《人民日报》报道中的龙舟赛事、龙舟节、旅游节、贸易会中都出现了龙舟的身影，"以舟为媒、以文促贸"[6] 的观念渗入《人民日报》龙舟报道之中。《我国明年举办龙年大型旅游活动》刊登于《人民日报》1987 年 11 月 8 日第 1 版，第一次详细报道了"龙文化"为中心的经济建设活动。文中将端午节特色龙舟竞渡作为对华侨、外商以及旅游者的卖点。同时，改革开放也带来国际化的视野，助龙舟划出中国封闭的内河，得以通江达海，走向世界。

龙舟的发展伴随了我国历史上几次民族大融合，以至于在全国各地、各民族间形成了不同的习俗、模式。但是，就像"龙的传人"这一中华民族共同的称号一样，龙舟文化折射出强烈的民族认同感。其中包含了我们中国人千百年农耕文明形成的，独特的对丰收的期盼、对乡土的眷恋、对家国的执着。80 年代末、90 年代末分别是两岸关系破冰、港澳回归祖国的历史节点，《人民日报》将这种情感注入到龙舟报道当中，《澳门国际龙舟赛中国队夺魁》《台湾龙舟运动员抵达南宁》等报道将龙舟作为各族人民与国家命运紧紧相连的纽带。

2.3.3 2010—2022 年：娱乐、竞技

2010 年龙舟成为亚运会正式项目是"龙舟入奥"的重大成就，也是龙舟现代化、竞技化的声明。龙舟的现代化进程给《人民日报》龙舟报道提供了全新的视角。首先是娱乐，作为民间风俗转化而来的体育项目，龙舟本身就带有鲜明的娱乐属性，与其说是娱乐意涵的引入，倒不如说是龙舟文化内核的回归。随着神秘主义直觉思维随科技进步与社会发展而消散，龙舟呈现出娱人到娱神，再到自娱、娱人的复归。[9] 龙舟以更高的层次、更低的姿态回归，成为当代群众（尤其是水道丰富的南方以及经济发达地区）日常娱乐的方式。如《人民日报》2012 年 1 月 6 日的报道《冰上赛

"龙舟"》便介绍了什刹海居民自发组织的冰上龙舟项目。

随着城市化进程的推进、经济的稳定发展与龙舟赛事的成熟，龙舟赛事的文化特征愈发淡化，取而代之的是组织愈发严密规整、规则愈发科学统一、观赏性愈发通俗精彩、场地与设备愈发专业，这标志着龙舟的竞技属性成为未来发展方向。一方面，《人民日报》的龙舟赛事报道在这一时期模式越来越趋近于经典体育竞技项目。另一方面，龙舟作为集体参与的竞速类项目，鼓励团队协作的属性很容易联系到集体荣誉感的形成，甚至旁观者也在呐喊助威中不自觉地中成为某一团体的一员。这为龙舟赋予了文化内涵之外的表征，即团结拼搏、锐意进取的竞技精神。

3 《人民日报》龙舟报道的话语实践

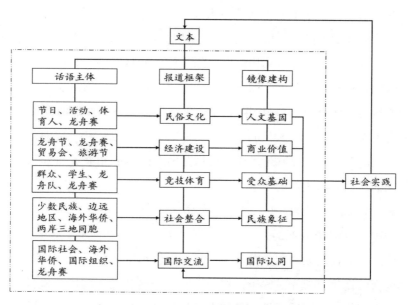

图4 《人民日报》龙舟报道话语实践解构

为理解媒体如何通过文本构成的话语影响社会实践，我们需要研究其新闻报道中的文本是如何生成、传播以及被接受。话语实践充当了连接文本与社会实践的桥梁。因此，笔者对《人民日报》龙舟报道的话语生产进行了解构,从话语主体、报道框架以及印象搭建三个层面拆解《人民日报》龙舟报道的话语搭建范式。《人民日报》针对不同的话语主体编织文本形成不同的报道框架,由此构建出龙舟在不同侧面的媒介镜像。同时,在不同的历史时期,这些镜像在与社会实践的互动中呈现出不同侧重,社会实践的变迁又反过来影响着文本意涵与报道框架的沉浮(如图4所示)。

3.1　话语主体——多维代言支撑话语表达

体育项目兼具历史性与时代性,国际性与民族性特征。《人民日报》龙舟报道主体覆盖面积和层次随着社会进步与龙舟现代化的推进不断扩大、丰富。1984年以前,《人民日报》主要关注端午节及其相关活动,随着80年代龙舟赛事恢复,其报道对象又扩大到各级龙舟赛事以及围绕赛事展开的地方经济发展成果。由于龙舟文化的民俗性,少数民族、偏远地区以及农村一直是龙舟报道的关注对象。进入新千年以来,两岸三地、国际社会以龙舟为线索的交流活动日渐增多。报道层次也逐渐涵盖相对微观的群众生活、校园体育以及广大龙舟体育人物。由丰富、全面的言说主体衍生出的《人民日报》龙舟框架方能建构并支撑起清晰、可信的龙舟媒体镜像。

3.2　报道框架——"诠释包裹"建构龙舟印象

甘姆森认为媒体话语作为一个大的议题文化的一部分,通常包含着一个"诠释包裹"(interpretive package)。这个围绕核心"框架",包含隐喻、描述、论据与视觉影像等一系列象征性符号的"诠释包裹"无声地存在于报道当中,影响我们所看到的新闻。[10]

笔者使用"NVIVO 11"对样本本内容进行逐句编码并仔细阅读,总结出五类常见《人民日报》龙舟报道框架,包含"民俗文化""经济建设""竞技体育""社会整合""国际影响"。其中每种报道框架都包括框架装置与推理装置,框架装置通过隐喻、描述、短语以及论据展示报道形塑龙舟镜像的一系列象征符号,推理装置则列举话语主体、原因分析以及镜像建构来揭示隐藏在框架背后的目的。通过框架的梳理,笔者发现《人民日报》龙舟报道通常采用一个或几个框架编排文本,这些框架之间也存在着互动关系——对话或竞争。这给予了不同框架范式融合与互补的空间,但其本身独特的属性与倾向也可能导致框架的沉默。

表2《人民日报》龙舟报道中的"诠释包裹"框架

		民俗文化	经济建设	竞技体育	社会整合	国际交流
	隐喻	"仪式""载体""教育"	"机遇""腾飞""格局"	"体验""记录""休闲"	"纽带""同舟共济""平台"	"渠道""桥梁""品牌"
	描述	龙舟是中华民族传承千年的传统文化，并仍在不断进取创新	龙舟作为社会主义市场经济建设中的要素发挥助推器作用	龙舟作为现代体育项目发展迅速，并在群众之间受到欢迎	龙舟可以将各民族、各地区人民感情粘合，并与祖国命运紧紧联系起来	龙舟相关活动拥有大量海外拥趸，国际影响力日益提高
框架装置	短语	"龙舟竞渡在阳江有至少上千年历史。据《阳江县志》记载，龙头是最能体现阳江龙舟精神的物质载体""推动赛龙舟这一非遗文化在青少年中的传承"	"三峡工程所在地——湖北省宜昌市正形成大开发、大开放格局""岳阳，正乘龙舟腾飞！"	"2007年，龙舟项目被正式确认成为2010年广州亚运会比赛项目，这也是该项目第一次进入亚运大家庭""龙舟竞渡，居民争相观看"	"经多年举办，海峡两岸赛龙舟活动已成为推动两岸交流、传承发扬中华优秀传统文化的重要平台""今天能同其他兄弟民族选手一起同场竞技，我们非常高兴"	"龙舟赛的举办标志着春节庆祝活动临近尾声，但同时也是今年中埃乃至中国与阿拉伯世界文化交流的新开端""龙舟赛已成为英国西北地区大型的华人文化活动品牌"
	论据	手艺人左文康制作龙舟的非遗技艺、"起龙"习俗教育青少年亲近非遗文化	岳阳龙舟节成交量巨大，吸引外商、华侨以及国内企业的关注	龙舟首次成为亚运会正式项目	关注少数民族地区运动开展情况、少数民族特色龙舟讲解、两岸龙舟赛事持续开展	世界各地举办龙舟节与龙舟赛事，国际友人积极参与体验龙舟文化

续表

		民俗文化	经济建设	竞技体育	社会整合	国际交流
推理装置	话语主体	节日、活动、体育人、龙舟赛	龙舟节、龙舟赛、贸易会、旅游节	群众、学生、龙舟队、龙舟协会、龙舟赛	少数民族、边远地区、海外华侨、两岸三地同胞	国际社会、海外华侨、国际组织、龙舟赛
	原因分析	龙舟的民俗文化基因和龙舟赛的团体竞技属性可以很好地传承、补充、发扬中华文化	龙舟的"商品经济"属性使其在"以文促贸"的发展策略中展现出巨大的潜力，其周边商业开发水平日渐提高	龙舟作为源远流长的体育项目，在民间拥有深厚的群众基础。而其现代化转型又再度扩大了此优势	龙舟作为符号象征将全世界的中华儿女团结在"龙的传人"旗帜下，作为纽带将各民族命运同国家命运联系在一起	不断转型的龙舟凭借其出色的观赏性、竞技性、文化性完成了出色的跨文化传播
	镜像建构	代表中华传统文化与中国时代精神	拥有庞大的商业潜力、产业规模以及市场号召力	具备出色的竞技性和庞大的受众群体	成为中华民族协力同心的象征	得到国际社会的高度认同与喜爱

3.2.1　民俗文化

民俗文化寄寓于一定的精神寄托之中，仪式往往是整合民俗文化体的中介。[1]龙舟竞渡一度因其赛前仪式所承载的文化属性而遭到封禁，但随着社会认知的持续进步，龙舟身上的文化基因使其成为发挥教育功能不二的选择。"民俗文化"框架的关注点十分多元，它将龙舟视作传统习俗的"仪式"、对英雄先辈的缅怀、民俗文化的载体以及教育的手段。2020 年 6月 25 日的《与龙舟相守六十年》讲述了龙舟雕刻手艺人左文康的故事。"一般来说，手工制作一对龙头龙尾，要近一个月。每制作一套龙头，左文康要先走访村里的老人，了解文化习俗，综合大家的意见，把传统特色融入龙头制作中。"民俗文化在新媒体网络出现之前，便是通过长辈对晚辈口述或教导的方式传承[11]，左文康前辈在现代龙舟的制作中仍保留了这一古老的习惯，仪式性的行为将村民的美好祈愿汇聚在小小的龙船上，其中便流淌了最纯正的民俗文化血脉。"这门手艺再传到我的两个儿子，已经是第四代了"，对非物质文化遗产的介绍似乎更直接地体现了"民俗文化"框架的教育取向。像2019年6月7日《岭南龙舟季 一水寄乡情》中就有对"起龙"习俗源流、模式的详细描述。另一方面，民俗文化既是体育文化，又是生活文化，为一定地区的民众传承和享用。因此，"民俗文化"框架关注城市风土人情，挖掘地域特色的取向使其与"以文促贸"指导思想下诞生的"经济建设"框架产生了交汇点。

值得注意的是，民俗体育一般依附于文化母体之中，体育文化经过不同区域文化熏陶就带有了形态各异的区域民族特征。[12] 这一点也给予了"民俗文化"框架与"社会整合"框架对话的空间，传承不同民族的民俗不仅保护了中华民族的文化瑰宝，还为各个民族间的共情打下了基础。

3.2.2 经济建设

由于新中国成立后现代化的迫切需求，我国在很长一段时间内对文化与经济关系的认知出现偏差。尤其是改革开放后，"文化搭台，经济唱戏"的理念指导了中国二十世纪八九十年代许多城市的文化建设与经济发展工作。[13] 由此导致《人民日报》龙舟在八十年代出现了"经济建设"框架，即将龙舟视为经济增长的"动力""机遇"，在报道中着重突出赛事赞助商，报道落点直指外商、华侨，以提振投资信心为目的进行赛事公告和民俗风貌介绍。像1993年4月30日刊登的《广告全部招标竞买》中就提到"1993'炎黄杯'世界华侨、华人龙舟赛九江赛区广告将全部以招标竞买方式组织。这是该赛区组委会最近公布的一项重大举措。竞买范围包括奖杯、标志产品等十余项。消息传出，即引来多家海内外企业洽谈"。

随着社会发展的日趋成熟，十七大文化软实力在国家发展中地位确立之后，《人民日报》龙舟报道"经济建设"框架出现了转向。文化为手段，经济为目的的片面认知被颠覆，是所谓"经济搭台，文化唱戏"。[13] 新时代的《人民日报》的经济建设报道巧妙地融入文化要素，实现与"民俗文化"框架的对话。如 2019 年 5 月 14 日的报道《龙舟，划向美好生活》借介绍淮安以龙舟为核心的休闲体育产业发展的同时不忘点出其"傍水而生，因水而兴。既有'四水穿城、四湖镶嵌'的城市格局，又因历史上作为'南船北马、九省通衢'的漕运转运中心而享有盛名"的人文积淀。

3.2.3　竞技体育

阿伦·古特曼将现代竞技体育定义为身体的、竞争性的和组织性的游戏，并在《从仪式到记录：现代体育的本质》一书中归纳了现代体育的七个特征：世俗化、平等化、专业化、合理化、科层化、量化、纪录化。[16]这与诞生于社会转型这一特定时代条件和背景下、脱胎于"民俗文化"与"经济建设"的争论之中的"竞技体育"框架的关注点不谋而合。随着 1976 年香港国际龙舟赛开启龙舟竞技化进程，之后的"竞技体育"框架重点关注龙舟项目的竞技化转型，1984 年 6 月 13 日的报道《广东东莞队、顺德队获两项冠军》是该框架的典型案例。一方面，专业化、合理化要求明确的项目划分与完善的体育规则，如"近年来，龙舟比赛已成为一项国际性体育活动。龙舟比赛赛程为六百四十米，赛道宽十五米，龙舟长十一米五八，宽一米〇七，龙舟深度为零点四六米，舟上载二十名划船手、一名舵手和一名作为指挥的鼓手"就介绍了专业化龙舟的赛事规格。另一方面，现代体育与古代体育分离的一个特点就是对记录的挑战和追求。报道中对两队"2 分 27 秒 7 和 2 分 36 秒"成绩的描述体现了现代体育量化、记录化特征。另外，龙舟协会的成立、赛事规模的扩张等科层化转变也是其"竞技体育"框架的报道重点。

《人民日报》龙舟报道中的"竞技体育"框架同样关注基层群众的龙舟赛事与活动，尝试描绘日常生活中群众积极参与龙舟实践的场景。称龙舟为"体验""休闲"，在"竞技体育"框架中，龙舟似乎已经融入到大众日常生活中，拥有着深厚的群众基础。如阿伦·古德曼所言："现代体育无关神圣超然的境界"[14]，世俗化的进程让龙舟竞渡摆脱民俗文化仪式的羁绊。剥离神秘主义外衣，"竞技体育"框架中的龙舟是其娱乐属性的复归，只是作为一种群众喜闻乐见的竞赛方式、有趣新鲜的健身途径来俘获大量忠实拥趸。像刊发在 2014 年 8 月 20 日《人民日报》上的《"业余"龙舟人》讲述了北京后海一帮"志趣相投"的"玩家"，"零基础，不相识，挡不住归心；拉队伍，练体能，燃起了激情"，积极参与龙舟训练，自发组织小型比赛的故事。

龙舟作为团体竞技项目的本质也容易激起参与者与旁观者的集体荣誉感和拼搏精神，《人民日报》龙舟报道"竞技体育"框架通过文本、图片对精彩龙舟进行再现，起到潜移默化的教育作用。2000 年 11 月 1 日的《三江舸舸竞风流》中"六条龙舟就似出膛弹、离弦箭，在江面上分出道道水线"的描写，表现紧张的现场气氛来展现竞技魅力。最后"胜的队员们以桨击水欢庆胜利，可是其他选手也并未垂头丧气"更是点出竞技精神的真谛。

3.2.4　社会整合

罗伊认为"所谓民族的概念是围绕着其自身的体育代表而建构起来的，这一概念通过媒体机构在其内部和外部被广泛传播，从而成为在人类情感世界的深处连接媒体和体育的重要文化象征"[15]。龙舟文化对中华民族这一"想象的共同体"的凝聚与维系作用被《人民日报》延伸成为"社会整合"框架，该框架将龙舟活动视为龙的传人的标志，联系各民族的"纽带"，作为有着历史溯源的民俗传统给全国各地、两岸三地乃至海外华侨同胞以交流互通的"平台"。龙舟本身的"船""合作"属性也给了新闻创作者与读者以"同舟共济"的联想空间。同时，该框架在《人民日报》选题层面也有影响，少数民族地区和农村地区的龙舟节事、比赛成为选题热门。《融江河上练龙舟》《千年水墨龙川村》《独木龙舟划起来》等报道都是此框架指导下的产物。

由于我国特殊的历史背景与国情，"社会整合"框架可能在不同的历史时期与"国际交流"框架出现交叉或转化。如关于华侨在异乡举办龙舟活动以怀念祖国的报道慢慢转向"国际影响"框架中华侨打造龙舟活动品牌，对外宣传龙舟文化的角度。

3.2.5　国际交流

"国际交流"框架可能是最"年轻"的框架范式，基本随改革开放一同出现并成长，经历几个形态的流变，最终呈现出现在的模样。所谓"以新世界主义为指导的体育传播应注意寻找本土性与全球性、民族性与世界性、特殊性与普适性之间的平衡点"[16]便指明了"国际影响"框架的发展路线。"国际影响"框架带有"社会整合"框架的部分血统，内容涵盖海外华侨组织的龙舟活动、国际性赛事参与情况以及国际龙舟协会动向等。其中关于华侨龙舟活动的报道关注已经在国外形成规模与影响力的"品牌"，如 2015 年 6 月 17 日的报道《曼城水港龙舟欢跃》中就提到"经过 4 年的打造，龙舟赛已成为英国西北地区大型的华人文化活动品牌"。此外，"国际影响"框架擅长利用地标词汇展现龙舟文化已在全世界遍地开花。"尼罗河""恒河""悉尼情人港湾"等符号编制起龙舟文化的影响力。近年来，《人民日报》龙舟报道"国际影响"框架对龙舟比赛的描述不断突出竞技性，弱化民俗文化色彩，与"竞技体育"框架搭配出现。这可能起始于《人民日报》1992 年报道岳阳龙舟节时引用的欧洲龙舟协会主席麦克哈思兰的评论："这里节日气氛似乎比竞技气氛要浓得多，有些喧宾夺主了，若能再突出些比赛，将更能吸引外国人。"2022 年 11 月 29 日的报道《龙舟亚锦赛中国队获 3 金 3 银》就几乎与一般体育赛事报道框架无异，仅仅交代了竞赛项目、参赛队伍以及比赛成绩。

4　《人民日报》龙舟报道的社会实践：语境变迁——框架的沉默与博弈

《人民日报》龙舟报道走过 65 年的历史，见证了龙舟竞渡的现代化转型。龙舟从地方传统民俗文化到现代竞技运动，《人民日报》也在不同时期通过框架策略组织文本形塑了代表中华传统文化和中国时代精神、拥有强大吸引力与庞大受众群体、具备出色的商业潜力、产业规模以及市场号召力、成为中华民族协力同心的象征并得到国际社会的高度认同与喜爱的龙舟媒介镜像。前文通过梳理文本、框架策略以及媒介镜像，我们得以明确《人民日报》龙舟报道文本、话语实践与社会实践的辩证关系。《人民日报》话语策略嵌入社会实践中，被其所反映的社会现实所形塑的同时也在影响着社会实践本身。

社会语境不仅仅包含话语产生的局部语境，还包括话语所处的社会、政治、历史、文化等外部环境，这些要素在随时代变迁的过程中不断形塑着《人民日报》龙舟报道话语。《人民日报》龙舟报道的话语策略随语境的更新不断调整以适应社会需要，某种程度上扮演了意识形态与社会思潮晴雨表的角色。[19]具体而言，《人民日报》龙舟报道的框架范式互相激活、扩散、补充、对抗，在不同语境中显明或沉默，共同构成多层级的框架场域，反映出框架发生情景的复杂性、丰富性。[4]

龙舟文化的起源，是先民时期的图腾崇拜，是乡土农耕社会宗族的竞争与对自然的敬畏。"文化"是贯穿龙舟转型流程的主轴，因此笔者以"民俗文化"框架的流变为主视角梳理框架之间的互动。《人民日报》1950年第一次报道龙舟活动时值新中国成立初期，文化工作处于边缘地位，意识形态整合范式占据主流。早期《人民日报》龙舟报道"民俗文化"框架依附于节庆民俗（端午节）这一文化母体当中，以重大节事活动习俗的形象出现。同时，这个时期的"民俗文化"框架中某些要素遭到了压抑，如传统的竞渡仪式、龙图腾信仰被视作封建迷信残余，在破四旧运动中被雪藏。取而代之的是"大跃进"、人民公社化运动中的集体主义宣传。如1958年8月19日的报道《牙雕艺人献杰作"乘风破浪"话龙舟》中将龙舟牙雕作品的纹饰改为了"跃进""大百花篮""人民公社好"的字样。龙舟文化中对爱国者、勇士的敬仰则因导向、格调等原因得以保留。辩证来看，新中国成立前龙舟竞渡主要发生在农村，常常以械斗的方式收尾。"宁输一年田，不输一年船"的观念流传于封建宗族为基础的广大农村乃至中国大地。这一意识形态整合时期对于龙舟文化符号的挪用一定程度上推进了龙舟内核的去芜存菁，完成了龙舟文化从"俗民"到"精英"的转型，为其融合其他框架，发挥文化价值奠定了基础。

一直到改革开放前后，龙舟的文化属性才以中华文化瑰宝或地方特色民俗的姿态回归。80 年代是我国转型的关键节点，多股力量在此时间段交锋。"以舟为媒，以文促贸"的指导思想下，龙舟的"民俗文化"框架重现，作为"经济建设"框架的着力点重新活跃起来。同时，开放意味着更大的市场，"国际交流"框架的引入又带来新的思考："跨文化背景下，仅仅依靠传承于中国土壤的竞渡文化是否足以吸引国际资本，龙舟的体育项目属性该如何开发？"1984 年 7 月，原国家体委将龙舟列为正式体育比赛项目，《龙舟竞赛规则》的制定指明了龙舟的竞技化转型方向，也开启了"民俗文化"框架内在的文化性与"国际交流"框架要求的竞技性之间的角力。无产阶级政权对生产力发展的需要导致"经济建设"框架的角色愈发重要，龙舟愈发明显的商品属性使得天平倒向竞技性。抽离文化属性的"竞技体育"框架出现并与"经济建设"框架相辅相成，占据报道主流。《人民日报》龙舟报道的大量赛事公告中开始充斥企业、广告以及招商信息，自由主义强调市场属性的思潮让"民俗文化"框架再次僵化为经济发展的附庸。

八十年代末两岸关系的破冰和民族主义的勃兴给予了"民俗文化"框架避开"竞技体育"框架的另一条发展之路。民族认同的纽带成为龙舟文化这一中华民族延续几千年的共通意义空间所独有的优势。"社会整合"框架应运而生并快速发展，其内涵也从两岸三地的同胞情与华侨的思乡情外延至汉族和各少数民族一家亲。上世纪末我们迎来香港、澳门回归，海外华人华侨所创办的龙舟文化品牌逐渐形成规模，现实的需要将"民俗文化"框架抬回了《人民日报》报道范式的一线。正如安东尼·斯密斯所言："拥有共同的公共文化并对这一公共文化传统认同是民族的关键特征"，龙舟文化的融合特征与中华民族概念的多样性开辟了"民俗文化"向"民族文化"升格的路径。

龙舟的竞技化在《人民日报》越来越频繁的专业赛事报道之中稳步推进，在 2010 年加入亚运会后取得了阶段性的成就。龙舟在竞赛化发展这个去仪式化的化繁为简过程中，逐渐走出了两条道路。一方面，龙舟作为赛艇项目的本质浮现。社会转型将民俗文化从生活方式转化成追忆的对象，古老民俗经历商业包装重新汇入大众文化潮流之中[11]，龙舟文化再一次从"精英"下沉到民间，"竞技体育"框架中诞生了以娱乐、健身目的为主的取向。另一方面，龙舟愈发从传统民俗的范畴里面抽身出来，向"中国文化"的方向靠拢。随着"龙舟入奥"进程不断推进，龙舟和皮划艇之间的联系愈发紧密。2020年8月，比亚迪与中国皮划艇协会在深圳签约，成为"龙舟入奥战略合作伙伴"，双方将在推动龙舟进入奥运会和设计研发"竞技型龙舟"等诸多领域展开深度合作。国际皮划艇联合会制定的《2016—2020战略计划》中，明确提出了四大战略目标——第一，巩固皮划艇在奥运会上的地位，争取增加项目数量——奥林匹克多元文化的这种诉求和中国文化影响世界的诉求是相通的，这给予了"民俗文化"框架更具时代性的对接角度，选取更具跨文化属性的特质与并积极与"国际交流"框架互动，结合成熟的"竞技体育"框架，一同成为"龙舟入奥"的舆论支撑。

5 小结

《文化现象学》中谈到："社会和文化是互为函数的双向作用关系"，龙舟竞渡经历现代化转型，从民俗项目走出国门奔向世界的过程一定程度上反映出我国社会转型背后的意识形态动力。《人民日报》作为主流媒体，报道倾向始终与党和国家的意志相统一。《人民日报》随时代发展不断革新报道内容，丰富文本意涵，针对不同主体指定恰当的话语框架编排内容，在不同时期建构出多样化的龙舟媒介镜像。分析"民俗体育""经济建设""竞技体育""社会整合""国际交流"几个框架间的互动，能够梳理出龙舟这一传统民俗体育项目在各个历史时期顺应时代要求做出的改变。在保留了文化基因的同时将自身推向了更大的舞台，值得其他仍葆有生命力但挣扎在转型路上的民俗体育活动学习借鉴。

随着入奥进程的不断推进和经济社会转型的逐步深入，《人民日报》等主流媒体甚至其他新媒体平台也将对自身的框架进行更深入的探索，以建构出符合时代要求的龙舟形象。如高丙中（2004年）谈到端午节习俗的传承断裂，是否可以通过龙舟活动的举办以及报道重塑破碎、分散的端午节价值?[17] 未来，如何进一步提升龙舟全球知名度，推动其"入奥"进程？若"龙舟入奥"如果真的借助皮划艇之名成为现实（较为现实的路径），如何在报道范式中平衡竞技性与文化性、内生文化与外来要素进行创造性转化和创新性发展？都是值得媒体行业继续通过实践探索的话题。

参考文献

[1] 涂传飞，陈志丹，严伟. 民间体育、传统体育、民俗体育、民族体育的概念及其关系辨析 [J]. 武汉体育学院学报，2007，No. 201 (08)：24—31+51. DOI：10. 15930/j. cnki. wtxb. 2007. 08. 008.

[2] 陈仲丹. 龙舟竞渡小史 [J]. 同舟共进，2022，No. 407（05）：87—88. DOI：10. 19417/j. cnki. tzgj. 2022. 05. 023.

[3] Fairclough N. 1989. L ang uage and Power [M]. London and New York：Longman.

[4] 王彦. 沉默的框架：框架理论六十年的时间脉络与空间想象 [J]. 浙江大学学报（人文社会科学版），2017，47（06）：197—215.

[5] 胡娟. 我国民俗体育的流变——以龙舟竞渡为例 [J]. 体育科学，2008（04）：84—96. DOI：10. 16469/j. css. 2008. 04. 016.

[6] 江立中. 论龙舟文化的三个发展阶段 [J]. 云梦学刊，1995（02）：13—17.

[7] 倪依克，孙慧. 中国龙舟文化的社会品格 [J]. 成都体育学院学报，1998（03）：17—21.

[8] （宋）沈括：《梦溪笔谈》，中华书局，2009 年版。

[9] 倪依克. 当代中华民族传统体育发展的思考——论中国龙舟运动的现代化 [J]. 体育科学，2004（04）：73—76. DOI：10. 16469/j. css. 2004. 04. 024.

[10] Gamson, W. A. "The 1987 Distinguished Lecture：A Constructionist Approach to Mass Media and Public Opinion", Symbolic Interaction, Vol. 11, No. 2, 1988, pp. 161—174.

［11］胡娟，王凯珍．从民俗到体育：龙舟竞渡的缘起及现代转型［J］．体育文化导刊，2007（02）：18—20.

［12］陈莉．区域民俗体育文化的研究定位及其策略选择［J］．体育与科学，2010，31（01）：56—59. DOI：10.13598/j.issn1004—4590.2010.01.013.

［13］叶皓．经济搭台，文化唱戏——兼论文化与经济的关系［J］．南京社会科学，2010（09）：1—5. DOI：10.15937/j.cnki.issn1001—8263.2010.09.001.

［14］Allen Guttmann. From Ritual to Record：the Nature of Modern Sport［M］.New York：Columbia University Press，2004：15—55.

［15］詹姆斯·库兰．大众媒介与社会［M］．杨击 译．北京：华夏出版社．

［16］韦路，何明敏．体育国际传播的"新世界主义"路径［J］．成都体育学院学报，2021，47（06）：9—13. DOI：10.15942/j.jcsu.2021.06.003.

［17］高丙中．端午节的源流与意义［J］．民间文化论坛，2004（05）：23—28. DOI：10.16814/j.cnki.1008—7214.2004.05.006.

国际话语权视野下中国龙舟文化传播范式

任国征

（中央财经大学，北京 100098）

【摘要】必须重视中国龙舟文化传播工作，尤其是国际层面的中国龙舟文化传播工作，而这就要求我们必须重视政治学视野下的国际话语权建设，并以此建立中国龙舟文化传播范式。当中国不断深度融入全球社会中时，国际话语权的重要性不断凸显。中国龙舟文化传播迫切需要提升国际话语权。构建完善的国际话语体系，从国际现实出发和从中国国情出发，提出具有世界意义的新概念、新表述、新理论，引领国际话语、设置国际议题、制定国际话语规则、建构强大国际话语传播载体，进而建立中国龙舟文化传播范式。

【关键词】中国龙舟文化传播；全球治理；国际话语权

作者简介：任国征（1975—），男，中央财经大学绿色金融国际研究院研究员，健康金融实验室主任。邮箱：rgzh2009@163.com

蕴含"同舟共济、奋勇争先"精神的龙舟文化是我国优秀传统文化，深入挖掘、系统研究和大力弘扬中华龙舟文化，有助于杭州亚运会龙舟赛事在浙江省温州市瓯海区的顺利开展，有助于新时代我国传统文化的海外传播，有助于提高我国龙舟文化的国际话语权。习近平总书记所作的党的二十大报告《高举中国特色社会主义伟大旗帜　为全面建设社会主义现代化国家而团结奋斗》深刻阐述中国式现代化的科学内涵、中国特色和本质要求，强调坚持以中国式现代化全面推进中华民族伟大复兴。报告还用独立整个自然段篇幅明确部署"增强中华文明传播力影响力。"坚守中华文化立场，提炼展示中华文明的精神标识和文化精髓，加快构建中国话语和中国叙事体系，加强国际传播能力建设，全面提升国际传播效能，形成同我国综合国力和国际地位相匹配的国际话语权。中国式现代化是中国共产党领导的社会主义现代化，是具有中国特色、符合中国实际的现代化，是实现中华民族伟大复兴的光明大道。我们必须重视中国式现代化海外传播，尤其是国际层面的中国式现代化海外传播，而这就要求我们必须重视政治学视野下的国际话语权建设，并以此建立中国式现代化海外传播范式。

1 话语权促进中国龙舟文化传播的理论文献梳理

话语权理论起源于哲学思辨之中，福柯所阐发的"话语权"概念，是区别于军事、经济、政治等物质性权力的非物质、社会性权力。如果说传统的话语被归入修辞学，被视为一种工具或符号系统，那么，语言学转向后的西方话语则承载着特殊的价值意蕴，"在内在本质上，西方话语体系是西方思想理论、西方道路、发展模式、政治原则、制度规范、价值取向的总体反映和实践运动，具有鲜明的意识形态和价值渗透性"①。就话语权促进中国龙舟文化传播方面，当前学术文献呈现以下三个层面：

1.1 国际话语权的概念提出

客观说，学术界对"国际话语权"的含义理解存在偏差。"话语权"源于西方，是对英文"discourse power""power of discourse"或法语"pouvoir du discours"的意译。在汉语词汇中，"权"即可指"权力"，又可指"权利"，有学者将"话语权"解读为关于"话语的权利"，而如果考诸英文词组"discourse power"，可以发现"权"对译乃是英文 power，power 的汉译是"权力"，"权利"的英译是 right，因此，"话语权"主要指涉的乃是关于"话语的权力"，有学者由此将"国际话语权"解读为"通过话语

---

① 韩美群：《解构与重建：西方话语的理论逻辑与马克思主义的话语创新》，《马克思主义研究》，2018 年第 2 期。

来获得权力，它与军事、经济等物质性权力一样，本质上都是一种'权力'。"① 除了对国际话语权的内涵理解存在偏差之外，还有其他各种对话语权的片面认识，比如：将话语权当作"话语权利"、将话语权当作"权力话语"、将话语权当作"媒体权"、片面认为话语权取决于道德水准和文化实力、将话语权当作"外交能力"，等。② 综合来看，国际话语权属于话语权的一种，属于软实力的有机组成部分，它不同于军事、经济等硬实力。国际话语权本质上属于政治问题，随着软实力在国际竞争中的重要性越来越凸显，国际政治有逐渐演化为话语权政治的趋势。

1.2 话语权有利于思想引导

众多学者认为，话语权的思想引导功能通过语言和哲学的方式得以实现。正如保罗·利科曾指出："对语言的兴趣，是今日哲学最主要的特征之一"③。话语权引导思想的哲学路径可概括为三种表现：一是海德格尔的话语是"存在之家"。海德格尔从反形而上的角度赋予语言一种本体论的价值，语言或话语就是"逻各斯"，话语就是世界观，人以语言的形式存在。在这里，语言摆脱了工具论预设，人是以语言的形式存在。二是维特根斯坦的话语是"实践之门"。维特根斯坦的理论贯穿着从理想语言向日常语言的转向，并提出了"语言游戏说"理论。维特根斯坦认为语言的含义在于使用，它本质上是一种"生活"。三是巴赫金和诺曼·费尔克劳的话语是"价值之基"。话语被视为表达一定的价值属性，体现了特定的价值立场。④ 在这里，话语不再是一种传输信息的单纯工具或符号，而是被设置了承担更加重要的工作，"问题在于指出差别何在，人们如何能够在相同的话语实践中谈论不同的对象，如何会有分歧意见，如何会作出矛盾

---

① 张志洲：《国际话语权建设中几大基础性理论问题》，《学习时报》，2017年2月27日，第2版。

② 《中国发展需要国际话语权》，《人民日报》，2010年12月9日。https://www.guancha.cn/america/2010_12_09_51892.shtml

③ 保罗·利科：《哲学主要趋向》，商务印书馆，1988年，第337页。

④ 韩美群：《解构与重建：西方话语的理论逻辑与马克思主义的话语创新》，《马克思主义研究》，2018年第2期。

的选择；也是为了指出话语实践在什么方面相互区别；总之，我不想排斥主体的问题，我想界定主体在话语的多样性中所占据的位置和功能"。① 总之，西方哲学不再将"话语"简单视为一种单纯的形式化的工具或符号系统，而是认为它承载了特定的价值理念、制度模式、生活原则，进而影响思想引导的路径和内容。

1.3 话语权有利于理论辨析

话语权的意识形态主导权是福柯开启了权力的微观物理学研究，并发展出一种新的权力支配模式。其从五个方面概括福柯权力的独特气质，（1）泛化权力概念，将一切不等量关系都视为权力；（2）权力被视为一种"网络"，而不再是"物"的"占有"；（3）冲淡传统权力观中的主体，把人视为权力冲突中不稳定的点；（4）权力不再是确定的、具体的，而是分散的规训性力量；（5）权力不再只具有压抑的一面，还具有生产的一面。② 也有学者认为福柯的权力观奠基于主体之上才能被界定，也即只有在"锻造主体"的意义上才能理解福柯的权力/知识。据此，福柯确实拒斥人们习以为常的"权力压抑模式"，他的新权力支配模式信念是"权力不是令人窒息的压制和抹杀，而是产出、矫正和造就。权力在制造"③。福柯以"知识"为中介阐释了话语与权力关系，一方面权力制约和制造话语，话语身处复杂权力关系网中，话语不过是权力的隐蔽实践。"在每个社会，话语的制造是同时受一定数量程序的控制、选择、组织和重新分配的，这些程序的作用在于消除话语的力量和危险，控制其偶发事件，避开其沉重而可怕的物质性。"④ 另一方面话语展现和再生产权力，话语本身就是一种权力，面对权力的控制，话语可以通过主体的一系列活动反制权力。总体来看，福柯的权力观完全不同于传统权力观，从此种"话语"与"权力"理解出发，他开掘了话语权影响意识形态理论辨析权力的新面向。

---

① 米歇尔·福柯：《知识考古学》，三联书店，2003年，第222页。
② 杜敏：《思想政治教育话语权研究》，兰州大学2018届博士毕业论文。
③ 米歇尔·福柯：《福柯文选》，北京大学出版社，2016年，编者前言，VII。
④ 米歇尔·福柯：《话语的秩序》，肖涛译，载许宝强、袁伟：《语言与翻译的政治》，中央编译出版社，2001年版，第3页。

2 我国国际话语权不足影响中国龙舟文化传播

国际话语权与中国龙舟文化传播是一种伴生关系，国际话语权的弱势会影响中国龙舟文化传播的成效，因此，提升国际话语权是增强中国龙舟文化传播的重要措施。正如前文所说，20 世纪 80 年代，西方国际关系学者首次提出国际话语权概念，在国际话语权勃兴之际，鉴于复杂的国际形势和改革开放的现实需要，我国并没有积极争取自身的国际话语权。当前中国国际话语权的疲弱与话语体系的不完善有着密切的关系，由于尚未形成系统性、整体性、自洽性的话语体系，使得我国的国际语言呈现出碎片化、断裂式、口号化特征。对于我国国际话语权不足的状况，党中央有着清醒的认识，习近平总书记指出："中国在世界上的形象很大程度上仍是'他塑'而非'自塑'，我们在国际上有时还处于有理说不出、说了传不开的境地，存在着信息流进流出的'逆差'、中国真实形象和西方主观印象的'反差'、软实力和硬实力的'落差'。"① 认知到国际话语权的弱势地位并开始重视国际话语权是一种总体概况，具体来看，我国国际话语权的疲弱表现在多个方面：

2.1 我国国际话语权建设起步较晚

从 20 世纪 80 年代至 90 年代末可谓是中国国际话语权的"见习期"和"蛰伏期"。中国真正重视国际话语权是进入 21 世纪之后，其中"文化软实力"扮演了催化剂功能，此后，北京奥运会、上海世博会、2008 年金融危机的爆发都进一步激发了中国自信心和大国意识。与此同时，国际话语权不足制约中国发展的现实也越来越受到官方和学界的关注。故而党的十八之后，话语权建设上升到了国家战略和全方位外交层面。通过文献检索可以发现国内 2003 年只有一篇学术论文论及话语权与国际秩序建构，到 2005 年增加到 4 篇，此后文献数量逐年增加，但幅度不大。十八大之后，关于中国话语权、国际话语权的研究文献从之前的每年几十篇迅速增长到

---

① 中共中央文献研究室：《习近平关于社会主义文化建设论述摘编》，中央文献出版社，2017 年，第 200 页。

每年一二百篇，但仍是数量较少。国际话语权日益成为中国社会的显性问题，但我国国际话语权疲弱状况并没有发生根本性的改变，当前的发展态势不太理想的表现是：第一个层面，"不表态、不说话，失语，失去话语权"。第二个层面，"说话了，但是没人听，或者别人听不懂"。第三层面，"不仅说话了，还能够同别人交流互动"。第四个层面，"不仅有交流，而且我们的话语有影响力"。第五个层面，"不仅有影响力，还有话语优势"。该学者认为我国的国际话语权主要处于前三层面，第四个层面有一些，第五个层面基本没有。①

2.2　我国对国际话语权的功能定位存在误解。

在西方哲学发生语言学转向，将"话语"由工具性思维转变为本体论思维时，我国学术界并没有发生同样的语言学转向，"话语"在我国学界的定位依然是"工具性""功能性""形式性"的存在，这种思维模式也随之反映到对国际话语权的功能理解方面，将我国国际话语权的疲弱单纯理解为形式、工具问题。此种理解最终会呈现出两种样态，一种表现是向西方话语靠拢，认为西方国际话语权的强大源于形式新颖、符号表征意义更加现代化，因此力图借用西方的话语表述形式，照搬照抄，实则严重脱离中国话语语境和历史传统；另一种表现则是力图摆脱西方的现代话语形式，建构出能够与西方话语形式匹敌的话语表述模式，其结果是话语表述沦为自说自话。将国际话语权工具化、形式化的另一个后果是认识不到语言与思想的关系问题，重形式轻内容，认识不到语言形式与内容的辩证关系，一方面，语言受到思想内容、规范的制约；另一方面，语言形式又能够影响思想内容的传播效果，但在形式与内容的二者关系中，起主导作用的不是形式而是内容，因此，话语的差异不能只重视形式，更要认识到"不同语言之间的区别必然是与规范、权力关系以及自我理解联系在一起的。"② "构建新的话语体系，实质上就是要构建新的思想体系（理论体

①　郭建宁：《话语权的实质是文化主体性和理论原创性》，《理论视野》，2016 年第 1 期。
②　安靖如：《人权与中国思想：一种跨文化的探索》，中国人民大学出版社，2013 年，第 31 页。

系），着力点应放在思想内容上，而不是语言形式上。"①

2.3　我国国际话语体系不够完备。

近代以来，中国共产党带领中国人民进行了波澜壮阔的革命、建设、改革实践，但是与改天换地的实践相比，我国的理论并没能够及时跟得上，理论落后于实践，一方面理论无法有效解读中国实践的成就与不足，并做出相应反思；另一方面理论无法对中国实践进行有效指导，这使得很多时候理论研究沦为官方文件的翻版或事后证明。"总体来看，对马克思主义社会主义的研究已经非常丰富，成果也颇为丰硕，但是创新成果不多，大部分是政策解读和发展展望，相对缺乏整体建构理论话语或者话语体系的研究，更加缺乏对话语体系建构以及传播的系统思考。"② 理论只有彻底才能说服人，由于我国理论落后于社会实践，这使得我国国际话语呈现出"对内不信、对外不行"的状况，"对内不信"主要是"马克思主义社会主义理论面对蓬勃发展的马克思主义社会主义实践，存在表达不够、分析不清、说服不力的问题。现有学术话语体系在一定程度上存在不适应现实社会实践的问题，与人民群众的日常表达和理解需求尚有较大距离，离人民的期盼还有不小差距"。③ "对外不行"则是面对西方国际话语权的弱势状况。除了理论落后于实践之外，中国现代化道路相比于资本主义国家上百年的现代化历程及成功模式，仍显年轻，因此，世界上很多国家还不了解它，对其成效如何仍保持观望态度。最后，中国话语尤其强调马克思主义，会使得人们认为中国模式、中国话语只适合中国，不具有普遍性。相比之下，西方话语无不强调思想、价值、文化的普世性。因此，构建出具有国际影响力的话语体系建构需要从中国道路、中国制度、中国文化、中国实践出发，从中创造出具有马克思主义又为国际社会所接受的概念、范畴、原理。

① 李志昌：《话语体系的实质是思想体系》，社会科学报，2018 年 4 月 12 日。
② 《中国特色社会主义话语体系研究》。
③ 许徐琪、孟鑫：《提升中国特色社会主义理论世界话语权的挑战与对策》，《中共福建省委党校学报》，2017 年 2 期。

3 以提升国际话语权建立中国龙舟文化传播范式

实践是检验真理的唯一标准。历史悠久、文化独特、东方大国、社会主义构成了国际场域中的中国的独有标签，在西方资本主义国家国际话语权占据主导地位的国际空间场，中国的国际形象由"他塑"而非"自塑"，中国的话语陷入对于"西方话语"的"跟着说"，中国的实践也由西方按照自身标准进行剪裁。突破当前中国国际话语权建构中的中国"他者"状况，需要在国际社会发出中国声音，用中国话语讲述中国故事，用中国故事感染国外听众，但居于核心地位的则是马克思主义社会主义实践。经过上百年的发展与构建，西方社会已经建构起一套完善的国际话语体系，从文化价值观念、制度模式、体制机制、日常生活等方面无所不包，而且具有鲜明的逻辑自洽性、价值引领性、行为规范性，这使其一直主导着国际话语权。因此，建立党的创新中国龙舟文化传播范式，必须提升中国国际话语权，必须建构起完善的中国话语体系。

3.1 用中华优秀传统文化滋养国际话语，夯实中国龙舟文化传播基础

习近平总书记指出"文化自信是更基本、更深沉、更持久的力量"[①]。在构成文化传统的众多资源中，有些资源是高度抽象的、普遍性的理论资源，他们早已超越了民族性的思考上升到了整个人类的高度，这使其超越了时空的限制，对任何时代都具有指导意义。中华传统文化是否能够契合于现代社会是近代以来困扰学界的问题之一，从洋务运动的"中体西用"到新文化运动时主张引进"德先生""赛先生"再到"打倒孔家店"，可见时人对于中国传统文化的认知变迁。总体来看，现代中国是在对传统文化经过否定后发展起来的，而在对传统文化进行否定性批判过程中，扮演传统文化参照物的则是被标榜为现代文明的西方文化。因此，传统中国的衰落很多时候并不被简单视为单纯的政治事件，而是被上升为文明问题，"中国帝制晚期的危机所涉及的并非仅仅是'一个王朝的衰落'，更是'一

---

① 《习近平谈治国理政》（第二卷），外文出版社，2017年，第339页。

个文明的没落'"①。随着传统文化被打上"落后"的标签，传统文化的语言载体——话语、符号——也随之被视为陈旧的东西，由此发生了具有马克思主义的语言学转向，也即用语改变和语义变迁，主要表现为一系列新词汇的涌现和旧词汇含义的转变。比如方维规发现近代中国对外国人的称呼呈现出"夷"被"洋""西""外"逐渐代替的趋势，并最终在19世纪后半期完全被"西""外"所取代，方维规认为从"夷学"到"西学"再到"新学"的转化，"不但代表着对西方文化的一种心理倾向的改变，而且很大程度上可以看作是世界观的一种整体转变。"② 金观涛、刘青峰发现中国现代政治观念经历了三个阶段的变迁，（1）洋务运动时期，"用中国原有的政治文化观念对西方现代观念的意义进行选择性的吸收"；（2）甲午战争之后到新文化运动前，"中国人以最开放的心态接受西方现代观念"；（3）新文化运动时期，中国人对"所有外来观念的消化、整合和重构"。③ 由此可见，现代化的中国是在批判传统话语的基础上不断吸纳国际话语的过程，其结果是西方现代话语主导了中国社会。

3.2 以发掘革命文化的世界意义丰富国际话语，把稳中国龙舟文化传播方向

革命文化是中国共产党成立之后带领中国人民在争取民族独立、人民解放、国家富强过程中进行伟大斗争而孕育出的文化。将革命文化融入国际话语就必须发掘革命文化背后的世界意义，回归革命文化生发的时代背景和其历史意义，可以发现中国近代革命是具有世界意义的重大事件。霍布斯鲍姆指出："革命是20世纪战争之子。"④ 20世纪是在混乱与无序中开始的，经济萧条、法西斯主义和战争轮番上演，而俄国十月革命则开辟了人类道路的新纪元，开启了人类历史的新时代，毛泽东同志指出："在

---

① 孔飞力：《中国现代国家的起源》，三联书店，2013年，译者导言，第5页。
② 方维规：《"夷""洋""西""外"及其相关概念：晚清译词从"夷人"到"外国人"的转换》，朗宓榭、阿梅龙、顾有信：《新词语新概念：西学译介与晚清汉语词汇之变迁》，山东画报出版社，2012年，第111页。
③ 金观涛、刘青峰：《观念史研究：中国现代重要政治术语的形成》，法律出版社，2011年，第8页。
④ 霍布斯鲍姆：《极端的年代》，江苏人民出版社，1998年版，第77页。

第一次世界大战和十月革命胜利之后，世界的面目、历史的方向就变了。世界历史几千年以来都在发展着、进步着，但只有到了第一次世界大战和十月革命之后，才产生了新的方向。"① 由俄国革命开创的无产阶级革命新纪元，中国革命是其中出彩的一笔，早在第一次大革命时期，中国共产党就已经鲜明地提出"中国革命是世界革命的一部分"。改革开放以来，有学者提出"告别革命"，革命话语逐渐被改革话语所取代，这使得有部分学者将 20 世纪 90 年代视为与之前历史的大断裂、大转折，并因此将 20 世纪称之为"短 20 世纪"。那么，革命运动所呈现的革命文化还有现实意义吗？这要根据革命的追求与现实的对比来回答，20 世纪无产阶级革命以反剥削、反殖民为目标，以实现人的真正的解放和全面发展为追求，呈现出鲜明的现实性和理想性。如果观照现代社会，可以发现这依然是一个资本主义占据主导地位的世界，真正的自由、平等、民主的理想并没有实现，因此，革命文化在世界范围内依然具有旺盛的生命力，是一种具有强大现实意义的话语。

3.3　以社会主义先进文化的全球价值诠释国际话语，畅通中国龙舟文化传播途径

社会主义先进文化是在新民主主义革命胜利之后，社会主义制度建立起来之后由新民主主义文化转化而来的文化。社会主义先进文化坚持马克思主义的理论指导，广泛吸收人类文明的优秀成果、批判继承传统文化基础上发展起来。从国内话语权角度来看，社会主义先进文化与社会主义物质大生产相伴而生，一方面，社会主义先进文化作为一种社会意识形式，受制于社会主义物质大生产，另一方面，社会主义先进文化具有一定的独立性，能够塑造社会风气、激发社会动力、树立社会理想，为社会主义大生产提供精神支撑和理论指导。从国际话语权角度来看，社会主义先进文化是具有世界影响的文化。社会主义运动是一种全球性运动，虽然冷战结束以来，社会主义运动陷入了低谷，但是，社会主义运动从它诞生之日起

---

① 《毛泽东文集》第 3 卷，人民出版社，第 289 页。

就不是局限于一时一地的运动，它是立足于解放全人类的运动，因此，社会主义运动从它诞生之日起就具有世界意义。中国通过无产阶级革命建立起社会主义制度，并发展出的社会主义先进文化是对世界社会主义文化的有益补充，更是对人类文化的有益补充。此外，虽然社会主义文化在不同时代不同国家有着不同的内容和表现，但社会主义先进文化为代表的社会主义文化无不将人民置于中心地位、将人的真正解放置于中心地位的文化，这使其对于现实世界具有强大的批判和指导意义。

3.4　以新时代中国社会主义实践引领国际话语，开辟中国龙舟文化传播局面

中国国际话语权的生命力在于中国社会主义实践，只有通过马克思主义社会主义实践才能不断验证理论的科学性和价值性，只有通过实践不断破解中国社会、人类社会面临的普遍性问题，才能进一步论证中国道路、中国理论、中国制度的科学性和合理性，才能进一步增强国际话语权的说服力、认同力、吸引力，并最终解决"挨骂"问题。改革开放以来，我国的硬实力提升速度较快，与发达资本主义国家的差距在不断缩小，但是，我国软实力与发达资本主义国家相比差距仍然较大。中华民族的伟大复兴离不开硬实力，更离不开软实力。因此，必须从事关中华民族伟大复兴的高度和马克思主义社会主义事业的高度认识文化软实力的重要性、国际话语权的重要性，而根本上则是能不能做到文化自信的问题。但是，在吸纳国际话语的过程中，中国话语又承继着民族特质，不能变成完全的西方话语。在创造性转化和创新性发展传统文化方面，中国共产党一贯坚持"古为今用，洋为中用"的文化方针，将马克思主义话语、西方现代话语与中国传统话语三者有效融合起来。综合来看，要改变中国国际话语权疲弱的状况，不断提升和增强中国龙舟文化传播的能力和效力，构建完善的国际话语体系，从国际现实出发和从中国国情出发，提出具有世界意义的新概念、新表述、新理论，引领国际话语、设置国际议题、制定国际话语规则、建构强大国际话语传播载体，进而建立中国龙舟文化传播范式。

我国古代龙舟竞渡法令与判例研究

戴 羽 王 森

（山西师范大学体育学院，山西太原 030042）

【摘要】文章采用文献资料法，分析了我国古代龙舟竞渡法令与判例的主要内容和特点。研究认为：我国古代龙舟竞渡法令与判例的主要内容有龙舟竞渡伤害治理、龙舟竞渡赌博治理、龙舟竞渡赏赐以及对龙舟竞渡荒废农事、奢靡浪费的治理。我国古代龙舟竞渡法令与判例呈现出其治理以禁为主和"因事而治""因地而治"的主要特点。

【关键词】龙舟竞渡；法令；判例；治理

作者简介：戴羽（1983—），男，浙江瑞安人，历史学博士，山西师范大学体育学院副教授，成都体育学院博士后，北京体育大学2022—2023年高级访问学者，硕士生导师，研究方向：体育史、体育法。电子邮箱：yangguangsn@sina.com

　　龙舟竞渡是我国古代江南地区最为兴盛的水上体育活动。在我国古代法律文献中保留了大量龙舟竞渡的法令与判例，当前学界对其关注不多。其研究可帮助我们更清楚的认识我国古代不同历史时期和不同地区龙舟竞渡的活动开展情况和具体治理措施。

1　我国古代龙舟竞渡法令的主要类型

1.1　龙舟竞渡伤害治理法令

龙舟竞渡在水上以龙舟先后为胜负判定依据，比赛充满速度与激情，也同时有溺亡、群体斗殴、踩踏等运动伤害行为和安全事故的发生。宋人李觏指出龙舟竞渡伤害的原因："尝观角抵与竞渡之类，一坊一巷，互争胜负，千百为群，至相杀害，何者，耻居人下故也。"[①] 不认同比赛失败的结果是龙舟竞渡伤害发生的主要原因。我国古代龙舟竞渡伤害事故频频出现，唐宋时期，"湖北以五月望日谓之'大端午'，泛舟竞渡……或争驱殴击，有致死者……"[②] "宝历二年，崔从镇淮南。五月三日，瓜步镇申浙右试竞渡船十艘，其三船平没于金山下，一百五十人俱溺死。"[③] 宋代《名公书判清明集》记载："舟道相遇，小人一朝之忿忘其身，刃石交下，赤龙舟偶以人多，舟覆，死者一十三人。"[④] 宋代宋宁宗时期"庆元三年四月，鄱阳小民循故例竞渡于鄱江，率皆亡赖恶子……才东西值遇，各叫呼相高。稍近，则抛石互击，甚者至射弩放弹……五月二日，东湖一船与南岸一船斗，薄暮不解，湖船遂沉，所载五十人尽溺。"[⑤] 明代的桂林地区"桂林好竞渡，杀人狱连年不决……"[⑥] 清代福州地区"端午节尤重竞渡，所过山溪数家之市，皆悬舟以待，往往殴击至杀人成狱，禁稍弛，复竞其俗，成不能革也。"[⑦] 可见，我国古代龙舟竞渡中船上参加比赛的竞渡者，或因船体破裂、倾覆导致意外溺死，或因不同龙舟竞渡者互相投石、射箭弩、斗殴等而导致受伤甚至死亡，或因争夺竞渡胜利而雇凶杀人。龙舟比赛激烈，极富观赏性，又恰逢端午佳节，是传统重要节日，因此龙舟竞渡

---

① 李觏. 直讲李先生文集 ［M］. 四部丛刊景明成化本.
② 庄绰. 唐宋史料笔记丛刊 ［M］. 北京：中华书局，1983：20.
③ 李昉. 太平广记 ［M］. 北京：中华书局，1961：1167.
④ 真德秀. 名公书判清明集 ［M］. 北京：中华书局，1987：551.
⑤ 洪迈. 夷坚支志 ［M］. 清景宋钞本.
⑥ 焦竑. 国朝献征录 ［M］. 扬州：广陵书社，2013：3729.
⑦ 鲁曾煜.（乾隆）福州府志 ［M］. 清乾隆十九年刊本.

现场岸边、桥上观者众多，比肩接踵，可谓热闹非凡，"饮酒食肉，男女水陆聚观，无所不为，以为娱乐一时之兴"。①

我国古代龙舟竞渡伤害中，除竞渡者外，岸上之人也多有踩踏、溺亡等伤害的发生。因为观者人数多，曾有桥梁被踩断而致观者溺亡的惨案发生。清人赵怀玉《亦有生斋集》记："里中盛行竞渡，东仓桥断，观者多溺。"② 清人赵吉士《寄园寄所寄》载："仪真南门桥，五日观竞渡，龙舟在桥东，众皆趋观于东。左重右轻，桥欹而陷，观者百许人，一时漂溺，河流湍激，仓卒不能施救。"③ 这是两件桥断而观者溺水的事故记载，还有观者发生踩踏事件的记载，宋人高斯得《西湖竞渡游人有踩践之厄》一诗中记载"杭州城西二月八，湖上处处笙歌发。行都士女出如云，骅骝塞路车联辖。龙舟竞渡数千艘，红旗绿棹纷相戛……抽钗脱钏解佩环，匝岸游人争赏设……唤船催入裹湖来，金钱百万标竿揭。倾湖坌至人相登，万从崩腾遭踏杀。府门一旦尸如山，生者呻吟肱髀折。"④ 原本这次龙舟竞渡是一派欢乐祥和的景象，但是因为比赛规模大，观众数量庞大，加上龙舟竞渡赌博，导致了这次悲惨事故的发生。

针对竞渡者在比赛中的恶劣行为而导致的事故，以及考虑地方安全治理问题，历朝都曾采取过禁渡令来治理。《元典章》："亡宋蘪宾节日风俗，鸠敛钱物，划掉龙船……江淮、江西、福建、两广诸路皆有此戏，归附后未尝禁治。若不具呈更张，切思无益之事，不惟有伤人命，亦恐因而聚众，不便于将来，拟合禁治。"⑤ 蒙古人南下统治中原地区，对汉人制定了诸多防范措施，从《元典章》中的记载可看出，元朝统治者禁止龙舟竞渡除防止比赛中带来的伤害之外，更重要的是防止汉人聚众影响元政府的稳定。明万历年间《温州府志》载："端午先日，门悬蒲艾，是日饮菖蒲雄黄酒，包角黍。童子以五色线系臂。各乡皆造龙舟竞渡，叶水心谓祈年赛

---

① 陈高华．元典章［M］．北京：中华书局，2011：1944．
② 赵怀玉．亦有生斋集［M］．清嘉庆至道光刻本．
③ 赵吉士．寄园寄所寄［M］．合肥：黄山书社，2008：46．
④ 高斯得．耻堂存稿［M］．北京：中华书局，2011：1944．
⑤ 陈高华．元典章［M］．北京：中华书局，2011：1944．

愿，从其俗可也，但互争胜负致有斗伤溺水者，且沿家索扰酒设，故官府每禁之。"① 各乡皆造龙舟竞渡，反映了万历年间温州地区龙舟竞渡有广泛的群众基础，端午节赛龙舟也是重要的传统体育比赛，但是因为竞渡中为争胜负一直存在斗伤和溺亡等不好现象，竞渡者还影响沿岸的店家正常经营，所以官府只能对此采取禁止措施。明代邵宝《容春堂集》也记载"按察使阅讼牒率千百中，取数十大者听之讼，遂简俗，以竞渡致斗且杀人，公以礼法禁之。"② 在诉讼案件中，因龙舟竞渡而发生的斗殴乃至杀人的案件不在少数，所以明代地方对于龙舟竞渡活动多以禁渡治理。

1.2 龙舟竞渡赌博治理法令

在龙舟竞渡中，对龙舟竞渡者和岸上观众而言，使得比赛如此吸引的原因还有部分人参与龙舟竞渡赌博中，如同古代赌球、赌马等其他体育赌博一样，古代龙舟竞渡中赌博也十分盛行。

唐代判文《对竞渡赌钱判》中有记述因参与竞渡赌博致人受伤之事，"扬州申：江都县人以五月五日于江津竞渡，并设管弦。时有县人王文身居父服，来预管弦，并将钱物赌竞渡，因争先后，遂折舟人臂。"在这次端午节中，江都县的竞渡活动中，王文携带钱财参与竞渡赌博，为了使自己赌博获利，出现了折伤其他竞渡者的手臂的伤害事件。对于这一类的体育赌博，《唐律疏议》中也提到了相关的治理措施，"诸博戏赌财物者各杖一百。举博为例，余戏皆是。赃重者，各依己分，准盗论。输者，亦依己分为从坐。'疏'议曰：共为博戏，而赌财物，不满五疋以下，各杖一百。注云：'举博为例，余戏皆是'，谓举博为名，总为杂戏之例。弓射既习武艺，虽赌物，亦无罪名。余戏，计赃得罪重于杖一百者，'各依己分，准盗论'，谓赌得五疋之物，合徒一年。注云：'输者，亦依己分为从坐'，谓输五疋之物，为徒一年从坐，合杖一百。"③ 除过弓射赌博无罪之外，其

① 汤日昭.（万历）温州府志 [M].明万历刻本.
② 邵宝.容春堂集 [M].上海：上海古籍出版社，1991：260.
③ 长孙无忌.唐律疏议 [M].北京：中华书局，1983：487.

他的体育赌博都会受到处罚，根据赌资数量进行处罚，不满五疋之物各杖一百，超过则以"准盗论"，还要服劳役一年。涉及体育赌博者，无论其个人结果输赢，都要面临处罚。《元典章》中也提到"亡宋蘸宾节日风俗，鸠敛钱物，划掉龙船，饮酒食肉，男女水陆聚观，无所不为，以为娱乐一时之兴。江淮、江西、福建、两广诸路皆有此戏……"①《元典章》中提到的在宋代的龙舟竞渡中就有这种收集、索取财物的现象，在元代依然存在。

1.3 龙舟竞渡赏赐法令

北宋时期，宋太祖幸金明池，曾以银瓯作为竞渡赏赐的奖牌，"淳化三年三月，幸金明池，命为竞渡之戏，掷银瓯于波间，令人泅波取之。"②宋真宗时"幸金明池观水戏，扬旗鸣鼓，分左右翼，植木系彩，以为标志，方舟疾进，先至者赐之。"③这是皇帝巡幸对竞渡者进行的赏赐行为。在端午时节，各地方的官府也会对龙舟竞渡者进行赏赐，《梦粱录》载："其龙舟俱呈参州府，令立标竿于湖中，挂其锦彩、银碗、官楮、犒龙舟，快捷者赏之……诸舟俱鸣锣击鼓，分两势划棹旋转，而远远排列成行，再以小彩旗引之，龙舟并进者二，又以旗招之，其龙舟远列成行，而先进者得捷取标赏，声喏而退，余者以钱酒友犒也。"④可以看出，宋代地方官府对龙舟竞渡胜者的赏赐有锦彩、银碗、官楮，快者为胜。其他比赛者也能够得到一定的酒钱。同时，我们也能看到，在这种龙舟竞渡中，比赛是较为有序的，各舟远列成行，取标杆为胜。

以上是皇帝及地方官府对龙舟竞渡的赏赐行为，在民间，端午节的龙舟竞渡，民众个人的赏赐则更为狂热，甚至导致一些危险事故。《武林旧事》载："龙舟十余，彩旗叠鼓，交午曼衍，粲如织锦。内有曾经宣唤者，则锦衣花帽，以自别于众。京尹为立赏格，竞渡争标。内珰贵客，赏犒无算。都人士女，两堤骈集，几于无置足地。"⑤宋人高斯得《西湖竞渡游人

---

① 陈高华．元典章［M］．北京：中华书局，2011：1944.
② 脱脱．宋史［M］．北京：中华书局，1977：2696.
③ 脱脱．宋史［M］．北京：中华书局，1977：2697.
④ 吴自牧．梦粱录［M］．西安：三秦出版社，2004：14.
⑤ 周密．武林旧事［M］．北京：中华书局，2007：72.

有蹂践之厄》一诗中曾描述"杭州城西二月八，湖上处处笙歌发。行都士女出如云，骈骝塞路车联辖。龙舟竞渡数千艘，红旗绿棹纷相戛……抽钗脱钏解佩环，匝岸游人争赏设……唤船催入裹湖来，金钱百万标竿揭……"① 杭州城西的这场龙舟竞渡围观者男女都有，车都把路堵上了，岸边人山人海，岸上之人"抽钗脱钏解佩环"争相进行赏赐，竞渡获胜者还有高额的奖金。最后不幸的是，这样一场规模巨大的龙舟竞渡却出现了"倾湖坌至人相登，万众崩腾遭踏杀。府门一旦尸如山，生者呻吟肱髀折"② 这一悲惨局面。

1.4　龙舟竞渡其他问题治理法令

端午节龙舟竞渡是重要的节庆活动，然而也正是农忙时节，龙舟制作、竞渡者训练以及到端午节龙舟竞渡需要一段时间的准备。我国古代经济以农业为主，农事生产也一直被统治者所看重，以及我国古代农业单产少生产力不高，因此夏季龙舟竞渡活动对农业生产有较大的影响。唐代诗人元稹有诗《竞舟》对当时农忙时节岳阳龙舟竞渡做了评价："楚俗不爱力，费力为竞舟……年年四五月，茧实麦小秋。积水堰堤坏，拔秧蒲稗稠。此时集丁壮，习竞南亩头……连延数十日，作业不复忧……一时欢呼罢，三月农事休。"③ 这里夏季竞舟成俗，但是也正值农忙时节，年轻人一连数十日参与竞舟活动，对农业活动有很大的影响，会导致农事荒废。北宋《太平寰宇记》就有也有记载荆楚地区"五月五日竞渡戏船，楚风最尚，废业耗民，莫甚于此。皇朝有国以来，已革其弊。"④ 认为竞渡戏船费业耗民，并且北宋对这种风气做了改革。农业生产关乎民众吃饭生活以及国家的安全稳定，因此对于农忙时节竞渡都有相关的治理措施。元稹《竞舟》中就记述了岳阳刺史的治理措施，诗云："岳阳贤刺史，念此为俗疣……百船不留一，一竞不滞留……节此淫竞俗，得为良政不。我来歌此

---

① 高斯得.耻堂存稿［M］.北京：中华书局，2011：1944.
② 高斯得.耻堂存稿［M］.北京：中华书局，2011：1944.
③ 刘健.太极推手［M］.北京：人民体育出版社，2015：1—10.
④ 乐史.太平寰宇记［M］.北京：中华书局，2007：2833.

事，非独歌此州。此事数州有，亦欲闻数州。"① 元稹对岳阳刺史治理竞渡一事表示高兴，并且多州对农忙时节竞渡都采取禁止措施。可见，这一时期唐代地方对于农忙时节竞渡一事都持反对意见，都采取措施禁止竞渡。宋代对于农忙竞渡也采取类似治理措施，《宋史》载南宋抚州知州黄震"劝民种麦，禁竞渡船，焚千三百余艘，用其丁铁创军营五百间，皆善政也。"② 对于焚船禁渡保农业生产一事，可见宋元时期政府都是表示赞同的，认为是善政。

龙舟竞渡不仅会影响农业生产，其龙舟的制作也是一项花费较高的活动，龙舟不同于一般舟船，为追求速度，舟身较窄，舟的外层还有涂漆等，另外为了追求华丽，船头船尾都有雕刻，还会用彩缎等装饰，并且龙舟的主要使用场景也只有龙舟竞渡活动。关于龙舟的华丽，《旧唐书》中记："江南风俗，春中有竞渡之戏，方舟并进，以急趋疾进者为胜。亚乃令以漆涂船底，贵其速进；又为绮罗之服，涂之以油，令舟子衣之，入水而不濡。亚本书生，奢纵如此，朝廷亟闻之。"③ 龙舟竞渡若制作几十艘、几百艘，足可想见其造船成本之高昂。龙舟的高制作成本，以及比赛中民众的疯狂赏赐等，都会使得龙舟竞渡花费巨大。因此，大规模的龙舟竞渡也会造成奢靡浪费。所以，我国古代针对龙舟竞渡的奢靡浪费也采取了治理措施。"（宝历元年七月）乙未，诏王播造竞渡船二十供进，仍以船材京内造。时计其功，当半年转运之费。谏议大夫张仲方切谏，乃改进十只。"④ 朝廷造船二十艘的决议，经过计算其花费巨大，最后听从大臣谏议，改为十艘。明万历年间《吉安府志》载："竞渡浮侈之习……甚严罪之。"⑤ 清代对于龙舟竞渡奢靡浪费亦严厉禁止，同治年间《苏州府志》载："习俗之奢俭，动关闾阎之肥瘠。吴民家鲜盖藏，犹自浮费相尚。如午日竞渡其一也，合行严禁。自后无论近城远乡，一切龙舟，概不许集赀

---

① 刘健．太极推手［M］．北京：人民体育出版社，2015：1—10.
② 脱脱．宋史［M］．北京：中华书局，1977：2993.
③ 刘昫．旧唐书［M］．北京：中华书局，1975：3963.
④ 刘昫．旧唐书［M］．北京：中华书局，1975：516.
⑤ 余之祯．（万历）吉安府志［M］．明万历十三年刻本.

修葺，如有恶少棍徒不遵禁约，倡议思修，严拏枷示。"①

中国古代政府对于龙舟竞渡的奢靡浪费之风都严格禁止，违者都将会面临严厉的处罚措施，其目的主要是防止劳民伤财、耽误农事以及形成奢靡浪费的不良风气。

2　我国古代龙舟竞渡判例的主要类型

2.1　龙舟竞渡运动伤害治理

因为龙舟竞渡导致了许多惨案的发生，以及龙舟竞渡中存在的其他诸多问题和隐患，古代都对龙舟竞渡采取了一定的治理措施。针对竞渡者对其他竞渡者实施的伤害行为，《名公书判清明集》中记载了一则判例："周舟道相遇，小人一朝之忿忘其身，刃石交下，赤龙舟偶以人多，舟覆，死者一十三人……张万二、余万一不合以刃伤及詹百廿八、詹万十四、李千十，虽非致命痕，然因此溺水身死，照减降赦恩，张万二所伤两人，决脊杖二十，刺配三千里岭南恶州军，拘锁土牢，月具存亡申。"② 该案件中张万二、余万一对他人实施故意伤害，以斗杀伤律处理，因遇赦恩，最后处以脊杖二十，刺配三千里岭南恶州军，拘锁土牢。

2.2　擅造龙舟判罚

明武宗时曾禁止民间擅造龙舟，《皇明通纪集要》曾记载："南康县民吴登显等三家，端午竞渡以擅造龙舟，捕之，籍其家，自是人不帖席。"③ 南康县吴登显等三家，因为违反朝廷规定的禁止擅造龙舟的法令，在端午前夕私造龙舟，准备用于竞渡，结果被抓捕，并且被抄家，可见明武宗时朝廷对于擅造龙舟的处罚是极为严厉的。南康县擅造龙舟一案的重罚带来的社会反应也是极大的，此案之后人人"帖席"，对于民间欲擅造龙舟之人起到了震慑。

---

① 冯桂芬．（同治）苏州府志［M］．南京：江苏古籍出版社，1991：145.
② 真德秀．名公书判清明集［M］．北京：中华书局，1987：551.
③ 陈建．皇明通纪集要［M］．明崇祯刻本．

3 我国古代龙舟竞渡与判例的主要特点

3.1 龙舟竞渡治理以禁为主

针对龙舟竞渡出现的运动伤害、赌博、荒废农事、奢靡浪费等不好的现象，朝廷和地方都是以严格禁止为主要治理措施。如对于龙舟竞渡者伤人杀人以斗杀伤律处理，且处罚较为严厉。对于竞渡赌博则依据赌资多少进行处罚。此外，面对龙舟荒废农事甚至有严厉的焚船措施。虽然历朝历代都有明确且严格的禁止措施，但是我们也从史料中看到历朝历代龙舟竞渡在民间都热闹非凡，民众的参与热情并没有因严格的禁令而消减。

龙舟竞渡在我国发展时间久远，尤盛于南方河流湖泊发达之地。龙舟竞渡在夏季最为流行，五月初五的端午节龙舟竞渡更是整个节日不可缺少的重头戏，因此，禁止龙舟竞渡有极大的困难。但是，针对龙舟竞渡中出现的种种问题以及存在的安全隐患，也是朝廷和地方不可忽视且必须要治理的。民众龙舟竞渡之热情如同汹涌洪水，应采用疏堵结合的方法治理才为妥帖。规范龙舟竞渡的比赛规则、引导龙舟竞渡的地方风气等就是"疏"的方法。虽然我国古代对于龙舟竞渡的治理也有规范比赛秩序、保障观者安全等措施，如唐代杨夔《乌程县修建廊宇记》中曾记："遇上巳节郡有角楫之戏，郡守出观，则司戎者职其事，因乘小艇，往来以检驭不整。"① 郡守乘坐小船检查龙舟的整齐与否，说明唐代对于规范龙舟竞渡也有相应的措施。唐李绅《东武亭》中记载了地方官府为方便民众观看龙舟竞渡，修建了沿向湖里的步廊与亭子，"亭在镜湖上，即元相所建，亭至宏敞，春秋为竞渡大会设之所。余为增以板槛，延入湖中，足加步廊，以列环卫"② 东武亭就是为竞渡活动而修建，其作用可方便观看龙舟竞渡，也可增加观看人数降低拥挤程度，降低观者坠河、踩踏等安全风险。但是，这一类以"疏"为治的史料记述较少，所以可以看出我国古代朝廷和地方对于龙舟竞渡的治理举措中，这类"疏"的方法过于缺乏，只以严格

① 李昉. 文苑英华 [M]. 北京：中华书局，1966：4272.
② 刘健. 太极推手 [M]. 北京：人民体育出版社，2015：1—10.

的禁令来"堵"，其结果是直至明清，民间龙舟竞渡依然繁荣不衰，其问题也照样发生。

3.2　龙舟竞渡治理因事而治、因地而治

我国古代对于龙舟竞渡的法令和判例多是采取禁止措施，但是都是针对竞渡伤害、竞渡赌博、因竞渡不事生产荒废农事、奢靡浪费等不好现象而采取治理措施，体现了我国古代龙舟竞渡治理"因事而治"的特点。我国古代依据事件大小，如竞渡伤害致人受伤或致死、竞渡赌博赌资在五疋以上还是以下等情节严重程度来确定处罚结果，量刑都是有所依据的。这些都体现了我国古代对于龙舟竞渡治理的逻辑性和先进性。

古代龙舟竞渡中不同地方会存在不同的治理措施，这体现了我国古代龙舟竞渡治理"因地而治"的另一特点。龙舟竞渡活动主要盛行于南方河流湖泊丰富的地方，所以有关史料多提及南方地区。明清地方志中提到的关于龙舟竞渡治理的举措，各地不完全相同，地方官员都将龙舟竞渡治理作为自己的善政。各地针对各地龙舟竞渡的问题有不同治理举措，其治理更具针对性。

4　小结

我国古代龙舟竞渡盛行，龙舟竞渡中存在溺亡、斗殴、杀人、踩踏等运动伤害现象和竞渡赌博现象，各朝代都制定相关禁令进行预防和治理。虽有众多龙舟竞渡治理禁令，但并非对龙舟竞渡活动完全禁止，唐宋时期官方也对竞渡采取赏赐，促进了龙舟竞渡的发展。此外，龙舟竞渡还有荒废农事、奢靡浪费的消极作用，主要治理措施有减小规模和严令禁止。我国古代龙舟竞渡治理主要呈现以禁为主和"因事而治""因地而治"的特点。

参考文献

[1] 李觏. 直讲李先生文集 [M]. 四部丛刊景明成化本.

[2] 庄绰. 唐宋史料笔记丛刊 [M]. 北京：中华书局，1983：20.

[3] 李昉. 太平广记 [M]. 北京：中华书局，1961：1167.

［4］［31］真德秀．名公书判清明集［M］．北京：中华书局，1987：551．

［5］洪迈．夷坚支志［M］．清景宋钞本．

［6］焦竑．国朝献征录［M］．扬州：广陵书社，2013：3729．

［7］鲁曾煜．（乾隆）福州府志［M］．清乾隆十九年刊本．

［8］［12］［16］陈高华．元典章［M］．北京：中华书局，2011：1944．

［9］赵怀玉．亦有生斋集［M］．清嘉庆至道光刻本．

［10］赵吉士．寄园寄所寄［M］．合肥：黄山书社，2008：46．

［11］［21］［22］高斯得．耻堂存稿［M］．北京：中华书局，2011：1944．

［13］汤日昭．（万历）温州府志［M］．明万历刻本．

［14］邵宝．容春堂集［M］．上海：上海古籍出版社，1991：260．

［15］长孙无忌．唐律疏议［M］．北京：中华书局，1983：487．

［17］［18］［26］脱脱．宋史［M］．北京：中华书局，1977：2696，2697，2993．

［19］吴自牧．梦粱录［M］．西安：三秦出版社，2004：14．

［20］周密．武林旧事［M］．北京：中华书局，2007：72．

［23］［25］［34］刘健．太极推手［M］．北京：人民体育出版社，2015：1—10．

［24］乐史．太平寰宇记［M］．北京：中华书局，2007：2833．

［27］［28］刘昫．旧唐书［M］．北京：中华书局，1975：3963，516．

［29］余之祯．（万历）吉安府志［M］．明万历十三年刻本．

［30］冯桂芬．（同治）苏州府志［M］．南京：江苏古籍出版社，1991：145．

［32］陈建．皇明通纪集要［M］．明崇祯刻本．

［33］李昉．文苑英华［M］．北京：中华书局，1966：4272．

温州龙舟文化的传播价值及路径研究

赵显品

（温州职业技术学院，浙江温州 325035）

【摘要】运用文献资料、文本分析、归纳演绎等，探究温州龙舟文化传播价值与困境，提出传播路径。温州龙舟文化传播价值：展现独特温州龙舟习俗，提升龙舟文化软实力；拓展温州龙舟文化影响力，彰显龙舟人文精神；践行文化传播导向，深化龙舟文化交流合作。传播困境：传播的主体不清晰，缺乏整体性顶层设计；传播定位不明确，难以融入温州城市整体文化建设；传播内容缺乏特色，龙舟品牌效应不突出。传播路径：政府主导，多元协同发展；根植温州，辐射全国；聚焦特质，契合主流；因势利导，差异引领；文化搭台，经济唱戏。

【关键词】温州龙舟；龙舟文化；传播价值

基金项目：2022 年温州市哲学社会科学规划项目，项目编号：22wsk359。

作者简介：赵显品（1979—），浙江温州人，硕士，温州职业技术学院，副教授，温州市民族传统体育研究中心主任，温州市瓯海区龙舟文化研究会会长，研究方向：体育社会学，邮箱：540747659@qq.com

　　龙舟竞渡是中华民族优秀的传统民俗文化，是一项具有独特文化符号的非物质文化遗产，体现着深厚的中华龙文化、端午节庆文化、体育竞技文化及"同舟共济、奋勇争先"的人文精神内涵。温州龙舟文化是中华龙舟文化的重要组成部分，具有鲜明的地域文化特色。温州龙舟历史悠久，文化底蕴浓厚，民间基础深厚，具有重要的社会影响力。2023年10月，杭州亚运会龙舟赛将在浙江温州举行，此赛事将吸引来自亚洲国家的积极参与，对增强温州社会影响力，提升温州城市国际知名度与美誉度等都具有重大价值。

目前，学界对于温州龙舟文化主要集中于龙舟运动健身、龙舟文化习俗的研究与论述，较少有对龙舟文化传播的系统性探讨。因此，为加强温州龙舟文化的传播效能，提升温州龙舟文化传播力，本文对温州龙舟文化的传播问题进行分析，并立足于温州龙舟文化传播现状，探究温州龙舟文化的传播价值与困境，最终提出相应的龙舟文化传播路径。

1 温州龙舟文化的传播价值

马克思指出："价值是从人们对待满足他们需要的外界物的关系中产生的，而传播价值则是指信息传播过程中对受众正面的、积极的影响与作用，是凝聚在传播事实中的社会需求，是信息传播本身之所以存在的客观理由"。温州龙舟文化传播是一项系统性文化，是一个多层次、多元化的复合文化现象，蕴含着地域传统习俗、龙舟人文精神及体育文化交流等多个价值，在温州2000多年的龙舟文化传承与传播过程中，温州龙舟文化所蕴含的价值影响，改变和形塑着历代温州人的体魄和精神，成为温州城市社会发展取之不尽、用之不竭的文化源泉。

1.1 展现独特温州龙舟习俗，提升龙舟文化软实力

温州龙舟文化根植于独特的温州地域文化，温州龙舟竞渡和民间文化习俗密不可分。在温州龙舟文化活动中，最具特色的有请龙仪式、参龙文化、端午斗龙、水上台阁等内容，具有浓厚的地方民俗特色。在请龙仪式中，有龙舟进河、斗龙、散河、收殇等传统民俗仪式，每逢端午节前夕，温州各地乡村都有龙舟，以温州市区会昌河和南塘河龙舟最为兴盛，并与各地民间信仰关系密切，如每年四月初一就擂鼓开殿门，祭香官神，开始造船。龙舟造好后，要择好吉日时辰进河开划，俗叫"上水"，斗龙结束

叫"散河"，次日要请神上岸安位，祭时官神，再将龙舟抬到庙中保存，翻过身倒置安放等系列龙舟文化仪式，突显温州地方特色龙舟习俗。在龙舟竞渡活动中，展现温州特色的"参龙"和"斗龙"文化活动，提升温州龙舟独特文化识别度，增强温州龙舟文化软实力与塑造温州城市文化形象，从而进一步加强温州龙舟文化传播能力建设，不仅为龙舟运动文化软实力建设提供物质支撑和价值引导，也为多元文化的温州城市形象塑造打开了新思路。

1.2　拓展温州龙舟文化影响力，彰显龙舟人文精神

温州龙舟竞渡文化作为一种极具地域特色的民俗文化和体育运动，近年在全国的影响力日益提升。之所以如此，不仅仅是由于来自民间力量、社会组织和政府部门的长期的努力坚持、宣传和推广，更是因为温州龙舟本身具有多元化的实质内容和精神价值，并且具备温州龙舟文化传播的物化元素。温州龙舟文化传播的内容可归纳为民俗文化的传播、体育赛事的传播、思想观念的传播等。通过龙舟人文精神的传播，易于打破政府与民间的文化隔阂，能被不同文化背景人群所认同和接受，具有在全国范围内快速形成良好的群众价值共识的优势，对提升温州龙舟文化软实力有着积极的作用，而且温州龙舟文化本身所具有的体育健身、休闲娱乐、生产生活、陶冶情操等多种文化属性。更需提及的是近年来，龙舟体育赛事是展现温州城市综合实力的重要表达方式，在温州龙舟竞渡过程中体现的"同舟共济、奋勇争先"的精神，突显温州人吃苦耐劳、特别能创业创新的新时代温州人精神的写照。

1.3　践行文化传播导向，深化龙舟文化交流合作

文化传播强调社会对传播资源的统筹协调与整体把控，不仅在机构、组织、内容、渠道上发挥顶层设计作用，也调动着市场与传播主体的活跃度与积极性。温州龙舟文化传播能力建设，通过龙舟体育赛事举办、龙舟运动场馆建设和龙舟文化设施建设等促进龙舟文化活动带动政府部门、社会组织以及民间群众的交流与合作，在文化"走出去"的同时也把其他城市成熟的龙舟经验"引进来"，为温州龙舟文化传播汲取了成功发展经验。

温州龙舟集多种文化积淀于一身，在传播中依靠传统龙舟运动文化内涵进行推广与传播的同时，通过"龙舟+"融合传播，以"龙舟+旅游""龙舟+赛事""龙舟+文化"等多样化传播形式，不断构建龙舟运动文化传播新样态。特别是要借助亚运会龙舟赛、中华龙舟大赛、中国龙舟公开赛、世界名校龙舟赛等一系列专业龙舟赛事传播平台，扩大温州龙舟社会关注度，为温州城市影响力提升创造"互利"和"共赢"局面的同时，也推动了温州与其他城市文化交流互鉴，促进温州龙舟文化"走出去"达到"共存"与"共荣"的目标。

2 温州龙舟文化的传播困境

当前，由于各种原因，温州龙舟文化在传播过程中仍然存在亟待解决的缺陷与不足，加之在历史上传播存在一些时代局限性，关键是在新时代社会背景下温州龙舟文化由民间自发传播转型到由政府主导、社会组织发动、民间共同参与后出现了许多文化传播的新问题，传播主体、传播定位、传播内容等方面有待于去解决，以使其更加符合社会经济发展的趋势和需求。

2.1 传播主体不清晰，缺乏整体性顶层设计

温州龙舟文化的传播主体不清晰，以近年来的温州龙舟赛事为例，大多是由政府主办，不仅给当地财政带来很大的支出压力，还把这一极具区域民俗特色的文化变成了单纯的竞技体育赛事。另外，政府的主办与包揽虽然具有明显的优势，但是也失去了传播主体的多元性。温州龙舟文化的传播主体应该多元化，而不应该单一化。目前，举办温州龙舟文化活动似乎变成了政府的日常事务，按部就班的程序化隔离了民众参与的激情，使原本参与其中的民众变成了"壁上观"的观众，导致温州龙舟赛事演变为游离于民俗和普通民众之外的专业比赛，失去其应有的民俗文化的特质与特色。再者，当地与龙舟相关的单位因参与机制与利益分配机制不健全，无法真正融入政府举办的龙舟赛事，更无法从龙舟赛事中谋求企业发展应得的利益，压抑了社会人员积极参与。

2.2 传播定位不明确，难以融入城市整体文化建设

温州龙舟文化是一个系统性文化体系，其所蕴含的温州城市发展内在文化精髓和人文精神，以及所表现出来的文化现象，构成了内容丰富而且相互嵌合的龙舟文化"画卷"。政府包揽和竞技赛事是当前温州龙舟文化的两个特点，同时也是两个缺陷，其造成的后果是只考虑到了城区居民的需求，而忽略了广大乡村、社区、企业及学校对赛龙舟的渴望。与此同时，仅仅把龙舟竞赛作为一项体育竞技比赛，比赛地点单一、固定，远离温州广大的乡村区域，缺乏民间龙舟习俗文化融入与体现，温州当地龙舟独特文化习俗展现不鲜明，割离了龙舟竞渡与乡村乡民千百来年的民间民俗文脉，从而导致温州龙舟活动越来越远离群众、越来越成为一般的体育竞技运动项目，成为体育表演艺术，越来越突显"阳春白雪"的社会现象。

2.3 传播内容不突出，龙舟文化品牌缺乏特色

温州龙舟文化在整个"文化温州、城市品牌"系统中体现不明确，缺乏高效持久的传播内容。从目前已经举办的各类龙舟赛事活动，如"二月二"龙抬头醒龙仪式、端午塘河龙舟竞渡文化节、温州龙舟俱乐部联赛等活动内容来看，除体育直道竞速龙舟项目和龙舟展示外，看不出其具有特色的重点和保留项目。虽然新添加的活动项目，拓展了市外龙舟的活动内容，但给人一种活动不成系统、随意凌乱的感觉，规格层次不高，缺乏新颖性，非常不利于龙舟文化品牌的树立和打造。如果说前面若干届活动还处在探索期和市场培育期，但对于已经连续举办的大型活动来说，必须培育出若干个有影响力、人民群众喜闻乐见的拳头项目、知名活动品牌，如"中华龙舟大赛""世界龙舟锦标赛""世界名校龙舟赛"等，形成相对固定的传播内容势在必行。

3 温州龙舟文化传播的路径优化

党的十八大以来，以习近平同志为核心的党中央非常重视体育事业和民族文化的继承与发展。习近平总书记对坚持"文化自信"、推进体育强

国建设、深入实施全国健身国家战略作出一系列重要论述，为我国体育文化的发展指明了道路。温州龙舟文化作为传统民族文化和体育文化的双重载体，当地政府在重振温州龙舟文化方面做出了可喜的成绩，特别是2011年温州市龙舟协会成立以来，成功举办三次中华龙舟大赛，承办全国运动会龙舟比赛、多届端午龙舟文化节等系列活动，使温州龙舟文化的传播得到前所未有的快速发展，使得我们有必要对温州龙舟文化传播进行路径优化的探究。

3.1 传播主体优化：政府主导，多元寻与

温州龙舟文化要持续发展，必须要加强顶层设计，统筹协调推进多元参与，以政府为主导，社会组织发动、民间社会各界共同参与。目前，龙舟竞渡已成为世界性的体育比赛项目，而且2023年为迎接亚运会龙舟赛事在温州举办之机，积极推进龙舟运动与龙舟文化相结合实现全方位发展。此外，温州当地政府需要加紧训练高水平职业龙舟运动员，为即将组建的龙舟竞渡国家队多选拔输送温州籍运动员，高规格建设中国龙舟竞渡国家队集训基地，研发科学高效的训练流程和练习技巧。此外，还应招募龙舟文化志愿宣传员，加强传播者队伍建设，培育培养具有专业技能和专业水平的传播团队，提升龙舟文化的传播水平。所幸的是，温州市在龙舟文化长期发展规划中，温州市体育局已经牵头与温州大学合办浙江省内首家"龙舟学院"，这对龙舟文化急需人才的培养和专业团队建设将起到极大的促进作用，建议"温州龙舟学院"不仅仅单纯以运动训练为主，还要加强与龙舟文化相关的软课题研究，比如龙舟竞赛、龙舟制造、龙舟民俗及龙舟历史文化等研究，尽量提升温州龙舟在国内外龙舟传播的话语权。

3.2 传播定位优化：根植温州，辐射全国

温州龙舟竞渡文化在温州民间有深厚的群众基础，是温州人民喜闻乐见、积极参与的大众性体育健身民俗活动。然而，遗憾的是，随着工业化、城镇化的推进，农村大量的年轻人外出创业经商，而城市里的生活节奏越来越快，逐渐淡化了对龙舟竞渡和龙舟文化的印象，只剩下熟悉的陌生。因此，有必要唤醒温州人对龙舟竞渡和龙舟习俗的记忆，只有深化本

土认同，才能谈及向外传播。充分利用市政公共空间，打造随处可见的以"龙舟文化"为主题的城市公园、园林龙舟文化造型等，把温州城市装扮成具有独特文化标识的"龙舟之城"，给城市居民和外来游客带来强烈的浸入式体验，让外来游客真切地感受到温州龙舟文化无处不在、无时不在，给本土居民、青少年一代及外来游客留下持久深刻的特色印象。因此，建议政府加大龙舟文化的开发建设，创建"温州龙舟文化特色小镇"，开发龙舟竞渡游客体验项目，打造具有龙舟特色的"中国民俗文化节"，把观众和游客变为参与者，圆普通人划龙舟、赛龙舟的"龙舟梦"，真正把温州城市打造成"中国龙舟名城""中国龙舟之乡"的文化金名片，走出浙江、辐射全国、走向世界是温州龙舟文化传播的长期发展策略。

3.3　传播内容优化：聚焦特质，契合主流

温州龙舟文化源远流长、精彩博深，既有引人入胜、脍炙人口的历史典故、民间传说，又有一脉相承、流传至今、大众喜爱的物质文化代表，如龙舟影视书籍、粽子美食等文化创意产品，贴近市场和社会大众需求，大力开发文化创意产品，以产品为形式依托，大力推动温州龙舟传播的"温州特色"，打造差异化的龙舟文化模式。另外，传播过程中要充分体现温州龙舟文化的内核精神，坚持以社会主义核心价值观为统领，主动担当建设文化强国的使命和任务。龙舟精神是"同舟共济"与"奋勇争先"精神的典型代表和体现，也是传播温州人创业创新精神得天独厚的"历史教材"。要扩大温州龙舟文化的影响力，要在传播特质上下功夫，突出温州地方特色，树立精品意识，多层次、多角度、多色彩地生动形象地展示龙舟文化旅游资源独特丰富的内涵，把温州龙舟文化打造成响当当的特色旅游品牌。温州拥有全国最丰富的民间龙舟文化习俗资源，却鲜见有拿得出手的端午文艺作品，所以应当引进优秀创作团队，深挖龙舟和端午主题，编排文艺精品，扩大温州龙舟文化影响力。

3.4　传播方式优化：因势利导，差异引领

温州龙舟文化传播的基础在于构建人民群众喜闻乐见的形式，把温州龙舟文化的精神内核以"寓教于乐"的方式展现于公众。随着移动互联网

的发展，以及新媒体平台的出现，诸如微信公众号、微博、抖音、快手等，加快利用新媒体传播的途径，发挥新媒体传播优势。建立温州龙舟文化专属的新媒体账号，如微信公众号、百度百家号、视频号、微博、快手、抖音等新媒体平台账号，利用新媒体方便传播、直接到人的优势，大力发展温州龙舟粉丝，吸引更多人成为温州龙舟文化的爱好者和再传播者。招募温州龙舟文化的"传播使者"，传播使者可以是中小学生、非遗传承人或者社会知名人士，利用他们的形象优势或宣传优势，在传播媒体上打造"网红"级的龙舟文化宣传。利用新媒体优势，对温州举办各项龙舟赛事进行全网直播，突破地域传播的局限，开发龙舟文化园的网上全景游览程序，使人们可以在世界各地随时参观浏览文化园了解温州龙舟文化。从媒体传播到创意文化产品传播，在构建传统媒体与新媒体相互融合传播途径的基础上，要加快向更深更新的传播形式迈进。

3.5　传播效益优化：文化搭台，经济唱戏

目前，温州龙舟文化的经济效益并不明显，基本依靠政府财政拨款，不但给当地财政带来很大压力，也容易形成财政资金使用效率不高、无法持久的局面，对于今后龙舟文化的发展具有一定的掣肘。所以应加快优化温州龙舟文化传播的经济效益，加快由单纯的文化传播转向文化与产品并行发展，坚定地走创意文化产品开发和经济效益同步发展的途径，形成可持续发展的温州龙舟文化产业集群，提升市场主体参与温州龙舟文化传播的积极性。然而，单纯的文化项目需要大量的资金投入，无论是采用政府托底模式，还是依靠民间资本投入，都需要考虑文化传播的经济账。鉴于此，提出打造温州龙舟文化产品，以产品传播带动文化传播，形成一条可持续发展的产业链。建议由当地政府牵头成立"温州市龙舟文化产业发展基金"，由政府、社会组织、企业以及投资机构共同投资组建。政府出台发展温州龙舟相关文化产业扶持政策，重点扶持具有一定产业基础的文化创意企业和生产制造企业，由龙舟发展产业基金跟进投资，由政府媒体进行宣传造势，借助线上线下销售渠道，打造一批拳头产品，突出品牌建设，做大做强温州龙舟文化产业。

4　结语

龙舟文化是我国优秀传统文化的"活化石"，是中华文化传承的重要载体，它所蕴含的价值取向和文化内涵延续两千余年，直到今天仍焕发着强大的生命力和感召力。温州龙舟文化作为中华龙舟文化体系的重要组成部分，自形成以来就因与温州地域文化、传统习俗及社会变迁密切关联，而使其在剥离了体育、娱乐、竞技的成分之后，还传承并彰显着温州人"同舟共济"与"奋勇争先"的文化内涵和精神内核。当前，温州社会、经济、文化等各方面的建设发展面临着新的机遇和挑战，温州市委、市政府提出要坚定不移推进文化振兴，实施"文化温州"和"文化高地"建设，打造"高质量发展建设共同富裕示范区市域样板"和"运动之城"，加快建设更具活力的"千年商港、幸福温州"的发展规划。在此背景下，从文化传播学视角探究温州龙舟文化传播的问题，对于温州优秀传统文化的传承与发展，增强温州文化软实力，具有较大的理论价值和深远的现实意义。

参考文献

[1] 王浩斌，中国化马克思主义的文化功能及其根本属性 [J]．喀什师范学院学报，2011，32 (05)：1—4.

[2] 倪依克．中国龙舟运动发展的文化研究综述 [J]．云梦学刊，2001 (04)：56—58.

[3] 隋文杰．龙舟非物质文化遗产的新媒体传播研究 [J]．体育科学研究，2018，22 (2)：13—16.

[4] 崔乐泉，孙喜和．中华优秀传统体育文化传承发展的理论与实践——《关于实施中华优秀传统文化传承发展工程的意见》解读 [J]．北京体育大学学报，2018，41 (01)：126—132.

[5] 王宏涛．"一带一路"下我国体育非物质文化遗产国际传播研究 [J]．广州体育学院学报，2018，38 (03)：36—39.

［6］钟楚贤．马克思交往理论视角下"一带一路"中国文化传播路径的优化［J］．广西教育学院学报，2019（01）：116—120．

［7］汪心馨．新媒体时代下中华优秀传统文化传播的优化路径［J］．新闻研究导刊，2019，10（23）：234—235．

［8］吕娜．"中华龙舟大赛"传播现状及策略研究［D］．广州：广州体育学院，2019．

［9］曾飘．龙舟运动发展的困境与出路［D］．北京：北京体育大学，2019．

龙舟文化与南宁城市文化建设的互动研究

伍广津[1]　翟翠丽[2]　杨继镉[3]

(1.3. 广西民族大学体育与健康科学学院，广西南宁530006；

2. 北京体育大学中国武术学院，北京100084；

2. 南宁职业技术学院人文教育学院，广西南宁530008)

【摘要】在南宁端午民俗文化建设的过程中，龙舟文化占有十分重要的地位，是不可或缺的一部分。如今，南宁地区的经济文化水平越来越高，更加重视非物质文化遗产的传承与保护，龙舟因为其独特的作用与地位，备受人们的关注。本文采用文献资料法、专家访谈法等，从研究龙舟竞渡的起源和现代龙舟运动的发展入手，阐述了南宁举办龙舟运动发展的现状与优势，结合南宁龙舟文化的底蕴及影响，分析龙舟文化与南宁城市文化建设的互动的关系，确立了二者之间相辅相成、协调发展的辩证关系，即龙舟文化促进了城市文化的建设，城市文化又反作用于龙舟文化的发展。

【关键词】龙舟文化；南宁；国际龙舟邀请赛；城市文化；建设

基金项目：教育部人文社会科学青年基金项目："一带一路"背景下广西体育非遗的保护与传承——以宾阳炮龙节为个案（17YJC890043）、广西十四五规划重点课题：广西边境地区民族传统体育教育推进路径及实施策略研究（2023B152）。

作者简介：伍广津，广西民族大学体育与健康科学学院院长，教授。翟翠丽，女，安徽亳州人，北京体育大学在读博士研究生，副教授，硕士研究生导师，上海体育学院高级访问学者，研究方向：民族传统体育学，电子邮箱：948514344@ qq. com。杨继镉，女，广西民族大学体育与健康科学学院硕士研究生。

文化是城市的灵魂，是城市的魅力所在。然而，随着外来文化的强烈冲击，人们在思维上越来越难以摆脱掉"西方认同"的发展模式，导致越来越多的人对本民族文化不自信。[1] 在北部湾经济区中，南宁占有十分重要的地位，并且"中国—东盟博览会"每年都在南宁举办，使其享有"区域性的沿海城市"的美誉。

拥有沿海城市和税收等多项优惠待遇，南宁有着一定的文化自觉性，尽管近年来在彰显海派文化个性方面做出了一定的贡献，如南宁国际龙舟邀请赛的引入，但是与上海、杭州、浙江等地城市之间依然存在着较大的差距，南宁拥有丰富的民族民俗文化，如何借用民族活动的力量，使民族文化与城市形象达到高度的契合，实现民族文化发展的弯道赶超，成为众多学者研究探索的重要课题。南宁国际龙舟邀请赛作为南宁嵌入式民俗体育赛事成功运作的典型代表，其发展历史、特征等对业界同行具有很大的借鉴价值。

根据共生理论可知，各种体育赛事在城市举办的同时，促进城市更加快速的发展。唯有两者有机结合起来，才能够实现协调稳定的发展。[2] 龙舟运动是全国人民甚至是东盟各国人民喜爱的传统体育活动，龙舟文化属于体育文化的一部分，体育文化已经成为城市文化建设的重要组成部分。本文以南宁国际龙舟邀请赛为个案，研究龙舟文化与南宁城市文化建设的互动，试图找到两者的融合和碰撞点，使其效应、能量充分发挥出来，紧密结合体育运动、城市文化建设，促进城市文化更加快速的发展，打造良好的龙舟文化品牌，将龙舟文化发展与城市经济发展结合起来，从而提高城市经济水平，最终把南宁国际龙舟比赛推向全世界。

1 龙舟文化与城市文化的概念界定

1.1 龙舟文化的含义

龙是中国特有的文化，是古人结合不同动物、天象想象出来的一种神物，不仅是中华民族的图腾，还是一种文化象征。龙象征着"兼容、奋进、福生、谐天"的精神，发挥着凝聚、激励、教育、警示的功能，深刻影响着每一个中国人。[3] 纵观龙舟文化可知，它与龙文化有着十分紧密的关联性，体现了人们对龙舟竞渡运动的喜爱，对历史文化的传承与保护，也展现了多种不同的审美意识，例如，龙舟、心理、伦理等等，从而使科学理论、艺术表达、情感交流成为有机的整体。大力弘扬龙舟竞渡习俗，也是弘扬"横大江兮扬灵"[4]，积极开拓的伟大精神。对于当代的龙舟比赛而言，不仅是一项体育项目，更是一种宝贵的龙舟文化，兼具经济效益、体育价值[5]。延伸出招商文化、娱乐表演文化、旅游文化、餐饮文化等等，而南宁主要以举办国际龙舟邀请赛为主要特色。

1.2 城市文化的界定

在界定城市文化方面，学术界有两种不同的倾向：第一，广义化倾向，认为城市文化包含两个部分，即城市物质财富、精神财富；第二，狭义化倾向，认为城市文化包含多种不同的文化现象，例如，城市群体意识、思维方式、生活方式等等。总体来看，第一种倾向更能体现文化现象的复杂性，更加全面。所以：一般这样定义城市文化：城市文化是人们在特定城市区域内，通过各项实践活动创造的物质财富、精神财富。[6] 对于城市文化建设而言，主要包含以下几个方面：城市人员的素质培养、城市文化的发展、城市群众文化的发展等等。[7]

2 龙舟文化的渊源与发展

龙是中华民族的传统象征，它以独特的形态渗透在人们的日常生活中。不论是宫殿、房屋、庙宇，还是衣物、用具或是故事、传说，乃至民间竞技、游戏、节日习俗等，无不留下龙的痕迹。[8] 龙舟竞赛具有十分悠久的历史，是一项传统体育项目，自古以来深受广大学者的喜爱与关注，于是，在研究传统文化的过程中，龙舟文化研究意义非凡。[9] 通过研究我国的文献资料可知，龙舟一词最早出现在战国中期的《穆天子传》中。一直以来，人们对竞渡的起源持有不同的意见，普遍认为源于纪念诗人屈原。在屈原投江这天，正好为五月初五。沿岸的百姓非常痛苦，纷纷引舟抢救。从那天起，每逢端午节，当地的人们都要在汨罗江上举行龙舟竞赛，以悼念爱国诗人屈原。在宗懔《荆楚岁时记》中记录到："五月五日竞渡，也就是屈原投汨罗江日，为纪念其死，所以利用舟楫以拯之。"此外，在《续齐谐记》写到："楚大夫屈原受奸人所害之日，为农历五月初五，人们利用舟楫拯救，此后端阳竞渡流传下来。"可见当时的人们以龙舟竞渡来纪念屈原，他们认为通过此举可以保佑先贤的英灵，让先贤的英灵得以安慰。所以，龙舟竞赛最初并不是为了纪念英雄，随后人们逐步利用这种方式来抵制邪恶势力。[10] 姚廷华也明确指出，从祭神活动逐步转变为纪念英雄人物，有着十分重要的历史价值、教育价值。[11]

3 南宁发展龙舟文化的必要性和现实意义

3.1 南宁龙舟运动发展的现状与影响

南宁龙舟运动的历史源远流长，从远古时期的独木龙舟发展成为现在的国际标准龙舟竞渡。在原始社会的壮族龙舟竞渡主要是以娱神为目的，后来衍变成以娱人为目的的少数民族传统风俗，直到现在发展成为一项具有国际性质的体育赛事，壮族龙舟竞渡运动经历了一个漫长的发展阶段。

南宁市每年农历五月初五端午节有赛龙舟的习惯。民国二十三年（1934年）南宁民国日报记载："扒龙船旧习，行见一年一度，在邕江中游驶竞技矣"。新中国成立后，端午节赛龙舟更成为南宁市别具特色的传统体育活动，且规模逐年扩大，赛事越办越好。1997年，南宁市和坛路乡举办的龙舟赛由于规模大，形式新，被中华全国体育总会、中国龙舟协会授予"全国百万群众龙舟通讯赛最优赛区"称号。

于2004年10月，成功举办了第一届南宁国际龙舟邀请赛，共有10支参赛队伍，其中，国外只有越南队参加。同年11月，该地又举办了第一届中国-东盟博览会。希望通过此种方式加强东盟各国之间的经济技术合作、贸易往来、劳务合作等等。两项活动的举办具有相互的促进作用，既能够推动体育文化发展，也能够促进经济水平提高。

经过几年的发展，南宁国际龙舟邀请赛的规模越来越大，本土龙舟队益发壮大，而境外队伍的实力也是不断增强。至今，南宁国际龙舟邀请赛已举办了十五届，由于新型冠状肺炎的影响，2020 年取消了南宁国际龙舟邀请赛。在这期间，因为有了澳大利亚、新西兰、加拿大、美国、南非等国家队伍的加入，南宁国际龙舟邀请赛已不仅仅是面向东盟这块区域了。而是面向世界。南宁市政府也意识到，要提高南宁的知名度，让世界了解南宁，必须吸引更多的境外队伍前来参加，让南宁国际龙舟邀请赛成为绿城南宁的一个知名品牌。

3.2 南宁发展龙舟运动的优势

3.2.1 地理条件优势

南宁是广西壮族自治区的中心城市，是一个融合多个不同民族的现代化城市。在西部大开发战略实施过程中，发挥着十分重要的作用，成为经济发展、外商投资的关键点。具有独特的比较优势。南宁市水资源较为丰富。其地处亚热带，气候湿润，雨量充沛，多年平均降雨量在 1241—1753 毫米之间。其中南宁市区为 1310 毫米。南宁市辖区河系发达河流众多，流域集水面积在 200 平方公里以上的河流有郁江、右江、左江、武鸣河、八尺江、清水河、良凤江、香山河、东班江、沙江、镇龙江等 39 条。南宁市的水域特点为龙舟运动的发展提供了得天独厚的硬件条件。

3.2.2 文化优势

南宁市定期（计划每年举办一届）举办南宁国际龙舟邀请赛，从 2004 年开始至 2019 年已举行 15 届。期间 2010 年，由于各种原因，南湖水域不适宜进行龙舟比赛，连续举办多年的南宁国际龙舟邀请赛在 2010 年时不得不暂时停办一年，把举办地更改为隆安县雁江镇右江河畔，不过，这并不能阻碍南宁人民对龙舟赛的热情，在一系列的南湖水域整治工程完成后，端午节国际龙舟赛继续进行，而且规模变得更大。2019 年赛事吸引了来自印尼、泰国、马来西亚、新加坡、老挝、柬埔寨等 6 个东盟国家队伍，以及广东省佛山市水藤龙舟队、广东省阳江市双带龙舟队、辽宁省大连正元博贺龙舟队等区外高水平龙舟队伍来邕参赛，持续为"中国—东盟"系列赛事注入新的时代内涵，彰显比赛的国际性、文化性、专业性、时代性和观赏性。

南宁国际龙舟邀请赛经过 10 多年的洗礼，南宁市品牌中的端午文化逐渐占据了越来越重要的地位。在端午文化中，龙舟精神至关重要，一直以来，南宁十分注重端午文化，为发展龙舟精神奠定了重要的基础。同时，南宁凭借其深厚的文化底蕴得到了社会的认可。

3.2.3 南宁市开展龙舟赛事的经验优势。

通过分析表 1 可知，南宁共有 30 余支龙舟队，并且县级市也拥有自己的龙舟队，表明龙舟运动十分普及，群众基础扎实，发展十分顺利。而通过分析表 2 可知，最近几年，南宁市政府十分注重龙舟文化，各种比赛越来越多，加强了国内外交流，改善了南宁的城市面貌，促进了当地旅游、体育、文化更加快速的发展。同时，龙舟精神感染着每一位南宁人民。此外，随着经济水平的不断提高，社会自然环境的逐步完善，南宁龙舟走上了更快的发展道路。

表 1 南宁市现有龙舟队伍情况（部分）

序号	龙舟队名称	序号	龙舟队名称
1	广西民族大学龙舟队	15	隆安县那元兰黄队
2	南宁市第十五中学龙舟队	16	隆安县那元驮浪顺风队
3	广西体育高等专科学校龙舟队	17	隆安县那元驮浪冲锋队
4	广西鱼悦体育龙舟队	18	隆安县那元渡忑大龙队
5	中倍力美健身龙舟队	19	隆安县花乃银青队
6	西乡塘区下楞龙舟俱乐部绿城大龙队	20	隆安县驮任雁龙队
7	西乡塘区宁村清水龙舟队	21	隆安县驮任女子队
8	江南区杨美古镇龙舟队	22	隆安县驮任祥龙队
9	崇左扶绥天城龙舟队	23	隆安县花乃小龙队
10	横县龙池步头龙舟队	24	隆安县雁江驮玉飞龙队

续表

序号	龙舟队名称	序号	龙舟队名称
11	隆安县西宁百驮金龙队	25	隆安县雁江驮玉小龙队
12	隆安县西宁花余青年队	26	隆安县雁江峒乙天龙队
13	隆安县西宁花余队	27	隆安县雁江峒乙青龙队
14	隆安县西宁百驮银龙队	28	隆安县雁江峒乙青年队

表2　中国—东盟（南宁）国际龙舟邀请赛赛事情况

年份	名称	地点	队数
2004.10	第一届中国—东盟（南宁）国际龙舟邀请赛	南湖下湖	10
2005.6	全国龙舟月南宁国际龙舟邀请赛	南湖	34
2006.6	中国龙舟月暨第三届南宁国际龙舟邀请赛	南湖	57
2007.6	中国南宁国际龙舟邀请赛	南湖	56
2008.6	全国龙舟月第十六届"屈原杯"全国龙舟锦标赛暨第五届南宁国际龙舟邀请赛	南湖	18
2009.6	第六届南宁国际龙舟邀请赛	南湖	49
2010.6	南宁国际龙舟邀请赛	隆安县雁江镇右江河畔	60
2011.5	第七届南宁国际龙舟邀请赛	南湖	70
2012.6	第八届中国水城南宁国际龙舟邀请赛	南湖	73
2013.6	第九届南宁国际龙舟邀请赛	南湖	56
2014.6	第十届南宁国际龙舟邀请赛	南湖	72
2015.6	"龙光杯"第十一届南宁·东盟国际龙舟邀请赛暨南宁市第九届运动会龙舟赛	南湖	58
2016.6	第十二届南宁·东盟国际龙舟邀请赛	南湖	62
2017.5	第十三届中国·东盟国际龙舟邀请赛	南湖	66
2018.6	第十四届中国—东盟（南宁）国际龙舟邀请赛暨2018年广西龙舟系列赛（南宁站）	邕江	56

续表

年份	名称	地点	队数
2019.6	第十五届中国—东盟（南宁）国际龙舟邀请赛暨庆祝新中国成立70周年·"我要上自治区运动会"	邕江	62

4 龙舟文化与南宁城市文化建设的互动

4.1 龙舟文化在南宁城市文化建设中的地位

在城市经济发展过程中，文化优势发挥着十分重要的作用，因为文化之间有差异，导致城市形象各不相同，城市吸引力也就不同，从而表现出不同水平的竞争力。[12] 在南宁城市文化建设过程中，龙舟文化至关重要，对其经济、政治、科技、体育等都有着一定的影响力。它正以昂扬斗志的、阳刚的精神动力引导着南宁城市文化建设的发展，让南宁独有的龙舟文化底蕴区别于其他城市建设。精神价值、经济价值、社会价值是龙舟文化本身所具有的动力支持，龙舟文化在不断演进的过程中，同时也带动了南宁城市文化不断向前发展，推动一系列产业的发展，如：宾馆、建筑、餐饮、娱乐、服饰等，还引起海内外更多的国家对南宁的关注，与此同时经济价值也在不断放大。2004年南宁国际龙舟邀请赛以来，南宁的城市基础建设得到发展，拉动招商、旅游、餐饮的发展，由于第三产业的飞速发展，带动南宁整个GDP总值的提高，由最初的2003年的502.53亿元增加到2009年的1492.58亿元。[13]

4.2 城市文化对南宁龙舟文化发展的促进作用

城市文化是一种精神力量，它能够动员人民为城市发展而奋斗，是经济社会发展的重要促进力量。[14] 要想提高南宁城市文化水平，不仅要提高人们的思想道德素质，还要加强身体素质、文化素质，为社会发展提供更大的推动力，使城市文明、社会进步有机结合起来。文化是一种重要的软实力，政府应采取有效的措施，营造良好的城市文化，为城市发展提供更好的精神动力。

龙舟文化作为南宁城市文化建设的重要组成部分，当南宁城市文化飞速发展时，必定也会推动龙舟文化的发展与创新。2004 年 10 月和 11 月的南宁，分别举办了首届南宁国际龙舟邀请赛和首届中国——东盟博览会，而对于体育文化而言，南宁国际龙舟邀请赛与中国东盟博览会具有相互的促进作用，通过此种"体育搭台，经贸唱戏"的方式，营造良好的龙舟体育品牌。

南宁市体育局积极与香港特区的龙舟联合会共同签署了合作协议，"其最大的目的就是，打造泛珠三角洲龙舟圈，在这一区域内，共享资源，沟通交流，提高办赛能力，推广龙舟文化。"学校也积极开设龙舟课，打造学校的特色品牌，特别是广西民族大学龙舟队由于成绩突出而逐渐被人所熟知，初级中学的学校也不逊色，2009 年在参赛的阵容中，南宁 15 中队成为其中一员；体育局办比赛，政府部门在推动，学校建队伍，教育行业在支持，而要想龙舟这个项目"驶入"千家万户，必须让龙舟运动走进民间，自己生根、发芽、成长起来。为了顺应龙舟运动发展的大潮流，南宁市体育局提出在南湖建立龙舟俱乐部，安排教练和龙舟，免费为喜欢龙舟运动的市民来学习和使用。为南宁龙舟文化的发展提供了新的机遇和空间。

4.3　龙舟竞赛对南宁城市文明建设的推动作用

4.3.1　举办龙舟竞赛，提高城市知名度，构建城市文化品牌

社会历史发展的轴线是沿着体力—权利—知识（文化）的轴心转移而形成的[15]。在市场经济的影响下，文化的作用越来越明显，一个城市要想取得发展，打造本市的"卖点"，塑造本市的知名品牌，是一个城市赢得竞争的必由路线。南宁国际龙舟邀请赛每年都有众多境外队伍的加入，比如：澳大利亚、新西兰、加拿大、美国、南非，让南宁的龙舟赛不仅仅面向东盟，而是面向世界！特别是南宁体育局与香港特区龙舟联合会达成合作协议，重点打造泛珠三角洲龙舟圈，提高了赛事规模、增加了赛事的精彩程度。龙舟、龙舟赛、龙舟文化成为南宁独特的资源和品牌，打造绿城的体育品牌，把品牌放大、打响，提高南宁的知名度，让更多的国家了解南宁。从而，促进龙舟文化资源转向经济资源、品牌优势向经济资源

发展。

4.3.2 举办龙舟竞赛、推动城市精神文明建设

精神文明建设最重要的目的就是提高人的素质、培养人的品德、陶冶人的情操。龙舟竞赛是一项极具特色的民族体育城市文化，城市举办龙舟赛事，也就是毫不掩饰地把举办地呈现给"外人"，城市美不美、人口素质高不高、空气和环境清新不清新等都必须受到"外人"的检视。南宁近几年赢得了众多的荣誉："中国优秀旅游城市""国家园林城市""2000年迪拜国际改善居住环境良好示范奖""2007年联合国人居奖""2009年全国文明城市"等称号。这些荣誉足以说明南宁是个山好水好人更好的美丽城市。经得起"外人"的检视。

4.4 龙舟文化与南宁城市文化，两手抓，两手都要硬

4.4.1 大力弘扬和发展龙舟文化

文化是一种品牌，假如城市没有文化基础，如同失去灵魂。很难形成自己独特的城市魅力和资源，随着"泛珠三角龙舟圈"的形成，世界各国的强队将会沿着香港—珠海—南宁—佛山这么一个路线先后参赛，那么，我们就可以借助龙舟文化之"舟"出海，借助龙舟文化之"梯"上楼，借助龙舟文化力量，扩大南宁的影响，把世界各地的目光吸引到南宁。

4.4.2 提升南宁城市品位，树立城市良好形象

所谓城市品位，它包含多个不同的组成部分，例如文化、经济、政治、教育、历史、生态、思维方式、共同社会心理等等，是人们对城市的全方位的评价。[16] 要想提高城市文化品位，首先要改善人的形象，伊里尔·沙里宁明确指出"通过观看城市的面貌，就能够了解人们的文化追求"。可想而知，市民的素质对折射一个城市品位起着重要的作用，提高市民的素质可以转化为创新能力和经济能力。于是，必须正确引导人们的生活方式、行为方式，进一步提高市民的素质水平、品位层次。从而提升南宁城市的文化品位，树立南宁良好形象。为龙舟运动的开展提供一个健康、积极的区域环境。

由以上可知，南宁龙舟文化为南宁城市文化建设与发展提供了基础和

动力，南宁城市文化的发展与壮大为南宁龙舟文化的传承和发扬提供了坚实的物质保障和智力支持。

5　结语

南宁国际龙舟邀请赛自从 2004 年 10 月第一次举办，从此拉开了在南宁举办龙舟赛的帷幕，此后，赛事规模越来越大，影响力也逐步提高，最终成为南宁的特色景观，主要表现在项目总量从稀少逐渐增多并趋于稳定，健康经济、观赏性强的民俗体育项目较凸显；利益主体由单一走向多元，如：赛事最初的利益主体主要就是政府和观众，现逐渐演变成赛事举办政府、观众、赞助商、媒体、参与者、志愿者等；在食宿交通、人文地理、筹措资金、场馆建设、举办经验和人文地理等内部和外部环境方面发生了翻天覆地的变化。

在南宁城市发展过程中，国际龙舟邀请赛独具特色，为城市文化建设发挥着十分重要的作用。如何更好地利用文化优势，加快当地经济发展，打造良好的城市文化品牌，成为亟待解决的问题。此外，南宁要深入挖掘龙舟文化的凝聚作用，为营造和谐社会贡献力量。通过举办龙舟赛，不仅可以很好地利用社会资源，打造良好的城市文化，还能够促进社会和谐水平，使龙舟精神成为南宁城市文化建设的重要品牌。

参考文献

[1] 王若光 . 全民健身体系"特色"的民俗学思考 [J] . 北京体育大学学报，2015（2）：7—10.

[2] 王婷婷 . 实现我国体育赛事与举办城市共生发展的理论初探 [J] . 哈尔滨体育学院学报，2010（1）：53—55.

[3] 张晋彦 . 宁古塔山水记 [M] . 哈尔滨：黑龙江人民出版社，1984：31.

[4] 金毓绂 . 辽海丛书 [M] . 沈阳：辽沈书社，1985：253.

[5] 张玲玲 . 龙舟比赛与龙舟文化 [J] . 山西师大体育学院学报，

2003（04）：22—24.

［6］邹玉华.论体育在城市文化中的建设与发展［J］.体育世界（学术版），2008（09）：69—71.

［7］向德平，田北海.论我国城市文化建设存在的问题及对策［J］.武汉大学学报（社会科学版），2003（02）：252—256.

［8］赵源伟.龙狮和龙舟［M］.民族传统体育丛书.中国社会出版社 2006.9.

［9］倪依克.中国龙舟运动发展的文化研究综述［J］.云梦学刊，2001（04）：56—58.

［10］倪依克.中国龙舟运动发展的文化研究综述［J］.云梦学刊，2001（04）：56—58.

［11］姚廷华.吴越文化与传统的水上运动［J］.体育文史，1994（06）：36—38.

［12］邹玉华.论体育在城市文化中的建设与发展［J］.体育世界（学术版），2008（09）：69—71.

［13］http：//www.bbs.sogou.com/194645/-ZmUyax1WmWIBAAAA.html

［14］展宝贞，战秉聚.对城市文化建设的思考［J］.理论学习，2003（05）：28—35.

［15］于进生.以文化打造现代文明城市的灵魂［J］.理论学习，2004（12）：19—20.

［16］李增坡.以文化品位提升城市品位［J］.政工研究动态，2005（16）：8.

瓯越文化的传承

——戏曲艺术中的龙舟元素

陈晓东[1]　陈盛煜[2]　方汝将[3]

（1. 温州理工学院外国语学院，浙江温州 325035；2. 温州理工学院文学与传媒学院，浙江温州 325035；3. 温州市瓯剧艺术研究院，浙江温州 325035）

【摘要】温州作为龙舟竞渡文化的重要城市之一，保留了传统的龙舟竞渡民俗活动，展示了悠久独特的瓯越文化。据明万历《温州府志》载："竞渡起自越王勾践，永嘉水乡用以祈赛。"从春秋时期开始，温州地区的龙舟文化便开始发源。随着杭州亚运会龙舟赛事落户温州瓯海，温州龙舟文化迎来了重要的发展机遇。借此机遇，以《龙舟会》为楔子，通过分析温州龙舟文化与南戏、杂剧、昆腔的文脉基因，展望龙舟活动与温州戏曲在未来融合发展的可能性；通过研究龙舟与戏曲文化的结合点，寻找多种艺术文化相生相伴的方式；根据时代变化解构文化形式，展现地方文化交融所表现的非凡生命力。有鉴于此，厘清龙舟文化的历史与戏曲艺术的内涵，解锁它们的关系，对于讲好中国故事，诠释中国特色，提高地方文化的影响力与话语权有重要的作用。

基金课题：浙江省外文学会 2023 年专题研究项目"一带一路"视域下南戏瓯剧域外传播的路径与策略研究（项目编号：ZWYB2023024）

【关键词】龙舟；南戏；杂剧；昆腔

第一作者简介：陈晓东（1984— ），男，浙江温州人，硕士，讲师，研究方向：戏旅融合，跨文化传播。电子邮箱：1773078303@qq.com

2020 年，温州市瓯海区被中国民间文艺家协会命名为"中国龙舟文化之乡"。瓯海区水域广阔、河流纵横，在温州龙舟文化史上有着举足轻重的地位。近年来，瓯海区明确提出把龙舟文化作为地方特色文化品牌进行重点培育，将保留独特瓯越风味的龙舟文化向世界推广，巩固文化自信的根基。随着 2022 年杭州亚运会龙舟赛事落户瓯海，瓯海龙舟文化迎来了重要的发展机遇[1]。借此机遇，从龙舟文化出发，以杂剧《龙舟会》为楔子，探究温州龙舟文化与南戏、昆腔、杂剧的文脉基因，展望龙舟活动与温州戏曲在未来融合发展的光明前景。

1　温州瓯海与龙舟竞渡

龙舟是中国传统文化的重要组成部分，在温州，每年的端午节都有龙舟竞渡。作为龙舟运动的重要城市之一，温州的龙舟文化可以追溯到几千年前的春秋战国时期。据明万历《温州府志》载："竞渡起自越王勾践。永嘉水乡用以祈赛。"[2] 叶适诗："一村一船遍一邦，处处旗脚争飞扬，祈年赛愿从其俗，禁断无益反为酷。"可见温州一带的竞渡，渊源于古代越族龙图腾崇拜的祭祀活动，主要是用于祈求平安和丰收[3]。

温州的龙舟运动与地域特色紧密相关。自古以来，温州便是"东南水乡"，全市大大小小的江河，成就了温州独特的"赛龙舟"盛景。史书记载，龙舟最早出现于春秋战国时期，当时称为"龙船"。随着时间的推移，龙船发展成为"龙舟"，且逐渐形成了其独特的文化风格。通过千百年的历史变革，龙舟成为一种历史文化的传承。在温州瓯海，龙舟文化更是深入人心，成为民众生活中不可或缺的一部分。瓯海区的各条河道上在端午节都会有盛大的龙舟竞渡活动，特别是在郭溪、潘桥、娄桥、新桥、梧田、南白象等街道，竞渡活动非常热闹。在这些活动中，龙舟船头雕刻精美，船身饰有各种色彩鲜艳的图案，让人一见倾心。龙舟运动以其独特的历史背景与文化特色形成了其独特的文化符号。这种文化符号的延续与传承，不仅推动了温州体育事业的发展，也让中国文化的博大精深深入人心。龙舟与瓯海的关系，就像一条无形的纽带，将这座沿海小城与其文化紧密相联。瓯海因龙舟而妖娆，而龙舟也因瓯海而生动。

2　思远楼、南戏与龙舟

在温州市西南瓯海区的会昌湖畔坐落着思远楼。明嘉靖《温州府志》卷二云，"会昌湖位于城西南，潴瞿、雄、郭三溪之水"。《方舆纪要》卷九十四温州府永嘉县记载，"会昌湖受三溪之水，渺漫城旁。起于汉、晋间，至唐会昌四年太守韦庸重浚治之，因名"。湖畔的思远楼自古即为文人墨客聚集之地。思远楼建于北宋时期，是会昌湖畔最古老的建筑之一，也是湖畔文化的重要象征。北宋温州知州杨蟠的《永嘉百咏》之一《思远楼》有"吴兴刘孝叔，楼此面苍陂"之句；《去郡后作》也有"思远城南曲，西岑古渡头"的描绘，可知楼在城南，面对西山。王十朋诗云："湖上轩窗对遥碧，新诗写出旧城南。地环碧玉轩窗莹，舟入红云笑语香。"并注云："宋侍郎别业中，思远楼之南，有轩名遥碧。"宋谢隽伯《西湖偶成》有"思远楼西平屿东，会昌湖上藕花风"句。思远楼见证了古代温州繁荣发展的历程，也承载着文化人的情怀和记忆。思远楼目前重建恢复了原貌，重新闪耀着北宋的光彩。每到端午节，湖畔便会举行盛大的龙舟赛，游客如织，观赏着这一传统节日的盛况。四大南戏之一的《荆钗记》是描述温州士子王十朋以荆钗为聘，与钱玉莲动人曲折的爱情故事。剧中有诗云："越中古郡夸永嘉，城池阛阓人奢华。思远楼前景无限，画船歌妓美如花。"宋代甄龙友《贺新郎》诗云："思远楼前路。望平堤、十里湖光，画船无数。绿盖盈盈红粉面，叶底荷花解语。斗巧结、同心双缕。尚有经年离别恨，一丝丝、总是相思处。相见也，又重午。清江旧事传荆楚。叹人情、千载如新，尚沉菰黍。且尽尊前今日醉，谁肯独醒吊古。泛几盏、菖蒲绿醑。两两龙舟争竞渡，奈珠帘、暮卷西山雨。看未足，怎归去。"这首传唱了近千年的"思远楼前路"词，不仅生动描述了思远楼前的十里风光的美好，还描绘了在龙舟竞渡时，游人"看未足，怎归去"的场景。

作为浙江省第二批非物质文化遗产的南戏发祥于温州，宋元时期称

"温州杂剧"或"永嘉杂剧"，是我国最早成熟的戏曲艺术。后传到杭州及江西、福建、江苏、安徽、广东、北京等地。明代形成四大声腔（海盐腔、弋阳腔、余姚腔与昆山腔）之后，后余姚腔发展成为调腔等，海盐腔为昆山腔所吸收，昆山腔发展成昆剧，弋阳腔衍变为各地高腔。现存有《王魁》等宋代剧目 5 种、元代剧目 216 种、明初剧目 117 种，有《九搭头》等曲牌音乐遗存在永嘉昆剧和温州高腔中。代表剧目有《荆钗记》《白兔记》《拜月亭》《杀狗记》等。《荆钗记》是四大南戏之首。徐渭《南词叙录》谓："南戏始于宋光宗朝（1190—1194 年），永嘉人所作《赵贞女》《王魁》二种实首之。或云宣和间已滥觞，其盛行则自南渡。号永嘉杂剧，又曰鹘伶声嗽。"同为明代的祝允明于《猥谈》云："南戏出于宣和（1119—1125 年）之后，南渡之际，谓之温州杂剧。予见旧牒，其时有闽夫榜禁，颇述名目，如《赵贞女蔡二郎》等，亦不甚多。"[4] 两则材料共同之处都认为温州是南戏的发源地，产生时间在宋室南渡之际，初名温州杂剧。中华戏曲，源远流长，根脉南戏。作为戏曲的根，故事被南戏称为"话文"，情节有头有尾、曲折生动。温州有钟灵毓秀的风光，总能使历朝历代的文人侠客心生雅兴，久而久之形成众多情节离奇、引人入胜的长篇故事。"云日相辉映，空水共澄鲜。"这是被誉为"山水诗鼻祖"的谢灵运对江心屿的描述。作为温州胜迹的江心屿吸引了历代著名诗人相继前来游览。著名南戏《荆钗记》中就提及江心屿上的江心寺便是钱玉莲与温州士子王十朋二人的重逢之地。江心寺、思远楼、龙舟和南戏，自然与人文密织，成了温州"诗画山水、戏曲故里"的重要组成部分，这里充满了历史与人文的底蕴，也蕴含着人们对美好生活的向往和追求。

瓯剧传承着南戏。作为南戏的舞台艺术形式，它形成于明末清初，是个多声腔古老剧种，演唱以乱弹腔为主，兼唱高腔、昆腔、徽调、滩簧、时调六种声腔唱调。方汝将，国家一级演员，中国戏剧梅花奖获得者。作为瓯剧领军人物，也曾吟唱古诗词"思远楼"。他认为，"瓯剧是南戏的舞台传承，南戏作为戏曲艺术，它的生存与发展离不开剧场。龙舟竞渡，思远楼观戏，无疑是传承龙舟与南戏文化的重要策略。通过思远楼将南戏与龙舟结合起来，突破不同艺术体的文化形式，吸引人民群众的兴趣，促进传统文化的再生力。"

3　昆曲、杂剧与《龙舟会》

3.1　《龙舟会》与昆曲

《龙舟会》源于明末王夫之所作同名杂剧。取材于唐代李公佐《谢小娥传》。写谢皇恩翁婿经商归来，在浔阳江上被盗杀害。谢托梦于其女谢小娥报仇。小娥得李公佐指点，改男装私访，探知杀父仇人为申兰、申春。小娥佣工申家，乘端阳节侑酒之机，手刃仇人，投案自首，并拿出李公佐所写字条，得免罪释放。此剧于 1962 年经毛盛炯整理，因王夫之是湖南省衡阳市人，为纪念他，由郴州专区湘昆剧团整理，在长沙召开的中国哲学讨论会上演出，大获好评，成为衡阳湘剧团保留剧目。

在南戏形成的早期，其使用的声腔是温州腔，温州腔独具特色，成就了温州南戏。随着南戏的快速发展，南戏迅速向周边地区流布。入明后，随之产生海盐腔、余姚腔、昆山腔、弋阳腔四大声腔。昆山腔在嘉靖年间逐渐衍化出各种支派，主要有浙昆、湘昆、川昆以及北昆四种。湘昆是湖南常德、长沙、衡阳、郴州、祁阳等地昆剧支派的总称。在明朝嘉靖、隆庆年间，以魏良辅为首的乐师对昆山腔进行革新改良，时称"水磨腔"。革新后的"水磨腔"在吐字和曲调运用上吸收了北曲的长处，注重"布调收音"，使昆山腔具备"闲雅整肃、清俊温润"的特点，具备了作为戏曲声腔的条件，最终形成了昆曲曲唱体系。隆庆末年，魏良辅的弟子梁辰鱼首次运用革新的昆山腔创作了传奇剧作《浣纱记》，昆腔正式形成，后取得"官腔"的称号。清初，昆曲的名称也正式产生。

昆曲来源于昆腔，昆腔的原型昆山腔属于南戏戏腔的一种，而昆腔继承了南戏戏腔的特点和基本框架，在革新时又吸收了杂剧北曲的长处。因此，昆腔成为同时具备南戏和杂剧两种戏曲特色的腔体。现存昆曲剧目《龙舟会》成为连接南戏、杂剧以及昆曲的桥梁。中国昆曲与古希腊悲剧、印度梵剧并称为世界三大古老戏剧。昆剧，又称昆曲、昆腔、昆山腔，是中国最古老的剧种之一，具有六百年的历史，被称为"百戏之祖""百戏之师"，也是中国传统文化艺术中的珍品，被称为戏曲百花园中的一朵"兰花"。昆剧是受文人雅士、艺术专家精心呵护培植的特殊戏曲品种，昆剧音乐使用曲牌体音乐结构。昆剧的产生，不仅是昆腔自身发展的成熟标志，还是中国戏曲发展的成熟标志。昆剧《十五贯》以其高度的思想性、人民性和艺术性轰动全国，《人民日报》以"一出戏救活一个剧种"发表专题社论，从此昆剧艺术进入了一个新的历史发展时期，浙江也因此成为新中国昆剧的发祥地。永嘉昆曲是我国古老的剧种之一，它属南曲声腔的一个流派，经过漫长的历史演变，逐渐形成了自己的独特风格。永嘉昆剧历史悠久，明清两代，永昆一直盛演不衰，永嘉昆剧团前身为"温州巨轮昆剧团"。1954年正式被政府接受登记，1955年该团划归永嘉县管辖，故易名为永嘉昆剧团。1999年，成立昆曲传习所。2001年，中国昆曲被世界联合国教科文组命名为"人类口头和非物质遗产代表作"。2005年，永嘉昆曲被列入首批"国家级非物质文化遗产名录"。永嘉昆剧《张协状元》被誉为"一出戏救活一个剧团"，先后荣获曹禺戏剧奖、文华新剧目奖、鲁迅文学奖和中国戏曲学会奖。永昆连续参加六届中国昆剧艺术节演出。部分经典代表剧目受邀赴北京、苏州、香港、台湾等地献艺，一路好评如潮。永嘉昆剧又称温州昆剧，是流行在以浙江温州为中心的浙南地区的汉族戏曲剧种，属于昆剧流派之一。明万历年间（1573—1619年）昆剧传入温州后，和温州的戏曲声腔互相融合，逐渐形成这个地方剧种。永昆的声腔，既有与苏昆同牌同调，也有同牌异调和独有曲牌。演唱中不受传统联套宫调规律限制，可以同宫异调联套，甚至在某一曲牌中间转调，呈现极大灵活性和丰富性。在打击乐方面也保存了较为古朴的汉族民间锣鼓点。昆曲在流传过程中在明代由浙江传入湖南郴州地区，清朝初年流行，同治、光绪年间尤为兴盛。漫漫的历史中，昆曲与本地祁剧、湘剧及地方语言、音乐、民风民俗相糅合，形成了既保持原精髓又别具湘南泥土气息、辣味十足的新昆腔——湘昆。杂剧作品《龙舟会》作者王夫之是湖南人，因此用湖南特有的昆曲剧种湘昆来演绎杂剧作品《龙舟会》就促成了南戏、杂剧、昆曲的天作之合。因此，《龙舟会》在联结龙舟文化与戏曲文化中发挥了重要的作用。

3.2 《龙舟会》与杂剧

杂剧，是在宋代诸宫调基础上发展起来一种传统文学样式，是一种把歌曲、宾白、舞蹈结合起来的中国传统艺术形式。区别于南戏，杂剧的体裁是一本四折的形式，这是受宋杂剧演出时分为四段的影响，四折之外又可以加两个"楔子"。杂剧有三个构成部分：宾白、唱词、科介。三者交相配合，推动剧情的发展，刻画人物的性格。《龙舟会》虽为明末清初时期的杂剧作品，但它严格按照元杂剧体制创作。在宫调的使用上，选择了北区常用宫调。《龙舟会》是借用端午与龙舟的文化内涵来表达作者意蕴的典型作品之一。杂剧《龙舟会》以《谢小娥传》为基础进行改编，保留了复仇的主题，将个人复仇故事与社会历史变革结合在一起，表达了重大的时代主题；通过借喻，揭示当时社会动荡的政治环境，抒发了作者对于现实政治的批评态度，体现了明朝遗民王夫之对大明王朝深深的眷恋之情和反清复明的意志。

《龙舟会》将《谢小娥传》中原本含糊不清的复仇时间明确至端午节龙舟竞会。正是因为这样一个具有特殊含义的节日背景为除盗杀贼提供了道义的支撑。首先，王夫之借端午所代表的屈原精神表达了两层意蕴，一是对明王朝眷恋的民族之情以及对清王朝的敌对情绪；其二是借屈原因怀才不遇惨遭排挤诽谤之害的经历隐喻明王朝内部动荡腐败。其次，借端午进行复仇暗示作者意图手刃异族者，做一位忠义英雄，实现反清复明的意志。在龙舟竞赛紧张刺激的场面中将个人意志与家国情怀相互结合，表达了强烈的爱国之情。除了《龙舟会》以外，将龙舟竞赛这种传统民俗活动融入古典戏曲的典例不在少数，如关汉卿所作的《隋炀帝牵龙舟》、庚天锡所作的《隋炀帝风月锦帆舟》等。

4 龙舟文化与戏曲艺术的融合

4.1 古代戏曲剧本的龙舟元素

端午龙舟在古代戏曲剧本中经常涉及，但有的只是在唱词或宾白中一带而过，并无专门表演。例如，明传奇《明珠记》有唱词"满眼虎艾争鲜，正西苑龙舟相续"；《跃鲤记》唱"又见端阳，处处龙舟争竞"，《鸣凤记》中有宾白"孩儿，今日艾虎悬庭，龙舟竞渡，又是端午时节了"。

古代戏曲舞台上表现龙舟的另一种方式，则有专门的表演，主要利用演员的语言、科介和后台锣鼓、唱曲、喝彩等烘托，在舞台上虚拟出龙舟竞渡。如明代杂剧《午日吟》中，演员作虚拟性的动作"观龙舟科"，同时用唱词和对白描述龙舟竞渡的情况，指示出舞台上龙舟的"存在"。明传奇《蝴蝶梦》在表现龙舟到来时，"内鼓吹介"，而众人合唱"听龙舟鼓角沸如雷"[5]。

古代戏曲文化融入绘画艺术流传到海外也见证了古代戏曲剧本的龙舟元素。法国拉罗谢尔艺术与历史博物馆所藏的两幅古代戏曲龙舟表演外销画是龙舟与戏曲文化结合并流传到海外的有力佐证。根据江中赛龙舟、岸上祭奠死者的情节推断，画中演绎的龙舟戏曲可能属于"屈原戏"。检视今存屈原戏剧本，清人尤侗《读离骚》、张坚《怀沙记》和胡盍朋《汨罗沙传奇》（简称"《汨罗沙》"）三剧的最后一场都与画中所绘场景相似，其中《怀沙记》与戏画的接近程度最大。《怀沙记》不晚于乾隆十四年（1749年）完成，付刻于乾隆二十三年（1758年）。最后一出《昇天》演述东皇太乙携东君、云中君在端阳之日巡视下界，见江上龙舟竞渡，江边百姓祭奠，得知是在纪念屈原，于是召见屈原的魂灵，使其归列仙班[5]。

4.2　当代戏曲与龙舟文化

龙舟文化以不同的艺术形态出现在当代各种戏曲剧种。例如国家级非物质文化遗产，同时也是中国五大剧种之一的黄梅戏（中国五大戏曲剧种分别是京剧、越剧、黄梅戏、评剧、豫剧），伴随着一年一度的龙舟赛华丽登场，演绎了盛大的黄梅戏文化艺术节会，留下了"黄梅戏乡唱黄梅，龙舟竞渡白湖渡"的美名；端午节又名"女儿节"，在川湖地区，每逢端午节都会给孩子们演绎偶戏《龙舟女儿》，用以庆祝端午安康，传播中华民族慈孝美德；广东地区更是把龙舟文化深入融合地区戏曲非遗文化，创作了《车陂龙舟最有戏》进行全球首演，共庆龙舟戏剧嘉年华。龙船之戏，广东繁盛。在广东地区每逢端午节，河面上一般会出现两种龙舟，竞渡用的"赛龙"和作为巡游观赏用的"游龙"。游龙又名彩龙，重在游弋以展示服饰锣鼓、表演歌舞戏曲。龙舟与戏剧相结合，在广东地区称为"龙舟戏"。广州龙舟戏，就是特指在彩龙这个舞台上演的龙舟戏，其历史由来已久。承袭"宣和遗风"的大洲龙船上演着华丽的各种水戏，通过对文献的对比挖掘，对龙舟戏可能有的规模、配置与出行的环节进行了探究和还原后发现，龙舟戏起了缓解械斗、统一民心的作用，协调神人、官民的关系，颇有象征意义。虽然近代龙舟赛常常中止，但是从报纸上看，现代的水上游艺会热闹非凡。在当代的"游龙艳龙"比赛，还带有当年龙舟戏的遗风。在振兴龙舟文化的当下，端午节水面上搭载"非遗+体育"的项目，将古代的龙舟戏演绎在现代的水面舞台，其发展前景令人期待。

4.3 温州戏曲与龙舟竞渡

4.3.1 温州参龙与曲艺文化

作为浙江省级非物质文化遗产，参龙，是浙南地区一种配合舞龙灯、划龙船、唱"娘娘词"时进行的一种说唱形式，其唱词分仪式词、插词和正文三种形式。表演时，参龙师身披大红绸，边敲大堂鼓，边唱七言一句的参龙词，旁边的锣手们和着大堂鼓点的节奏配合着敲大锣，以增添气氛。参龙，是参谒龙神的意思，是一种配合舞龙灯或龙舟竞渡时进行的一种说唱艺术。它源于明末清初，至今已有 300 多年的历史。温州平阳民间对龙的信仰，有种特别的神圣感，平阳各地农村都建有龙神庙，每年春节举办的舞龙、参龙及端午节的赛龙舟等活动，都是对龙的祈求，保地方风调雨顺、五谷丰登。明、清时参龙一般由当地正一派道士为参师，因此参龙唱腔含有道士调味道。后来在民间发展成一种演唱艺术，在平阳、苍南等县乡村流行至今。而温州乐清参龙主要流行于大荆镇、芙蓉镇等乡镇。清乾隆《温州府志》载："元宵，各呑迎龙灯。击鼓歌唱为乐"，指的就是参龙。参龙以当地方言演唱，主唱词调以七言押韵为主，曲调以古调为主，大鼓伴奏。要求参龙师傅能精通 36 行职业内容，能说出 36 个行业 82 位祖师爷的名字、专长及行业特色。对文字理解要求思路敏捷，反应迅速，能用七言方式解说，贴近生活，通俗易懂。

4.3.2 龙舟文化融入温州戏曲

在温州戏曲当代的剧目创作，以及诸如瓯剧、永昆、越剧等本土知名的剧种演绎中，还缺少龙舟文化与竞渡精神元素。因此，笔者建议在"文旅融合"的背景下，在温州戏曲表演中可以通过龙舟竞渡的形式营造激烈的场面和氛围，或者利用旱龙舟的舞台表演元素为本土剧种的戏曲表演创设环境。在剧本中添加龙舟元素，打破形式的禁锢，解构文化内涵，达到龙舟与戏曲和谐共生的目的。首先是时空上的结合，如龙舟竞渡时添加南戏唱段作为背景，选择合适的唱段"戏唱龙舟"来为龙舟竞赛烘托气氛，鼓舞人心。或是以龙舟为形制作游船，让游客"坐龙船，观南戏"，体验游船赏戏的情趣。其次是内容结合，使龙舟表演与戏曲表演进行互动对话，创新演出形式。龙舟表演可以棒槌敲击大鼓为主要语言，参与南戏的语言创作中，双方一唱一和，互相对话，带给观众新鲜感、氛围感和体验感。此外，对南戏和龙舟进行音韵现代化的改造。地方乐队对南戏唱段和龙舟号子的融合，可以给人们带来新的视听感受。通过轻摇滚、民谣等乐队音乐形式使更多年轻人关注戏曲文化，爱上戏曲文化，从而更好地传播中国传统文化。

5 结语

《增广贤文》中曰："观今宜鉴古，无古不成今。"优秀的传统文化是国家强大的重要根基。悠悠瓯越文化，我们感受到龙舟和戏曲艺术的独特性和优越性，也感受到传承优秀文化艺术的迫切性。与时俱进，才能博古通今。回归优秀的传统文化，根据时代变化解构文化形式，将多种文化相互交融，突出文化的内在涵养，展现地方文化融合的生命力和影响力。有鉴于此，厘清龙舟文化的历史与戏曲艺术的内涵，解锁它们的关系，对于讲好中国故事，诠释中国特色，提高地方文化的影响力与话语权有重要的作用。

参考文献

[1] 洪越风.当好东道主 办好龙舟赛 [N].温州日报,2021—09—22.

[2] 陈莉.吴越龙舟竞渡文化的一个视角——温州龙舟文化的历史演进 [J].沈阳体育学院学报,2009,28(04).

[3] 朱静辉;朱巧燕.宗族、龙舟竞渡与国家治理 [J].广东技术师范学院学报,2015,36(07).

[4] 黄文杰.两宋江浙城市变革与南戏的发生 [J].教育文化论坛,2020,12(02).

[5] 陈雅新.戏曲中的龙舟表演考论 [J].戏剧艺术,2020,01(01).

端午的原始之魅与端午龙舟的抗争意识

徐 可

（商丘师范学院豫鲁苏皖接合区经济社会发展研究中心，河南商丘476002）

【摘要】 端午习俗源自巫术和驱灾辟邪，其仪式具有超自然的神圣性和"原始之魅"。而端午龙舟习俗则产生于中国古代人民的抗争意识，构成了端午习俗由神到人的祛魅。"原魅—祛魅—复魅"构成了端午节庆历史演变背后的文化哲学的分析脉络，自唐宋代以后，其巫术性和宗教性持续淡化。现代社会中，端午节庆的生活性、实用性、娱乐性、功能性因素日益增强，尤其是端午龙舟习俗与非遗文化融入旅游开发和文化产业项目之后，强化了"文化复魅"的社会诉求。中国具有漫长的礼治传统，这也类似于韦伯所定义的"魅力型"治理，因而"礼失求诸野"也成为一种"复魅"的类型。另一方面，人们往往忽视了端午龙舟所蕴含的抗争精神与生命意志的文化基因，从而生成中国人"不求神求主诸己"的文化魅力与当代价值。

【关键词】 端午节；祛魅与复魅；龙舟习俗；非遗文化

作者简介：徐可，商丘师范学院豫鲁苏皖接合区经济社会发展研究中心研究员，民建河南省委文化体育旅游委员会主任，开封非物质文化遗产保护协会副会长。邮箱：13781191516@163.com

1　"原魅"：端午节庆的早期起源

众所周知，中华民族的文明源流中创造了自己的节日与节庆，也成为文化基因的考证线索，而端午节就是一个典型的例证。端午节日的起源有着丰富的文献内容，人们一般依据晋书《风土记》中的记载"端者，始也，正也。五日午时为正中节，故作种种物避邪恶"，对端午进行文化解析，进而由官媒广为传播①。

围绕辟邪禳灾，远古时期的端午习俗与巫术、原始宗教和阴阳五行密不可分，充斥着对超自然力量和神仙的膜拜和信仰，从而被赋予了"原始之魅"。"原始之魅"具有思维上的"混沌性"。"四方上下曰宇，古往今来曰宙"，神话想象与巫术仪式中体现了原始思维的时空维度；例如"面死而生"的神话想象以"长生不死"的方法遮蔽了时间，"生存祈祷"的巫术仪式中以"人神对话"的方法遮蔽了空间。这就说明了为什么端午起源中，神话与巫术、节庆与习俗往往纠缠在一起，这本是早期文明"万物有灵""人神两分"意识形态下的"时空观"与解读世界的初始方式。

从端午节庆的发生机制看，首先，这反映了原始思维对时间过程的"流变性"认知。中国传统的节庆理解为"时间绵延"② 的符号与标志，其所表达的时间不是用钟表和日历来均匀度量的"科学时间"，而是存储于人类记忆芯片的"周期过程"。例如，五月正是春夏之交，这与后来的"五行学说"相勾连，也即"五，五行也，阴阳在天地间交午也"，这个记载历来被端午研究所重视。例如，闻一多认为："一方面，龙的数即是五，所以在图腾社会的背景之下'五'便成为一个神圣个数，而发展成为支配后来数千年文化的五行思想；一方面，作为四龙之长的中央共主是第五条龙，所以'第五'便成为一个神圣的号数，至今还流行的五月五日的端午

---

① 参见中央电视台的相关节目报道：https：//news.cctv.com/2014/06/02/VI-DE1401693302980393.shtml

② 这是法国哲学家柏格森在其时间哲学中使用的概念。

节，便是那观念的一个明证。"①

其次，端午节庆还具有内容上的"超凡性"。在早期先民祭拜献祀的"脱世"与"入世"的交接与转换中，人们创造了丰富多彩的仪式、象征与符号系统。中国的农耕文明形成中，自然节律的周期更替不仅决定着农业生产，也决定了人们日常生活中的"岁时节日"。而五月是春夏之交的季节，正是这交接与转换中，端午节逐步从"超凡性"过渡到"神圣性"。在这一过渡中，"龙"作为图腾符号就成为一个重要标识。闻一多在抗战时期写就出了《端午考》《屈原问题》和《端午的历史教育》等系列文章，旨在论证中华文明的先进性与神圣性，从而以"文化自信"来唤起抗战决心。因此，龙就成为端午的重要因素。当代学者也倾向认为"龙神信仰是端午民俗最核心的信仰要素，它贯穿了端午民俗自起源以来的整个历程，并始终发挥着巨大作用。正是这一信仰基础，实现了端午民俗潜在地与整个中华民族对龙的特殊信仰的统一"。②

由此可见，以端午为代表的神圣仪式源自早期先民以天神、地祇、人鬼为主要内容的"神话—巫术"体系，这在漫长的农耕文明过程中被赋予了超自然的神圣性与合法性；逐步演化发展为礼仪、礼制和礼治。因而在一定程度上，端午可谓是传统农耕文明的魅力之源。

2 "祛魅"：端午节庆的历史流变

端午节庆具有在文化分析上的元构性、在时间过程上的初始性、在价值体系上的超凡性，都是其"原始之魅"在不同维度的折射。但是这种"原始之魅"在随后漫长的演化过程中，逐步地方化、生活化和实用化，消解为娱乐性、功能性和审美性；呈现出中国式的"祛魅过程"。

德国社会学家韦伯曾把现代性社会所赖以生成的科学理性与市场理性的兴起，归因于"祛魅"也即摈弃所有的"用于拯救的巫术手段"③。他

---

① 闻一多：神话与诗［M］，上海：华东师范大学出版社，1997年版，第156—157页。
② 孙正国：互动演化当代端午节民俗的文化思考［J］，民俗研究2003—3，第35—47页。
③ 马克斯·韦伯社会学文集［M］，北京：人民出版社2010年版，第222页。

认为"我们这个时代，因为它所独有的理性化和理智化，最主要的是因为
'世界已被除魅'"。①而从端午节庆的习俗变迁来看，这种"祛魅"在现
代社会之前，就始终在发生着。例如闻一多就认为"端午节逐步成为吴越
地区图腾祭的节日，而赛龙舟是祭祀仪式中半宗教、半社会性的娱乐节
目"②。这种"半宗教半社会"本身就是"祛魅"过程中的过渡环节，融
会在端午习俗变迁过程中。

2.1　抗争意识："竞舟"与"采药"的文化解读

端午"祛魅"过程首先表现为"鬼神膜拜"转向对人的"英雄崇
拜"。端午节起源众说纷纭，这恰好说明了流变过程中的多样性、地方性、
复杂性。从端午祭拜对象的演变脉络看，最初由超自然力量的膜拜，转向
张天师、钟馗等道教崇拜，然后固定在伍子胥和屈原等英雄人物；呈现出
"由神到人"的世俗化过程。

端午"祛魅"的第二个表现，就是由"禁忌避讳"转向现实的"实
用医疗"。《礼记·月令》记载："是月也，日长至，阴阳争，死生分。君
子斋戒，处必掩身，毋躁。"在古代，"夏至"是传说中的死神诞辰或下界
日，因而也是"恶月、毒月、死月"；由此产生了驱辟邪避死的民风习俗，
逐渐集中于五月五日"艾草驱邪"，由此成为端午采药的风俗起源，《荆楚
岁时记》中关于端午记载有"是日，竞渡，采杂药"③。八十多年前，江绍
原先生刊发《端午竞渡的本意》，认为龙舟竞渡习俗最初为古代先民祓除
不祥的一种公共卫生法术活动，而这种"法术"逐步演变成为"采药"
习俗。

其实，在"竞渡"与"采药"的习俗中还隐含着强大的"生命意志"
与"抗争意识"，这一点往往被我们所忽视。《武陵竞渡略》中提到"竞
渡不独禳灾亦在卜岁，俗说划船赢得了时年"，这里的"竞渡"与"赢

---

① 马克斯·韦伯. 新教伦理与资本主义精神 ［M］，上海：上海人民出版社 2010 年版，第
151 页。

② 闻一多：神话与诗 ［M］，上海：华东师范大学出版社，1997 年版，第 144 页。

③ 宗懔（南北朝）：荆楚岁时记 ［M］，谭麟译注，湖北人民出版社，1985 年版，第 92 页。

得"说明了龙舟习俗与竞赛游戏最早源于"抗争"，具有的"生存斗争"的实践价值与意义。节令习俗中往往蕴含着文化基因的遗传密码，美国哈佛大学神学院的大卫·查普曼教授试图用"局外人"的眼光解释中国远古神话，如果撇开"大禹治水""愚公移山""夸父逐日""精卫填海"这些神话中的具体情节，转而去寻找其中要表现的文化核心，那么只有两个字：抗争①。而抗争也是"生命意志"的直接表呈现，不仅表现为生殖繁衍，更直观地表现为恶劣条件下的求生意志。中国人相信"多难兴邦"，正是对不断抗争历史过程所做的文化总结。

战争与灾害频仍，人们因而非常崇拜具有牺牲精神的悲剧式英雄人物。吴越一带曾把伍子胥崇祀为水神，在端午节加以祭拜；而屈原则更是成为端午节的公认角色。早在唐代《续齐谐记》记载："屈原五月五日投汨罗而死，楚人哀之，每至此日，竹筒贮米投水祭之……皆汨罗之遗风也。"据考证，端午节在唐代公务人员还放假一天②，已经由地方习俗上升为国家制度。

新文化运动时期，西风东渐；因而有人批评中国的审美意识中偏好"大团圆"，缺乏西方那样的"悲剧审美"意识③。看来这一说法并不准确，在端午习俗源起的悲剧人物与抗争意识来看，中国始终具有忧患意识和"不求神而求诸己"的奋斗精神，这恰恰也是"祛魅"的内生性的推动力量。

2.2 审美意识：宋词与明清小说中的世俗化

从日常生活角度看，"祛魅"也伴随着文明进步和人们精神世界的世俗化变迁过程。及至宋代，随着城市经济与市井文化的繁荣，端午风俗开始大众化、游戏化、娱乐化，其物化象征也具有了艺术审美价值。

---

① 参见：哈佛大学教授解读中国神话，被中国人自己忘记了的民族特征 https：//baijiahao. baidu. com/s？id=1570089852887809&wfr=spider&for=pc

② 张勃：中国古代社会的节日休假［J］，文史知识2014—3，第8—12页。

③ 蔡元培曾说"西人重视悲剧而我国则竟尚喜剧"，王国维曾说"中国小说都是乐天的，始于悲者终于欢，始于离者终于合，始于困者终于享"，胡适曾说"中国文学最缺乏的是悲剧的观点"等等。

北宋达到了中国文人艺术的时代巅峰，端午及其象征性艺术也融入宋词歌舞之中。当时，"五色缕"已经成为端午的艺术符号，如杨无咎《齐天乐·端午》"更钗袅朱符，臂缠红缕"，史浩《花心动》"把玉腕、彩丝双结"，黄裳《喜迁莺·端午泛湖》"玉腕彩丝双结"，王迈《念奴娇》"端午彩丝双系"，梅窗《菩萨蛮·端午》"色丝添意密，密意添丝色"等等。而南宋时期蔡戡《点绛唇·百索》流传最广："纤手工夫，采丝五色交相映。同心端正。上有双鸳并。皓腕轻缠，结就相思病。凭谁信。玉肌宽尽。却系心儿紧。"婚恋是日常生活最盛大的仪式，"五色缕"也成为端午的日常生活审美的典型样本。

在儒家知识分子眼中，端午不仅成为艺术审美的物化对象，还因屈原而被赋予深厚的历史审美意境。例如陈与义的《忆秦娥·五日移舟明山下作》："独无尊酒酬端午。移舟来听明山雨。明山雨。白头孤客，洞庭怀古。"此词作于金兵入侵，国难当头的1129年端午节，陈与义正在避难途中，自然想到了屈原和千古兴废。更为知名的，是苏东坡《六幺令·天中节》："虎符缠臂，佳节又端午。门前艾蒲青翠，天淡纸鸢舞。粽叶香飘十里，对酒携樽俎。龙舟争渡，助威呐喊，凭吊祭江诵君赋……湘累已逝，惟有万千断肠句。"苏东坡不仅描述了端午习俗，而且还借屈原抒发了历史情怀。

韦伯从西方宗教文化视角看，人类在认识世界过程中逐步祛除巫术和魔法等主观臆想因素，意味着"人"与"神"的主仆关系发生了倒转，这是近代理性乃至近代科学产生的前提。他认为："从原则上说，再也没有什么神秘莫测、无法计算的力量起作用……而这比其他事情更明确地意味着理智化。"① 因此，"祛魅"就是世界的世俗化和理性化发展过程。与远古社会的神秘叙事相比，这是人们认知视角的转变、价值依据的置换和社会秩序的重构。而东方世界的"祛魅"过程，可以从端午习俗的演变中找到线索。以"英雄崇拜"置换"神灵膜拜"，以"采药施治"代替"驱邪

---

① 马克斯·韦伯：社会学文集［M］，北京：人民出版社2010年版，第136页。

避灾"，到了宋代的端午节庆日常审美化，更是一种艺术化的"祛魅"方式。尤其是宋词开始在坊间流行，本身就是"生活化"和"世俗化"过程。

及至明清时期，端午节已经融入人情往还的世俗惯习了。例如《金瓶梅》第二十四回："这日是端阳佳节，他也无心去游戏，衷心忖道：我到老铁家去。今日大节下，他必定在家。"可见，端午被视作"大节"，也是亲朋好友相互往还的社交时机，而在《红楼梦》第三十一回："这日正是端阳佳节，蒲艾簪门，虎符系臂。午间，王夫人治了酒席，请薛家母女等赏午。"而"赏午"已经带有更多的游戏和娱乐因素，这种彻底的"世俗化"也标志着"祛魅"的完成。

3 　"复魅"：端午节庆的当代价值与精神慰藉

马克思在《共产党宣言》中有段名言，"一切固定的僵化的关系以及与之相适应的素被尊崇的观念和见解都被消除了，一切新形成的关系等不到固定下来就陈旧了。一切等级的和固定的东西都烟消云散了，一切神圣的东西都被亵渎了。"而这一历史过程，也可以解读为"资本的祛魅"，资本的世俗力量打破了封建文化与意识形态的神圣性，从而开启了市民阶层与资本主义的新时代。

近代以来，科学理性和现代社会的"程序理性"深刻地改造了欧洲的传统社会；另一方面，随着现代社会"祛魅"的完成，科学理性也越来越混同于"工具理性""市场功利"和"实用主义"，人们逐渐感到了物质富裕条件下的"精神无所皈依的迷茫"。正如韦伯在《以学术为业》的演讲中所说："我们这个时代，因为它所独有的理性化和理智化，最主要的是因为'世界已被除魅'；它的命运便是，那些最高贵的终极价值观，已从公共生活中销声匿迹，它们或者遁入神秘生活的超验领域，或者进入了个人之间直接的私人交往的友爱之中。"①

---

① 　马克斯·韦伯：社会学文集［M］，北京：人民出版社 2010 年版，第 151 页。

因此，当代人们不满意理性启蒙所造成的人生价值与意义的缺失，又兴起"复魅"的社会思潮，当然，这绝非要恢复巫术和神秘的法力，而是要从传统文化资源中找到精神慰藉与审美价值。

3.1　国家意志：文化自信的顶层设计

2017 年 2 月，党中央国务院印发的《关于实施中华优秀传统文化传承发展工程的意见》中明确提出中华人文精神是中国人民"思想观念、风俗习惯、生活方式、情感样式、审美追求的集中表达"，我国传统文化振兴战略，在某种程度上就是要恢复传统文化中的"神圣性"，这在端午节庆上也有所体现。

2008 年起，端午节成为国家法定节假日；2009 年 9 月成为中国首个入选世界非物质文化遗产的文化项目。2016 年 5 月，国务院批准端午节列入第一批国家级非物质文化遗产名录，这是国家制度从顶层设计上对端午节的正式承认。而屈原是儒家精神的文化符号，具有维护"大一统"的"正道直行，竭忠尽智""其志洁，其行廉"和"忠君爱国之诚心"等思想内核①，是当代家国情怀的经典样式。2021 年 2 月 25 日，习近平总书记在全国脱贫攻坚总结表彰大会上吟诵屈原诗句"长太息以掩涕兮，哀民生之多艰"，扶贫攻坚是新时代的抗争精神的伟大实践，因而具有价值正当性和意义的神圣性。

端午与春节、清明、中秋并称我国法定假日的传统四大节庆，其背后体现的是国家意志对端午文化的褒扬和其"神圣性"的构建。从地方实践上看，区域文化的发展动机也与国家意志相互重叠。在"振兴传统文化"战略下，端午习俗内容丰富，地域特征明显，受到极重视。

除了大规模的龙舟赛事以外，浙江嘉兴由地方政府组织的端午"掼牛"也颇具特色。它源自宋元时期穆斯林的"抓牛"技艺，后又融入"船拳、心意六合拳、查拳"等传统武术，成为多个民族文化相互融合"美美与共"的样板。角力竞技在中西方都源自古老的祭祀活动②，自 2012 年起

---

① 所引用的评价分别出自司马迁、朱熹。
② 徐州出土了汉代石刻《力士图》，被认为是汉代礼乐文化影响下祭祀活动。

嘉兴端午"中国掼牛"争霸赛吸引了国外大力士的积极参与，成为当代东西方"力士文化"交汇的焦点。

3.2 非遗文化："复魅"的关键所在

当前，全国各地的非遗文化振兴和非遗项目建设方兴未艾，这在某种程度上也体现了传统文化的"复魅"趋势。非遗文化包括"口头传统和表现形式与表演艺术""社会风俗与礼仪节庆""对自然界和宇宙的认知与实践""传统手工艺"等等种类，其源头都含有人们超脱日常生活的"崇拜""献祭""狂欢"等"神圣性"因素。

另一方面，传统文化的"神圣性"在现代理性面前虽然已经被消弭殆尽，但在民间习俗中，却借助非遗文化而有明显的复苏迹象。例如中山大学王霄冰等人于2011年清明节期间，对曲阜祭孔仪式进行了跟踪调查与研究，发现公祭仪式的世俗化特征明显，仪式手段贫乏，缺乏吸引力；而民间祭祖礼仪在本真性、本土性和传统性方面更具感染力①。这充分说明，如果完全抛弃了对神灵的虔诚与敬畏，只是大规模有组织的文化演出；虽然场面排场和豪华，仍会削弱丧失非遗文化中的"仪式感"和"乡愁"的价值和意义。究其原因，这是因为地方政府如果依靠行政力量组织非遗文化项目，本身就是"法理型"的社会治理的产物，这恰恰是以失去民间"魅力型"治理的"魅力"为代价的②。

中国的"魅力型"治理其实就是漫长的礼治传统，而民风习俗则构成其金字塔的底层。每逢时代交替，世风不古，个人的价值和创造性大都被"同质化"和"原子化"，礼治所维系的差序与等级也不复存在；因此，"礼失而求诸野"就成为中国式的"复魅"诉求。这也提示我们要对当前的非遗文化"产业化"进行反思，为何当前非遗文化产业鲜有成功的案例？除了市场规模和社会需求因素之外，一个内在悖论是：一旦采用工业

---

① 王霄冰：仪式的建构与表演——清明节曲阜祭孔与祭祖活动的人类学考察［J］，文化与遗产2011—3。

② 韦伯的"祛魅"理论就是为了论证现代社会的"法理型"统治类型和"魅力型""卡利斯马型"有所不同。

制造工序和生产流水线，则有可能会减弱手工艺品的工匠的虔诚精神和艺术的魅力价值①。非遗文化项目的"产业化"与"标准化"将会消解手工制品的"神圣性"，这种"工业祛魅"的将会与大众的"复魅旨趣"产生深刻矛盾。

　　与端午有关的非遗文化内涵丰富，种类众多，这一方面有利于奠定非遗文化产业的发展基础，另一方面也增加了"讲好端午故事"的难度。要摆脱当前"文旅融合"中千篇一律的现代化"审美疲劳"，"复魅"是最为根本的举措。其实，非遗文化中的"表演、仪式、竞技、游戏、手工技艺"等等都是源自人的原始本能，是"人的本质力量"的呈现方式。因此，非遗文化必须改变其"表演性"，不是为了游客演出而是出于原居民的内生需求，这样才能走上"复魅"的路径。

　　而当代非遗文化中的魅力就在于展示了族群的原始的"本质力量"，呈现为民间的"仪式神圣性"和"手工虔诚性"。因此，应审视非遗"产业化"，在工业生产与手工创造之间求得平衡，进而渲染"乡俗"与"礼治"中的情感因素与精神因素，才能够强化非遗文化的感染力和吸引力，真正复兴非遗文化。

　　3.3　端午文化：当代文创与审美

　　当然，"复魅"绝非"祛魅"的可逆过程。时代不同，时代精神也大相径庭。"复魅"也绝非是"复古"，巫术和迷信已经被时代摒弃，所保留的只是"神圣和虔诚"的职业精神和家庭伦理的价值内核。

　　端午的当代魅力还体现在"端午文学"的审美价值。汪曾祺认为"风俗是一个民族集体创作的抒情诗"，"家乡的端午，很多风俗和外地一样。系百索子。五色的丝线拧成小绳，系在手腕上。"② 这"百索子"显然就是由宋代"五色缕"演变过来的。他在作品创作中完全融入地方风俗，唤醒了人们的"乡愁"和日常生活的审美。例如他在《端午的鸭蛋》中写道：

---

　　① 英文中，艺术 art 一词原本就带有手工制作的含义，甲骨文中的"艺"字也起源于祭祀仪式。

　　② 汪曾祺：端午的鸭蛋［M］. 武汉：长江文艺出版社，2017 年版，第 125 页。

"端午一早，鸭蛋煮熟了，由孩子自己去挑一个，鸭蛋有什么可挑的呢？有！一定挑淡青壳的。鸭蛋有白的和淡青的两种。二要挑形状好看的。别说鸭蛋都是一样的，细看却不同。有的样子蠢，有的秀气。"① 在汪曾祺笔下，鸭蛋也成为灵性的审美对象。萧放曾认为"端午民间文学"主要集中在民间传说故事、民间歌谣与民间谚语三种类型上，而从流传演变的趋势上看，主要还是集中在家庭伦理的内容。

前文曾论述，宋词推动了宋代端午节庆的"祛魅"过程，使其由"鬼魅世界"进入市井坊间。而在当前的"大众审美"阶段②，审美已经成为人们超脱现实功利的精神追求，因而也成为现实中"复魅"的另一种可选择途径。端午的当代魅力还体现在"端午文创"的审美价值。河南卫视在推出了《唐宫夜宴》《元宵奇妙夜》《清明奇妙游》之后，又制作了《端午奇妙游》，迅速成为网红文创作品。其艺术魅力在于文化创意与科技手段相互结合的"奇妙性"和时尚性。其经典形象大多取自传说人物，在数字技术加工下令人耳目一新。这种"奇妙感"通过人们的无限想象而达到了审美境界，以"洛神"形象为代表，造成一种衣袂缥缈、羽化成仙、清丽脱俗的幻境和"超验体验"，这也是通过数字文创所呈现的艺术化的"人的本质力量"。

近代西方经济学的奠基者马歇尔认为：推动世界历史的两大构成力量，就是宗教和经济。我国市场经济改革以来，创造了大量的物质财富，但也造成了内卷化与功利性竞争的全民焦虑。因此，传统文化的"复魅"也在一定程度上给予人们宗教般的慰藉。另一方面，东西方文明演进的路径不同，"祛魅"与"复魅"的方式也不同。端午节庆的源远流长，在历史流变过程中"祛魅"与"复魅"也交织更替；其中的抗争意识、生命意志、家国情怀、日常审美，凝聚成为中华民族文化精神的显著特征。这些文化基因将随着时代变迁不断被激活，不断增加新的时代内容，也不断增添新的时代魅力。

---

① 汪曾祺：端午的鸭蛋 [M].武汉：长江文艺出版社，2017年版，第126页。
② 也即日常生活审美化，由费瑟斯通于1988年提出来。

中华龙舟文化的东盟传播研究

陈德钦

（北部湾大学体育学院，广西钦州　535000）

【摘要】 运用文献资料、逻辑分析等方法，探讨东盟中的越南、泰国、马来群岛龙舟文化的起源以及文化认同方式。研究表明：越南龙舟文化缘起前黎朝时期的宫廷竞渡，认同实现了民众从祭祀神龙的信仰到缅怀祖先与民俗娱乐融合的转型；泰国龙舟伊始于古百越人对水神及龙图腾的祭祀和崇拜，认同则通过水神祭祀和崇拜、驱邪、祈福与现代龙舟坚毅果敢的精神文化融合；马来群岛龙舟文化肇始于 19 世纪初的华人端午节，认同以纪念爱国诗人屈原和端午节庆习俗的情感认同为主。本文就中华龙舟文化在国际上的传播路径，提出了以下观点：深挖时代精神内涵，提高区域文化认同；将"民俗化"与"竞技化"植入提升发展张力；探讨龙舟文化与奥运文化紧密衔接。

【关键词】 中华龙舟文化；东盟；传播

作者简介：陈德钦（1980—），山东临沂人，硕士，副教授，研究方向：民族传统体育学研究，邮箱：chendeqin3696@126.com

1　引言

党的二十大报告中提出：以中国式现代化全面推进中华民族伟大复兴；并将提高体育文化感召力、影响力、凝聚力，推动运动项目文化建设，促进体育文化繁荣发展，弘扬中华体育精神，作为体育强国建设的战略任务。中华龙舟文化作为我国优秀传统体育文化项目的代表，它所蕴含的价值取向和文化内涵延续两千余年，直到今天仍焕发着强大的生命力和感召力。中国与东盟凭借着"地缘相接、族缘相亲、文缘相通"的亲密关系，及所具备的文化认同优势，推动了中华龙舟文化在东盟区域的传播。本文旨在通过对东盟各国龙舟文化起源的解读，分析中华龙舟文化在东盟传播中文化认同的差异，提出中华龙舟文化在国际传播中文化认同的创新路径，为中华龙舟文化国际性推介创造性转换与创新性发展做出积极贡献，进一步为我国传统体育文化的国际化和全球化提供借鉴。

2　东盟龙舟文化源流

基于中国与东盟地区的地缘文缘、朝贡经贸关系和华侨华人迁徙等因素影响，以历史及地域源流为主线，对中南半岛和马来群岛的龙舟文化起源进行分区域解读。虽然龙舟在东盟各国的传入时间不一致，发展过程也不尽相同，但各国的龙舟在当地文化的影响下，演绎变迁中呈现出不同的文化内涵和文化认同，形成兼具区域民族性、特色性的东盟龙舟文化，并发展成为一项较为普及的民俗体育活动。笔者选取了越南、泰国、马来群岛作为窥视对象，以描摹中华龙舟的东盟源流。

2.1　越南龙舟文化的起源

越南的龙舟文化已有一千多年的历史，主要源于中华龙舟竞渡推崇、本土传统习俗和英雄崇拜三位一体的融合。越南的龙舟竞渡习俗源于前黎朝时期（980年）的宫廷竞渡。据史料记载，自越前黎朝时期（980年）的交趾与中国建立了"朝贡"关系，并在中国政治体制和中国龙文化信仰的多重影响下首先孕育产生了流传于骆越人间的龙舟竞渡游戏，后来逐渐发展为水兵军事训练手段。而从游戏活动演变为国家礼制，《大越史记全书本记卷之一·黎纪》记载说："己酉六年（宋雍熙三年，986年）秋七月望，帝（黎纪）之诞辰也，使人造舟江中，以竹做假山于舟上，号南山，遂设竞渡戏礼。[1]"

　　越南龙舟文化受不同地域、文化和习俗的影响，起源版本有不同演绎，更多倾向于对英雄和爱国者人物的敬仰及崇拜。越南北部的龙舟赛会源于对雄王英雄人物的纪念，最早始于越南雄王时代文郎国的京都（今永福省白鹤县白鹤乡）龙舟赛会；另一种说法是当时雄王六世派扶董天王率军与北方异族激战取得胜利，举国欢腾，雄王下令全国庆祝三天（即三月初九至初十一）[2]。而赛龙舟是其中最隆重的一部分；还有一种说法是纪念李太祖的八太子李日光（越南语为"Lý Nhât Quang"），又称德威明王，德威明王是当时大越国的名将，率军击退南方占族，平定边陲，从此老百姓生活安定，为报答德威明王的恩德，那里的居民将其尊为城隍供奉，举办龙舟盛会纪念他的丰功伟绩。至于到底哪一种说法准确我们无法考证，但其中白鹤地区一年一度的龙舟赛会一直延续至今，赛龙舟逐步演变为越南越历五月五正阳节日的重要活动。越南南部赛龙舟（Ghe Ngo）源于高棉族的古老传统习俗，相传龙舟是高棉族人用来打击敌人的水上专用工具，每座寺庙必备一艘，且必须好好保管；并定于每年农历十月举行，它是传统节日—祭月节的重要活动，也是高棉族人辛苦了一年之后好好放松的一次机会，是当地规模最大的传统盛会。

　　2.2　泰国长龙船文化的起源

　　泰国因其特殊的地理位置，水网密布，船成为生产、生活及交通的必备，泰国的水上市场和长船比赛成为两项经久不衰的活动。传统的长船（龙舟）是目前泰国传统文化传承的重点，泰国传统龙舟比赛统称为"长船比赛"。对于泰国长龙船文化的起源没有太多争议，泰国以水为生命，对水产生了原始崇拜，由此衍生出船与舟的重要性。《吕氏春秋·贵因篇》曰："如秦者，立而至有车也；适越者，坐而至有舟也。"《淮南子·齐俗训》曰："胡人便于马，越人便于舟。[3]"这进一步证实了泰国长龙舟船文化起源于古百越人对水神及龙图腾的祭祀和崇拜。

　　泰国长龙船文化则是通过吸收与融合当地文化形成了具有本民族特质的图腾龙船文化，并逐步演变成泰国的传统赛长尾舟。泰国的长龙船源始于1350—1767年（泰历的1893—2310年），开始作为每年王朝操练士兵的一种方式，后面逐渐演变为皇家典礼仪式；因泰国的政治及历史侧重权贵，所以宫廷的长龙船成为泰国历朝历代的权力文化的象征。在明清强盛时期，中泰两国"朝贡贸易"往来密切及泰国高层的慕华之风，对泰国龙舟的权力象征也有着深刻的影响，如泰国最繁盛的阿瑜陀耶王朝、武里王朝和拉达那哥欣王朝的首都均设在帕雅河（媚南河）旁边，历代的皇室国王都有游龙船和观长船赛的习俗，有时候也成为军队的船只演习，这正是泰国宫廷的长龙船的由来。Winai Rotjai（泰）在《长尾船》（1989）中描述了阿育陀耶王朝时期宫廷法里描写关于 11 月份的皇家典礼仪式，其中就有龙船比赛；到拉达那哥欣王朝时，就开始正式的长船赛，并逐步演变为今天的全泰国最大规模的长船比赛。

2.3 马来群岛龙舟文化的起源

马来群岛龙舟文化肇始于 19 世纪初的华人端午节，中国的端午龙舟竞渡就是马来群岛现代龙舟赛的原形。在明朝初期至 19 世纪前期，华人华侨大规模迁徙，中华龙舟文化作为华人华侨的文化附属随之迁播至马来群岛。后期新加坡和马来西亚的对华政策逐渐鼓励华人发展民族特色和传统文化，至此保留华人传统端午赛龙舟的，属于典型的中华传统节日文化高比例华人主体意识的传播与传承的结果。

新加坡的赛龙舟文化最早见于英国一名记者 J. D. Vaughan 的英文记载，他曾在新加坡、槟城与马六甲组成的英殖民地居住了 54 年之久，并于 1846 年发表了《槟城华人笔记》，里面的《海峡殖民地华人礼仪与习俗》中简单描述了华人农历五月五日端午节划龙舟的情景[4]。每年农历五月初五的端午节成为新加坡华人每年一度的传统节日，并深深影响着新加坡的社会及生活形态，赛龙舟不再是单一的祈求平安，而是成为一项全民性的体育活动，促进了新加坡的种族和谐。在中华龙舟"同舟共济、团结奋进"的精神文化孕育下，促进了新加坡民众对龙舟文化的价值认同，由此得出新加坡的赛龙舟与中国端午文化的龙舟竞渡同出一辙。

马来西亚的赛龙舟文化起源于中国的闽粤还是潮州，目前还无法精确考证，但自 1801 年最早的华人会馆在槟城成立后，华人各类民俗宗教祭祀活动及华社团组织才使中华文化传统得到延续，中华龙舟文化由此才得以传到马来西亚。英殖民期间，罗尔（英）1818—1840 年在英殖马来西亚服务期间对槟城端午节俗中的华人赛龙舟景象做了最早记录；随后 1946 年在巴素著作的《马来亚华侨史》译本中提到阴历五月初五日龙舟节（俗称端午节）的说法[5]。尽管马来受到不同时期的战争、政治因素及对华政策的影响，但马来西亚一直流传着各种充满美好希冀的龙舟传说与诠释。

3 东盟龙舟文化认同分析

文化认同的核心是人们对生活区域的民族文化价值的认同，可以使人们形成共同的信仰和价值观，形成凝聚力。一项集体记忆具有族群文化身份认同的功能，对加强族群成员的文化认同发挥着至关重要的作用。东盟龙舟文化的"集体记忆"，前期通过"纪念英雄人物说""龙图腾的祭祀崇拜说""祈求水神信仰说"和华侨端午节庆等各种传说故事、历史事件、习俗文化的形式，在族群中形成了对东盟龙舟文化不同的价值认同。随着社会的演变和发展，人们更关注现代龙舟运动中在经济和社会发展、生活娱乐和全民健身等方面的价值，将这种强烈的情感认同融入现代龙舟文化，在特定的时间和空间建立属于本区域民族特色的龙舟文化认同的价值取向。东盟龙舟文化凭借丰富文化内涵的拓展与现代文化完美融合，不断融入现代生活，并满足了东盟各地区民众对体育文化生活的需求，形成了以纪念、休闲娱乐、竞技相结合的多样化龙舟文化价值认同。

3.1 越南龙舟文化认同窥探

越南龙舟文化认同实现了民众从祭祀神龙的信仰到缅怀祖先与民俗娱乐融合的转型。越南最早期的龙舟文化认同主要表现为对祭祀神龙的信仰，但现在已演变为全国性的大众民俗娱乐体育活动，通过祈求五谷丰登、驱虫、奉神等，组织各类民俗民间艺术展活动，将传统龙舟赛事逐步融入全民健身运动，其价值内涵更多地体现了越南民族"龙子仙孙"的自豪感，及他们"饮水思源""不忘先祖"的传统观念。可见，越南的龙舟文化认同已从祭祀神龙的信仰逐步演变为以追怀祖先为主题的民俗娱乐的情感认同。

3.2 泰国龙舟文化认同探析

泰国龙舟文化认同通过水神祭祀和崇拜、驱邪、祈福与现代龙舟的坚毅果敢的精神文化融合形成了具有泰国本民族特质的龙船文化，实现了传统与现代龙舟文化的完美融合，演绎成为民众自娱的一种民俗传承方式，促进了泰国传统龙船文化的传承和发展。泰国各个府地形成了各具特色的龙舟赛事品牌，由传统长尾舟比赛和全国龙舟竞渡比赛两大赛事组成，就各王朝杯的奖项进行激烈角逐。传统长尾舟赛，也是泰国古老的传统节日，比赛时间多集中在每年的 11 月至 12 月底，是该区域一项重要的民俗庆典活动。全国龙舟竞渡比赛现已成为一项全国性的龙舟锦标赛，形成了一批竞技水平较高的龙舟队伍，并出国代表参加国际性龙舟赛事的交流。

3.3 马来群岛龙舟文化认同剖解

马来群岛龙舟文化认同起初以纪念爱国诗人屈原和端午节庆民俗的情感认同为主，寄托着华人的传统文化情怀，满足了华人传播传统文化的精神诉求，诠释着中国龙文化的精髓，其更多体现的是华人的团结、协作、奋进和共同进步的集体主义精神，实现了华人族群的价值认同，已根深蒂固地成为马来群岛每年一度的传统节日。时至今日，马来群岛龙舟文化认同已从原先纯粹的华人祭祀和实现华人族群的价值认同与超越，逐步演绎为赋予了马来群岛人民向往自由、安宁生活的新的文化认同。为此，马来群岛现代龙舟文化成为追寻中华龙舟文化的精神、传播中华龙舟文化的最有效的链接区域之一，是中华龙舟文化传播与世界移民发展双重视域下的文化典型与标杆。

4 中华龙舟文化在国际传播路径

4.1 深挖时代精神内涵，提高区域文化认同

中国式现代化理论为"中国式现代化体育"价值观的现代化重构提供了理论支持，为形塑新时代中国体育价值框架指明了方向[6]。中国式现代化体育必将补全体育文化的短板。重视竞技运动文化的精神塑造和文化引

领，充分利用中国竞技运动项目优秀的文化符号[7]。今天的龙舟运动已经超越了时间、空间上的限制，龙舟文化价值中也有跨时代、跨民族、跨地域价值。该深挖龙舟文化中富有永久魅力，具有时代社会价值的精神文化内涵。如既要注重传统龙舟精神文化的延伸，大力传承"同舟共济"和"齐心协力"的传统文化精神，又要借助竞技运动传播现代体育的文化价值，弘扬竞技龙舟的"奋勇争先"的文化精神。将"同舟共济"作为中华龙舟文化发展的精神引领，与"奋勇争先"的时代精神融合发展。同时还有龙舟文化中自强不息、团结奋进，天人合一、和而不同文化内涵等需要我们去不断挖掘传承。要善于将龙舟文化时代价值精神，融入该区域经济社会文化建设和人们生活休闲娱乐中，提升龙舟文化吸引力、凝聚力和感召力，来提高该区域文化认同。

现代化转型面前，我们必须清醒地意识到，中华龙舟文化不能再仅靠民族国家的主题意识进行传承发展，应站在超越民族国家框架的高度进行现代竞技龙舟文化转型发展，与东盟各国一道践行"和而不同，文化共享，文明互鉴"的文化交流理念，增进文化的融合共享并寻求新的合作关系。不断提升民族意识的同时，区域国家间更应该相互理解和沟通，彼此相互依赖与尊重，促进中华龙舟文化更好的国际传播与发展。

4.2　将"民俗化"与"竞技化"植入提升发展张力

党的二十大报告提出，要促进群众体育和竞技体育全面发展，铸就社会主义文化新辉煌。今天要想实现龙舟文化的健康融合发展，不能因龙舟竞技性发展的提高，而削弱龙舟民俗文化内涵的丰富性，导致龙舟失去原本的精神文化价值，必须兼具民俗性和体育竞争性的特征，实现两条腿走路。

坚守龙舟民俗文化内涵的本真性，传承传统龙舟文化中的故事传说和地方民俗，使其成为当地习俗自我强化的重要载体，在时代发展中逐渐成为中华传统体育文化的特殊符号，积淀深厚的龙舟文化渊源和广泛的认同基础。遵循"以人民为中心"的价值逻辑，满足人民多元化、多层次、多方面的体育需要，增强人民的幸福感、获得感、满意感。让龙舟运动与民众的休闲娱乐接轨，全民参与验证民族文化的价值回归，实现以"以民俗之俗来普惠民"的大趋势。

竞技体育中的文化传承，主要依托竞技体育项目（龙舟）文化进行传播。在明晰龙舟文化各种价值的前提下，科学合理地挑选龙舟文化积极要素进行重组，既要保持传统龙舟的民俗文化特性，又要体现现代竞技龙舟的审美取向和价值追求，促进龙舟"民俗化"与"竞技性"的有机融合，即"龙舟竞渡精神"契合了现代体育时代精神的文化内涵。今天，以中国龙舟运动入选人类非遗文化遗产代表名录为契机，站在传承与保护非遗文化的角度，我们不仅从经济社会发展的视角来理解龙舟项目，还可以在实践的民俗活动中接纳各种龙舟文化，走出一条保留传统民俗文化与民族特色的竞技化路线，切不可将龙舟民俗文化从现代竞技龙舟中剥离出来，实现传统龙舟文化的民俗化与现代龙舟的竞技性的相互融合。

4.3 探讨龙舟文化与奥运文化紧密衔接

奥运会是现代体育发展、传播的重要推广平台，龙舟申奥不仅是中国人的期盼，更是世界其他地域人的希望，致力于龙舟申奥是我们一直努力的方向。首先，龙舟申奥历程艰辛。1995 年国龙联第一次申请国际奥委会的承认并加入世界体育大会，1999 年国龙联申请加入国际单项体育联合会，2007 年国际龙舟联合会正式成为国际单项体育联合会总会的成员，这是龙舟迈进奥运会最为坚实的一步，2010 年龙舟运动列入亚运会正式比赛项目，2016 年 8 月，国际龙舟联合会再次向国际奥委会递交认可申请书，待国际奥委会正式认可后，龙舟项目将进入奥运项目排队程序，2021 年中国竞技龙舟作为展示项目亮相东京奥运会，为"龙舟入奥"划出具有里程碑意义的一桨，标志着龙舟已经启动了入奥程序。其次，龙舟申奥创新不断。借鉴奥运项目赛艇、皮划艇的运作经验，2017 年中华龙舟大赛首创龙舟与皮划艇竞渡跨界融合，目的是促进两个水上项目间的交流、互取所长，将奥运项目皮划艇中现代竞技体育的科学训练方法和完善的规则等引进传统龙舟中来，为龙舟进入奥运会提供更多的宝贵经验，2020 年中国皮划艇协会发布符合奥运会标准的竞技龙舟。最后，积极倡导"一路一带"

"文明交流互鉴"和"人类命运共同体"的理念。宣扬中国文化元素，立足塑造以中华龙舟精神文化为代表的东方体育文化内涵，弥补当前对奥运文化内在价值挖掘和传播研究的不足，丰富奥运文化的精神内涵，使奥运会兼具西方体育文化特征和东方体育文化价值体系，为中华龙舟文化在世界范围内的进一步传播与弘扬起到巨大的推动作用。

参考文献

［1］［越］吴士连，范公著，黎任加个喜字等编纂．大越史记全书［M］．1989.

［2］张飞．云南传统的龙舟赛会［J］．东南亚南亚信息，1999（21）：25.

［3］郑彼赀．佛教与云南民族文学［M］．北京：新华出版社，2007.

［4］黄小波，杨放．广西与东盟体育交流研究［J］．体育文化导刊，2010（3）：9—12.

［5］李树旺，金子微，张荣子．新时代"中国式现代化体育"的新价值与新路向［J］．武汉体育学院学报，2023（1）：17—18.

［6］卞余琴，刘应．健康中国视域下群众体育与竞技体育协同发展研究［J］．体育文化导刊，2019（10）：31—36.

［7］李彦龙．中国式体育现代化的逻辑遵循、实践理性与推进路向［J］．哈尔滨体育学院学报 2023（01）：7—8.

全球化时代中华传统龙舟文化认同的内涵表征与建构思路

王志伟[1]　朱　莉[2]

（1. 吉首大学体育科学学院，湖南吉首416000；
2. 长江大学教育与体育学院，湖北荆州434023）

【摘要】基于增强中华文化认同以铸牢中华民族共同体意识的时代需要，从历时态"传统龙舟生境变迁"与共时态"中西文化交融"进行聚焦，采用文献资料、历史考证与田野调查等研究方法，对中华传统龙舟文化认同的内涵表征、现实困境与建构思路进行研究。文章认为，内涵表征体现为：历史渊源与话语叙事是传统龙舟文化认同的生成根基，象征符号与精神体认是传统龙舟文化认同的归属表征，价值共识与文化自觉是传统龙舟文化认同的生态意蕴；全球化时代中华传统龙舟文化认同面临以下现实困境：社会转型中"乡土性"变迁招致传统龙舟文化认同主体的心理漠视，社会碎片化的"自我中心式"观念导致传统龙舟文化认同的层次链接断裂，竞技体育"锦标主义"的盛行导致传统龙舟文化认同的同一性基础弱化；进而提出以道德共相导引中华传统龙舟文化认同集体记忆、以族群共相凸显中华传统龙舟文化认同辨识意蕴、以伦理共相规范中华传统龙舟文化认同禁忌规则、以审美共相强化中华传统龙舟文化认同鼓励意义的建构思路。

【关键词】传统龙舟；文化认同；内涵表征；认同建构

作者简介：王志伟（1990—），男，山东德州人，吉首大学体育科学

学院讲师，在读博士研究生，研究方向民族传统体育文化，邮箱：wang-zhiweiedu@163.com

全球性与民族性的并存是全球化时代的基本悖论，一方面全球化总是试图消除和瓦解各个国家的文化与特色，达至全球同一性，文化认同危机与文化焦虑也因此成为当代民族国家发展中不可避免的现象；另一方面，全球化在促进全球性生成的同时，也促使民族文化在与"他者"的对比中，凸显和强化民族性，酝酿着不同文明之间的冲突与竞争[1]。在此背景下，紧扣中华优秀传统文化传承发展的时代主题，中共中央办公厅、国务院办公厅印发了《关于实施中华优秀传统文化传承发展工程的意见》《关于全面深入持久开展民族团结进步创建工作铸牢中华民族共同体意识的意见》《关于全面加强和改进新时代学校体育工作的意见》政策，阐明中华传统龙舟作为中华优秀传统体育项目推广的必要性，及其传承发展中文化认同的重要性。

中华传统龙舟文化作为中华优秀传统文化的重要组成部分，积淀了中华民族伟大的精神追求与信仰标识，以独特的历史文化形态，蕴藏着中华文明发展最宝贵的历史基因，成为具有独特风韵的传统文化遗产[2]。近年来，在历时态"传统龙舟生境变迁"与共时态"中西文化交融"的双重语境下，中华传统龙舟的"去仪式化"[3]"重竞技化"[4]与"赛事趋同化"[5]等现象频繁发生，极大地削弱了中华传统龙舟文化认同感。为此，如何在时代张力中增进中华传统龙舟文化认同，助力铸牢中华民族共同体意识，已成为中华优秀传统文化传承发展工作中迫切需要回应的问题。本文在对中华传统龙舟文化认同内涵逻辑与危机呈现阐析的基础上，提出中华传统龙舟文化认同危机的消解路径，以期提供有益参考。

1 中华传统龙舟文化认同的内涵表征

新时代社会主义物质文明的高度发展使得指涉人们精神文明的文化与文化认同愈加成为中国式现代化的关键[6]。文化认同是人们在长期生活中所形成的对民族性事物所持有的肯定性认知[7]，主要表现为个体对所属文化的价值认同，以及能够自觉获得文化的归属感[8]，而人们使用相同的文化符号、秉承共同的文化理念、遵循共同的行为规范、追求共同的文化理想构成了文化认同的基本依据[9]。中华传统龙舟文化认同是人们对中华传统龙舟文化源流的承认、认可与赞同，由此产生归属意识，进而获得文化自觉的过程，蕴含了历史渊源与话语叙事、象征符号与精神体认、价值共识与文化自觉的内涵表征。

1.1 历史渊源与话语叙事：中华传统龙舟文化认同的生成根基

中华传统龙舟文化集"龙文化""舟文化""竞渡文化"于一体，具有悠久的历史渊源和丰富的话语叙事。据记载，"龙是来源于我国古史五帝时期的釜山合符，即帝王将原来各部落图腾物中祥和元素进行组合，创造了新的图腾形象'龙'"，并赋予其治水与司雨的本领[10]，随着农耕文明的发展，龙逐步成为人们祭拜的对象和吉祥的化身，如《山海经·大荒东经》"旱而为应龙之状，乃得大雨"，《史记·封禅书》"鼎既成，有龙垂胡髯下迎黄帝"。舟最早出现于我国浙江萧山一带，越人惯以用之，如《淮南子·齐俗训》"胡人便于马，越人便于舟"[11]，而龙舟最早记载于《穆天子传》"天子乘鸟舟龙卒浮于大沼"，后来成为先民原始意象中图腾的真实化身，人们对其加以祭祀与崇拜，如《沅陵千年龙船》"祭祀五溪各族共同的始祖盘瓠"[12]。关于竞渡起源的说法虽然不一，但都与先贤追念密切相关，如《越地传》"竞渡之事起于越王勾践"，《荆楚岁时记》"五月五日竞渡，俗为屈原投汨罗日，人伤其死，故并命舟楫以拯之，斯又东吴之俗，事在子胥"[13]。龙舟竞渡的前身是"送标"，其所指与禳灾驱恶相关，如《武陵竞渡略》"今俗说禳灾，于划船将毕，谓之送标"，《风土记》"仲夏端午，烹鹜角黍……蹋百草；竞渡"[14]。可以说，中华传统龙舟文化源远流长，深深植根于中华民族的生活、生产、信仰与习俗中，被赋予了"图腾崇拜""招魂祭巫""辟邪消灾""祈雨治水"等文化内涵，彰显了在地化与多元化中华传统龙舟文化认同的生成根基。

1.2 象征符号与精神体认：中华传统龙舟文化认同的归属表征

象征符号是民族国家对象性活动的产物[15]。中华传统龙舟文化包含着物化象征符号、行为象征符号、社会象征符号等诸多元素，这些象征符号与先人的生存生产活动保持着一种曲折隐微的原初关系，表达了人们对美好生活的愿望和追求。例如，在传统龙舟竞渡的点睛仪式中，眼睛象征了"风调雨顺，国泰民安"；天庭象征了"吉星高照，鸿运当头"；鼻子象征了"和谐幸福，万家平安"；口利象征了"笑口常开，大吉大利"；龙角象征了"健康、吉祥、如意"。精神体认是象征符号的践行结果表征。中华传统龙舟象征符号在意义表达与人们的践行中凝结与积淀了丰富的精神成果，包括"舍生取义的爱国精神""厚德载物的包容精神""自强不息的人生态度""推己及人的仁爱品格""虚实创构的审美方式""奋勇争先的拼搏精神"等[16]。可以说，中华传统龙舟文化的象征符号与精神体认对中华民族产生了形象性的、时代性的和持久性的感召力，指出了民族成员对传统龙舟文化的理性认识与价值表达，在与"他者"的比较中凸显了民族成员内心深处对中华传统龙舟文化认同的归属感。

　　1.3　价值共识与文化自觉：中华传统龙舟文化认同的生态意蕴

　　受农耕文化影响，中华传统龙舟文化在人们主观能动和思想意志的价值承借中，形成与社会相适应的价值共识与文化自觉，并深深植根于社会形态深层结构与时代发展状态的土壤里。价值共识是价值主体基于公共理性在交往实践中对某一价值观念所达成的基本一致性看法[17]。文化自觉是人们对民族文化价值内核的深层体认与赞同，在产生"自知之明"基础上的情感皈依与理性自觉[18]。作为民族属性的重要组成部分，中华传统龙舟文化从根本上表现出民族成员对这种文化所包含价值体系与精神结构的情感内化，它以民族生存和发展的深层动因为指向，在构建本源性价值理性的同时彰显了中华传统龙舟文化认同的内涵。例如，作为原始农耕文化的遗迹，传统龙舟文化蕴涵了祈晴求雨的认同感；作为传统认知吉祥的化身，传统龙舟文化蕴涵了求福禳灾的认同感；作为传宗接代意识的表达，传统龙舟文化蕴涵了繁衍生息的认同感；作为广大民众情感的衬托，传统龙舟文化蕴涵了吉祥喜庆的认同感；作为追念先贤风范的教化，传统龙舟文化蕴涵了爱国精神的认同感等[19]。可以说，中华传统龙舟文化作为中华民族在社会实践中教化、推崇与理解的内生物，是由人们的价值需求和价值追求所决定的，并在寻求价值理性的过程中将人的行为引向理性和自觉的轨道，令显了中华传统龙舟文化认同的生态意蕴。

2　全球化时代中华传统龙舟文化认同的现实困境

2.1　社会转型中"乡土性"变迁招致传统龙舟文化认同主体的心理漠视

全球化使经济社会结构发生了深刻变革，随之我国的乡土社会也发生了剧烈变化，为厘清"乡土性"变迁对传统龙舟文化认同产生的影响，笔者基于湖北荆州洪湖市滨湖办事处乘风村（乘风村地处洪湖之滨，是仙洪新农村试验区"洪湖岸边是家乡"的旅游景区，其独有的传统龙舟已被湖北省文化厅列入申报国家级非物质文化遗产保护项目）的田野调查了解到，新中国成立后乘风村就有了划传统龙舟的习俗，到了改革开放后传统龙舟的开展甚是如火如荼，形成了"东岸划龙舟，西岸划凤舟"的奇特民俗，而且村落建有龙凤阁，每到端午节负责人都会组织村民参与龙船装饰、请神、游湖、拜安等祭祀活动，并与邻近的杨嘴村、杨咀村、刘三沟村、付湾村的村民聚集在内荆河岸进行拜龙（凤）舟、赛龙（凤）舟、观龙（凤）舟，俗称"送神"。而进入新世纪后，在原本"以土为生，以土相伴"的传统农村逐渐出现了"把赚钱当信仰，把常规当典范"的文化气息，致使起源于村落、传承于村落的传统龙舟文化生态意蕴受到辩驳，村落中庙宇和祠堂等标识性的传统龙舟文化符号逐步远离了日常生活，人们对于传统龙舟文化的心理认同感出现了破窗效应。虽然近几年在当地政府与多方力量的共谋下，该村的传统龙舟赛事级别高了与规模更大，但这更像是一项村际传统龙舟赛事国家化实践的过程[20]。总体而言，社会转型中的"乡土性"变迁招致乡土文化主体价值观念的转变，而原有传统龙舟文化所承载的价值意蕴已不能满足人们的需求，呈现出文化认同主体心理的漠视现象。

2.2　社会碎片化的"自我中心式"观念引致传统龙舟文化认同的层次链接断裂

全球化进程中的社会碎片化现象，凸显了共同体成员个体的本真性特征，人们的价值意识与行为抉择表现出鲜明的功利性，形成"自我中心式"价值观念[1]。虽然中华传统龙舟文化在历史演进中具有深刻的文化根基，形成了多元的物质文化、行为文化、艺术文化等（表1），但在这种异化思维与价值研判的影响下，人们对中华传统龙舟文化的内修、认同与共同体意识似乎"退居二线"，严重削弱了其文化内涵的情感内化，使人们难以深入地理解中华传统龙舟文化价值意蕴与民族精神，阻碍了人们对其的价值共识达成与文化自觉坚守。可以说，对于多元一体的中华传统龙舟文化和一以贯之的中华传统龙舟精神而言，社会碎片化的"自我中心式"观念致使多数民众停留在浅层的认知与践行中，而难以达到深层认同。因此，依据安东尼·吉登斯的认同理论，即"认同是行动者的意义来源，也是由行动者经由个别化的过程而建构的，按强度的递增层次可分为自然认同、强化认同和理解认同"[21]，拥有多数的民众价值认知处于自然认同与强化认同阶段，少数处于理解认同阶段，从而出现了行为主体数量从"自然认同"到"理解认同"的层次链接断裂，加剧了中华传统龙舟文化"归属"感的消退。

表1 部分相关中华传统龙舟文化传承内容[14]

传承类别	传承内容
物质文化层	器物类：传统龙舟、"国标"龙舟、花龙船、杉木龙舟、木桨、碳纤维桨、力量训练设施、龙舟基地、龙舟赛道等；服饰类：传统民族服装、汉服、楚服、龙服、传统彩龙服、花格子服、紧身服等；饮食类：龙王酒、咸鸭蛋、绿豆糕、长江鱼、粽子、龙舟饭、龙船饼、全笋宴、特色海鲜；文物古迹类：轩辕黄帝造舟车、轩辕黄帝像、屈原祠、曹娥庙、淅川离骚碑等
行为文化层	赛龙舟、扎龙船、龙舟点睛、屈原游江招魂、祭龙、采青、旱龙舟、赫哲祭湖仪式、龙神庙祭拜、大江冯氏彩龙舟祭拜、花龙船表演、龙桨舞、龙舟拔河、彩龙表演、八仙巡游、捕鸭、摇快船、周口鳞船表演等

续表

传承类别	传承内容
文化艺术层	歌曲类：施光南作曲任志萍作词的《龙舟竞渡》、童达琴作曲柏康作词的《五月龙船景》等；民间小调类：何柳堂《赛龙夺锦》、阿炳《龙船》、广东《龙船歌》《扒龙船》、贵州《东乡龙船歌》《南乡龙船歌》、福建《游船歌》《采莲船》、江苏《划龙船》；邮票类：福州《龙舟竞渡图》、香港《赛龙舟》、澳门《端午节》等

2.3　竞技体育"锦标主义"的盛行导致传统龙舟文化认同的同一性基础弱化

随着全球化进程中西方竞技体育"锦标主义"的盛行，使得以"标准化"为代表的现代竞技龙舟得到迅速推广，并取得一些标志性事件[22]（表2）。在此背景下，现代竞技龙舟的国际化发展削弱了蕴涵多元地域文化与乡土情结的中华传统龙舟文化认同的同一性基础，表现为：其一，同一性主体基础的动摇。以"货币论"为内生动力的锦标主义盛行，导致以祭祀礼仪、话语叙事、仪式展演为传统龙舟文化信仰的价值主体心理的失衡[23]。其二，同一性介体基础的动摇。当今舆论传媒更为注重满足观众猎奇心理的现代竞技龙舟报道，如赛场花絮、队伍参赛、训练课程思政等，导致传统龙舟文化认同在超时空、凸显"消费性"的大众传媒中越发迷茫与混沌。其三，同一性现实基础的动摇。现实社会条件下，以规范化、竞技化、易组织为特征的现代竞技龙舟，制约了以展演性、民俗性、规模大为特征的传统龙舟赛事活动，例如，中华龙舟大赛与中国龙舟公开赛作为国内最高级别的龙舟赛事，在每年十几站的比赛中，只有一到两站比赛设有传统龙舟项目，且赛事形式也与现代竞技龙舟趋同，表明以"标准化"为代表的现代竞技龙舟占据了"主角"位置。因此，以竞技体育"锦标主义"为发展理念的现代竞技龙舟的国际化推广与影响力提升，导致中华传统龙舟文化逐渐与"失语""失忆"挂上了钩，认同的同一性基础被弱化。

表 2 现代竞技龙舟发展事件

时间	事件	时间	事件
1984 年	原国家体委将龙舟列为正式比赛项目	2010 年	龙舟成为广州亚运会正式比赛项目
1985 年	中国龙舟协会成立	2014 年	国际龙联举办首届龙舟世界杯
1991 年	国际龙舟联合会在香港成立	2017 年	龙舟成为第 13 届全运会比赛项目
1992 年	亚洲龙舟联合会在北京成立	2018 年	龙舟成为雅加达亚运会正式项目
1995 年	第 1 届龙舟世界锦标赛	2019 年	龙舟成为全国青运会比赛项目
2005 年	亚奥理事会接纳亚洲龙舟联合会为成员；东亚运动会比赛项目	2020 年	龙舟成为全国冬季运动会比赛项目；奥运表演性项目
2007 年	国际单项体育联合总会接纳国际龙联为正式会员	2021 年	龙舟成为亚洲青年运动会比赛项目与第 14 届全运会竞技项目
2008 年	龙舟成为亚洲沙滩运动会比赛项目	2022 年	国际划联举办首届世界龙舟联赛

3 全球化时代中华传统龙舟文化认同的建构思路

3.1 以道德共相导引中华传统龙舟文化认同的集体记忆

中华传统龙舟文化中那些体现人的生存意义和生命价值的因素，是基于人们在漫长的社会实践中积累的产物，是靠人的记忆和回忆实现的。这种记忆在中华传统龙舟文化的历史演变中实现了对人的精神的总体概括，是对意义的以人类记忆为基础的集体表征，表达了人们生活中的道德内涵与道德规范。依据阿皮亚的认同伦理学原理，由一系列不同的道德规则和规范构成的族群道德，称为道德共相，它作为人们对某种文化理解和价值判断的准则，体现着人类文化所包含的意图和动机[24]。可以说，以道德共相导引中华传统龙舟文化认同的集体记忆是一种对传统使命的传承，展示的是过去而约束的则是未来，对于消解中华传统龙舟文化认同主体的心理漠视危机具有重要导向作用。

我们通过道德共相导引人们对中华传统龙舟文化的集体记忆，给予人们价值选择的方向指引，才能使中华传统龙舟文化认同的内在逻辑与主体心理达成一致，具体表现为：其一，将中华传统龙舟文化内涵更好地融入生产生活与宣传教育中，如开展龙舟摄影、龙舟动漫、龙舟雕塑等创作，加强屈原、伍子胥、曹娥等人物形象塑造，制作龙船饼、龙舟饭、包粽子等食物，开展龙舟 DIY 制作活动，丰富端午"龙舟节日"主题活动，打造龙舟城市名片等。其二，中华传统龙舟文化是具时态的存在，也有超时空意义，在传承中须做到古为今用，实现中华传统龙舟文化的"创造性转化，创新性发展"。其三，充分利用"一带一路""上合组织""金砖国家"等多边合作平台深化传统龙舟对外交流，以跨文化传播视角，办好"小而精"的品牌交流活动，促进民心相通。综上可知，通过道德共相强化人们的集体记忆，表征中华传统龙舟文化的符号内涵与价值观念，可以有效聚合中华传统龙舟文化认同中的多种社会力量，以增进民众的中华传统龙舟文化认同感。

3.2　以伦理共相规范中华传统龙舟文化认同的禁忌规则

在几千年的历史延续中，中华传统龙舟文化承载了中华民族的集体认同理念、价值判断准则及生活行为规范[25]。在此意义上讲，中华传统龙舟文化蕴涵了一种或一组伦理规则，这种文化蕴涵伦理规则的事实直接指向了文化的禁忌性。依据克拉克洪的文化人类学理论，伦理共相是指为了群体的稳定性和延续性，人们在伦理的维度上共同遵守某种特定行为的准则，它以规训的形式指明了人们能够做什么或不能做什么的行为方向[24]。可以说，以伦理共相规范中华传统龙舟文化认同的禁忌规则有助于规范中华传统龙舟文化认同中人们的行为活动，是一种对行为者价值认知的审视，对于其文化认同层次链接的修复与充实具有重要意义。

我们通过伦理共相规范中华传统龙舟文化认同禁忌规则的方式，增进其文化价值认知的程度，可以为中华传统龙舟文化认同层次链接的修复提

供有效的解决范式，具体表现为：其一，立足符号记忆系统，以符号记忆
再现中华传统龙舟文化现象，增进人们对中华传统龙舟文化的认知与理
解，是修复与充实中华传统龙舟文化认同层次链接断裂最基本的环节[26]。
其二，强化文化情节认知，通过梳理中华传统龙舟文化源流的历史谱系，
以连贯故事的形式，通过合理的平台与媒介进行传播，以强化人们对于中
华传统龙舟文化的情感、归属感与践行的使命感，是修复与充实中华传统
龙舟文化认同层次链接断裂的关键环节。其三，建构文化价值共识，通过
对唯西方竞技体育"普世价值"的批判，利用社会主义核心价值观引领中
华传统龙舟文化时代价值的构建，增进中华传统龙舟文化的价值认同。综
上可知，通过伦理共相规范中华传统龙舟文化认同的禁忌规则，以符号记
忆唤起民众的共享往事达成自然认同，以情节记忆加强民众的情感认知达
成强化认同，以价值记忆增进民众的价值共识达成理解认同，是对中华传
统龙舟文化认同层次链接修复与充实的有效路径。

3.3　以族群共相凸显中华传统龙舟文化认同的辨识意蕴

中华传统龙舟作为中华民族的一个文化符号，蕴涵了深刻的族群感
情，其中共源共享是维系族群感情的基本内涵，具有鲜明地辨识意蕴，包
括了以传统龙舟文化践行为基础的自我辨识，以传统龙舟文化信仰为基础
的生命归属辨识和以传统龙舟文化国际化传播为基础的身份辨识[27]。依据
阿皮亚的认同伦理学原理，一个族群内在多种因素共同起作用而形成的能
够强化文化认同的系统称为族群共相，其表现出紧密关联的族群感情，是
推进民族传统文化认同的思想基础[24]。可以说，以族群共相凸显中华传统
龙舟文化认同的辨识意蕴是对中华传统龙舟文化所蕴含的精神血脉与物质
资源的历史记忆和现实追溯，有助于巩固传统龙舟文化认同的同一性
基础。

在全球化进程中我们以"取其传统精华，融合现代主流"为相互佐
证，通过族群共相凸显中华传统龙舟文化认同辨识意蕴的方式，增进人们
对传统龙舟文化传承发展的自我责任感，可以促进中华传统龙舟文化认同
同一性基础的巩固，具体表现为：其一，同一性主体基础的巩固，不仅要

通过传统龙舟文化记忆问题的民族阐析增强民众认同的使命感，又要做好内化与外化的结合与链接，形成与时俱进的文化理念。其二，同一性介体基础的巩固，可以通过再现记忆、重温历史、深化情感等手段发挥大众传媒在媒介与传播叙事和公共建构中的作用和功能。其三，同一性现实基础的巩固，可以通过比较、辨析与判定，增强中华传统龙舟文化优秀成果的感召力与"征服"力，提升实践的践行力[28]。综上可知，通过族群共相的文化记忆与情感叙事凸显中华传统龙舟文化认同的辨识意蕴，是审视和解决中华传统龙舟文化认同同一性基础问题的关键路径。

3.4　以审美共相强化中华传统龙舟文化认同的鼓励意义

人们对美的评判是由一系列审美规则的集合确定的，而这一系列审美规则的集合称为审美共相，它表征着可辨识的事物，标识出来的则是意义[29]。受程度性、视角性和价值判断性的审美影响，中华传统龙舟形成了在地化的多元文化内涵，如贵州苗族的牛角龙头蕴涵了"勤劳勇敢，名列魁首"的伟大领袖精神；福建莆田的宽头龙头蕴涵了"步步高升，胜者为王"的艰苦奋斗精神；西双版纳傣族的象牙龙头蕴涵了"温厚善良，百折不挠"的朴实与实干精神等。这些文化内涵凸显了人们生活中完善自我的价值追求，给人以精神鼓励性，是一种积极的力量。具言之，受审美共相驱使的行为主体，既处于被动地接受特殊规训的训练之中，又处在主动地驾驭和践行它的具体实践之中，进而使个人行为意识与符号表征意义达成一致，因此，以审美共相强化中华传统龙舟文化认同的鼓励意义，有助于提升文化认同主体的自识能力，实现以人为本的价值认同。

以审美共相强化中华传统龙舟文化认同的鼓励意义，需要以符号表征的语义完满性和审美的自由体验性为理念，具体表现为：其一，在中华传统龙舟文化内涵的扩展中，将中华传统龙舟文化特征与审美准则加以概括形成一种符号表征，以符号意义的自由体验引导人们的行为实践，促使行为主体在多个语域中传播与接受传统龙舟文化。其二，在问题情境的解决中，把中华传统龙舟文化中那些"死"的符号表征运用于新的现实问题中，构造一个新的不同于先前存在的符号表征场域，使问题情境趋向有利于中华传统龙舟文化积极发展的方向进行，让其符号表征"活"起来。其三，在认同的焦点汇聚中，我们需要使用表征性的语言对传统龙舟文化符号意义进行标识，在问题情境解决的基础上，通过整合有助于增进其文化认同的历史素材，实现文化表征语言的意义转换，促使文化认同焦点的汇聚。综上可知，审美共相作为一个符号系统，在中华传统龙舟文化认同中形成的鼓励性是一种积极力量，通过扩大文化语域、厘清问题情境本质、汇聚认同问题的焦点，促使行为主体产生积极的行为动机，以此强化人们对中华传统龙舟文化的认同感。

4　结语

中华传统龙舟文化在中华大地承续了千年荣光，积淀着中华民族最深沉的精神追求，代表着中华民族独特的精神标识，具有一定的社会认同基础[30]，但随着全球化进程的不断深入，中华传统龙舟文化呈现出与当代文化不相适应、与现代社会不相协调的认同困境。为此，本文立足道德共相、族群共相、伦理共相与审美共相的文化认同解释范式，提出了中华传统龙舟文化认同危机消解路径，这不仅强化了中华传统龙舟文化价值共识与血脉相承的意识，为中华传统龙舟文化的生态适应发展提供了强大思想动力，而且还在一定程度上凝聚和抽象了中华传统文化内部整合的理念与目标，为铸牢中华民族共同体意识奠定了心理依据与思想基础。

参考文献

[1] 詹小美. 民族文化认同论 [M]. 北京：人民出版社，2014：154.

[2] 刘跃军，杨明珠. 中国传统龙舟文化遗产保护现状审视与考辨 [J]. 成都体育学院学报，2010，36（05）：43—47.

[3] 黄金葵. 现代龙舟赛去仪式化现象的人类学反思 [J]. 首都体育学院学报，2017，29（01）：21—25.

[4] 向军. 礼仪竞技：传统龙舟赛的内在动力及现代适应 [D]. 福

建师范大学，2020.

　　[5] 向军，张智．礼仪龙舟：变迁与传承——一个县域龙舟竞渡长盛不衰的历史人类学研 [J]．武汉体育学院学报，2020，54（01）：31—37.

　　[6] 谭玉龙．中国式现代化：人类文明新形态的探索之路 [J]．学校党建与思想教育，2022，（03）：37—41.

　　[7] 陈振勇，姚孔运．回族武术促进民族文化认同的指标体系构建与实证研究——以兰州回族武术为个案 [J]．体育科学，2012，32（09）：52—61.

　　[8] 葛耀君，张业安，张胜利．传播学视域下中华民族传统体育文化的认同 [J]．北京体育大学学报，2017，40（04）：139—145.

　　[9] 佐斌，温芳芳．当代中国人的文化认同 [J]．中国科学院院刊，2017，32（02）：175—187.

　　[10] 王笠荃．中华龙文化的起源与演变 [M]．北京：气象出版社，2010：41.

　　[11] 秦伟．民俗文化赛龙舟 [M]．北京：中国社会出版社，2010：13.

　　[12] 杜达罗．龙舟 [M]．广州：广东科技出版社，2009：5.

　　[13] 王凤春，蒋侠．竞渡文化的历史演变与现代发展研究 [J]．中国文化研究，2018，（04）：114—128.

　　[14] 林友标，章舜娇．龙舟 [M]．广州：暨南大学出版社，2018：7.

　　[15] 张继生，刘冬，彭响等．隐喻·交融·枢纽：民俗体育活动仪式中的象征符号功能表征——以罗锦社龙舟竞渡为例 [J]．武汉体育学院报，2021，55（01）：33—39.

　　[16] 伍广津，秦德增．龙舟文化的内涵及其当代价值 [J]．黑龙江民族丛刊，2010，（06）：141—144.

　　[17] 刘宝福．价值共识论 [M]．北京：社会科学文献出版社，2020：16.

［18］詹小美，苏泽宇．文化自觉的认同逻辑［J］．贵州社会科学，2017，（01）：107—112.

［19］陈连朋，杨海晨．凤消龙长：中华竞渡文化渊源流变的历史考略［J］．北京体育大学学报，2021，44（02）：145—156.

［20］涂传飞．对一项村际传统龙舟赛国家化实践的人类学考察［J］．体育科学，2021，41（06）：29—41.

［21］曼纽尔·卡斯特．认同的力量［M］．夏铸九，黄丽玲，译．北京：社会科学文献出版社，2003.

［22］王洪珅．中华龙舟文化演变的生态适应论绎［J］．北京体育大学学报，2017，40（06）：134—139.

［23］王志伟，蒲鸿春．中西体育文化交融背景下中国体育文化自信建构思路［J］．体育文化导刊，2019，（11）：33—38.

［24］刑媛．文化认同的哲学论纲［M］．北京：人民出版社，2018：130—141.

［25］张咏欣．端午节庆对中华民族文化认同的价值研究［D］．广州大学，2016.

［26］詹小美，康立芳．集体记忆到政治认同的演进机制［J］．哲学研究，2015（01）：114—118.

［27］罗湘林，刘亚云，谢玉．从故事到赛事——汨罗龙舟竞渡的底层视角［J］．体育与科学，2015，36（01）：81—85.

［28］苏泽宇．民族文化认同当代建构的应然向度［J］．广西社会科学，2016，（04）：189—193.

［29］鹏飞，周学荣．审美经验——杜威实用主义美学视域下的体育美学探析［J］．体育科学，2016，36（05）：85—90.

［30］张斌，陈保学．从节事记忆到身体返乡——基于沅江燕尾龙舟的民间认知研究［J］．原生态民族文化学刊，2019，11（05）：23—31.

龙舟文化的海外传播

——中外文化交流的桥梁

虞小燕

（浙江交通职业技术学院，浙江杭州 311112）

【摘要】本文旨在探讨中外龙舟文化交流与融合的历史背景、现状和未来发展，以期推动中外文化的相互理解和尊重，实现文化的多元共存与交流。本研究采用文献调查法的方式进行研究。通过收集、整理、分析各种相关文献资料，了解中外龙舟文化的历史渊源、文化特点、节庆习俗等方面的信息。随着全球化的发展和人类文化的多样性，中外龙舟文化的交流与融合逐渐增多，并取得了显著成果，如中国的"龙舟文化周""国际龙舟赛"等活动，以及国外各地的龙舟节庆活动等。此外，我们发现中外龙舟文化虽有异同之处，但它们有着相通的基因和精神内核，即勇气、团结、合作和传统文化的精髓，这些共性是吸引世界各地人们参与龙舟文化和加强文化交流的重要动力。中外龙舟文化的交流与融合对于推广文化、促进民族团结进步、增强国际交流与合作具有重要意义。我们应该进一步深入挖掘中外龙舟文化的内涵，加强世界各地龙舟文化的交流与合作，营造更加友好、开放、包容的文化氛围，增强文化自信和足够的文化包容性，弘扬传统文化，促进多元文化发展。同时，还应该通过各种方式加强社会宣传和教育，让更多人了解和认识龙舟文化的魅力，推动其代表的文化价值与经济价值的互相促进。

【关键词】中外龙舟文化；全球化；国际；交流与融合

作者简介：虞小燕（1979—），浙江临安人，副教授，浙江交通职业技术学院合作交流中心主任，邮箱：105672547@ qq. com

1　引言

中外龙舟文化交流与融合研究，是一项具有重要意义的文化研究活动。龙舟起源于我国，是一个具有悠久历史的传统民俗活动，至今已有2000 多年的历史。而如今，龙舟已经成为一项世界性的运动项目，受到了越来越多国家和地区的关注和喜爱。

龙舟文化的交流与融合，不仅能够丰富文化内容，提高文化价值，还能够增进人文交流，促进文化互鉴。龙舟作为中国民间的民俗文化，一直以来都是承载着中国文化的重要符号之一。而在东南亚、日本、韩国、欧美等地，龙舟也逐渐变成了当地的文化，体现出不同地区的文化元素。通过中外龙舟文化交流和融合，可以让更多人了解和认识龙舟文化，从而增进文化的传承和发展。

2　中外龙舟文化阐述

龙舟文化是一个源远流长的传统文化，它在不同的地区和国家都有着自己独特的发展历史和文化特色。

中国是龙舟文化的起源地之一。据史料记载，中国的龙舟文化可以追溯至2000 多年前的春秋战国时期，当时龙舟赛是一种祭祀仪式，后来逐渐演变成为竞技运动。在中国，龙舟文化与端午节之间有着紧密的联系，每年端午节期间都会举行各种类型的龙舟竞赛活动，如今已经成为民间传统娱乐和体育运动的重要形式之一。

除了中国，龙舟文化也在其他亚洲国家得到发展。在日本，龙舟文化被称为"菖蒲船"，主要源于中国古代的端午节文化，并且日本还发展出了自己独特的"鸟居龙舟"传统。在韩国，龙舟文化被广泛应用于农历五月初五的庆祝活动中，其中最著名的就是韩国江原道地区的"忠州龙舟竞赛"。

在西方国家，龙舟文化则更多地被应用于社交和娱乐领域。在英国，由于当地华人社区的影响，龙舟赛也逐渐成为一种受欢迎的活动形式，不同的城市和地区都会举行自己的龙舟赛活动。在加拿大，龙舟文化同样得到了广泛的发展，龙舟赛已经成为该国多元文化背景下的一种特色娱乐活动。

中外龙舟文化的历史、渊源、演变和特点都各具特色，这些不同的文化元素和传统对于全球范围内的龙舟文化发展和交流具有重要意义。

2.1 对比中外龙舟文化的异同点

中外龙舟文化的起源和发展历史不同。中国的龙舟文化可以追溯至春秋战国时期，后来发展为竞技运动和庆祝活动。而西方国家的龙舟文化，则更多地被应用于社交和娱乐领域。比如，英国和加拿大的龙舟赛大多是由当地的华人社区主办，而日本的"菖蒲船"则与中国古代端午节文化有关。

中国的龙舟通常采用木质材料制作，外形独特，具有彩绘和装饰，上面配有龙头和龙尾，龙身长达10多米。而在西方国家，龙舟则借鉴了欧洲传统划艇和划桨船的设计风格，通常以纤维材料或塑料制造，形制比较简单，没有龙头和龙尾。

中国的龙舟文化与端午节密不可分，每个端午节期间都会举行各种类型的龙舟竞赛和庆祝活动。西方国家的龙舟赛更多地成为一种社交和娱乐形式，没有固定的庆祝活动。龙舟文化与屈原和五福等传说故事相联系，在端午节时传统观念认为逐步排解恶鬼瘟神，消灭瘟疫等等。西方国家则没有明显的古代神话传说与龙舟文化相关。

中外龙舟文化在演变过程和文化特点上也存在差异。中国的龙舟文化拥有悠久的历史和多种文化元素，如认真训练、团队协作等特点。西方国家的龙舟文化更多地受到不同文化的影响和融合，如纪念古代的海战、社区聚集等特点。

中外龙舟文化在历史、形制、节庆活动、传说故事、演变过程和特点等方面都存在明显的差异和相似之处。这些差异和相似点，不仅反映了不同地域和国家的文化传承与发展，也为跨文化交流提供了宝贵的资源和平台。

2.2 中外龙舟文化的探讨与分析

探讨中外龙舟文化在交流与融合方面所取得的成就。在交流与融合方面，中外龙舟文化已经取得了许多成就。

2.2.1 传统文化的跨文化传播：中国的龙舟文化作为传统文化的代表之一，已经被广泛传播到全球各地。特别是在东南亚地区，由于历史上受中国文化的影响，龙舟文化在那里更是有着深厚的底蕴和渊源。

2.2.2 文化交流的互惠互利：中外龙舟文化的交流互动提倡互惠互利的原则，既帮助中国文化走向世界，也促进了国际文化的多元发展。相互交流学习、取长补短，不断扩大龙舟文化的应用范围和办赛规模，使更多的国家和人民能够了解和喜爱这种青春、阳光、积极向上的体育竞技项目。

2.2.3 国际水平的竞技规模：中国龙舟已经发展到高水平比赛，并在 2008 年北京奥运会上成为表演项目，是杭州亚运会的正式比赛项目。而外国的龙舟赛事也已发展成为世界级的比赛项目，并在国际龙舟联合会（IDBF）的领导下，建立了国际规范和标准，加强了国际间的交流与合作。

2.2.4 中外龙舟文化在交流与融合：龙舟文化的交流与融合为龙舟文化的传播和发展带来深远的影响，同时也推动了国际文化的交流与合作，促进了龙舟产业的繁荣和龙舟运动员的素质提升。

分析中外龙舟文化的相互影响历史。自上个世纪末以来，随着全球化进程的加速和跨文化交流的日益频繁，中外龙舟文化之间的交流合作也日益增多。同时，两种文化也产生了明显的相互影响，各国的龙舟赛事已经跨越国界进行交流。在历史上，龙舟文化并不仅仅局限于中国，它们也广泛传播到周边国家和地区，如朝鲜、日本、越南、马来西亚等东南亚国家。

在一些国家，也有自己独特的龙舟文化。例如，在印度尼西亚有传统的"独木舟竞赛"活动，而在欧洲和北美，也有许多船艇运动与龙舟文化有关。许多国家和地区也开设了龙舟运动俱乐部、龙舟文化研究机构。这些文化虽然没有直接受到中国龙舟文化的影响，但它们对龙舟文化的传承和发展都有一定程度的促进作用。中外龙舟文化之间具有广泛的相互影响，随着时代的发展，这种影响会更加深入和广泛。这也为不同的文化体系提供了一个相互学习、相互借鉴和共同发展的平台。

龙舟文化，它代表了中国古代民族的智慧和勇气，是中华文化的珍贵遗产。通过与其他国家和地区的龙舟文化相互融合，可以更好地推广和传承中国的传统文化，增强国际社会对中国文化的认识和了解。使人们更加深入地了解不同文化的内涵、特点和历史背景，增强民族自豪感和认同感。龙舟文化作为一项集文化、体育、旅游于一体的特色运动，在中国及世界范围内备受欢迎。通过中外龙舟文化相互融合，可以促进该项目在国际上的推广和普及，进一步促进体育事业的发展，这就是中外龙舟文化相互融合的现实意义。

中外龙舟文化相互融合的现实意义不仅涉及个人与民族的文化修养，也关系到不同国家和地区之间的交流合作、和谐共处和文明互鉴。

3 推动促进中国龙舟文化国际化

龙舟文化是我国独具特色、历史悠久的传统文化，在全国各地都有着广泛而深厚的群众基础。为了推动龙舟文化的传承和发展，我们可以采取多种措施。首先，要加强对龙舟文化的宣传和推广，提高公众对其认知度和参与度，这有助于增强社会共识和文化认同。其次，要注重龙舟文化的保护和传承，改善现有的传承机制，加强教育引导和青年培养。此外，还应该通过拓宽龙舟文化体育赛事、旅游市场和推动跨界合作等方式，增强龙舟文化的经济实效性，开发文化旅游资源，并创新龙舟文化衍生品等方面，以推动龙舟文化更好地传承和发展，使其更深入人心、流传世界。

增强人们对于传统文化的认知问题，我们需要提供全方位、多角度、系统化的传统文化教育。例如：加强对经典著作的解读、对艺术和文化遗产的展示以及对传统节庆和仪式的宣传，从而引导人们更好地领略传统文化的内涵和价值。此外，支持文化研究和文化创新也非常重要，不断挖掘传统文化中蕴含的智慧和思想，推动传统文化与现代社会相结合，以满足人们当下的需求。

要让龙舟文化更好地走向国际和世界，则需要组织国际性的龙舟文化交流活动，增进不同国家之间的文化了解和交流。利用互联网和社交媒体等平台，推广龙舟文化，让更多人了解、认识和喜欢这一传统文化。最后将龙舟文化与国家标准相结合，推出符合国际标准的龙舟竞赛规则和比赛项目，从而在国际上得到更加广泛的认可和接受。通过这些措施，可以让龙舟文化更好地传承和发展。同时也促进中华优秀传统文化的弘扬和国际交流。

随着全球化进程的加快、科技的不断发展和人们对于文化多样性的追求，中外龙舟文化融合将有更广阔的发展空间，可以带来更多地合作机会和合作项目。虽然中外龙舟文化交流与融合取得了不错的进展，但是在具体实践中还是存在着一些挑战，例如文化差异、语言交流等问题，需要各方面加强沟通和理解，提高文化自信和文化认同。为了促进中外龙舟文化融合发展的进程，可以通过积极推进跨文化交流和合作，例如加强中外龙舟运动员之间的交流与互动、增强中外龙舟比赛的举办、扩大中外龙舟文化的传播度等形式。与此同时还需要加强政策支持、增加资源投入等方面，以促进中外龙舟文化融合发展的进程。

4 结论

中外龙舟文化已与国外龙舟文化产生的交流和融合已经成为一种长期的、稳定的双向文化交流形式。它已经不仅仅局限于体育领域，在文化、艺术、教育等领域也进行了一些有益的尝试。这些尝试反映了文化多样性的重要性和跨文化交流的合作潜力，未来还需要在这个领域加大交流和合作的力度。

中外龙舟文化交流和融合的积极意义就在于，可以促进中外两国文化之间的互相了解、学习、交流和融合，增进两国人民之间的友谊和互信，推动世界文化多样性的繁荣与发展。具体来说，中外龙舟文化交流和融合能够带来以下几个方面的意义：

4.1 促进中外文化交流与融合：中外龙舟文化交流和融合是一种跨文化交流的实践，在这种实践中，文化差异会被逐渐消解，双方会逐渐理解、尊重对方的文化，同时也会发现相似和相通之处，从而促进中外文化交流与融合。

4.2 推动龙舟运动的普及与发展：龙舟文化是中国传统文化的一个重要组成部分，通过龙舟文化的传播和推广，可以促进龙舟运动在国际上的普及和发展，扩大龙舟文化的影响力和知名度。

4.3 增强民族文化自信：通过中外龙舟文化交流和融合，中国人民可以更加深入地了解和感受自己的民族文化，同时也可以更加自信地向世界宣传和推广中国传统文化。

4.4 拓展国际合作空间：中外龙舟文化交流和融合不仅是一种文化交流的形式，更是一种多领域合作的方式。在中外龙舟文化交流和融合的推动下，两国之间可以在体育、旅游、教育、文化产业等领域开展更多的合作和交流。

随着国际龙舟比赛的增多和规模的扩大，越来越多的国家和地区开始加入到龙舟体育的行列中来。除了中国、中国香港、中国澳门、中国台湾等传统的龙舟地区之外，现在还有日本、韩国、泰国、加拿大等许多国家和地区都在积极展开龙舟运动，并在国际比赛中展现出自己的实力。在一些关于龙舟文化的节日和庆典上，中外之间也是保持着密切的互动和交流。例如中国的端午节、国际龙舟节、加拿大多伦多龙舟节等，都成为中外交流的重要平台，吸引了来自各地的选手和游客。

总之，中外龙舟文化交流和融合对于各国人民、文化、经济、社会等方面都具有重要意义，在未来的发展中应继续积极地推进和加强。中外龙舟文化交流和融合的现状是非常积极和正面的，体现了文化多样性和跨文化交流的合作潜力，在未来的发展中应继续加强和推进。

参考文献

［1］黄炜宏，中外龙舟文化交流与融合的现状与发展趋势，体育科学，2019.

［2］许嘉瑜，《龙舟文化研究》，暨南大学出版社，2018.

［3］王国祥，《龙舟运动》，人民体育出版社，2016.

［4］杜达罗，《龙舟》，广东科技出版社，2009.

［5］王晶晶，浅谈中外龙舟文化交流与融合问题，青年学者论坛，2021.

［6］张莉，中外龙舟文化交流的历史、现状和未来发展，中国文化网.

［7］John Wong. A dragon boat festival that covers the globe ［J］. The Straits Times，2019.

［8］Ilnam Kim. Dragon Boat Festival Celebrated in Seoul ［J］. The Korea Times，2019.

［9］Julia Hollingsworth. Dragon Boat Festival Why people eat rice dumplings and race dragon boats ［J］. CNN，2019.

作为叙事的媒介事件：
中华龙舟大赛文化传播的创新路径

胡 华

（北京体育大学新闻与传播学院，北京 100084）

【摘要】 龙舟文化是中华优秀传统文化的重要组成部分，同时也是探寻媒介事件研究中较易被忽略的叙事线索。以"作为叙事的媒介事件"为研究视角对中华龙舟大赛进行研究，有助于丰富该项目体育文化的传播路径。研究采用文献资料法、逻辑分析法以及案例分析法论证了"作为叙事的媒介事件"的合理性；以中华龙舟大赛为例，分析中华龙舟大赛的叙事结构特征。研究发现，作为叙事的媒介事件由"内隐叙事者""外显叙事者"以及"能动叙事者"三类叙事主体组成，其叙事结构从句法、语义以及语用三个层面层层推进。作为国内发展较为成熟的传统民族体育赛事，中华龙舟大赛在叙事结构上呈现出：赛事直播"影响"观众日常生活与媒体日程、突出历史意义和文化意义营造仪式感和神圣感，以及受众在场或远程参与塑造集体记忆与认同的叙事结构特征。作为叙事的媒介事件能为媒介事件研究提供新视角、展现更大的理论解释力度。未来，包含龙舟在内的传统民族体育文化传播可以通过转换传播范式，深耕体育文化在句法、语义以及语用层面的叙事特征，以更好地讲述中华体育故事，传播中华体育文化，弘扬中华体育精神。

【关键词】 媒介事件；叙事；中华龙舟大赛；文化传播

作者简介： 胡华（1997—），贵州铜仁人，北京体育大学新闻与传播学院 2021 级博士研究生，邮箱：354017432@qq.com，主要研究方向：民族传统体育传播研究与体育文化研究。

　　媒介事件具有强大的生命力和传播力，体育媒介事件尤为如此。通过体育媒介事件展示体育赛事以及项目文化与内涵或可成为体育文化传播的新路径。当前研究中，"叙事"是媒介事件研究中被长期忽略的重要线索，通过从"叙事"的角度重新梳理戴扬和卡茨的《媒介事件》一书中的核心观点以及有关媒介事件的相关研究，不难发现"作为叙事的媒介事件"的合理性。

　　中华龙舟大赛是我国顶级的龙舟赛事，办赛期间央视会进行高规格的现场直播，向广大观众传递深厚的民族体育文化内涵和运动的竞技价值，是彰显体育媒介事件的生命力和传播力的有效例证。以中华龙舟大赛为例，对其进行叙事结构特征分析，有助于讲好中华体育故事，传播中华体育文化，弘扬中华体育精神。

1　作为叙事的体育媒介事件

1.1　具有生命力的体育媒介事件

　　"媒介事件"主要指 20 世纪 80 年代戴扬和卡茨《媒介事件》一书中提出的学说，作者认为仪式是一种"象征性的活动"，是人们为之激动的"神圣的日子"，当日常活动在这些仪式中暂停时，就会构建并且更新人类社会的集体意识。但是这一概念在我国并未达成共识，当前学界和业界对"媒介事件"的定义主要分为"假事件"或"微新闻事件"和"电视直播的仪式事件"两类。其本质区别主要体现在"事件的媒介化呈现"与"导演媒介化的事件"①的差异。然而，即使在传统仪式性媒介事件阶段性的吸引力逐渐下降的情况下，重大体育赛事的电视直播——体育媒介事件依

---

① 董天策，郭毅，梁辰曦，何旭."媒介事件"的概念建构及其流变 [J]．新闻与传播研究，2017，24（10）：103—119.

旧能保持对观众集体注意力的垄断并造成节日收视①，成为媒介事件研究中的"常青树"。众多围绕媒介事件与大型体育赛事的关系论证、全球性媒介事件与国家形象，以及体育媒介化等议题的讨论，彰显了体育媒介事件强大的生命力、传播力、影响力。

1.2 作为叙事的媒介事件的合理性

在戴扬和卡茨对媒介事件的阐释中，他们立足于大众传媒以讲述故事的独特叙事方式对事件进行探索，为理解媒介事件提供了新的视角。作者戴扬在采访中曾表示，以叙事为中心的方法论的忽视是媒介事件理论的明显不足②。由此可见，"叙事"这一概念作为方法论在理解媒介事件中的重要地位，但鲜有研究对媒介事件的"叙事"维度进行深入剖析，因而错失重新审视媒介事件的重要线索③。基于此，本文欲从媒介事件与叙事的相似性入手，尝试探索"作为叙事的媒介事件"的叙事主体与叙事结构。

媒介事件的传播与叙事具有一定的相似性，主要体现在对时间的强调、通过符号呈现意义以及凸显受众的主体性三个方面。首先，二者都强调对事件的发展经过的叙述，反映了时间发展的线性序列特征。叙事是用语言表现意见或一系列真实或虚构的事件④，是"一个完成的话语，来自于将一个时间性的事件段落非现实化⑤"，有助于向受众传达意识形态、价值观或核心关切的问题。叙事定义中的核心是"事件"和"述"两个部分，而"事件"是"事件"中的核心要素。《媒介事件》一书核心部分的论证逻辑是按照"协商""表现""庆祝"的时间顺序进行的，媒介事件

---

① 安平．体育媒介事件——媒介事件最后的堡垒？［J］．新闻界，2012（15）：12—15+27. DOI：10. 15897/j. cnki. cn51—1046/g2. 2012. 15. 008.

② Sumiala，J. Valaskivi，K. and Dayan，D. From Media Events to Expressive Events：An Interview withDaniel Dayan［J］．Television&New Media，2017，19（2）：177—187.

③ 冉华，黄一木．作为叙事的传播："媒介事件"研究被忽视的线索［J］．新闻界，2022（04）：42—50. DOI：10. 15897/j. cnki. cn51—1046/g2. 20220405. 001.

④ 祝克懿．"叙事"概念的现代意义［J］．复旦学报（社会科学版），2007（04）：96—104.

⑤ 谢龙新．经典"叙事"概念：外延、内涵及其超越［J］．湖北师范学院学报（哲学社会科学版），2010，30（05）：24—29.

的三类"脚本"（事件类型）也具有明晰的时间指向——"竞赛"指向"现在"，"征服"指向"将来"，"加冕"指向"过去"。其次，二者都是通过符号呈现意义。发现文本的组织结构以及符号间的关系是叙事研究的目的，叙事是解释语言符号如何建构意义的生产过程。而媒介事件则是通过"脚本"叙事，建立事件主办者、媒体以及观众的联系（协商），以达到社会整合的功能。这与叙事是为了构建叙事意义、传递意识形态、价值观等内容不谋而合。最后，二者均凸显了受众的主体性。在叙事学转向后经典叙事学后，叙事更加关注"结构特征与读者阐释相互作用的规律"以及对"关注作者、文本、读者与社会历史语境的交互作用"的探讨。在媒介事件中，作为事件构成的核心内部成员，受众是被邀请的主动参与仪式、有否决权的角色，参与的深度对社会产生重要意义。

通过比较戴扬和卡茨散落在《媒介事件》一书中与叙事有关的论点以及叙事学的相关概念特征，可以发现媒介事件的传播与叙事在"时间""符号-意义""受众"等方面的核心阐述具有一定的相似性，"作为叙事的媒介事件"具有一定的合理性。

2　媒介事件的叙事主体与叙事结构

媒介事件是电视的大型历史事件的直播，符合电视叙事学的理论特征。电视叙事学是叙事学的一个分支，指用叙事学的方式研究电视节目形态。在电视叙事学的研究中，有学者总结出叙事内容、叙事视角、叙事结构、叙事时空、叙事技巧、叙事主体、叙事模式和叙事话语等研究视角①。基于此，本文对媒介事件理论进行再思考，主要从叙事主体以及叙事结构两个方面，提出"作为叙事的媒介事件"的叙事框架。由于篇幅有限，本节仅选取其中最为重要的叙事主体和叙事结构部分，尝试回答"作为叙事的媒介事件"叙事框架中"由谁叙事"以及"如何叙事"这两个问题。

---

① 任祎寒.演技类综艺节目的叙事主体与叙事结构研究——以《演员的诞生》为例[J].今传媒，2022，30（04）：47—50.

2.1 叙事主体："内隐叙事者""外显叙事者"以及"能动叙事者"

叙事主体指"讲故事的人"，叙事主体既是信息的传播者，也是叙事行为的组织者。在媒介事件中，叙事主体就是媒介事件的主要成员，即事件组织者、媒介以及观众①。媒介事件的叙事需要由三类主体共同"协商"而成。叙事学研究者通常将叙事主体分为真实作者、隐含作者、叙事者和真实读者、隐含读者、接受者六大类。基于媒介事件的叙事特点，本文将媒介事件的叙事主体提炼为"内隐叙事者""外显叙事者"以及"能动叙事者"，分别对应媒介事件的三类主体成员。

首先，事件组织者属于幕后的"内隐叙事者"。他们通常需要负责整个媒介事件的价值意义等形而上的内容表达，以及落实到叙述画面的实际物资等。事件组织者会参与媒介事件现场的调度与组织，并对故事背后蕴含的深刻含义、媒介事件的举办意义等内容的思考与表达。如媒介事件的主旨、举办地点、参与人员等元素的选择，均会影响媒介事件意义的叙事效果。

其次，媒体是媒介事件前台的"外显叙事者"。媒体主要需要通过直播的镜头语言将事件组织者的观点和意涵传递给观众。在媒介事件中，媒体主要通过对显性事件的直接描述以及隐性意义的隐喻的方式进行叙事。媒介事件背后暗含的精神价值通常用符号进行一种隐喻的思辨。此外，媒体也会对具有象征意义的内容予以景别、时长的侧重。因而媒体是媒介事件叙事的重要主体。

最后，观众是媒介事件的"能动叙事者"，通常表现为积极主动地参与媒介事件。在叙事过程中，观众在对媒体提供的视听语言符号的解读和"解码"。他们结合自身的知识背景，基于媒介事件的观察与思考，形成了对媒介事件的评论和意见，发布于社交媒介平台，进而构建集体记忆。同时，观众可以对媒介事件进行反面的评价，具有拒绝的权利。在叙事过程中，观众群体之间也会参与、互动、表态。

幕后的"内隐叙事者"、前台"外显叙事者"以及"能动叙事者"三

---

① 戴扬，卡茨．媒介事件：历史的现场直播［M］．麻争旗，译．北京：北京广播学院出版社，2000：4.

类主体共同组成了媒介事件的叙事主体，并且在叙事重点中各有侧重。只有在三类叙事主体"协商"顺利完成后，叙事才能得以稳步推进。

2.2　叙事结构：句法层面、语义层面以及语用层面

叙事结构指的是把故事按照一定的位置安排好的东西，是对一系列事件的选择。叙事结构的选择和呈现，往往隐含着一种特定的具体的价值观。在《媒介事件》一书中，戴扬和卡茨从语言学的角度提出了媒介事件的三个要素，并对三者进行深入的解释。从叙事的角度而言，这一定义中所提及的句法层面、语义层面以及语用层面的意义侧重，可以成为媒介事件的叙事结构的分析框架。

首先是句法层面，指的是媒介事件会"干扰"媒体日程以及受众日常生活流程。媒介事件是一种提前的安排，这是一种理想的叙事结构。由叙事主体履行协商后的分工，并在此叙事过程中，完成能指到所指的意义的抵达。具体而言，会体现在事件宣传"预热"、严密的时间安排以及赋予事件意义等方面。

其次是语义学层，媒介事件会突出事件的历史意义和核心价值观（通常包含文化意义），由电视台与事件组织者合理对这类意义进行符号性表达，使媒介事件的过程像仪式一般神圣感十足。媒介事件的典型特征是仪式性，通过媒介化传播来整合社会的仪式[①]，而后再由电视（媒体）构筑时间的象征性符号展演，使观众在共同观看后获得集体身份的确认。在这里，叙事需要强调塑造一种涂尔干式的"机械团结"，突出事件的历史意义以及核心价值观并对其进行深入的阐释。

最后是语用层面，指媒介事件需要忠实观众的反应与参与，并且传播效果比其他新闻事件更好，整个收视过程如节日狂欢一般。忠实可以通过集体共同认可的神话或故事的叙事得以创造。在叙事过程中，需要调动观众的远程在场感、塑造认同的形式。

---

① 刘建明，班志斌."破坏性"与"仪式性"共存：媒介事件理论如何被超越——兼与曹培鑫教授等商榷 [J]. 新闻界，2022（03）：24—36. DOI：10. 15897/j. cnki. cn51—1046/g2. 20220121. 003.

3　作为叙事的中华龙舟大赛以及叙事结构分析

体育媒介事件具有强大的生命力且内涵十分丰富。中华龙舟大赛是我国顶级的龙舟赛事，办赛期间央视均会进行高规格的现场直播，向广大观众传递了深厚的民族体育文化内涵和项目的竞技价值。这一赛事在国内具有一定知名度，在推广普及龙舟运动、传递中华民族传统文化等方面具有较好的效果。本节将依据上文的分析框架，以叙事结构的角度分别从句法层面、语义层面以及语用层面对中华龙舟大赛进行分析，探讨中华龙舟大赛的叙事过程。

3.1　作为叙事的中华龙舟大赛

秉持传播中华传统文化、推广龙舟精神的中华龙舟大赛，自 2011 年至 2019 年已连续举办九届大赛（2020 年至今因疫情原因暂缓办赛），并且每年端午假期总台体育频道都对这一赛事进行直播，每年直播场次不低于 5 次。依托于传统民俗文化认同基础，央视体育频道以及各举办地省市各主流媒体的直播，中华龙舟大赛逐渐走向组织规模化、传播媒介化，成为受国人关注的体育媒介事件，具备媒介事件的社会整合功能。

对中国观众而言，中华龙舟大赛是一项具有重要历史、文化意义的"媒介事件"，它包含了国民对端午节民俗文化的认可，也包含了对民俗运动竞赛的关注，部分受众会因为该项赛事而相约聚集在一起。在传统民族体育赛事中，通过赛事主办方、媒体以及观众的"协商"，共同营造了"节日收视"的奇观。就传播效果而言，该赛事的部分时段收视率已经超过总台体育频道直播美国 NBA 篮球赛的收视率。中华龙舟大赛的事件组织者（国家体育总局社会体育指导中心、中国龙舟协会、总台体育频道）、媒体（总台体育频道以及举办地媒体）以及观众（线上以及现场观赛的观众）达成"一致的协商"效果，共同为中华龙舟大赛提升赛事品牌效益、传播中华民族文化、塑造民族认同与文化认同提供平台。

3.2　中华龙舟大赛的叙事结构分析

3.2.1　句法层面：赛事直播"影响"观众日常生活与媒体日程

媒体事件的句法特征是指正常例行播出程序的中断，即这些事件在媒体之外组织、进行预先计划以及现场呈现。媒体事件会使正常生活和例行播出时间中断，使得日常生活与之分隔开来，并产生文化意义。

中华龙舟大赛直播时间为每年的端午节，在法定节假日期间观众拥有更多的闲暇时光，具备收看赛事直播的时间基础。在中华龙舟大赛传播的过程中，人们的日常生活和媒体日程将被中断——人们相约现场或电视机前，共同积极参与并充满敬意地期待即将到来的赛事直播时刻。

在对观众日常生活的影响方面，中华龙舟大赛直播会传播龙舟大赛城市的当地居民，他们或因在现场观赛而成为大赛直播的符号元素。中华龙舟大赛每年举办一届，并且在下一届比赛举办前一年，通过公开招标的形式招募各分站以及总决赛等比赛的举办地和筹办城市。因此，在赛事筹备期间，承办城市需要提前在交通路线管理规划、演职人员安排、新闻媒体对接、赛事文化宣传、赛道环境监察和管理、赛道周边宣传布景等方面进行筹备工作。当地政府会通过协调公安、交通运输等职能部门进行交通管制。以最近一届中华龙舟大赛"2018 中华龙舟大赛（福建·福州站）"为例，在比赛日的前一周，当地媒体发布交通管制新闻通知，提醒市民以及观赛游客在三天的赛时期间部分及道路交通管制，潜移默化地将更多人的日常生活安排在调整的时间表和方式中。

另一方面，为适应中国龙舟大赛的传播，媒体日程也会进行调整。CCTV-5（总台体育频道）是全国官方广播机构中收视率最高、历史最悠久的体育频道，在中华龙舟大赛期间，保证至少 2 个小时的直播时段。值得一提的是，NBA 比赛季后赛、总决赛等重要比赛时间常常与中华龙舟大赛（或其他龙舟赛事，如 2022 年新筹办的首届世界龙舟联赛）的直播时间"冲突"，央视选择直播传承中华民族传统文化、打造原创自有 IP 赛事——中华龙舟大赛，而对 NBA 比赛采用延播的形式。有学者统计，端午期间中央电视台体育频道直播的中华龙舟大赛观众收视率超过了此台直播美国 NBA 篮球赛的观众收视率[①]。此外，承办地的主流媒体以及赛事主办

---

① 曹彧，王津．从中华龙舟大赛探究我国群众体育全媒体整合传播的发展［J］．沈阳体育学院学报，2015，34（02）：24—28+35.

协会也会在比赛前期围绕龙舟大赛进行"预热"。如"中华龙舟大赛"的官方微信公众号，在比赛开播前会发布如《2019中华龙舟大赛南京·六合站海报视频火热出炉》《观赛指南丨收下这份端午观赛手册　让我们一起赛龙舟庆佳节》等"预热"推送，在微信客户端提前营造"节庆观赛"的氛围。同时，承办地当地的主流新闻媒体如福州晚报、福州新闻等账号，均在其新媒体平台进行整合式报道，发布历届比赛视频、参赛队伍名单以及开幕式文艺节目等内容。

综合上述，中华龙舟大赛直播在端午节期间的赛事直播影响了观众的日常生活以及媒体日程，具有媒介事件定义中的句法特征。但值得注意的是，中华龙舟大赛的电视直播面临着如媒介渠道多元化、观众注意力碎片化等巨大的挑战，会影响媒介事件凝聚全社会注意力①的效果。换言之，媒介事件"打断日常"的效果已经远不如传统仪式性媒介事件，但客观事实层面对上述二者的"影响"依旧存在。

3.2.2　语义层面：突出历史意义和文化意义，营造仪式感和神圣感

中华龙舟大赛具有独特的民族特质和广泛的群众基础。一方面，龙舟竞渡是由传统民族体育项目转型而成的现代体育项目②，具有丰厚的传统民俗文化底蕴。另一方面，中华龙舟大赛是龙舟竞渡突破江南流域的区域性体育活动，是龙舟竞渡逐渐发展成为一项全国范围内深受人们喜爱的竞技运动的标志。

中华龙舟大赛的直播通过视听符号突出这一事件的历史意义和文化意义，形成对爱国主义精神和"龙舟精神"的理解和认同。在这个过程中，赛事直播"能征服空间，也能征服时间"③，为观众提供一个可参与的"仪

---

① 李红涛.深度媒介化与媒介事件的公共记忆[J].西北师大学报（社会科学版），2021，58（01）：57—67.DOI：10.16783/j.cnki.nwnus.2021.01.007.
② 源自：2022湖南省研究生暑期学校培训讲座.龙佩林.书本里的"传统体育"与现实中的"传统体育".
③ 戴扬，卡茨.媒介事件：历史的现场直播[M].麻争旗，译.北京：北京广播学院出版社，2000：17.

式空间"①。龙舟文化是爱国主义文化，大赛将龙、龙舟、竞渡、端午节、纪念屈原等英雄人物这五种文化元素融为一体，将龙舟运动托之于历史上的英雄，使龙舟竞渡蕴含爱国主义精神的文化底蕴并成为一种民族文化②。此外，大赛直播还通过展现运动员齐心协力、抵抗风雨、团结拼搏的镜头，塑造"团结奋进、奋勇争先"的龙舟精神。在比赛过程中，赛事会由于天气、风力等自然因素对运动员产生一定的影响。面对这些不可抗因素，大赛运动员团结协作、努力克服巨大风力阻碍的行为，就是"龙舟精神"具体而生动的展现。

除了对历史文化意义的突出展示外，赛事直播还通过对"竞赛""征服"以及"加冕"三类脚本进行叙事，进而突出了赛事的仪式感和神圣感。其中"竞赛"指让势均力敌的个体或团体相互对抗并按严格的规则进行竞争；"加冕"侧重于对现实保持距离，具有一定的神圣感；"征服"则是一次性事件，是打破规则、超越极限或超凡魅力的结果。

"竞赛""征服""加冕"是媒介事件的三种叙述形式（脚本），它们紧密相连、相互渗透。任何媒介事件都由一个或多个脚本组成，有些事件会以某一个脚本为主，而有些则会兼有多个脚本（脚本比重各有不同）。在中华龙舟大赛的直播中，主要的脚本是"竞赛"，同时也包含"征服"与"加冕"元素。大赛直播中最受观众关注的是赛场即刻运动员的表现以及胜负情况；此外，竞赛中不同队伍之间的拼搏竞争则体现了运动员对自我运动技能巅峰的探索与征服；最后，完成比赛后的获胜队伍将收获现场观众的欢呼、经历具有仪式感的颁奖环节，这体现了大赛对英雄（运动员）的加冕。

综上所述，中华龙舟大赛的直播具备媒介事件的语义特征。大赛直播通过对爱国主义精神、龙舟精神的隐喻，反映并阐释了龙舟竞渡历史意义和文化意义内涵；同时，直播中对关"竞赛""征服"以及"加冕"三类

---

① 张兵娟. 电视媒介事件与仪式传播［J］. 当代传播，2010（05）：29—32.

② 倪依克. 当代中国"龙舟现象"的社会文化学研究［J］. 成都体育学院学报，2001（06）：23—26.

脚本的叙事，则突出了赛事的仪式感和神圣感，为观众对赛事的关注、理解甚至认同提供条件。

3.2.3　语用层面：受众在场或远程参与，塑造集体记忆与认同

除了媒体事件的句法和语义方面，语用学在定义媒体事件中也很重要。它强调媒体活动需要有重视观众的反映与参与，进而可以激发广大观众的庆祝热情和兴趣，让其观众融入社会产生认同并且更加忠诚。赛事直播在节庆时期通过全国性电视媒体的传播，获得全国性的关注，唤起全中国人的文化共鸣①，塑造观众的集体记忆，最终达到对项目及精神的认同感。

作为兼具观赏性和竞技性的群众体育，赛龙舟的"参与"并非仅指亲身实地参与龙舟运动；在现场或通过媒体观看直播、持续了解新闻资讯等观赏与关注也应被囊括其中。中华龙舟大赛直播于国家法定假日端午节期间，为众多观众参与这项传统体育活动打下基础，观众可以选择以线下观赏或收看节目等方式参与这一媒介事件中。在中华龙舟大赛的带动下，观众逐渐形成了固定的收视习惯，在端午节期间关注赛事进程动态。如2011至2013年，在江阴站举办的中华龙舟大赛的收视率，连续三年均高于平均收视率。可见观众，尤其是赛事承办当地市民对该赛事的关注和参与度之高。

另外，大赛会吸引外省龙舟运动爱好者相约来到中华龙舟大赛分站赛、总决赛站的承办城市，现场观赏激烈的比赛。以2017年中华龙舟大赛为例，2017年5月27日至30日分别于福州、铜仁等五地举办了分站赛，现场观众人数均突破10万人次，其中四川省遂宁市、贵州省铜仁市的现场观众突破了20万人次②，其中就包括不少因大赛"引流"而来的观众。

还值得一提的是，新媒体技术的嵌入打破了媒介事件时间和空间的限

---

① 总局政府网站. 中华龙舟大赛与媒体通力合作提升影响力［EB/OL］. （2012—05—07）［2022—06—23］. https：//www. sport. gov. cn/n20001280/n20745751/n20767297/c21226819/content. html.

② 央视网. 【新闻1+1】龙舟，将划向何方？［EB/OL］. http：//news. cctv. com/2017/05/30/ARTITXL5MWZL23vELoSlxx9a170530. shtml，2017—05—30/2022—06—23.

制，打造了数字观赛的互动空间和记忆平台。与中华龙舟大赛相关的内容不再仅限于端午节庆期间、传播主体也不再仅限于主流媒体。短视频传播与个体人际社交网络的高度嵌合使媒介事件建构方式从传统由点及面、自上而下的垂直渠道转化为多元路径的共同书写和共同展演①。换言之，受众也可以通过共享历史或现有的民族文化符号来唤起集体记忆与身份认同。抖音等社交平台成为用户互动交流的平台，用户"龙舟爱好者"创建的"中华龙舟大赛"短视频合集，已经获得491万次的播放；如抖音视频话题"中华龙舟大赛"的视频播放量高达951.4万次，抖音账号"中视体育"发布的"中华龙舟大赛系列"集锦播放量达346.5万次②。

自2019赛季结束后，因疫情而暂时推迟办赛的中华龙舟大赛成为用户"怀念"的对象，在微博、抖音等社交媒体平台转发总台体育频道历史赛事片段，共同营造了"怀念赛事"的氛围。赛事推迟举办期间，抖音用户、微博用户也会主动发布如"一年了都快忘了比赛什么滋味了""希望这个夏天有龙舟划""（20）17年的宝贝儿（比赛视频）又翻出来了，日子过得太快"等内容。这些内容一方面可体现用户对中华龙舟大赛的赛事认可度之高，另一方面也能看出大赛已然逐渐走进人们的生活，成为端午假期的集体记忆。

4　结语

媒介事件本质上暗含叙事这一视角，从叙事的角度对媒介事件进行研究具有一定的合理性。基于戴扬和卡茨对"媒介事件"的定义与论述，本文认为，作为叙事的媒介事件由"内隐叙事者""外显叙事者"以及"能动叙事者"三类叙事主体共同组成，其叙事结构以句法、语义以及语用层面的层层递进。而作为国内发展较为成熟的传统民族体育赛事，中华龙舟大赛在叙事结构上也呈现出赛事直播"影响"观众日常生活与媒体日程、

---

① 王学成，杨浩晨．范式革新与路径建构：媒介事件视域下的短视频体育赛事传播［J］．中国出版，2022（11）：20—25.

② 数据统计截止到2022年7月。

突出历史意义和文化意义以营造仪式感和神圣感以及受众在场或远程参与塑造集体记忆与认同的结构特征，为作为叙事的媒介事件提供案例支撑。

叙事是媒介事件理论的内生性概念，从叙事的角度重新回顾媒介事件叙事是事件传播实践的方法论①和新视角。作为叙事的媒介事件将会在未来为媒介事件研究提供新视角、展现更大的理论解释力度。未来的体育文化传播可以通过转换传播范式，深耕体育文化在句法、语义以及语用层面的叙事特征，以更好地讲述中华体育故事，传播中华体育文化，弘扬中华体育精神。

---

① 冉华，黄一木. 作为叙事的传播："媒介事件"研究被忽视的线索［J］. 新闻界，2022（04）：42—50. DOI：10. 15897/j. cnki. cn51—1046/g2. 20220405. 001.

从文化缺失到文化自觉：
温州龙舟文化建设的突围

李温棋

（浙江师范大学，浙江金华 321004）

【摘要】龙舟竞渡是中国民间传统水上体育娱乐项目，更是现代体育赛事中关注度较高的活动之一。而温州龙舟运动项目是当前温州最具影响力、凝聚力、活跃力的竞技运动，其发展历史久远，文化底蕴深厚，历来都深受温州人民的喜爱。纵观温州龙舟运动项目的发展岁月，其经历了从文化缺失到文化自觉，最终实现了文化建设上的突破。温州龙舟运动项目的文化缺失体现在早期发展中存在着聚众斗殴、政府干预及与时代相悖。新时代以来，温州龙舟运动项目从地方特色发展中、体育强国建设中和人民精神信仰中重新认识温州龙舟文化的使命。同时，通过抓住亚运赛事、全民参与竞技和科学规划建设的方式为温州龙舟运动项目制定了成功实现发展的路径。

【关键词】温州龙舟；龙舟文化；文化缺失；文化使命；实现路径

作者简介：李温棋，1993 年 10 月出生，浙江温州人，硕士研究生，浙江师范大学江南文化研究中心研究实习员，研究方向：江浙传统文化及地域文化研究。电子邮箱：2938202350@qq.com

习近平总书记曾指出："体育强则国家强，国家强则体育强。发展体育事业不仅是实现中国梦的重要内容，还能为中华民族伟大复兴提供凝心聚气的强大精神力量。"① 国家对体育事业始终都保持着高度重视，这激励着各地也踊跃地参与到体育事业中来。温州龙舟运动项目就是温州将国家的要求与地方的特色相融合所诞生的产物，对激发温州人参与龙舟活动，保护龙舟文化，传承龙舟发展具有重要的意义。温州龙舟运动项目的开展并不是一帆风顺的，其经历了从文化缺失到文化自觉的道路，最终在党和人民的带动下顺利实现了温州龙舟运动文化建设上的突破，为温州龙舟运动项目注入了灵魂与血脉，激活了新时代下的温州龙舟运动项目。

1 温州龙舟运动项目的文化缺失

早期温州民间龙舟竞渡存在聚众斗殴的现象。"斗龙舟"在温州由来已久，但斗殴的出现，给其蒙上了消极的影响。晚清民国时期，《张棡日记》中记载了不少温州"斗龙舟"相关事件，每年都能看到龙舟争斗溺亡或者龙舟斗沉，"计汇核近数十年内龙舟争斗之案，伤命已数百条矣，家财则不可以数计"②。同时，"斗龙舟"导致的械斗行为连政府官员都难以阻止，《张棡日记》中讲到"各村龙舟来竞者不下二十余只。然有警兵乘船往来梭巡，方不至成械斗。不意予村张姓龙舟与上望林姓龙舟竞斗失败，而夏姓龙舟又被上望之舟所逼，梢长项阿桃受殴落水，幸警舟来驱，始各卷旗散。嘻！何愚民好勇斗狠、憨不畏法如此也"③。进入新中国后，这种因"斗龙舟"而发生的械斗并没有消失。1982—1990年期间，是温州城乡龙舟活动的鼎盛时期，也是矛盾最集中的阶段，在1981年、1986年、1987年、1990年接连几年发生了斗殴致死伤事件。④ 这些事情给"斗龙舟"造成了恶劣的社会影响，也严重威胁着"斗龙舟"活动的开展，最终政府禁止了"斗龙舟"的举行。纵观早期温州龙舟运动项目，其在发展的过程中没有将龙舟文化的底蕴体现出来，反而将聚众斗殴这一陋习，持续

① 习近平，《习近平谈弘扬中华体育精神》，光明网，2021年08月07日，https://m.gmw.cn/2021—08/07/content_35061958.htm？p=1&s=gmwreco，访问时间2023—05—13。
② 张棡，俞熊：《张棡日记》，上海：上海社会科学院出版社，2003年，第126页。
③ 张棡，俞熊：《张棡日记》，上海：上海社会科学院出版社，2003年，第174页。
④ 廖正儒：《温州"斗龙舟"的特征研究》，浙江师范大学，2022年，第43页。

了近百年，导致了一系列不文明行为的发生，严重影响了温州龙舟运动项目的大发展，更造成了温州龙舟运动项目在文化上的缺失。

　　早期的温州民间龙舟竞渡在历史上就曾多次受到来自政府方面的介入，对其发布禁划或者给予严厉制裁。民国十五年瑞安县政府发出的通告中，显示："案查竞赛龙舟，迭经布告严禁，近闻无知流氓，藉口端午举行，事前勒索派款，当场械斗互争……"① 瓯海也曾发生过多起因划龙舟事件而导致的惨死现象，"其中清末马桥河惨死 24 人，1934 年藤桥江龙舟案死 18 人，1949 年梧埏斗龙舟惨死 23 人。"② 而一旦这些械斗事件威胁到了社会公共秩序时，当地政府就会强行参与并给予干预，从而使得龙舟运动项目多次戛然而止。同时当地政府还多次立碑严禁划龙舟，要求老百姓们要以史为鉴，希望惨痛的教训不再发生。在温州市瓯海区茶山街道河头潭村的飞凤里 91 号宅山墙内，至今都还嵌入着一块在"中华民国三年岁次甲寅"刻下的"止龙舟碑志"，上面碑刻的内容显示当时政府为了防止民间赛龙舟而引发村民斗殴，遂立碑禁止划龙舟的字样。③ 到了新中国，温州人民政府考虑到 20 世纪 80 年代斗殴致死的教训，同时龙舟运动项目本身也仅限于娱乐，并没多余的附加文化价值，于是颁布了禁止全市划龙舟的禁令，这一禁令持续了长达十多年的时间，也让龙舟运动项目销声匿迹在了公众的视野中。同时，在这十多年时间里，温州各地的执法部门也加大了打击私自划龙舟的行为；宣传部门也加强舆论导向，深入到各乡镇、村落统一思想，同时组织文体活动，活跃端午节气氛。自此，民间龙舟竞渡由于缺乏文化价值，又因种种陋习的出现，在政府一系列禁令的持续下，逐渐便不成气候。

　　早期民间龙舟竞渡发展缺乏文化内涵，难以满足时代发展的需要，存

---

　　① 北京师范大学民俗典籍文字研究中心编：《民俗典籍文字研究》（第四辑），北京：商务印书馆，2007 年，第 364 页。

　　② 瓯海区委会文史资料委员会编：《瓯海文史资料》（第 9 辑），温州：温州市鹿城文教用品公司，2002 年，第 286 页。

　　③ 浙江省文物局编：《浙江省第三次全国文物普查新发现丛书》（摩崖石刻），杭州：浙江古籍出版社，2012 年，第 141 页。

在着变相敛财和铺张浪费，严重影响了温州人民的生活，也越来越不适应时代进步的需要。《永嘉县志》卷二《风俗志》中提到，温州"俗喜奢华，习机巧妙丽，以及元夕之张灯、端午之竞渡，士女游观，独胜他处焉"。① 咸丰年间永嘉知县汤成烈也说道："至于上元灯火，端午竞渡，争奇炫新，靡财奢费，略不顾惜。士女游观，靓妆华服，阛城溢郭，有司莫之能禁。"② 而这种奢靡之风一直都持续到了新中国，曾有媒体报道，"温州瑞安市某村 2009 年组织龙舟赛，每家摊派 500 元，烟花爆竹一天就花了 2 万元"③。可见，温州民间龙舟竞渡存在奢华靡费。与此同时，早期温州民间龙舟竞渡总是与鬼怪神祇联系在一起，给社会带来了封建迷信的陋习，影响着社会的风气。在龙舟竞渡开始前夕，温州的乡民们会先焚香祭拜神灵，并且把庙内的香炉带到龙舟之上，已达到神灵保护的祈求愿望。在平阳曾经有祭拜齐天大圣的习惯，当时的县令汤照熙就指责其"直是敬猴，并非敬神"。这种祭拜的仪式会造成乡民以鬼神之名结党营私，危害社会稳定，打击政府的正统地位，迷乱乡民思想。汤照熙指出："各村镇有刁棍，招引多人，设立名目，在神庙饮香灰酒，遇事滋闹，挟制扛帮。"④ 于是对其展开了一系列的打击，但是效果不佳，仅是治标不治本。一直到新中国成立之后，这种带有迷信色彩的龙舟运动仍旧无法得到根除。总之，温州龙舟运动项目在发展的过程，受到奢风和迷信的影响，阻碍着它的大发展，使其难以跟上时代发展的步伐。

2 温州龙舟运动项目的文化使命

从地方特色发展中认识温州龙舟文化的使命。温州龙舟文化的使命应从温州息息相关的龙舟身上来认识。温州在 2004 年对民间龙舟活动有序开禁，恢复了民间划龙舟的传统，自此温州龙舟运动文化翻开了崭新的一

---

① 《永嘉县志》（第 59 册），上海：上海书店，1993 年影印本，第 652 页。
② 《永嘉县志》（第 60 册），上海：上海书店，1993 年影印本，第 136 页。
③ 吴智文，曾俊良，黄银安：《广府平安习俗》，广州：广东人民出版社，2013 年，第 132 页。
④ 汤照熙：《禁结党印香灰酒示》，《出山草谱》卷 3，第 671 页。

页。为了让龙舟运动文化成为温州的"新名片",近些年来温州市委市政府积极支持龙舟运动项目大发展,通过举办相关的比赛活动,让温州龙舟运动文化发扬光大。中华龙舟大赛、世界名校龙舟俱乐部邀请赛、百龙庆百年龙舟文化活动和龙舟系列赛等一系列品牌赛事活动先后在温州举办,吸引了多方社会力量参与龙舟运动,进一步擦亮了温州这面龙舟的"新名片"。越来越多的人通过龙舟认识温州,熟悉温州,了解到了温州龙舟文化,进一步提升了他们对龙舟运动的喜爱之情。有数据表明,温州人对温州龙舟运动的热爱与日俱增,在"2011 年温州市龙舟协会成立时,当时全市共有 1600 多条龙舟,每条龙舟是 40—50 人,龙舟选手超 64000 人;2014 年中华龙舟大赛温州站比赛中,203 条龙舟,8702 名运动员同时驶上水面,创造了'最多参赛队的龙舟赛'和'最多参赛人数的龙舟赛'两项吉尼斯世界纪录。"[①] 借助龙舟这一地方特色,温州做大做强了同龙舟相关的文旅产业,兴建了集运动休闲、传承培育、文化传播为一体的龙舟文化主题公园,建设成了全省首家以体育元素和龙舟文化为主题的龙舟城市书房。同时,温州龙舟文化博物馆也已经建成开放,并通过瓯越地域、中华大地和世界龙舟这三个版块充分展示温州龙舟运动文化的发展。温州市委市政府通过龙舟赛事、龙舟文旅产业,进一步宣传了龙舟运动项目文化,向世人展现了温州龙舟"新名片"。

从体育强国建设中认识温州龙舟文化的使命。温州龙舟文化的使命应从国家体育强国战略的角度来认识。体育强则中国强,国运兴则体育兴。这几年以来,温州市委市政府积极鼓励人民群众参与到龙舟运动活动中来,支持人民在龙舟赛事中为温州争光、为国家争光。当前,"温州民间龙舟队伍增加到 300 多支,一些 00 后选手也参与进来"[②],同时龙舟赛事活动也吸引了来自温州本土高校、海外温州华侨华人等的参与,进一步扩大了温州龙舟运动文化的影响力和凝聚力。他们在一轮接着一轮的龙舟赛事过程中,既享受到了龙舟体育竞技带来的快乐,又充分认识到了自己是

---

① 潘笑坤:《温州擦亮"看龙舟、到温州"金名片》,《体育报》2022 年 05 月 09 日第 A3 版。
② 王艳琼:《期待着,在熟悉的河道里赛出光荣》,《浙江日报》2023 年 03 月 03 日第 00002 版。

在为温州龙舟运动文化贡献出一份力量。

从人民精神信仰中认识温州龙舟文化的使命。温州龙舟文化的使命应从人民对龙舟的高度精神信仰中来认识。温州人民对于龙舟运动有着近乎痴迷的兴趣与向往。从古代到当代，纵然划龙舟中途遭遇变故与阻挠，但是划龙舟一直都是温州人民心目中最热爱的体育运动项目，一直都未曾有过改变，目前已经成为温州人民团结一心的精神信仰。在端午佳节，温州人民通过划龙舟活动的举办，从中体会到强身健体对自身带来的帮助，感受到与家人、亲朋好友之间的团结友爱。这也推动温州人民进一步认同对温州龙舟文化的使命与担当，进一步保持高度的精神信仰作用于龙舟赛事活动。温州人民对龙舟的高度精神信仰，滋养着温州人的性格，孕育产生了"同舟共济、奋勇争先"的龙舟精神与"特别能吃苦、特别能创业，敢为人先"的温州人精神，二者精神又共同作用于温州龙舟文化的发展。温州市政府相关负责人曾表示："作为'中国龙舟名城'，龙舟精神激励了温州在时代变迁和社会发展中，凸显奋发有为、创新进取的精神力量，激发了全市人民团结奋进的工作热情和创业激情。"[①] 人民精神信仰的坚持是温州龙舟运动文化发展的动力，这促使人民群众不断参与到龙舟赛事中，发挥出精神的力量，助力温州龙舟文化。

3 温州龙舟运动项目的实现路径

抓住亚运赛事，深耕温州龙舟文化建设。第十九届杭州亚运龙舟赛事顺利落户温州后，使得"千年龙舟"与"亚运激情"在温州相遇了，这些都为深耕温州龙舟文化建设提供了引擎，进一步打响了温州龙舟的"新名片"。为了服务好杭州亚运龙舟赛事活动，温州选址瓯海区娄桥，兴建了规模达532亩的温州龙舟运动基地，其"总建筑面积2.38万平方米，包含终点塔、综合馆、观龙台、连廊以及绿化广场等几个部分，总投资约2.3

---

① 温州市体育局，《鼓乐激扬 百舸飞驰——温州百龙庆百年 龙舟精神永流传》，浙江省体育局网，2021 年 06 月 17 日，https://tyj.zj.gov.cn/art/2021/6/17/art _ 1347214 _ 59020603.html，访问时间 2023—05—13。

亿元。"① 同时围绕温州龙舟运动基地，温州新建了不少配套设施，借以扩大温州龙舟文化建设。温州龙舟运动中心秉承"龙跃东瓯境·桨舞丝路情"的设计理念，采取"水岸同建、无缝相连"方式，布局"一场二馆一水上基地"。在温州龙舟运动中心，无论是建筑整体造型还是局部图案，又或是建筑取名，处处都能体现出温州龙舟文化的韵味。温州龙舟运动中心的整体建筑"造型整体以龙形为基础，由瓯江的波澜、温州的奇山演绎而来。主楼依河而建，似蛟龙跃入水中，紧挨主楼的舟塔，造型似直立的划桨龙舟"②。而在温州龙舟运动中心入口处的铭牌雕塑，则是以瓯海出土的文物"青铜篚"的 C 字纹为元素主题，融入龙舟造型，呈现出一组龙舟形状的雕塑。此外，附近新建的小区也被命名为"跃龙娄庭"，道路被命名为"龙跃路"，绿化带上的栏杆也被雕刻成"龙形图案"，使得温州龙舟运动中心到处洋溢着龙舟文化元素与内涵，让人置身于龙舟的海洋。温州紧紧抓住亚运赛事的机会，精心打造温州龙舟运动中心，从而深耕温州龙舟文化建设。

　　全民参与竞技，激发温州龙舟文化建设。2004 年，在龙舟活动被禁十年后，温州市委市政府在端午期间对民间划龙舟活动有序开禁，温州龙舟文化活动自此又翻开了崭新的一页。解禁后，鹿城区、龙湾区、瓯海区、平阳县随即开展了一系列的划龙舟活动，温州龙舟文化也掀起了全民参与竞技的高潮，各种与龙舟相关协会、俱乐部相继成立，人民群众有了可以交流龙舟、探讨龙舟、发展龙舟的组织。2011 年 7 月，鹿城区和龙湾区龙舟协会率先成立，同年 12 月，温州市龙舟协会成立，随后，瓯海区、乐清市、瑞安市等地纷纷成立协会，2020 年浙江省龙舟协会更是落户温州，这使得划龙舟活动有了自我管理的体系和健全的管理机构。③ 龙舟比赛活动也像搭上火箭一样，在温州一个接着一个的举行。2011 年 8 月，温州市举

---

① 《好消息！温州龙舟运动基地迎来重大进展》，《温州日报》2021 年 03 月 31 日第 02 版。

② 《温州龙舟运动中心》，《浙江日报》2022 年 04 月 01 日第 00004 版。

③ 温州市体育局，《十年荣耀　感恩有您——温州龙舟这十年》，温州市体育局网，2023 年 02 月 21 日，http://wzstyj. wenzhou. gov. cn/art/2023/2/21/art_ 1229474_ 58824357. html，访问时间 2023—05—13。

办首届龙舟大赛；2012 年，温州市龙舟文化节暨塘河龙舟拉力赛举行，有137 只龙舟 5500 多名运动员参与；2014 年端午节当天，温州又举办中华龙舟大赛，共有 107 支队伍 4000 多人参加；2015 年，中华龙舟大赛（温州站）暨温州龙舟文化节活动在温举办，共有 203 支龙舟 8700 多人参加，还打破了"最多参赛队的龙舟赛"和"最多参赛运动员的龙舟赛"两项吉尼斯世界纪录；2019 年，中国·温州（瓯海）世界名校龙舟邀请赛在温州瓯海龙舟基地又落下帷幕；2021 年，"百龙庆百年"温州市龙舟文化活动在温举行。这些年一系列在温州举办的龙舟赛事，均得到了温州全民的热烈欢迎与参与，进一步活跃了温州龙舟赛事，促进了温州龙舟文化建设。此外，温州各地的企业也乐于参与到龙舟赛事中来，为相关的龙舟队伍提供一定的物质基础，涌现出了温州德力西电气跃龙龙舟队、苍南金厨娘龙舟队、温州市现代集团龙舟队等由企业赞助的龙舟队。

科学规划建设，活跃温州龙舟文化建设。近些年以来，温州市委市政府围绕龙舟文化项目，对其展开了科学规划建设，力求从政府到高校到民间都能够在龙舟文化项目上有所突破，有所发展，为龙舟文化项目提供了一系列的支持力度。其中，温州瓯海在龙舟文化项目上已经卓有成效，温州"瓯海相继成立了龙舟协会、参龙文化研究会、龙舟文化研究会等民间组织，培育和扶持了一批传统龙舟文化传承人，通过与高校合作开展龙舟文化课题研究、举办全国性龙舟文化大会等方式，深化龙舟文化理论研究，挖掘研究瓯海龙舟的文化内涵与时代价值，瓯海龙舟文化已成为温州地方特色文化品牌，并形成政府引导、市场运作、社会参与的发展格局。"[①] 通过组织的建立、理论的研究，温州瓯海深深地将龙舟文化项目做到了实处、落到了点上，合理规划了龙舟文化项目的发展。此外，温州瓯海还着重从硬件方面着手，增强龙舟文化项目的硬实力，先后新建了龙舟公园、温州龙舟运动中心、龙舟博物馆等实物场所，为龙舟文化未来的文旅融合产业发展提供了基础。同时，温州瓯海还围绕温州龙舟运动中心，

---

① 叶海鹏：《瓯海将发"英雄帖"邀大咖探讨龙舟文化》，《温州都市报》2023 年 02 月 23 日第 06 版。

科学规划瓯海城市建设，打造亚运新城。通过运营"一场二馆一水上基地"，持续引入体育产业，活跃龙舟文化项目，打造体育文化生活圈；以龙舟为媒，沿着温瑞塘河，贯连梧田老街、塘河民办博物馆群、温州龙舟文化公园等沿河建筑，打造高品质塘河龙舟特色文化圈。瓯海亚组委办公室负责人曾就如何科学规划建设亚运新城，活跃温州龙舟运动文化建设，提出了精准的答复："'亚运新城'，不单单是一个项目的'小打小闹'，关键在于亚运红利如何在我区释放。产业导入、文化融入、市民素质提升、城市管理精细均在其中。"①

参考文献

［1］叶大兵：《温州民俗》，北京：海洋出版社，1992年版。

［2］郁宗鉴，侯百朋：《温州故实杂录》，北京：作家出版社，1998年版。

［3］徐高发：《瓯海龙舟》，北京：中国戏剧出版社，2011年版。

［4］徐高发：《瓯海龙舟参龙》，北京：中国戏剧出版社，2011年版。

［5］王春红：《明清时期温州宗族社会与地域文化研究》，北京：中国社会科学出版社，2016年版。

［6］陈莉：《温州地区龙舟民俗文化的发展、嬗变和传承研究》，北京：中国书籍出版社，2017年版。

---

① 黄冰娥，陈伟超：《瓯海激情拥抱亚运时代"亚运城市行动"全面铺开》，《今日瓯海》2020年12月14日第00001版。

浅析温州龙舟竞渡文化与城市文化

江慧敏

（温州大学，浙江温州 325035）

【摘要】龙舟竞渡文化是温州的文化图腾，温州的竞渡文化与温州的城市文化紧密相关。本文通过文献资料法、访谈法、实地调研法等研究方法，介绍了温州龙舟的简单概况，温州龙舟竞渡的基本过程，温州龙舟竞渡的文化与城市文化之间的运行分析及其策略。温州龙舟文化发展有利于温州城市文化的建设，特别是在城市旅游文化、教育文化、文化传承、民众关注度等方面。在弘扬传统文化和体育健康的背景下，龙舟进校园、进课堂、进训练队等方面的呼声越来越高。温州龙舟竞渡活动的积极展开，会带动温州文体等活动的积极推进，对于进一步推进温州的城市建设具有重大的作用。龙舟竞渡的活动走过了两千年的历程，它承载了地区的龙舟文明的发展史。站在历史的新起点和新高度，龙舟竞渡的项目所传递的精神因与亚运会的精神具有相融性。亚运会的精神与龙舟竞渡项目的理念是一致的。温州地区深厚的龙舟竞渡文化是温州人一笔宝贵的精神财富，当前亚运会龙舟竞渡项目落户温州瓯海，深入挖掘和研究温州地区龙舟竞渡的传统文明以及文化底蕴，有利于推动龙舟竞渡项目沿着科学规范、持续健康的轨道发展。

【关键词】温州龙舟；龙舟竞渡；城市文化

作者简介：江慧敏（1996—），浙江杭州人，硕士在读研究生，邮箱：1801811929@qq.com

1　温州龙舟的简介

龙舟文化是中华传统文化的一部分，是以龙为主体的竞技文化，也是中国传统体育活动中最古老的项目之一。温州靠海，是龙舟文化的重要发源地之一，在《山海经》就有"瓯居海中"的记载①；《淮南子·齐俗训》曰：胡人便于马，越人便于舟②；《越绝书·记地传》载：夫越性脆而愚，水行而山处，以舟为车，以楫为马，往若飘风，去则难从③。据《国语·吴语》载，春秋时期，吴越相争，胜负双方都是以舟师争斗：越王勾践乃命范蠡、舌庸（均为越国大夫）率师沿海溯淮，以绝吴路，败王子友（夫差的太子）于姑熊夷。越王勾践乃率中军溯江以转吴，入其郛（郭），焚其姑苏，徙（取）其大舟（王舟）④。

由此可见，温州这一地区在吴越春秋时期已经具备竞渡的条件了。在河道纵横的水乡，船舶不仅是当时的生产生活的工具，而且是作战工具。这也是温州龙舟起源的传说之一。

温州地处东南沿海，水系发达，物华天宝。"瓯江是温州境内第一大河，曾名永宁江、永嘉江、温江、慎江、蜃江。其中蜃江的命名据说与龙有关：永宁江，在郡城北门外，旧名慎江，一名蜃江。唐元和中，韦守于江浒中获筝弦。引之，蜿蜒舒展。投江中，化白龙腾空而去。故称蜃江。"

龙的子孙天生就是龙舟竞渡的好苗子，在大江大浪中无数的龙的子孙前仆后继，展现"勇往直前、齐心协力、团结拼搏、同舟共济"的龙舟精神。每每看到这样子的场景，都会被这"奋勇争先"的精神所打动。温州人中的勤劳勇敢、热情粗犷的民风，滋养了龙舟竞渡的文化，铸就了温州人热爱龙舟竞渡的风俗。

---

① 禹、益.山海经 [M].中华书局.2015.
② 刘安点.淮南子·齐俗训 [M].陈广忠，校.许慎，注.上海：上海古籍出版社，2016.
③ 袁康，吴平.越绝书·记地传 [M].乐祖谋，点校上海古籍出版社，1985.
④ 左丘明.国语·吴语 [M].胡文波，校.韦昭，注.上海古籍出版社，2015.

温州龙舟以竞渡取胜为活动形式，双方都会拼尽全力，奋勇争先。龙舟胜负关系到地方的荣誉，岸上的观众也会为自己村落的龙舟呐喊助威，河面的龙舟与岸上的观众互相呼应，竞渡场面更显激烈精彩，表现出了的强烈的竞争意识和"奋勇当先"的精神。温州龙舟历史悠久，文化底蕴深厚，参与面广、影响力大，与江浙传统民俗文化和吴越文化融为一体，具有深远的历史文化价值。温州龙舟是浙江省第四批非物质文化遗产保护项目，它生动显现出浙江温州悠久的历史文化，反映出浙江温州特有的风土人情和社会经济发展状态。

龙舟运动的历史背景和相关内涵即为龙舟文化，在龙舟文化的背景下，助推我国体育文化事业发展的同时也有利于增强国民身体素质。龙舟文化作为中华优秀传统文化，虽然面临着现代体育的冲击和影响，但是中华优秀传统体育文化的优秀品质并没有发生实质性的变化。2010年广州亚运会上，龙舟运动成为正式的比赛项目；2018年龙舟入选雅加达亚运会；2022年龙舟再次入选杭州亚运会。在即将到来的2025年世界运动会，国际皮划艇联合会和亚洲皮划艇联合会正在努力争取让龙舟这一运动项目名列其中。龙舟运动不仅有中国优秀传统文化的继承也有团结和公平的奥林匹克精神的传递。

2 温州民间龙舟竞渡的基本过程

温州民间龙舟竞渡的活动时间为十天左右，一般时间为端午节前后。筹备事宜需要一到两个月。赛龙舟的基本过程包括以下五个阶段：请神，进河，参龙，斗龙，收殇。

2.1 请神
"请神"顾名思义就是请出掌管地方龙舟的神。"请神"需要提前选择吉日，有些地方还需要请道士主持仪式。

2.2 进河
"进河"指的是龙舟竞渡即将开始前的下水仪式。"进河"仪式的时间可以和龙舟竞渡的时间间隔不一致。有些地方是进河仪式的后几天会安排龙舟竞渡；有些地方是上午安排进河仪式，下午安排龙舟竞渡；也有些地方是完成进河仪式之后马上开始龙舟竞渡。甚至有些地方将请神仪式和进河仪式连在一起，一次性做完，效率十分高。无论进河仪式和龙舟竞渡相差多大的时间间隔，相同的是，进河仪式都是会选择一个黄道吉日。在黄道吉日下展开进河仪式为的是乞求来年的风调雨顺，平安健康。

2.3　参龙

"参龙"就是由参龙师摆出的特定物品为题吟诵祭词和吉利诗句。这个活动分布在龙舟竞渡的各个祭祀活动中，这里所谈论的参龙指的是在端午节期间斗龙之前择吉日专门举行的参龙活动。参龙最开始是一种专门唱颂敬神祈福的祭祀活动，但是在特定的历史背景下并且结合当地的民众实际，将其延伸扩大为一种带有仪式性的兼具文艺性和竞赛性的活动。文艺性主要体现在"参香案"，其义为参香案上摆着的贡品，要以"就某物作诗"，大致意思为"咏"的形式来表达自己的所思所想；竞赛性主要体现在参红，其义为参系着红绸的竹竿上挂着的物品，多个参龙师一起参比，看看谁参得又快又好，这里体现的是竞争性。如此看来，端午龙舟活动是谓文武双全。在参香案的过程中，主要是请参龙师前来，以香案台上的物品为题来吟唱参龙词。参龙词一般为一些吉利的话语，有求神保佑求学顺利的，有求财富的，有求姻缘的等等。就把要保佑的人或所求的事写在红纸上，放在香案上。放置的物品也常与所求的事有某种联系，便于参龙师唱出自己所想听到的吉利话，如求考学成功，放置文房四宝。参龙师唱完以后，主人将事先准备好的红包送给他。

2.4　斗龙

"斗龙"指的就是关于龙舟竞渡的当地地道说法。它的时间一般在五月左右，数量由当地具体的龙舟竞渡的河段的分布来决定。温州地区河流交错分布，在端午节前后可以竞渡的地方有许多，许多地方都十分热闹。龙舟竞渡不仅比拼划手的力气，而且也是队员们的默契、技术、相互配合能力的一种考量。身为此队的队员，希望此队胜利这是十分正常的，好胜心和荣誉感是获胜的关键。即使这样，按照竞渡的相关规则，不同村落的龙舟队伍之间需要讲究礼仪。不同村落队伍之间不能相差太远，需要保持一定的礼仪距离。如此一来，有利于村落邻里之间的和睦相处，不至于引起太大的矛盾纠纷。

2.5 收殇

"收殇"指的是请神仙回到庙中原位的安神仪式。在竞渡结束后选定的时间，将龙舟划到竞渡地点，大家焚香祭拜众神仙，参龙师唱收殇词。最后，在庙中大殿举行酒宴，欢庆当年龙舟竞渡活动结束，全村每户需要派一人参加。

通过上述对温州端午节龙舟竞渡的基本过程的梳理，我们对温州端午节龙舟竞渡的内容以及其背后的文化底蕴有了大致的了解。龙舟竞渡作为非遗项目，它的传承与保护是我们当代青年的责任。除此之外，我们也应该思考：龙舟作为一种传统文明，它与城市文化之间该如何协调发展。

3 温州龙舟竞渡文化与城市文化之间的运行分析

龙舟竞渡活动历史悠久，传承千年，已经成为温州人民生活过程中不可或缺的一部分，同时也是体育文化与温州人民的精神完美结合的一种诠释。龙舟文化反映了龙舟人团结奋斗、勇往直前的优良品质。龙舟竞渡是温州人在客观环境下传承和发展起来的一种具有节日性质的活动，至今龙舟竞渡依然发挥着团结奋进、增强民族凝聚力的重要社会职能。

龙舟文化在温州的历史文化传承的过程中发挥着重要的作用，并且在社区治理的过程中具有一定的群众基础。龙舟文化包含在社区文化之中，社区文化又包含于城市文化之中，这是他们内部的逻辑关系。温州龙舟通过龙舟竞渡等相关活动不断加强社区的个体文化认同感，使得传统龙舟文化与现代的城市文化相互协调发展。温州龙舟在一千多年的文化传承过程中形成了独特的龙舟文化，它是城市文化的重要组成部分，对温州城市文化和社区历史记忆的塑造有着不可或缺的作用。

4　龙舟竞渡与温州城市文化协调发展的措施

4.1　促进国民意识的转变，提高龙舟竞渡的影响力

近年来，国家越来越重视国民身体素质，大力推行全民健身。让越来越多的国民愿意走出去，愿意动起来。在促进国民意识转变的过程中，龙舟作为一种节令性的活动，势必也会映入国民的眼帘。与此同时，龙舟竞渡代表着一种坚持不懈、团结奋进的运动精神，队员在相互鼓励和打气的共同努力下，完美地呈现了温州人"同舟共济、奋勇争先"的龙舟精神。竞渡龙舟文化对于推进全民体育健身、弘扬民族传统体育文化、展现温州人的文化精神、提高温州知名度等有着积极的影响。因此，政府可以透过这些现象看见其背后所展现的民族精神和力量，对其给予积极正确的引导，引导大家在保持优良传统的基础上，更加强调兼容和并包。使其在温州龙舟发展中产生良性循环，因为团结，所以精彩，因为精彩，所以才更团结。

4.2　推动龙舟比赛的现代化转型

比赛赛制的制定对于调动选手的积极性至关重要。因此，龙舟比赛的赛制等各方面也应该不断推陈出新，才能够维持人们对于竞渡龙舟的热情。温州市应该积极推动龙舟比赛的现代化转型，在保持基础元素即文化精髓，如舵手等保留的基础上，可以适当增加些许现代化元素。例如，温州市可将竞渡龙舟与大型的体育赛事相结合，一方面可以提高龙舟竞渡的规格，拉近龙舟竞渡活动与大型国际赛事之间的距离；另外一方面，可以响应国家号召，增强国民的身体素质。推动龙舟比赛的现代化转型，将龙舟这个传统的文化元素与现代的元素相结合，一定会碰撞出新的火花。

4.3　加强设计与研发文化创意产品

文化创意产品的设计和研发对于促进龙舟与温州城市文化协调发展有积极意义。龙舟竞渡文化不仅仅和端午节有关，还和我国流传下来的古诗词和文章中也有很大的精彩呈现。因此，温州市相关单位可以结合温州著名的景点，利用龙舟竞渡文化进行文化创意产品的设计和研发，并结合古

诗词和龙舟竞渡的相关文章来提高产品设计。如此一来，就可以扩大文化创意产品的影响力，全力打造温州龙舟的文创品牌影响力，将温州的城市经济文化与龙舟竞渡文化紧密结合在一起。

文化创意产品的设计与研发注重的是保护性。龙舟竞渡是一项非物质文化遗产，设计者不可以脱离龙舟竞渡本身的文化内涵，而进行天马行空的设计，应该重视的是文化的传承，让每一个来到温州旅游或观看竞技龙舟的游客感受到非物质文化遗产的魅力，感受到城市的用心，从而加深游客对温州城市的印象。文化创意产品的意义就在于对文化的宣传与继承。因此，用于宣传的文化产品的价格应控制在合理的范围之内，避免过高的溢价影响文化创意产品对竞渡龙舟文化的宣传，从而降低游客与当地居民的消费热情，降低游客对温州整个城市的评价。

4.4 积极举办全国性赛事和国际性赛事

龙舟竞渡这一活动走过了两千多年的风雨，它从来不仅是一项运动，它的背后流淌的是源远流长的中华文化。赛龙舟作为一项非物质文化遗产，还需要继续传承与发扬下去。赛龙舟是中华民族传统文化的重要组成部分，在当今世界文化大交流的背景下，文化作为国家实力中的软实力，具有重要意义。温州市应该积极举办全国性和国际性的龙舟比赛活动，通过赛制的形式，让更多的人了解温州地区龙舟竞渡的文化，感受温州人"敢为人先"的奋斗精神。让国内外的民众深入了解龙舟文化的源远流长，深刻感受我国龙舟文化的传承，提高国民的文化自信，并向外国友人和游客展现我国作为文明古国的自信和文化的渊博。向全世界展示文化大国的形象。

4.5 保护温州龙舟竞渡的自然景观

由于龙舟竞渡对场地具有特殊的要求，我们在保护好温州龙舟竞渡文化景观的过程中还应加强保护其自然景观。中国人讲究"天时、地利、人和"，温州河流纵横、交织成网的地理环境为龙舟竞渡创造了良好的训练场地。过去，经济发展给河流造成了严重污染，水质变黄、变差，河流中垃圾堆积，严重影响了当地的自然环境。自然环境的破坏严重制约了龙舟竞渡的开展，也影响当地的自然景观的建设。因此，对温州地区自然水域的治理和保护成为温州龙舟竞渡传承和发展过程中不容忽视的一个环节。我们要积极保护好温州龙舟竞渡的水域环境，为温州龙舟竞渡和即将到来的亚运会营造良好的环境。

5　总结

温州龙舟文化发展有利于温州城市文化的建设，特别是在城市旅游文化、教育文化、文化传承、民众关注度等方面。在弘扬传统文化和体育健康的背景下，龙舟进校园、进课堂、进训练队等方面的呼声越来越高。温州龙舟竞渡活动的积极展开，会带动温州文体活动的积极推进，对于温州进一步的城市建设具有重大的作用。龙舟竞渡有两千年的历史，它承载了温州龙舟文明的发展史。站在历史的新起点和新高度，龙舟竞渡的项目所传递的精神因与亚运会的精神具有相融性。亚运会的精神与龙舟竞渡项目的理念是一致的。温州地区深厚的龙舟竞渡文化是温州人一笔宝贵的精神财富，当前亚运会龙舟项目落户温州瓯海，深入挖掘和研究温州地区龙舟竞渡的传统文明以及文化底蕴，有利于推动龙舟竞渡项目沿着科学规范、持续健康的轨道发展。近年来，国民希冀通过龙舟竞渡项目将其推广至奥运会赛场，来实现龙舟竞渡项目得到世界范围的认可和普及，向全世界展示中国的传统文明，向全世界展示其背后的体育精神和人文精神，从而更好地展现温州的软实力，树立城市形象，将温州龙舟这张名片擦亮。

参考文献

[1] 刘安点．淮南子·齐俗训［M］．陈广忠，校．许慎，注．上海：上海古籍出版社，2016．

[2] 袁康，吴平．越绝书·记地传［M］．乐祖谋，点校．上海：上海古籍出版社，1985．

[3] 左丘明．国语·吴语［M］．胡文波，校．韦昭，注．上海：上海古籍出版社，2015．

［4］王瓒，蔡芳．弘治温州府志：卷四［M］．上海：上海社会科学院出版社，2006．

［5］叶适．水心集：卷六［M］．北京：中华书局，民国（1912—1948）．

［6］侯一麐．龙门集：卷六［M］．上海：上海社会科学院出版社，2006．

［7］陈瑞赞．龙腾东瓯，温州历代龙舟题咏［M］．南京：南京大学出版社，2013．

龙舟竞渡中的先贤崇拜渊源及演变

李艺萌

（华中科技大学人文学院，湖北武汉 430074）

【摘要】龙舟竞渡是中国古代重要的节庆民俗之一，其民俗内容中承载着中华民族对先贤的集体追忆及民族感情，蕴含着古老又独特的先贤崇拜思想底蕴。本文从民俗文化的角度，通过对相关民俗史料及地方志资料的梳理，对龙舟竞渡中的先贤崇拜的产生原因及形成过程作一探讨，并考察社会人文环境对此习俗发展进程中所产生的深远影响，期以正确认识龙舟竞渡中先贤崇拜思想背后的丰富内涵，以有益于这项民俗的传承和发展。

本文认为：龙舟竞渡习俗中所纪念的先贤以屈原、曹娥、伍子胥、勾践为主，他们与龙舟竞渡的联系为各地百姓根据当地历史文化附会而成。华南地区傍水而生的地理环境使得当地先民形成了水神崇拜心理及竞渡祭神活动，在社会发展过程中，竞渡祭神的原始意义渐被遗忘，而先贤的功绩愈发深入人心，因此先贤的形象与水神崇拜相耦合，并在龙神文化及百姓求安心理的影响下被神化成为纪念的对象。龙舟竞渡因官方的推动与内在娱乐性而在后世发展成为全国共同的习俗，对先贤的崇拜也由区域性随之演变为民族集体性，龙舟竞渡与先贤崇拜由此深入融合并形成接近今日端午龙舟竞渡的节日风俗。

【关键词】龙舟竞渡；先贤崇拜；民俗文化

作者简介：李艺萌，女，汉族，江西省宜春市人，华中科技大学人文学院 2021 级硕士研究生，主要研究方向为魏晋南北朝文学、明清小说、专门史等领域。邮箱：425253784@ qq. com

闻一多先生早在《端午考》中就推测端午起源于吴越的龙图腾祭，认为龙舟竞渡、包粽子等习俗皆是长江下游吴越民族祭祀活动的重要内容。① 后来众多学者在此基础上深入研究，认为端午节与龙舟竞渡均是源于先民对水神的祭祀。② 但历代民间谈及龙舟竞渡之源时，却普遍认为竞渡是为纪念屈原等先贤，这种先贤崇拜思想代替了神灵崇拜已深深植根于民众脑海里。本文从民俗文化的角度，对先贤崇拜取代神灵崇拜背后之原因作一探讨，并进而研究龙舟竞渡中的先贤崇拜形成过程及文化内涵。

1 龙舟竞渡中先贤崇拜的对象

龙舟竞渡起源于纪念屈原之说在中国历代流传甚广，虽然此说法已经遭到当今学界的广泛质疑，但从中也可看出龙舟竞渡在萌芽及演变过程中对历史人物的附会现象，这种附会现象也是古人先贤崇拜心理的体现。除了附会屈原跳江自尽，民间还流传着纪念其他人物的传说，通过整理相关文献中所载，与龙舟竞渡有关的人物尚有曹娥、伍子胥、勾践等人。以下即就这几位主要人物，分析讨论他们与龙舟竞渡的渊源。

1.1 屈原

龙舟竞渡源于纪念屈原的传说最迟可推至魏晋南北朝之时，流传至今日，赛龙舟与屈原的结合已密不可分。《荆楚岁时记》里，杜公瞻注曰："五月五日竞渡，俗为屈原投汨罗日，伤其死，故并命舟楫以拯之。"③《隋书·地理志》也说："屈原以五月望日赴汨罗，士人追至洞庭不见，不见，湖大船小，莫得济者，乃歌日'何由得渡湖？'因尔鼓櫂争归，竞会亭上，

---

① 详情参见闻一多著：《神话与诗》，武汉：武汉大学出版社 2009 年版，第 191—206 页。

② 刘晓峰：《端午节与水神信仰——保存于日本典籍中有关端午节起源的一则重要史料》，《民俗研究》2007 年第 1 期；潘年英：《赛龙舟习俗的原始意义考》，《中南民族学院学报（哲学社会科学版）》1992 年第 2 期。以上两位学者都认为端午习俗源于祭祀水神。

③ （宋）李昉撰：《太平御览》卷三一《时序部十六》，清文渊阁四库全书本。

习以相传，为竞渡之戏。"① 唐人虞世南《北堂书钞》引晋《抱朴字》曰："屈原投汨罗之日，人并命舟楫以迎之，至今以为竞渡。"② 世人皆认为屈原五月五日投汨罗江而亡，端午节的竞渡、包粽子、系五色线等习俗皆是为纪念屈原而生。但早在隋朝，就有人对此持怀疑态度，杜台卿在其《玉烛宝典》中说："世谓屈沉汨罗之日，并楫拯之……夏至水泉跃，或因开怀娱目，乘水临风，为一时之赏，非必拯溺。"③ 屈原何时投水，史无明文，明指屈原投水于五月五日者，都是地方的风俗志或民间传说，且现存史料中最早提及"竞渡"二字的三国《诸葛丞相集》，也未曾提及与屈原有关。这都表示屈原五月五日投江自杀，乃后世对端午相关传说的附会与添加。

1.2　曹娥

关于曹娥的传说，《后汉书·列女传》云："孝女曹娥者，会稽上虞人也。父盱，能弦歌，为巫祝。汉安二年五月五日，于县江溯涛婆娑迎神，溺死，不得尸骸。娥年十四，乃沿江号哭，昼夜不绝声，旬有七日，遂投江而死。"④ 曹娥之父为巫祝，在五月五日迎神时不幸溺死，且找不到尸骸，曹娥沿江哭泣寻找，七日后亦投江而亡。文中记载五月五日"于县江溯涛婆娑迎神"，可知当时五月五日有迎水神的习俗，由于此习俗而导致曹盱溺死的悲剧，间接使得曹娥投江而亡。故曹娥之所以与龙舟竞渡有关，乃缘由于五月五日的日期。

荆楚地区民间关于曹娥的传说非常盛行。在县志里即提到赛龙舟时要塑曹娥像，《古今图书集成·岁功典》引《云梦志》云："五月五日赛龙舟，因邑河水浅，作旱龙，缚竹为之，剪五色绫缎为鳞甲，设层楼飞阁于其脊，缀以翡翠文锦，中塑忠臣，孝女曹娥，俗称娥为游江女娘，及瘟

①　（唐）魏征撰《隋书》卷三一《地理志下》，明崇祯八年毛氏汲古阁刻本。
②　（唐）虞世南撰，（清）孔广陶校注：《北堂书钞》卷一三七，北京：中国书店1989年版，第560页。
③　（清）黎世昌撰：《古逸丛书》，日本东京初印美浓纸本。
④　（宋）范晔撰：《后汉书》卷八十四《列女传·曹娥》，清文渊阁四库全书本。

司、水神像。"① 云梦为屈原故乡，然而其地在端午赛龙舟时，除祭祀屈原外，连曹娥、瘟司、水神并祭，可见在龙舟竞渡起源的传说中，曹娥已占有一席之地。到后来的民间传说甚至把伍子胥与曹娥说成父女关系，曹娥会在五月五日这天，架舟迎潮，拜见父君，使两个原本独立的事件成为一个综合的整体。② 可见传说故事是会随历史递嬗、附加而演变的。民间由于曹娥的孝行而把其与龙舟竞渡连结在一起，事实上她与龙舟竞渡的形成无关。

1.3　伍子胥

《荆楚岁时记》杜公瞻注："按，五月五日竞渡，俗为屈原投汨罗日，伤其死，故并命舟楫以拯之……邯郸淳曹娥碑云：'五月五日，时迎伍君，逆涛而上，为水所淹。'斯又东吴之俗事，事在子胥，不关屈平也。'《越地传》云：'起于越王勾践。不可详矣。'"③ 《荆楚岁时记》中提到三种在五月五日竞渡的原因。第一种是为了纪念屈原，在前文已论述。第二种竞渡的起源是源于吴地人民在五月五日迎接钱塘江潮神伍子胥，为何吴地人民要在五月五日迎潮神伍子胥？根据《史记·伍子胥列传》所云："吴王闻之大怒，乃取子胥尸，盛以鸱夷革，浮之江中。吴人怜之，为立祠于江上，因命曰胥山。"④ 《吴郡志》亦曰："吴王既杀子胥，盛以鸱夷，投诸江。《史记》谓吴人为立祠于江上，号曰胥山……后世乃以子胥为涛神，谓浙江之涛，子胥所作。又以杭之吴山为子胥祠。"⑤ 以上记载的是伍子胥被吴王夫差赐死，尸首被投入江中，吴地人民有感于子胥忠谏爱国，在他被投尸的江边为他立祠祭祀，后来传说衍生为伍子胥为涛神。在《中国民间故事集成·浙江卷》中有记载一则"涨潮神与退潮神"的传说："伍子胥自杀那天刚好是农历八月十八，他早上自杀，不到傍午，吴王便令手下

① （清）张岳崧修，程怀璟撰：《云梦县志略》卷一二，清道光二十年刻本。
② 杨琳：《中国传统节日文化》，北京：宗教文化出版社2000年，第236页。
③ （宋）李昉撰：《太平御览》卷三一《时序部十六》，清文渊阁四库全书本。
④ （汉）司马迁撰：《史记》卷六六《列传第六·伍子胥》，长沙：岳麓书社1988年版，第508页。
⑤ （宋）范成大撰：《吴郡志》卷四八，上海：商务印书馆1941年版，第399页。

人用一张马皮把他的尸体裹起来，扔进江里……伍子胥的尸首突然跃起，朝天吐了一口长长的怨气。这口气把潮水吹得白浪翻滚，声如雷鸣，好像万马奔腾，吓得夫差没命地逃回'姑苏台'去了。所以人们便把伍子胥称为'涨潮神'。"① 文中提到伍子胥为涨潮神与当地观潮、迎潮的活动，但时间却在农历八月，与《荆楚岁时记》所载有所出入，这点恰好也能佐证伍子胥真实的死亡时间无所稽考。钱江潮自古以来被视为天下奇观，至今仍为浙江省每年之盛事，而民间传说常将风景名胜与当地历史传说人物连结一起，故伍子胥在吴地被认为死于农历八月十八或在浙江被认为死于五月五日的说法，可能系伍子胥为两地相争的历史名人，所以将其附会于当地习俗。以此观之，对伍子胥的纪念习俗应当产生于当地开展竞渡活动之后。

1.4 越王勾践

陈元靓《岁时广记》引《越地传》云："五月五日竞渡，俗为屈原投汨罗日……又越地传云，竞渡起于越王勾践。盖断发文身之俗，习水而好战者也。"②《古今图书集成》引《事物原始·端午》："越地传云，竞渡之事起于越王勾践，今龙舟也。"③ 清代张尔岐《蒿庵闲话》："竞渡始于勾践，见越地传，习水报吴，讬于戏耳。"④ 以上叙述内容为：越王勾践在吴国战败后，一心想要报仇雪恨，而在吴越地区的战争中，水战是决定成败的关键因素，因此训练水军为复仇之要项，为了不被吴王夫差发现，勾践便借嬉戏之由以掩人耳目。以上文献皆引《越地传》："竞渡之事，起于越王勾践。"以试图解释越地竞渡的由来。《越地传》现已亡佚，但从《太平御览》所存《越地传》："越人为竞渡，有轻薄少年各尚其勇，为鹜没之戏。有至水底，然后鱼跃而出。"⑤ 中并未发现越王勾践之事的条文，故事

① 中国民间文学集成全国编辑委员会，《中国民间文学集成·浙江卷》编辑委员会著：《中国民间故事集成 浙江卷》，中国ISBN中心1997年版，第350页。
② （宋）陈元靓撰：《岁时广记》卷二一，清文渊阁四库全书本。
③ （清）陈梦雷撰：《古今图书集成》卷五一《岁功典·武陵竞渡略》，中华书局1985年版。
④ （清）张尔岐撰：《蒿庵闲话》卷一，山东书局刻本。
⑤ （宋）李昉撰：《太平御览》卷九一九《越地传》，清文渊阁四库全书本。

实如何已难考据。且现有史料仅能说明越地的竞渡习俗是由于越王勾践操练水师所引发的，没有根据认为竞渡习俗是起源于越王勾践。

整理以上诸说可以发现，"龙舟""竞渡""端午"三个要素在史籍中所载时间不一，并非同时形成，三者是各自发展、交融后才形成接近今日端午龙舟竞渡的节日风俗。一个全国性风俗的形成，时间、活动内容、目的缺一不可，需要的时间也并非寥寥数年，因此不能以"龙舟竞渡"风俗最终形成的样貌去做它的推源，只能比较其中某一要素与纪念人物的风俗形成时间之远近。仅就"竞渡"一事，必须认识到竞渡是一项活动、娱乐项目，甚至是一种祭祀，它可以在独立地区，不受他人或集团影响而产生。越地如此，楚地也如此，黄河流域，云贵高原湖泊地区亦复如此，甚至可以说，凡早期人类居住的水域区，都可以是孕育游戏性竞渡的场所。龙舟竞渡之活动内容，因为民情风俗，各地并不相同，如学者刘秉果所云，龙舟竞渡不是由一个地区向四方传播，只要是有水域的地区即有可能发展出竞渡之活动，因此各地根据当地的地理环境与人文风俗上的差异，而形成当地龙舟竞渡起源的传说、龙舟的外貌、划船的姿势，以及比赛的时间。① 由此可见是先出现了"竞渡"项目之后，先民才将其与历史先贤附会一起，但"龙舟"与"纪念先贤"出现时序的前后已难以考究。

2 先贤崇拜的成型——先贤形象与水神崇拜的耦合

由前文可知，无论是纪念屈原、曹娥、伍子胥、勾践，都有一个共同点——是属于南方的地区传说，由此可以看出，龙舟竞渡的风俗，极可能源于江南地区。某习俗的出现，一定是因当地的地理环境与民情风俗，因此"龙舟竞渡"一词，最重要的应该是"舟"。江南地区多河流，水运方便，河流是南方地区赖以生存的自然资源，而"舟"更是南方地区常见的交通工具。在此环境，不能忽略"河流"与"舟"在南方地区日常生活里的重要性。

---

① 刘秉果：《龙文化与龙舟竞渡》，见《中华龙舟文化研究》，贵州民族出版社1991年版，第12—13页。

中国人很早就在祭祀山川。殷墟卜辞中有这样的记录："甲子卜，燔河、岳，有从雨?""求于河年，有雨?""求年于岳，兹有大雨。"① 《礼记·祭法》："山林川谷丘陵能出云，为风雨，见怪物，皆曰神。"② 《尚书·吕刑》："禹平水土，主名山川。"③ 《史记·封禅书》："及秦并天下，令祠官所常奉天地名山大川鬼神可得而序也。"④ 可看出对山神、水神的崇拜由来已久，而且山神、水神一开始并不细分，只是对自然现象的祭祀。⑤ 随着人们活动范围的扩大，以及对雨落成河等自然循坏现象的深入认知，原本人们对水神的崇拜只是基于对山川的一个泛神观念，至后期水神开始得到独立的地位，并由水神逐渐分化出河神、海神。⑥ 由此可推出几个观念：其一，中国的泛灵信仰使得先民会去崇拜未知的自然力量。其二，河神、海神的概念得以独立，是因地理环境的影响。华南地区是多丘陵、江河的水乡泽国，河流虽是赖以生存的自然资源，但是雨量变化导致河水泛滥或旱灾，皆是人民所恐惧却又无法阻止的天灾。正因为原始社会中水乡一带的人民受到自然灾害的威胁，在万物有灵的思想产生后，人们会神灵化生活中息息相关并至关重要的自然物——河，尊奉它为本地的保护神并崇拜它、敬畏它、祭祀它，目的是希望族人能得到神灵的庇佑。同时，由于江南地区山河交错的地理环境，人们的居住区域常被划分为一个个相对独立并封闭的空间，各族群的人会视本地的自然物为神，因此不同地区会诞生出名称不同、性格不同的神灵，如《九歌》中所载的湘君、湘夫人为楚地的河神；《搜神记》中所载的河伯为吴地的河神。由此可知，先民所崇拜的神灵是会随着社会发展不断细化，并与当地特色不断结合的。

---

① 古文字诂林编纂委员会编纂：《古文字诂林　第 5 册》，上海教育出版社 2019 年版，第 682 页。

② 《礼记·祭法》，阮元校刻：《十三经注疏》，北京：中华书局 1980 年影印本。

③ 《尚书·吕刑》，《礼记·祭法》，阮元校刻：《十三经注疏》，北京：中华书局 1980 年影印本。

④ （汉）司马迁撰：《史记》卷二八《封禅书》，长沙：岳麓书社 1988 年版，第 141 页。

⑤ 何星亮著：《中国自然神与自然崇拜》，三联书店上海分店 1992 年版，第 326 页。

⑥ 文崇一：《九歌中的水神与华南的龙舟精神》，见《民族学研究所集刊 1961 年第八期》，第 61—63 页。

刘铁梁先生认为，"民间口承传说固然不是信史，但它是心史，严格的说是民众心态史的信史"，反映了当地民众真实的生活经历与历史感情。① 观察后世竞渡活动所崇拜的先贤对象，可发现他们都曾保护了当地百姓的利益。屈原、伍子胥都曾是为民兴利除弊的良官；曹娥之父为部落中引领族人的大祭司；勾践是保卫国土的帝王。这些"偶像"都曾让人们安居乐业，远离灾祸之苦，但这些偶像死去时，人们安定的生活被打破，当下的境遇与过去的回忆之间带来的强烈落差感，会使得人们进一步美化自己所肯定的人或事，而让英雄神灵化便是常见的美化手段。② 正如张仁善先生所说："在中国古代，众多的神祇都是由人们想象塑造出来的，他们认为神祇能直接服务于世俗生活，是世俗特殊人物的转世或化身，具有现实性和功利性。当民众在社会生活中需要得到某种庇佑时，可以随时拟造一个神来。"③ 正因在中国古人眼中，"人"与"神"之间没有明确的界限，于是这些先贤的形象与华南地区最广泛信奉的"水神"相贴合，人们希望这些英雄能拥有"水神"般的巨大神威，成为后世的"保护神"。

在竞渡活动与先贤水神相贴合后，后期龙神意象的加入，进一步加剧了先贤形象的神化和民众的崇拜思想。虽然今日端午竞渡之船普遍确是龙舟，但早期竞渡之船可能是鸟形之船。《荆楚岁时记》载："（五日）是日竞渡。"隋人杜公赡注云："舸舟取其轻利，谓之飞凫。一自以为水车，一自以为水马。"④ 凫是水鸟，并非现今的龙舟，可见至少在隋代，端午竞渡不一定限用龙舟。所谓的飞凫指的是鸟型的船舟，关于鸟型的船舟在其他文献中多有记载，如《淮南子·本经训》："龙舟鹢首，浮吹以娱。"高诱注："鹢，大鸟也。画其像着船头，故曰鹢首。"⑤《文选》所录张衡《西京赋》："浮鹢首，翳云芝。"三国吴人薛综注曰："船头象鹢鸟，厌水神，

---

① 引自刘铁梁在第五届山东民俗学年会上的讲话。
② 祥贵编著：《崇拜心理学》，大众文艺出版社2001年版，第136页。
③ 张仁善著：《中国古代民间娱乐》，商务印书馆国际有限公司1996年版，第94页。
④ （宋）李昉撰：《太平御览》卷三一《时序部十六》，清文渊阁四库全书本。
⑤ （汉）刘安撰：《淮南鸿烈解》卷八，明闽氏朱墨套印本。

故天子乘之。"①《方言》"或谓之艅艎",郭璞注:"鹢,鸟名。今江东贵人船前作青雀,是其像。"②《晋书·王濬传》:"濬乃作大船连舫……又画鹢首怪兽于船首,以惧江神。"③ 从上述可看出将舟船装饰成鸟型的原因是希望鹢鸟能御水患、震慑水神。为何鹢鸟能有此能力?船行于水上时,有时会因风浪导致翻覆,在古人看来,这是水神作祟的结果。而鹢鸟是一种水鸟,形体如鹭,能高飞,又因为是候鸟,所以有遇风不避、方向感卓越的特性。古人把知水性的鹢鸟请到船上,除了希望船的航速能像鸟一样迅速,还希望鹢能帮助船夫不致迷失方向。后来随着佛教的传入,加之龙在中国自古备受尊崇的地位,中国对龙的崇拜与"龙王""四海龙王"相结合,使龙神与水神的关联更加深刻。因此人们依龙形作为龙舟,划行于水域,即是期望水神保佑平安。由于龙神较之鹢鸟在民众心中地位更高,于是龙形之船逐渐取代鸟形之船成为竞渡用船,竞渡活动也因此更具神圣性。虽舟的外形不同,但就出发点来说,都是为了"求安",这与人们崇拜先贤以祈福的心理不谋而合,于是"龙舟竞渡"与"先贤崇拜"两个要素间不断融合,逐渐发展成为开展龙舟竞渡是为纪念先贤之风气。

3　龙舟竞渡中先贤崇拜的世俗性演变

民俗文化需要有两大基本功能,其一是对社会秩序的规范,其二是对个人身心的调节,这也是其能在后世得到广泛认可的基本条件。④

利用民俗来引导百姓思想,维护封建统治秩序,自古以来统治阶级教化百姓的有效手段。高丙中先生曾说:"国家可以运用暴力工具捣毁民间仪式的场所和道具,也可以通过特定知识和规范的灌输促使受众自动放弃

---

① (梁)萧统选,(唐)李善注:《昭明文选》卷二,中华书局1977年版。
② (晋)郭璞撰:《方言法》,中央文献出版社2007年版,第264页。
③ (唐)房玄龄撰:《晋书》卷四二《列传第十二》,清文渊阁四库全书本。
④ 仲富兰著:《中国民俗文化学导论》,上海:上海辞书出版社2007年版,第156页。

这些仪式。"① 同样的，统治阶级也可以通过兴修祠堂、出台政策等方式来让受众接受并自觉推广这些仪式，来扩大特定信仰的影响范围。通过观察竞渡习俗中群众所崇拜的对象，可以发现他们或是忠贞大义的官员、将军，或是恪守妇道的模范女性，都是完美切合封建道德规范的楷模，可以被用来作为官方意识形态的"代言人"，因此针对他们的官方祭祀活动在各代并不少见。宋代是"龙舟竞渡"与"先贤崇拜"的高速发展期，宋代官方不仅好祭水神，如屈原、曹娥等相继被封为清烈公、灵孝夫人，祠庙被载入国家祀典并享受官方祭祀的待遇；而且宋代官方也支持各地展开龙舟竞渡活动，如《宋史·祀志》载："（宋太宗）幸金明池御龙舟观习水战。又雍熙二年四月丙申幸，四年四月丁未，幸观水嬉，因习射。又九月丙寅，因登水心殿射。淳化二年三月乙卯，幸御水心殿观水嬉。又淳化三年三月庚申，幸金明池观水嬉，命为竞渡之戏。"② 皇帝会亲临大型龙舟比赛现场观看，"幸金明池观水戏，扬旗鸣鼓，分左右翼，植木系彩，以为标识。方舟疾进，先至者赐之"③，这些大型龙舟比赛仗势也十分豪华，不仅会在赛道上进行装饰，而且会给予得胜者丰富的奖励。

得到官方的认可不仅使得龙舟竞渡拥有了合法性，从而得到保护并被推广；还可以让这些被祭祀的先贤在当地众多"人物水神"中"杀出重围"，在本地信仰体系中占据主导地位。

来自统治阶级的强力政策可以保障相关活动的顺利进行，但一项民俗如果要保障在往后漫长岁月里长盛不衰，并不断被丰富，其本身也必须具有满足社会文化生活及民众心理的需求。马林诺夫斯基曾指出："功能总是意味着满足需要，从最简单的吃喝行为到神圣的仪式活动都是如此。"④ 龙舟竞渡的娱乐性能让其成为人们排解压力或宣泄情感的一种有效手段。龙舟竞渡的娱乐功能早在唐朝就已得到极大开发，唐人张建封《竞渡歌》

---

① 高丙中：《民间的仪式与国家的在场》，见《民间文化与公民社会：中国现代历程的文化研究》，北京大学出版社 2008 年版，第 15—16 页。

② （元）脱脱撰：《宋史》卷一一三《礼十六》，清文渊阁四库全书本。

③ （元）脱脱撰：《宋史》卷一一三《礼十六》，清文渊阁四库全书本。

④ 转引自王祖望：《马林诺夫斯基的生平和学说》，《国外社会科学》1980 年第 6 期。

将端午节里龙舟竞渡的喧嚣场景描绘出来："五月五日天晴明，杨花绕江啼晓莺。使君未出郡斋外，江上早闻齐和声。使君出时皆有准，马前已被红旗引。两岸罗衣破晕香，银钗照日如霜刃。鼓声三下红旗开，两龙跃出浮水来。棹影斡波飞万剑，鼓声劈浪鸣千雷。鼓声渐急标将近，两龙望标目如瞬。坡上人呼霹雳惊，竿头彩挂虹蜺晕。前船抢水已得标，后船失势空挥桡。疮眉血首争不定，输岸一朋心似烧。只将输赢分罚赏，两岸十舟五来往。须臾戏罢各东西，竞脱文身请书上。吾今细观竞渡儿，何殊当路权相持。不思得岸各休去，会到摧车折辑时。"[①] 从这首《竞渡歌》可看出几点：首先，确定最晚至唐代，端午节龙舟竞渡之形态已固定。其二，竞渡的性质从原本的祭祀仪式转变成娱乐性质，与现今龙舟竞渡的样貌已很接近。可知唐代是龙舟竞渡功能的转变时期，竞渡逐渐从祭祀、避祸、禳除的神秘氛围中释放出来，逐渐转变为竞技性娱乐为主的节日活动。究其原因，一方面由于经济繁荣，人民生活相对稳定，节日的娱乐性更被人们所重视；另一方面，竞渡活动受到官府的支持鼓励，所以花样翻新，竞渡活动也更鼎盛。从《竞渡歌》里也可看出比赛竞争激烈，甚至斗得"疮眉血首"，而诗中提到的"标"，即是锦标。可看出，竞技娱乐的成分渐增，深刻影响了后代龙舟竞渡的活动，也导致竞渡中的先贤崇拜思想能随着民俗的发展在更大范围内被更有效地传播。

4 结语

通过探讨龙舟竞渡习俗中先贤崇拜的形成及演变过程，可以发现这种思想的起源与当地的社会文化密不可分。龙舟竞渡起源于人物之说因地区而相异，楚人认为是起于屈原，越人认为起于勾践，吴人则认为是源于伍子胥与曹娥，这些并不统一的认知间接透露出纪念人物之说主要是各地百姓根据当地历史文化附会而成。由于江南地区是依水而兴的文明，对水的敬畏之情衍生出根深蒂固的水神崇拜信仰，但随着社会发展，竞渡祭神的

---

① 周振甫主编：《全唐诗（第5册）》，黄山书社1999年版，第2061页。

原始意义渐渐被人所遗忘，而先贤们德行垂范的品德及功绩又引发了后人的无限追思，于是先贤的形象与水神崇拜产生融合，先在后来龙神文化及百姓求安心理的影响下不断被神化，成为被纪念的对象。由于龙舟竞渡在后世发展过程中，满足了民众娱乐心理并得到了官方推动，于是迅速成长为全国共同的习俗，与龙舟竞渡相伴而生的先贤崇拜文化也在此背景下得以广泛传播。

第二篇

龙舟民俗研究

城镇化进程中温州市瓯海区任桥村的
端午参龙与龙舟竞渡

黄　涛　田金珍

（温州大学人文学院，浙江温州 325035）

【摘要】端午参龙是温州端午节前后举行的一种富于特色的龙舟习俗，是一项集传统节日、民间信仰、民间文学于一体的特色民俗活动。参龙活动贯穿于整个端午竞渡活动之中，有一套复杂的程序。参龙词创作主要靠口口相传的活态传承方式，只有少部分通过文本形式流传。其传统组织运行模式以血缘和地缘为纽带，以自然村或宗祠为单位，实行头家轮流制度，参龙师则是参龙仪式组织者和参龙技艺传承人。参龙活动的传统筹资方式主要有"媛主银"、摊派、香资支出和善捐四种。城镇化背景下任桥村出现了龙舟俱乐部这种新型的组织，对端午参龙传统既有继承也有创新。

【关键词】端午；龙舟；参龙；城镇化；温州

作者简介：黄涛，1964年出生，河北景县人，民俗学博士，温州大学瓯江特聘教授，河北大学文学院外聘博士生导师，中国民俗学会副会长，浙江省民俗文化促进会副会长。研究方向为传统节日、民间文学、民间语言、非遗保护。邮箱：ht8866@sina.com。田金珍，温州大学人文学院民俗学硕士研究生。

1　温州"端午参龙"概说

端午参龙是温州端午节前后举行的一种富于特色的龙舟习俗，是一项集传统节日、民间信仰、民间文学于一体的特色民俗活动。"温州参龙"项目分别于 2008 年、2009 年列入温州市和浙江省的非物质文化遗产名录。所谓参龙，就是在仪式活动中，由参龙师以摆出的特定物品为题吟诵祭词和吉利诗句。参龙分布在端午期间龙舟竞渡活动的各个祭祀仪式中，还有在端午节期间斗龙之前择吉日专门搞的参龙活动。它本是唱颂敬神祈福词语的祭祀活动，但在特定环节，本地民众将它延伸放大，成了一种带有仪式性的文艺活动，部分环节还有竞赛性。按照所"参"的对象，参龙分为"参香案"和"参红"。前者是"参"香案上摆着的贡品，后者是"参"系着红绸的竹竿上挂着的物品。"参龙"的"参"本义是"参拜""参谒"的意思，"参龙"就是参拜龙神。而在温州方言中，短语"参香案""参红""参某物"中的"参"则是由"参龙"之"参"顺延、引申来的用法，意思大致相当于"咏""吟诵""就某物作诗"。其中参红是多个参龙师一起参，看谁参得又快又好，带有竞赛性，是谓"文比"。这样端午龙舟活动就有两种竞赛："文比"和"武比"。"武比"指龙舟竞渡。比起只能远远地围观水面上的竞渡场面，水上参龙活动靠近岸边或埠头，岸上的村民围在河岸边，可以清楚地听到参龙师站在船上唱着吉祥、有趣的参龙词，岸上的观众喝彩声连连，一唱一和间增进了人们之间的交往与互动。

参香案的地点主要有两种，一种是在庙里神像前，一种是在摆祭的人家门口。摆祭就是摆出供品祭神。在举行参龙活动这天，有些人家就在自家门口设香案，香案上摆着供品和几件要参龙师参的物品，请参龙师来，以香案上摆的东西为题唱参龙词。也有在河边摆香案的。有求神保佑儿女考学顺利的，有求财的，有求子的，就把要保佑的人或所求的事写在红纸上，放在香案上。放置的物品也常与所求的事有某种联系，便于参龙师唱出自己所想听到的吉利话，如求考学成功，放置文房四宝。参龙师唱完以后，主人将事先准备好的红包送给他。如面对香案的开场词："春宵一刻值千金，龙到大宅会高亲。今日恰遇黄道日，摆祭奉敬太保神。"参书本的参龙词："天下文章知识深，从小学习要认真。大学毕业考博士，留学归来成名人。"参红礼炮的参龙词："万紫千红总是春，主人热情设'迎红'。礼炮声声震天响，诚心诚意接神公。"谢红包的参龙词："花有清香月有阴，大宅主家听顶真。收你红包讲多谢，一倍付出万倍增。"参香案结束后，就到河边参红。一般是沿着河边摆出要参的物品或写着题目的牌子，参加参红比赛的人乘龙舟经过，看到题目就要尽快创作出参龙词并大声吟诵出来。据我们访谈的参龙师任银河讲，一定要先参香案，再参红，因为参香案是祭神、主要是让神高兴的，参红主要是让人高兴的。参红时，一些人家在龙舟要经过的河边用红布条将竹竿拴在石栏上或树上，竹竿上悬挂着几件物品，等待参龙师来参。这些物品五花八门，都是生活中常见的东西，是当地百姓用来考量参龙师才艺的。也有的在竹竿上挂一个纸牌子，上面写出要人参的东西，如写"四大美人""瞿溪二月初一 参一节"等。龙舟路过一挂参红物品时，要稍作停留，参龙师要很快唱出词来。如参洗衣粉的："讲起洗衣人人愁，最怕服装染污油。如今有了洗衣粉，干干净净勿用愁。"参口琴的："伯牙交朋古圣人，红挂口琴意义深。梅花三弄如意曲，高山流水遇知音。"参清凉扇的："凉扇一把多功用，文扇胸背武扇裆。展合应手藏诗画，访亲会友增风光。"参田螺的："云淡风轻近午天，阿郎种田转回来。饭热菜香谁制作，田螺姑娘亲手烧。"[1]参龙词一般是四句七言，偶句押韵，也有超过四句的长诗。内容必须是吉祥或有积极正面意义的词语，忌讳不吉利、负面意义的词语。如果参龙词犯忌讳，会受到观众的恶评或埋怨。由于参红摆的东西五花八门，设计的范围很宽，需要参龙师文思敏捷、知识面宽，故难度大，最能体现参龙师的水平。邀请几个村的龙舟队到一个地点参龙，就形成竞赛的局面。端午节的参龙，当地称为"参水龙"，就是有水上活动的参龙。还有一种参龙，是元宵节参龙灯，没有龙舟下水的环节，都是在庙里和街巷里的活动，叫作

---

① 以上所引用参龙词均来自徐高发编：《瓯海龙舟参龙》，北京：中国戏剧出版社，2011。

"参旱龙"。

端午参龙活动贯穿于整个端午竞渡活动之中，有一套复杂的程序。前期准备主要以头家为主导，包括四月初一开殿门、祭殇官神、筹资造船、组织划船事项、备办祭品酒席、联系摆祭人家等相关事务。① 后期活动主要以参龙师为主导。端午临近要选取黄道吉日奉请太保、行宫安位、进河点殇。从五月初一到五月初六要正式参龙和斗龙，结束后还有请太保上岸、收仙送神、太保归宫等程序。按照参龙师演唱参龙词的顺序，参龙程序可概括为请神安位、进河点殇、参祭参红和送神归宫四个主要环节。端午参龙词在船上唱演，所以也称水龙词。从民俗功能角度把可以端午参龙词分为敬神词和娱人词两类。其中，敬神词是指歌颂神灵的词，主要出现在请神安位、进河点殇和送神归宫三个环节；娱人词是表达民众追求幸福美满生活愿望、让人感到放松和愉悦的词，主要出现在参祭参红环节，内容涉及衣食住行、民间故事和传说、历史典故等。端午参龙词在外在形式上类似于七言诗，在字数、押韵上有一定的讲究。大部分端午参龙词每节四句，每句七言。只有少部分赞颂词有较长的篇幅，以一首8句者为多，最长的有近百句。

参龙词主要靠口口相传的活态传承方式，只有少部分通过文本形式流传。端午参龙词的文本创作有其口头创作的规律和程式，这有利于一代又一代的参龙师把参龙技艺传承下去。一名合格的参龙师不仅要熟悉整套参龙仪式，还要能熟练把握参龙词的内在创作规律和程式。这些程式主要体现在诗句的韵律、语言和主题三方面。②

2　城镇化进程中的任桥村及其端午习俗

任桥村是温州市瓯海区郭溪街道下属的行政村。位于温州市瓯海区西部，距瓯海区城区5.8公里左右。村内有一座宋代任氏人家建造的古石桥，名为"任桥"，村以桥而得名。任桥村村委会驻任桥自然村。从行政划分

---

① 徐高发编：《瓯海龙舟》，北京：中国戏剧出版社，2011，第64页。
② 参见田金珍：《温州端午参龙词的创作程式》，温州职业技术学院学报，2020年第3期。

上，任桥村属于行政村，但从自然聚居角度来看，任桥村也作为一个自然村存在，由前垟东片、前垟西片、桥头、巷底、燎下、下涨6个花①组成，现有24个村民小组。该村主要姓氏有任、龚、诸葛、徐、王、林等；根据2015年年末人口统计，任桥村总共有975户，2940人，外来人口4153人。②

目前任桥村可称为农工贸一体的生产生活社区。任桥村土地面积共计2平方公里，其中耕地面积1000亩，占土地总面积三分之一，山地面积187亩。③ 任桥村气候温暖湿润、土壤肥沃，农作物主要为水稻，山地则多种植杨梅。20世纪40年代，任桥村桥头花集市发展兴盛。南货、水产、豆腐、烧酒、挂面、米塑等商铺百花齐放。40年代后期办有碾米厂、家庭式的榨油作坊等。50年代初期，任桥村与曹埭村、凰桥村共同组成燎原集体农庄，亦称燎原社。1956年，永嘉县政府在燎原社率先开展包产到户、责任到田试点。后来温州地区有1000多个社实行了包产到户，燎原社成为中国农村改革的源头。④ 60年代任桥村建造社队砖瓦窑厂。80年代后期，任桥村逐渐成为著名的制鞋专业村。90年代温州市农业局在此建立农工贸为一体的农业园区及任桥工业区，是全市新农村建设重点村。2010年，任桥村内有企业482家、幼儿园一所及瓯海农村信用合作社分理处。任桥村曾荣获"浙江省十佳专业村""温州市小康百强村"等称号。⑤

任桥村水道便利，适合龙舟活动，每年端午节期间是这一带最为热闹的地区。任桥村南部接连东西走向的仙门河。仙门河途径任桥村的水段也称作任桥河。仙门河河道宽阔且长直，由三溪（瞿溪、雄溪、郭溪）之水汇聚而成。仙门河龙舟竞渡历史悠久，是温州市端午划龙舟活动最密集且

① 花：温州市瓯海区对自然村的独特叫法，单位是"爿"，是指较大的自然村中按地形划分的更小的自然村。
② 瓯海区地方志编纂委员会编. 郭溪街道志（尚未出版），资料由温州市瓯海区林伟昭提供。
③ 瓯海区地方志编纂委员会编. 瓯海区志（下册）[M]. 杭州：浙江人民出版社，2019：1702.
④ 陈启中. 改革源头集镇新星——郭溪镇革命岁月与改革开放（内部资料）[M]. 温州：浙江南方印业有限公司，2002：49.
⑤ 瓯海区地方志编纂委员会编. 瓯海区志（下册）[M]. 杭州：浙江人民出版社，2019：1703.

活跃的河道。仙门河的斗龙区域可分为上中下三段，全长约 2300 米。河道上段以任桥为起点至三溪口，长度约 800 米，河道宽约 50—80 米。中段为三溪口至仙门桥，长约 550 米，宽 90 米左右，也是划龙舟的中心区域。下段为仙门桥至仙门大河口，长 700 米，宽 90 至 100 米。① 而任桥河河段的特殊性还在于任桥村是上河乡一带端午划龙舟活动的朝圣点。自古流传下来的规矩是：上河乡一带龙舟进河必须先划到任桥报到，每天龙舟结束要划到任桥收殇。因此，每年端午节都有近百支龙舟频繁往来任桥河河段。

任桥村人文景观丰富，村内有"任桥古石桥""任姓宋代始祖墓"、文曲桥三个区级文保单位。此外还有任氏文化礼堂、举人宅（任宅大屋）、七星墩、老虎山公园上的燎原社纪念馆等。村内还有众多庙宇，包括普宁寺、太阴宫、玄坛殿、陈府庙等，民间信仰氛围浓厚。此外任桥村还建有一个由专业的龙舟俱乐部——燎东龙舟俱乐部。这些场所也成为村民的公共活动中心。

图 1　任桥村古石桥②

① 徐高发主编. 瓯海龙舟［M］. 北京：中国戏剧出版社，2011：115.
② 笔者拍摄于 2020 年 11 月 11 日，地点：温州市瓯海区任桥村。

任桥村的端午具有丰富的活动内容，至今还保留着温州传统端午节俗的多样元素与形态，不仅有特色美食——灰汤粽、薄饼；也有非常热闹、带有竞技娱乐性质的民间赛龙舟，更有贯穿于端午龙舟活动始终的参龙，延伸出一系列特色端午习俗，包括：龙舟下水前要请太保祈福，龙舟进河后到亲戚地游乡，同时关系交好的村落之间要摆祭迎神、互送香案礼物，添了儿子的人家要"值饭"，出嫁了的女儿要提供"酒水"，参龙师站在龙舟唱吉利讨彩、文艺有趣的参龙词，龙舟划好之后还要聚在一起吃解缆酒。

3 以血缘和地缘为纽带的传统组织运行模式

3.1 以自然村为单位

温州传统龙舟活动一般是以宗祠或自然村为单位。明清时期闽南人大量迁居浙南，其中有相当一部分移居到温州的闽南人在温瑞塘河流域内按血缘关系同姓聚居，形成了"一村一姓""一地一姓"的宗族村落聚集格局。① 明代姜准《岐海琐谈》记载："自城市都鄙里社从祠，各置龙舟。"② 由于温瑞塘河流域的大部分村落都是聚族而居的血缘村落，传统的龙舟竞渡活动从而带有以地方神为名义进行宗族竞争和村落竞赛的特点。③

温州市瓯海区目前主要以自然村为单位划龙舟，这种状况与多姓杂居的居民格局有关。《瓯海区志》中记载："清末、民国以来，随着人口繁衍、人际交往，加以连年战乱、乡民四散避居。""一村一姓""一地一姓"的民居格局很快被打破，乡村大都为多姓杂居。④ 笔者调查的瓯海区任桥村是一个由6个花⑤组成的大型自然村，如今端午节是以"花"为单

① 瓯海区地方志编纂委员会编.瓯海区志（上册）［M］.杭州：浙江人民出版社，2019：173.

② 姜准.岐海琐谈，蔡克骄点校［M］.上海：上海社会科学院出版社，2002：125.

③ 金凡平，方立明.温州文化［M］.北京：人民出版社，2013：238.

④ 瓯海区地方志编纂委员会编.瓯海区志（上册）［M］.杭州：浙江人民出版社，2019：173.

⑤ 花：温州市瓯海区对自然村的称呼，单位为"爿"。"爿"本是指古代做围墙用的木柴，后来引申为围起来的疆域或边界。

位划龙舟。"花"是瓯海区对自然村的特殊称呼，往往是指较大的自然村中按地形划分出更小的自然村，互相之间的连接比一般的自然村更为紧密，所以花和自然村有时也统用。任桥村最初有 5 个自然花，分别是巷底花、下涨花、燎下花、桥头花、前垟花。九十年代初期，由于工业化的需求，村内新增一个皮鞋制造工业区①——前垟西片花，所以任桥村现有 6 个花。由于花比自然村联系紧密，任桥村的 6 个花在端午龙舟活动的筹划上常呈现为"花"和自然村交织的状态。例如，2004 年之前 6 个花共用两支龙舟，但是单独筹资；2004 年之后，6 个花各造龙舟，单独筹资，分开请神。

总体来说，温州传统的端午龙舟活动主要以自然村或者"花"为单位，有些聚族而居地区是以祠堂为单位，共同点都是建立在血缘和地缘基础上的组织方式，且一直相对稳定地保持着。

3.2 头家轮流制度

"头家轮流制"是在传统村落的公共活动中发展而成的一种非正式制度，在乡村社会有着稳定且持续的功用。《温州方言词典》对"头家"是这样解释的："民间娱乐、呈会及赌博等活动的发起者、组织者。"②

头家也叫作"首事""会首"。温州瓯海一带的头家有两种，一种是以村为单位选出的主管本村庙里事务的头家，另一种是以"花"或者"村"为单位选出的负责村里一年内的大型活动的一班头家。③ 庙里的头家往往是地方上选出的德高望重的人来担任。一个村通常有两个，流动性不强，至少 3 到 5 年才换一次。主要负责本村庙宇相关的事务，包括造庙、修庙、迎佛等活动。以"花"或者自然村为单位选出的一班头家负责一年中元宵节划龙灯、端午节划龙舟、吃福酒、太平福等活动。村里一年的事务繁多

---

① 郭溪镇从 1993 年开始征用土地，开发了任桥鞋革等工业小区，并在后来形成了一村一品的"专业村"，任桥村成为鞋革专业村。全村有制鞋公司 78 家，有证厂家 305 家，有 400 多村民从事鞋业生产，外来人员有 4000 多人，日产皮鞋 10 万双……陈启中．《改革源头集镇新星——郭溪镇革命岁月与改革开放》（内部资料）温州：浙江南方印业有限公司，2002：62—63．

② 李荣主编．温州方言词典［M］．南京：江苏教育出版社，1998：282．

③ 参龙师王金森口述．访谈时间：2021 年 1 月 15 日下午；访谈方式：微信访谈．

细琐，仅凭一个头家无法完成，因此头家是以"班"为单位。通常 10 到 20 人为一班。每年吃福酒时抓阄选取一班头家，再从中选择一位有威望的人来担任主要负责人，俗称"头家一"。

任桥村每个花通常是在农历九月十五吃福酒时抓阄选取一班头家来负责次年的活动。这种轮值的头家制度使得各个花的成年男性每隔 10 到 20 年就有一次义务和机会去承担本村的公共事务。其中，在端午划龙舟活动中，头家要负责划龙舟活动前后一系列事宜。包括四月初一开殿门、筹集资金、修造龙舟、购置划龙舟需要的划桨、衣服、旗帜等，还要提前备办花里祭祀需要的香案物品、礼炮等等，联系好村里需要摆祭的人家、聘请参龙师、安排好划龙舟几天的路线，准备船员的一日三餐等后勤工作，以及划龙舟结束后的解缆酒等工作。端午节的事务较多，需要一班头家互相分工合作。

3.3 参龙师：参龙仪式组织者和参龙技艺传承人

参龙师是谙熟参龙仪式和擅长创作参龙词的人，是参龙仪式的核心人物，也是参龙技艺的传承人。参龙技艺有较强的专业性，要做参龙师是需要拜师学艺的。瓯海区参龙师收徒弟会举行专门的收徒拜师仪式。由于温州参龙活动很多，参龙师也比较多，仅加入瓯海区参龙文化研究会的参龙师就有 90 余人。

任银和是瓯海区参龙师的代表人物。他是任桥村桥头花人，今年 77 岁，参龄 40 余年。他是参龙界公认的权威人物，无论是参龙词创作，还是参龙表演中的姿势、声音、唱编都得到了同行的一致认可。他是瓯海区参龙文化研究会的会长，并在 2008 年成为瓯海区第一位"参龙"这项市级非物质文化遗产传承人①。由于具备丰富的划龙舟和参龙经验，任桥村其他花轮值的头家在筹备端午龙舟活动中，一旦有不懂的地方，例如祭品的摆放、请神的时间等都会向他询问。渐渐地，他就无形中担当着任桥村五个花的总头家。

---

① 瓯海区地方志编纂委员会编.瓯海区志（下册）［M］.杭州：浙江人民出版社，2019：1221.

任桥村有偷划 9 年龙舟的共同记忆。从 1994 年开始，温州市开启了长达十年的龙舟禁划期。在禁划期间，出于对划龙舟的喜欢，任银和还是带领任桥村村民偷偷划了九年龙舟，下面是他的忆述：

1994 年开始（龙舟）停了十年，政府不给你划！但是任桥划了九年，派出所也找过我，把我抓起来，在温州市出名。我们早上五点多（去庙里请神），一群人（把龙舟）抬下去，划两个小时，马上抬上去。派出所来了，我们人已经跑了。我偷划了九年，有一年没划，因为风雨太大了，太危险了！我是温州市第一个人划了九年，说我是划龙舟头子。①

任银和在回忆这十年的偷划经历时，语气和眼神充满了兴奋和激动。我想这也是为什么传统龙舟能在这片土地上扎根的原因，这些独特的经历和回忆不仅留存在某个个体之中，更印刻在整个任桥村村民的生活记忆中。

2016 年落成的任氏文化礼堂位于任桥村的中心地带，内部有两大空间场所专门作为参龙文化的展示基地：一楼院子里放有一支废弃的用来展示的传统龙舟，周围的墙面上还贴着参龙文化的简介照片。任氏文化礼堂二楼有一个民俗博物馆，里面展示了任银和专门从各个地方收集来的农具、老物件。出于对参龙文化的喜爱，任银和早在 2006 年之前就开始搜集这些物件，就是为了在端午节的时候摆出来参唱。他还为每个农具和物件作了一首参龙诗。2006 年的时候还没有文化礼堂，他就把这些物件放在了任桥村老虎山上的燎原纪念馆里。文化礼堂建成之后就把部分物件转移到了二楼，建成了一个参龙民俗文化博物馆。

在 1994 年到 2003 年的十年龙舟禁划期间，任桥村的端午摆祭参龙活动也一度停滞。解禁之后，以任银和为代表的任桥村村民自发组织了多届"任桥村端阳民俗古文化龙舟节"，策划了大型的摆祭参龙活动。据参龙师罗松光回忆：在 2006 年、2009 年、2011 年的端午节，任桥村任桥河段的两岸摆满了各种物件儿，沿岸三十米长的栏杆上还挂满了两百件左右的古

---

① 参龙师任银和口述。采访时间：2021 年 1 月 17 日下午；采访地点：瓯海区任桥村任氏文化礼堂。

董物件，包括传统的农具、家具、年代久远的纺织品等等，甚至有毛主席的著作。这些物件本来是放在任桥村老虎山上的燎原社纪念馆内，端午的时候祭户把这个纪念馆的古董物件从山上搬下来，等参龙结束后再搬回纪念馆。场面颇为壮观，还引来了许多媒体拍摄报道。①

后来笔者在采访参龙师任银和的徒弟任乐的过程中才进一步得知事情的原委：2006年端午节任桥村的香案和沿岸的物件儿是他为庆贺刚出生的儿子而摆设的，也就是前面说的"值饭"习俗。值饭不仅要摆香案，还要为划龙舟的人准备礼品、红包、酒席等。据任乐讲述，当时沿岸的两百多件儿物件都是由其老师任银和、伯伯任世定、父亲任芬云收集的，存放在燎原社纪念馆中。当年为了准备这次活动，他和他的老师任银和准备了两个月之久，耗费了不少精力和资金。②

正是因为2006年任桥村由几位村民一起自发策划举办的这场龙舟文化节，引来了瓯海区文化局的关注与采访，促使端午参龙迎来了新生。2011年，任乐的侄子出生，他的父亲任芬云为了庆祝孙子的出生又摆了一次香案。任银和和几个村民借着任芬云为孙子的"值饭"摆祭，打出了"第一届任桥村端阳民俗古文化龙舟节"的横幅。

任氏文化礼堂是瓯海参龙文化研究会③的根据地，每年参龙协会开年会时，他们会相聚于此，共同切磋参龙技艺。会员来自于瓯海区各个地方的参龙师以及参龙爱好者。研究会自2014年成立以来，举办了多次大型参龙表演赛和模拟活动，参龙师聚在一起，通过出题、摆祭、参龙表演、参龙比赛等方式互相交流切磋参龙技艺，目前会员已经有120多位。瓯海区参龙研究会举办年会时，除了瓯海区的水龙师和旱龙师会来参加以外，甚

---

① 参龙师罗松光口述。访谈时间：2020年10月24日下午；访谈地点：瓯海区瞿溪杨府庙。

② 燎东龙舟俱乐部负责人任乐口述。访谈时间：2020年12月30号；访谈地点：任桥村任氏文化礼堂。

③ 2014年初，以郭溪街道任桥村任银和为主干力量的民间参龙师发起建立温州市瓯海区参龙文化研究会；2014年4月8日，温州市瓯海区文化广电新闻出版局同意并回复了这一申请；2014年4月11日，瓯海参龙文化研究会正式成立，活动场所设在郭溪街道任桥村老虎山公园燎原纪念馆内。当时会员只有40多名，任银和为会长，前庄王金森、仙庄蔡兰西为副会长，凰桥徐高发为顾问，梅屿张银森、郑山头曹华南为常务理事。如今参龙研究会会址设在任桥村任氏文化礼堂。

至永嘉、乐清的参龙师、参龙爱好者，温州诗社的成员等也会前来相聚。

3.4 传统的资金筹集方式

在头家的所有工作中，最首要的是筹集资金。传统的划龙舟筹资方式主要有"媛主银"、摊派、香资支出和善捐四种。①

"媛主银"是指向近几年从本村嫁出去的女子的夫家收钱，相当于是女婿对岳父的回报和补偿。② 明代姜准《岐海琐谈》记录："每邻端午，好事者先捐私囊，或并或修，竞渡之日，偏掠祭户之姻亲，而补己之所费。聚众鼓噪，闻事劫夺者有之为之，姻亲者往往质当待索，罔敢或迟。"③ 清代《张棡日记》亦记载："盖河乡俗例，凡人家有女儿许人未过门者，则造龙舟之人例向婿家索取洋银为造船之费，视人家贫富为索银多寡，美其名曰花红银，索稍不遂，俟婿家来娶，则无赖纠集党羽，拦截花轿及鼓吹，以致戚好成仇者有之。故婿家皆畏之，虽有官长之示，绅士之禁，而阳奉阴违，愿持银输入无赖私囊以免争端，而无赖等遂名利双收，制新龙舟以娱地方耳目，将来之或酿巨祸不计也。"④ 这两处文献记录了温州端午划龙舟收取媛主银的习俗。其中措辞"无赖""纠集党羽""输入私囊"等说法表现了官府及地方文人对龙舟竞渡习俗及头家的打压态度和恶评。

香资支出指从村里庙宇的"香火钱"中拿出一部分来支持划龙舟活动。摊派是按户来收费集资，温州方言俗称"锅灶脚"。由于端午节划龙舟是村里的公共活动，所以大部分人还是愿意出资的，摊派也是最常见的筹资方式。善捐则是指村里或者其他地方乐善好施之人或者企业的捐资。

接下来笔者以任桥村 1985 年和 1986 年的端午龙舟活动收支表为例来直观分析任桥村传统的龙舟筹资方式及具体情况。

---

① 徐高发主编.瓯海龙舟［M］.北京：中国戏剧出版社，2011：28.
② 徐高发主编.瓯海龙舟［M］.北京：中国戏剧出版社，2011：28.
③ 姜准.岐海琐谈，蔡克骄点校［M］.上海：上海社会科学院出版社，2002：125.
④ 张棡.张棡日记［M］.上海：上海社会科学院出版社，2003：125.

表 3-1　1985 年任桥龙舟小组收支资金平衡表①

Form 3-1 Income and expenditure balance of Renqiao dragon boat group in 1985

项目（收）	摘要	金额（元）	项目（付）	摘要	金额（元）
媛主贴	6 张名单 382 户	5250.00	龙船造价	两支龙舟	5510.83
灶银收入	5 张名单 344 户	3766.00	娱乐费用	7 天 80 桌酒席、回礼、唱词	3009.30
其他收入	香案礼物、烟、酒折现	892.9	小计		8520.13
小计		9908.90	结存余额		1388.77

表 3-2　1986 年任桥龙舟小组收付账目平衡表②

Form 3-2 Income and expenditure balance of Renqiao dragon boat group in 1986

项目（收）	花	户数	金额（元）	项目（付）	金额（元）
值饭、酒息收入	燎下花	8 户	461.00	五花首事供给	1000
	巷底花	20 户	450.00	修船	428.91
	桥头花	17 户	286.00	岩头摆祭	112.1
	下涨花	13 户	306.00	酒席	144.2
	前垟花	8 户	195.00	唱词工资	130.81
去年结余			1354.93	其他	1036.91
合计			3052.93	总计	2852.93

　　据任桥村总头家任银和回忆，新中国成立前任桥村还有头家组织，人民公社时期由于没有划龙舟，头家组织也就暂时搁置。而 1985 年是新中国成立以后任桥村第一次重新启动头家组织来筹办划龙舟活动。

---

　　①　参龙师任银和提供。资料于 2021 年 1 月 17 日下午于任桥村任氏文化礼堂采访任银和时拍摄获取。

　　②　参龙师任银和提供。资料于 2021 年 1 月 17 日下午于任桥村任氏文化礼堂采访任银和时拍摄获取。

　　第一个表格显示，1985 年任桥村端午节龙舟活动筹资来源只有媪主银和灶银两种，没有香资支出和善捐。清单上所列的其他收入是在龙舟游乡时去别的村互相探访得到的礼物，不算作筹资来源。笔者刚看到 1985 年的清单时最为疑惑的是：为何发出去的媪主贴的户数甚至超过了摊派的户数？通过询问得知，村里信仰基督教的人家不用摊派出灶银，但是收媪主银没有宗教限制。此外，笔者还注意到 1985 年任桥村五个花只有两只龙舟。访谈人告知，以前政府不提倡划龙舟，加上龙舟造价高，不是每个花都有龙舟，所以当年划龙舟还是以整个任桥村为单位。从 2004 年龙舟开禁之后，任桥村基本上每个花一支龙舟，划龙舟也就逐渐以"花"为单位了。有的花甚至不止一支龙舟，例如，任桥下涨花和任桥桥头花还各有一支女龙舟。

　　第二个表格显示：1986 年任桥村划龙舟活动筹资来源只有值饭、酒息收入，以及去年结余，没有媪主银和灶银。访谈人告知媪主银是专门用来造新龙舟的费用。由于任桥村 1986 年端午节没有造新龙舟，因此没有收取媪主银。此外，1986 年的收入多了一项：值饭和酒息人家资助。这是因为当年很多生了儿子、造了新房、娶了媳妇的人家没有太多钱摆香案，所以就直接折现一个红包资助村里划龙舟活动。没有收灶银是因为去年结余和值饭、酒息收入已足够筹办当年的龙舟活动。总体来看，任桥村最初划龙舟筹资方式主要依靠的是灶脚银、媪主银和值饭收入，资金来源较为稳定。

　　近年来，每个"花"的筹资与 20 世纪 80 年代相比发生了较大变化。据任桥村龙舟总头家任银和讲述，现在即使新造龙舟，也很少收媪主银和灶银。因为资金来源较多，尤其是村里厂房、企业善捐较多，以及值饭和酒息收入增多。

　　综上所述，在传统龙舟活动中，以自然村为单位的组织方式，以头家为主导的轮流制度，以灶脚银和媪主银为主的资金筹集来源，都是依托基于血缘和地缘关系的传统村落社区，这也是温州传统龙舟活动之所以有广泛群众基础和持久生命力的重要缘由。吴天跃认为温州龙舟习俗传承的驱动力是地方感："其驱动力就在于从历史上继承而来的极强的地方感。这种地方感是基于血缘和地缘的宗族组织共同建构的，并在每一次传统龙舟活动的场域中得到加强。"① 然而基于血缘和地缘的组织方式虽然稳定，但并不是一成不变。在城镇化进程中，农村人口的流失、工业化程度的提高都潜移默化地改变着传统村落的生活方式。加上社会上划龙舟近年来很多地方作为现代体育竞技类活动来举办，也会一定程度上影响传统的端午龙舟竞渡活动的组织与运行。尤其是传统龙舟需要更多人手，行动主体的缺乏会逐渐弱化这种建立在血缘和地缘纽带基础上的传统组织方式。

4 城镇化语境中乡村龙舟俱乐部的兴起与运行

城镇化的不断发展影响了任桥村村民的生活，也影响着端午划龙舟活动的组织与筹办。如今，在瓯海区，传统的以自然村或者花为单位、以头家为主导的传统龙舟组织方式虽然没有发生实质性的改变，但是由于村落拆迁、年轻人外出经商、务工等，有些自然村因为缺乏人手逐渐不举办传统龙舟活动了。于是，一种新型的龙舟组织——龙舟俱乐部应运而生。

4.1 龙舟俱乐部的兴起

2012 年，瓯海区龙舟协会成立后，开启了对民间龙舟队的管理工作，积极发起成立专业的龙舟俱乐部。任桥村的燎东龙舟俱乐部便是在 2012 年之后正式成立的。任桥燎东龙舟俱乐部是由任桥村及周边爱好划龙舟的年轻人组成的专业性较强的现代龙舟俱乐部组织。它的办公地点坐落于任桥村的中心地带，任桥河南岸，与太阴宫相对。燎东龙舟俱乐部的前身是桥头花组织所在地。以前桥头花是任桥村最中心的花，被称为"任桥老桥头"，是端午节上河乡龙舟经过的朝圣点。2012 年之前，也就是在成为独立的龙舟俱乐部之前，它经历了一个与桥头花合并的过渡时期。

经历了长达十年的龙舟禁划期（1994—2003），任桥村从 2004 年开始每个花各自新造龙舟，以花为单位组织筹划龙舟活动。然而由于很多村民

---

① 吴天跃. 温州龙舟与地方社会变迁的民族志研究［D］. 南京大学，2012：97.

搬到市区居住或去外地经商，导致桥头花里人越来越少，甚至连端午节划龙舟的人手都凑不齐。加上60岁以上的老人逐渐退下不划，只剩下少部分村民还坚持划龙舟。此时，任桥村出现了一个由6个花的年轻人自发组成的龙舟队——燎东龙舟队。当时规模较小，只有40个人左右。龙舟队平常可以划没有牌照的健身龙舟，但是到了端午节，划龙舟必须要有牌照[①]才能下水。因为政府对民间龙舟的管制，端午节划龙舟要有额定的牌照，每个花或者自然村只有一个。燎东龙舟队于是和桥头花在端午节合并在一起划传统龙舟。船由桥头花出资新造，龙舟牌照也由桥头花提供，旗帜署名为桥头花。[②]

经历了与桥头花合作划龙舟之后，燎东龙舟队逐渐开启了专业化的划龙舟训练。桥头花的划手由于年纪较大，跟不上年轻人训练的模式和力度，就逐渐自动退出了这个专业性较强的龙舟队。燎东龙舟队开始完全接手桥头花的划龙舟事宜，桥头花的头家也就不再参与端午龙舟事务。与此同时任桥村30到40岁的年轻人也逐渐向龙舟俱乐部靠拢，燎东俱乐部逐渐地从传统的"花"中独立出来，以其划龙舟的专业性迅速成为任桥村端午划龙舟的主力和新生组织力量。据任银和讲述，这种由年轻人组成的龙舟俱乐部代替传统村落划龙舟的情况如今在温州也越来越普及。

4.2 龙舟俱乐部与自然村在组织运行上的差异

龙舟俱乐部在筹办端午传统龙舟活动中与自然村最大的差异主要体现在组织管理模式和筹资方式上。

不同于自然村以头家为主导的轮流制度，燎东龙舟俱乐部每年的端午龙舟活动由固定的几个负责人来筹划。龙舟俱乐部内部组织结构类似于公司，部门分工明确，有队长、副队长、财务、后勤、装饰设计等，端午节期间各部门负责人各司其职。然而由于端午节事务过于繁杂，比如端午节期间任桥河中心位置用来欢迎各地前来报到的龙舟的条幅和装饰都由燎东

---

① 从2004年开始，温州市端午龙舟活动正式开禁，政府开始对民间划龙舟活动加强规范管理，严格限定划龙舟的牌照数量，一个自然村原则上只允许申请一只牌照，且每年更换。

② 燎东龙舟俱乐部负责人任乐口述。访谈时间：2021年1月13日；访谈方式：微信访谈。

龙舟队出资出力，燎东俱乐部的负责人也显现出力不从心的疲态，负责人从最初的 6 人增加到如今 10 人左右。

在筹资方式上，燎东龙舟俱乐部每年的资金都是成员自发筹集，主要方式是调动人脉获取企业赞助。

4.3 龙舟俱乐部对端午参龙传统的继承与革新

通过对燎东龙舟俱乐部成员的访谈，笔者了解到，成员们既喜欢传统龙舟的热闹氛围，也追求现代风格的划龙舟的刺激与专业性。他们对端午参龙这一传统龙舟活动的整套程序都较为熟悉，俱乐部中甚至有三位成员是参龙师任银和的徒弟。因此，他们甚至比其他花轮值的头家更通晓请神、进河、参龙、点殇竞渡、收殇等一系列参龙程序。以前任桥村端午节"请太保""进河"等仪式是 6 个花各自分开完成。自燎东龙舟俱乐部成立后，这股年轻的力量以高效率的组织方式带领其他花一起完成请神、进河、安炉等仪式。其他花的头家也欣然跟随，同时可以为他们节省许多单独筹备的时间和程序。

燎东龙舟俱乐部还打破了许多传统的禁忌。任桥村的龙舟属于辈分高的"娘舅"龙舟，通常不划到别的村游乡串村。然而 2019 年燎东龙舟俱乐部的龙舟划到了辈分小的许多村里去互动往来，对方买了许多礼品邀请其龙舟上的参龙师参唱。这一举动令当地老人感到震惊。这股年轻的力量给了任桥的端午气氛以新的面貌，也将之推向新的高度。

据燎东俱乐部的负责人之一任乐讲述，作为龙舟俱乐部的负责人要带头出钱，端午节划龙舟活动大大小小的事情太多，他之前因为管财务过于疲累，于前年退出了负责人行列。次年又继续回去管账。笔者问他为何要劳心费力地筹办传统龙舟，他回了句："为了开心嘛！热闹呀！"[①] 这句话无意间道出了村民内心最真实的诉求。无论龙舟活动在组织运行上发生了怎样的变化，即使是追求现代竞技龙舟的年轻群体，仍然无法轻易割舍传统龙舟的热闹氛围及对敬神祈福的心理需求。传统节日民俗在其群体性参

---

① 燎东龙舟俱乐部负责人任乐口述。访谈时间：2020 年 12 月 30 日；访谈地点：任桥村燎东龙舟俱乐部。

与基础上营造出的热闹氛围也是现代竞技体育所不能取代的。民俗文化及其拥有者有其自身的能动性，地方社会群体的文化习俗不会因城镇化的影响而彻底变了模样，而是在与城市文明的磨合中经历一个自我修复和调整的过程，在新的模式中留下民俗最本质的传统内核。

在城镇化变迁中，任桥村端午龙舟活动的组织方式从最初的以"花"为单位转变为"花"与"俱乐部"的组合，运行模式从最初的"头家轮流制"向"头家轮流制"和"俱乐部固定管理制"并存，呈现出传统型组织与现代型组织交织共存的状态。

仪式性民俗体育的文化表达

——以贵州清水江苗族"玩水龙"项目为例

程纪香　关文涛

（凯里学院体育学院，贵州凯里 556011）

【摘要】贵州清水江苗族"玩水龙"盛行于黔东南州施秉县，是贵州省级非物质文化遗产项目中的民俗项目，也是一项历史悠久的民俗体育活动，群众参与度极高，具有很大的研究价值。本文采用田野调查法、文献资料分析法、深度访谈法等研究方法，从非遗保护与传承的角度出发，对贵州清水江苗族"玩水龙"进行宗教信仰、起居习俗、苗族文化等方面的人类学考察，进而对清水江施秉县苗族"玩水龙"的发展历程、制作技艺、社会结构、文史价值、濒危保护等方面进行了客观分析，并以此探究苗族"玩水龙"这种仪式性民俗体育项目的文化表达方式。通过参与苗族"玩水龙"的仪式过程，对其文化表达的感知，以及对相关专家、学者、传承人深度的访谈之后，本文认为：贵州清水江苗族"玩水龙"承载着苗族人民的宗教信仰，展示着苗族人民的制作技艺，表达着苗族人民的技艺传承。它的教育特色与道德约束、展示传统文化互相融合，具有鲜明的文化特征和重要的历史、社会价值，这些成为苗族"玩水龙"独有的文化特质。随着社会的发展，苗族"玩水龙"的文化表达发生了诸多变化：一是苗族"玩水龙"的社会功能发生了变迁，由祈福功能逐渐向休闲娱乐功能转变，也就是从古代社会中祈雨的祭祀仪式，演变成现代社会中娱乐身心的精神文化活动，原有的祭祀功能不断消退；二是苗族"玩水龙"的生存价值发生了变迁，由祈雨纳福向旅游经济转变，即生存价值已由祈雨纳福价值，演变为物质文化需要的旅游经济价值，成为重要的民俗体育旅游资源；三是苗族"玩水龙"的组织管理发生了转变，苗族"玩水龙"的管理由民间自发组织向政府统一管控转变，尽管这种管理模式具有较强的行政力、保障力和执行力，但同时也降低了民间社会组织的灵活性和积极性。四是苗族"玩水龙"的参与人群发生了变化，苗族"玩水龙"由男性特权向群体参与发生转变。

【关键词】体育非物质文化遗产；玩水龙；人类学；仪式；保护

作者简介：程纪香（1984—），山东临沂人，硕士研究生，教授，凯里学院体育学院副院长，邮箱：494654723@qq.com，主要研究方向：体育非物质文化遗产。

前言

仪式性民俗体育的文化表达，"表演"是其最重要的表达形式。大多数仪式性民俗体育以其特有的祭拜、祭祀仪式，以及程序化、模式化、象征性的仪式性表演，对村落共同体认同的风俗习惯、文化传统进行延续。[1] 这是村落社会制度化文化的重要表述，也是村落共同体民俗心理的需要，对传统村落社会秩序的建构发挥着重要作用。贵州清水江苗族"玩水龙"盛行于施秉县城关镇（旧时称施秉镇），最早产生于城内的沙河街，后因其极富求雨祭祀功能而流传于城内各街道。"水龙"，又名"青龙"，在施秉流传上千年，是人民自发组织的一种群体性、普遍性、节令性、周期性民俗文化活动形式，是施秉祭祀文化和民间崇拜文化的综合载体。清水江苗族人对龙的崇拜寄托着对幸福安康生活的美好希望，他们认为有龙的地方生活才能家家富裕、寨寨平安。最开始每年栽秧结束，久旱无雨，城内各街道上的老百姓就会举行盛大的"玩水龙"祭祀求雨仪式，祈求风调雨顺，五谷丰登，国泰民安。因其表演内容多，活动热闹，群众参与度极高，被誉为"苗族水龙狂欢节""苗族泼水节"，是一部真实、生动且具体的非物质文化遗产项目。从民俗文化表达的视角来看，贵州清水江苗族"玩水龙"是在农耕文明背景下，产生于清水江苗族农村自然的经济地理空间，发展于周而复始的民俗活动文化空间中，由施秉县城关镇村落共同体世代实践、相承千年、流传至今。历史悠久的贵州清水江苗族"玩水龙"在岁月长河中发生了无数次嬗变，在改革开放、经济发展中日渐式微。在多元文化的冲击和影响下，也经历着非物质文化遗产保护的各种困境。故贵州清水江苗族"玩水龙"项目是一个十分珍贵的研究文本，分析仪式性民俗体育"玩水龙"项目在贵州清水江苗族中的文化表达对探索体育非物质文化遗产保护、传承、传播具有一定的参考意义。

1 贵州清水江苗族"玩水龙"文化形态追溯

1.1 "玩水龙"的历史渊源与传说

贵州清水江苗族"玩水龙"源于远古，流传千年。文献资料显示，我国玩水龙文化最早产生于汉代，但是贵州清水江苗族"玩水龙"无法考证，无史料记载。在清水江畔代代相传，其起源文化传说多与祈雨相关。相传许多年以前，有一年天下大旱，太阳如火，百花调零，五谷不长。人们尽其所能，却无一收获。一天晚上，一位神仙托梦于宝公，梦的大意是：从前，龙与人、狗是亲兄弟仨。老大是人，老二是龙，老三是狗。三兄弟长大后各自娶妻成家，但因家产分的不均，龙负气离家出走。后来龙做了掌管风雨的神仙，但它记恨当年分家不均之事，就故意不下雨。人们为了得到龙的谅解，就需扎一条水龙，抬上狗，上街舞龙，同时敲锣打鼓助威，边舞边泼水，一直舞到河边。这样一来，龙心里觉得还有两兄弟，就会兴云布雨，普降甘露。宝公听之，便与寨老商量扎龙试一下。果然，龙见兄弟们心诚，念及兄弟情分，下降甘露，救民众于水火之中，从此每年五黄六月，城内百姓就玩水龙以祭祀求雨。尽管当时是为了求雨保丰收才有的玩水龙活动，但是其中蕴含着苗族人民与自然和谐共生、共存、爱水敬神的伦理价值取向及兄弟和睦相处的人类学教育价值取向，增强了苗族人民的民族凝聚力。

1.2　"玩水龙"的社会文化背景探析

1.2.1　承载着苗族人民的宗教信仰

贵州清水江苗族"玩水龙"的仪式性表演既具备"民俗"性质，又有显著的体育运动本质特性，是仪式性民俗体育的典型代表。出龙前一天，由本寨一中年男性走街串巷，敲锣大喊："各家各户水缸装满水，明天青龙到来时，好用清水泼龙"。仪式伊始，桌上摆上鸡冠不能断的大黄公鸡、刀头肉、土碗、米酒等供品，由本地有名望的巫师进行开光仪式。巫师焚香念辞："水龙神，你把全县人民的三灾八难带入海中，彻底埋藏，确保风调雨顺，国泰民安，五谷丰登，人畜兴旺。"这也是民间信仰活动的普遍表达形式，有着鲜明的底层民众民俗心理诉求，以其仪式表达着人们美好的愿望。[2] 祭祀完毕，锣、鼓、钗作为玩龙的前导，热热闹闹出龙，边走边玩（俗称"过街龙"）。水龙上街后，居民以泼龙头为主，不断向龙身、龙尾泼水，水龙在"大雨"中矫健的盘绕腾挪，上下翻飞。而后就变成了人泼人的"苗族泼水节"，泼水龙的水是"吉祥水"，水泼得越多，越会兴旺发达，五谷丰登。最后，将水龙抬到舞阳河畔，烧香焚纸，就地焚烧。

"玩水龙"是施秉祭祀文化的重要组成部分，是施秉苗族独有的文化现象，文化特色鲜明。施秉长住居民对龙有着强烈的崇敬，这是在长期的生活、生产劳动过程中，人类逐渐形成的对自然的敬畏、认识与崇拜。他们认为只要善待龙，它自然就能给人类带来吉祥、安康与幸福。为表达对龙的敬畏和保证"玩水龙"的顺利进行，"玩水龙"活动前有着较严格的祭祀仪式和民俗制度。在这种复杂、庄严的祭祀仪式下，人们维护乡里和睦，倡导团结向善，保护人文环境的社会责任感得到了加强。

1.2.2　展示着苗族人民的制作技艺

水龙制作由村民完成，这种烦琐仪式的表达，也展示着苗族人民的制作技艺，是人类智慧和文明的体现。贵州清水江苗族"玩水龙"历史久远，整个活动时间一般为 1 至 3 天。"玩水龙"以其集体性、群众性，走街串巷，承载"泼"来的祝福。作为文化活动的主体，"水龙"的制作方法具有一定的程序，主要由以下几个方面组成：

①选材，通常以杨山竹为原料，要求此竹未被雷击和火烧，挺拔，竹梢不能断，需选用一年以上杨山竹为主。

②砍竹，材料选好后，由寨上一位德高望重的男性老人先砍第一根长得俊俏的竹子，随后，主人家便可以在竹林中挑选了，直到选好为止。

③编龙，以杨山竹为原料，青篾编制成龙的筋骨，用生鲜的杨柳树条叶，将龙头、龙身、龙尾编扎好，编扎方法与元宵节所扎的草把龙相似。但近年来，龙身的编扎和形态不断变化，增加了龙蛋和布料，用红、黄、绿等色彩绘制龙鳞，使龙的形态更加显得形象逼真。龙身长约 8—13 米，分为 5 节、7 节、9 节等，每节装有 1—1.3 米高的木柄，以便舞龙者使用。

1.2.3 表达着苗族人民的技艺传承

①"玩水龙"的技法规则

舞龙者将龙身舞动起来，为展现龙翻腾之势，须随时保持龙身蠕动，造成生龙活虎之势。故龙身舞者须随时与前后保持一定的距离，眼观四方紧跟前者，走定位，空中换手时尽量将龙身抬高，甚至可跳起；舞低时，尽量放低，但千万别将龙身触地，在高低左右舞动中，龙翻腾之势尽展现其中，龙身运动轨迹要圆滑顺畅，龙身不可触地、脱节；在跳与穿的动作中，应特别注意柄的握法，龙体不可出现不合理的打结，以免刮到别人。

苗族玩水龙的具体技法如下：

舞龙头→舞龙尾→舞龙珠→持龙→滑步行进→直线行进→龙脱衣→靠背舞龙→螺丝结顶造型。

②玩水龙传承谱系

根据田野调查，施秉玩"水龙"有着明确的传承谱系：

丰学文，男，苗族，现年 78 岁，外传，第 14 代编龙头传人。

杨晓陆，男，苗族，现年 76 岁，家传，第 15 代玩龙身。

田老东，男，苗族，现年 56 岁，外传，第 12 代玩龙头传人，施秉县舞阳村沙河街组。

吴水宝，男，苗族，现年 35 岁，外传，第 16 代编龙尾传人。

龙元外，男，苗族，现年58岁，外传，第13代玩龙身传人。

蒋世俊，男，苗族，60岁，祖传，第15代编龙传承人，施秉县城关镇中沙村皂角屯组。

2　"玩水龙"文化特质解析

2.1　教育特色与道德约束

玩水龙并不是封建迷信地将龙尊为天神一般去敬畏或者追崇，而是通过其故事背后的教育意义，去教育人们懂得保护环境，尊重大自然，过度的消耗大自然的资源必将受到大自然的反噬。

2.2　展示传统文化的综合载体

玩"水龙"，展现了施秉地区祭祀文化和民间崇拜等传统历史文化为综合载体，是研究施秉历史的重要窗口，具有较高的历史研究价值。"水龙"节，展示的是人与龙、抬狗求雨等一系列表演活动。为我们研究施秉地区早期的农耕文化，特别是人与自然的和谐、共生、共存关系，提供了十分珍贵的历史资料，有助于人们了解施秉地区爱水敬神，亲近自然的历史痕迹。施秉地区的"玩水龙"，时间节点恰到好处，既不影响农业生产，又给人们带来精神上的享受，与当今我国提倡的精神文明建设，构建和谐社会是吻合的。玩"水龙"不但丰富了人文科学的发展，而且推进其他人文科学的进程，使民风民俗得到了释放和个性的张扬。被誉为苗族的"泼水龙"节。

2.3　具有鲜明的文化特征

①玩"水龙"是施秉地区早期的文化人类活动，它诠释了这一活动的文化功能，展现了南方少数民族地区独有的文化现象，具有鲜明的文化特色。

②玩"水龙"是施秉居民在长期的生活和生产劳动中，通过人类对大自然的认识和崇拜，逐步形成具有地方特色的地域文化，尤其是对龙的崇敬，认为只要善待它，龙自然而然的能给人类带来吉祥、安康和幸福。

③玩"水龙"是施秉地区最古老的民俗活动之一，在施秉众多、形式

多样的民俗事项中舞龙活动最具有表现力和亲和力。从龙的制作、造型和玩法，所展示的是人与自然的结合，特别是龙的玩法，在整个黔东南乃至于贵州都是比较独特的，彰显着中国舞龙文化另一个最显著的特征——泼水狂欢。

④施秉地区选择"玩水龙"的活动日期，一般在五黄六月进行表演，这与其他地区的舞龙时间截然不同，该地区"玩水龙"具有一定的时空性。且以前必须以童男为活动对象，边走边向它泼水，世代流传下来只有抬狗求雨，方能感动龙王兴云布雨，普降甘露，这一表演形式和内容，昭示着人类与大自然和谐之美。

⑤施秉地区的舞龙活动，凸现出古代施秉人"仁者乐山，智者乐水"的精神支柱，反映了施秉人热爱自然，亲近大自然这一特性。

⑥施秉地区的"水龙"节，是特定历史文化背景下形成的祭祀求雨活动，整个活动以农耕文化为线索，再现了一千多年前施秉人敬畏自然的历史面貌，为今天的人们提示"玩水龙"这一活动的特点，提供了时代的信息。

⑦施秉地区的"水龙"节，表现的是人与自然的和谐，其最大的不同是，舞龙和玩龙，江南地区的端午节，展示的是纪念我国伟大的爱国诗人屈原而进行的龙舟活动，而施秉地区的"水龙"节，与一年一度的端午节无任何关系，但它们有一个共同的特点，就是有着浓重的祈福禳灾、祛邪驱恶的宗教文化色彩。这与本土的山地文化、农耕文化、民族文化和历史文化是有着密切的联系，具有自身的文化特性。

2.4　具有重要的历史与社会价值

①历史价值

从施秉地区现今"玩水龙"的整个活动范围来看，还保留了古代社会的一些历史遗风，承载着苗族许多重大的历史信息和原始崇拜，为研究施秉地区的舞龙历史提供了宝贵的原始资料。"水龙节"，展现着施秉地区以祭祀文化和民间崇拜等传统历史文化为综合载体，是研究施秉历史的重要窗口，具有较高的历史价值。

"玩水龙"展示的是人与龙、抬狗求雨、泼"水龙"等表演活动，为研究施秉地区早期的农耕文化，特别是人与自然的和谐，天地之间的共生、共存，提供了十分珍贵的第一手资料，对人们了解施秉地区爱水敬神的传统，提供了较高的史料价值。

"玩水龙"的"开光"仪式，保留了浓厚神秘的宗教文化内涵，详细地叙述了施秉地区的舞龙历史，为研究该地区苗族舞龙历史，提供了实实在在的历史资料。

②文化艺术价值

"玩水龙"以一种活态的文化现象流传至今极具民俗学价值，不仅丰富了人文科学的发展，而且积极地推动着其他人文科学的进程，尤其是民俗文化的继承和延续，使民风民俗得到了释放，促进了个性文化的张扬，为研究"水龙"的形成提供了许多极具价值的民俗学资料。

古老祭祀文化活动"玩水龙"以村寨为单位进行"开光"仪式极具宗教文化价值，保存着人类社会浓厚的宗教文化色彩。为研究玩"水龙"活动过程中的图腾崇拜、自然崇拜、宗教文化信仰、礼仪制度等诸多内容，提供了较高的宗教文化史料价值。

"水龙"的编制过程、表现形式和内容颇有欣赏价值和艺术价值。特别是龙的形制、色彩、活灵活现，布局构思大胆、得体、巧夺天工、栩栩如生。让人们的心灵再一次得到洗涤，给人一种回归大自然的美韵。

3　"玩水龙"文化表达变迁

3.1　社会功能变迁——"玩水龙"由祈求神灵向休闲娱乐转变

施秉地区苗族人民以传统的农耕生产方式为主，水源匮乏，人们依靠雨水灌田，是典型的"靠天吃饭"。因此人们崇尚自然、爱山敬水、爱水敬神，亲近自然。同时水也决定着该地区人们是否能获得好收成，是否能五谷丰登，衣食无忧。这就使得人们对降雨充满敬畏和期待，祈雨祭祀庄严肃穆。这也是施秉地区苗族先民对自然环境的畏惧和对未来美好生活向往的朴素表达。新中国成立后，随着水利工程的修建、种植技术的提升，施秉人民的农业生产摆脱了对自然环境的依赖。但人们依旧延续"玩水龙"的习俗，但原有祈求神灵的思维和意识已淡化。现代社会的"玩水龙"已由古代社会中祈雨祭祀的仪式，演变成为现代社会中娱乐身心的精神文化活动，原有的祭祀功能不断消退。

3.2 生存价值变迁——"玩水龙"由祈雨纳福向旅游经济转变

旧时"玩水龙"的主要生存价值就是祈雨纳福，但现代清水江苗族"玩水龙"生存价值已由祈雨纳福，演变为物质文化需要的旅游经济价值。尤其是随着现代社会中体育旅游的开发及民俗体育旅游价值的现代化利用，"玩水龙"已经成为施秉县有名的品牌民俗体育旅游活动，以其新的身份创造着更多的经济价值，成为重要的民俗体育旅游资源。

3.3 组织管理转变——"玩水龙"由民间自发向政府管控转变

议榔是不同宗的家族组成的地域性村寨组织，即农村公社组织。黔东南叫"构榔"或"勾夯"，也叫"构榔会议"；它是苗族社会中一种议定公约的制度，是地区性的政治经济联盟组织。议榔的最高权力机关是议榔大会，其任务主要是讨论重大事件，制定议榔款约，选举各种执事首领。议榔通过组织制定的榔规款约来进行管理，榔规款约一经群众通过，就成了不成文的法律。最初"玩水龙"由民间自发组织，经议榔合议，进行组织和管理。现代社会随着政府对村寨活动管理的具体化，"玩水龙"转变为由政府管控，统一安排时间、地点等，通过行政措施加以推行。尽管这种管理模式具有较强的行政力、保障力和执行力，但同时也降低了民间社会组织的灵活性和积极性。[3]

3.4 参与人群变化——"玩水龙"由男性特权向群体参与转变

旧时一些重大的祭祀性节日和民俗节庆日，苗族人民相信童男有灵气，所以一般女性只能作为旁观者，男性则是活动绝对的主角和主力。起初"玩水龙"舞龙人员均为单数（以童男为主），苗族人们相信只有龙看到童男后才肯开恩降雨。新中国成立后，随着时代及"玩水龙"社会功能的变化，尤其是在现代文化的冲击之下，人们的思想意识发生了改变，现以中、青男性为主。另还组建了妇女舞龙队伍，使舞龙队伍不断壮大，隆重而热闹非凡。

4 仪式性民俗体育文化表达困境解析

4.1 由于玩"水龙"具有浓厚的神秘宗教文化色彩，五十年代中期曾在县城内表演过几次，就中断了，再也没有看到踪影，可以说逐渐退出了历史舞台。为抢救、保护和传承非物质文化遗产，经多方面的挖掘和整理，2006年，由施秉县文化部门和相关部门经过多次调查和整理，玩"水龙"这个古老的民族活动，再次展现在人们的面前，让施秉地区的现代青年人大饱眼福。

4.2 通过"水龙"表演，使玩"水龙"这个民俗活动，对整个黔东南州产生了很大的影响，成为贵州乃至全国舞龙活动中一道独特的民间文化大餐。但是，由于现在活动开展主要是政府主导为主，虽具观赏和表演价值，却失去了玩"水龙"的热闹场面。由于过去主要是群众自发组织的表演活动，但近几年来的"水龙"表演失去了群众的参与，因而形成了为表演而表演的局面。

4.3 玩水龙是我国优秀的传统民俗项目，但因自身的局限性让它的弊端逐渐暴露出来，所以才会出现这些濒危情况。如果我们不加以保护和合理的利用，玩"水龙"泼水狂欢很可能失去表演和参与性，变得不伦不类。传承形式不变，社会地位降低，逐渐丧失文化认同这一使其得以生存和传承的重要因素。

5 余论

近年来，贵州省人民政府颁布了《贵州省民族民间文化保护条例》，其中专门制定保护民族民间文化、继承和弘扬民族优秀传统文化，促进经济和发展的有关条款，为以立法形式对苗族"玩水龙"等民族传统文化进行保护奠定了基础。在现实的传承过程中，苗族"玩水龙"的发展呈现出一定的濒危状况，但经多方面的挖掘和整理，2006年苗族"玩水龙"这个古老的民族活动再次展现在人们的面前，在整个黔东南州产生了很大的反响，迅速成为贵州乃至全国舞龙活动中一道独特的民间文化大餐。同时，我们也应该认识到，任何一项历史悠久的体育非遗项目，都有其时代的局限性，如若不加以保护，很有可能会消失在历史的长河中，这不仅是本民族的损失，更是中华文化的一种损失。[4] 为此，除了相关部门应做出相应的扶持政策，更需要呼吁广大群众去了解它、认识它、保护它。只有群众认可，群众参与进来，才能赋予它们新的生命。

参考文献

［1］杨海晨，王斌，胡小明，沈柳红，赵芳．想象的共同体：跨境族群仪式性民俗体育的人类学阐释——基于傣族村寨"马鹿舞"的田野调查 ［J］．上海体育学院学报，2014，38（02）：52—58.

［2］白晋湘．少数民族聚居区传统体育非物质文化遗产保护的社会建构研究——以湘西大兴寨苗族抢狮习俗为例 ［J］．体育科学，2012，32（08）：16—24.

［3］邓海文．非物质文化遗产保护视角下湘西北地区少数民族民俗体育文化资源开发 ［J］．文体用品与科技，2023，（06）：10—12.

［4］胡婷，肖钛，李先雄．民俗体育视野下"香火龙"的文化内涵及社会功能探析——基于湖南汝城调查 ［J］．当代体育科技，2023，13（06）：113—116.

传统节日与地方社会关系的构建

——以温州瑞安端午龙舟竞渡为例

吴丽平

（中国社会科学出版社，北京100101）

【摘要】作为三大传统节日之一的端午节，节俗活动丰富，文化意蕴深厚。本文对于端午节的研究，不是对其众多节俗一一进行论述，而是从中选取端午龙舟竞渡这一具有民俗特色的节日行为，来探讨传统节日与地方社会关系的构建这一问题。为了更为直观地表述这两者的关系，本文在对温州端午竞渡历史传统进行简要回溯的基础上，选取温州瑞安某村落为调查对象，通过对这一特定村落中龙舟竞渡具体过程的描写，来呈现节日过程中地方社会所表现出来的各种关系。在余论部分，将跳出村落的研究，把它放在温州地区这个更大的范围中，简单地讨论传统节日的复兴对于现代社会的意义。

【关键词】端午；龙舟竞渡；地方社会

作者简介：吴丽平（1980—），女，浙江瑞安人，法学（民俗学）博士，中国社会科学出版社编辑，中国社会科学院近代史研究所博士后，美国马里兰大学历史系2018—2019年访问学者，研究方向：民俗学、北京史。邮箱：wuliping@ cass. org. cn

1 引子

端午前夕，一只龙舟悄然下水，按照当地的风俗，龙舟下水前要举行"请神"仪式。凌晨三时左右，一行人马已在 HT 村东的陈氏祠堂等候，待准备妥当，后生们便抬着龙舟前往凤凰山脚下的土地殿，当地较为隆重的仪式活动一般集中于此。土地殿内灯火通明，人声鼎沸，龙舟一到达，就在众人的簇拥下扛到已搭好的角架上。当地一位老人娴熟地卸下龙头、龙尾，并将龙头放之案台，喧闹的土地殿变得格外肃静。"唱神人"手执神香，围绕案台口念咒符、挥洒"净水"，他人进奉祭品、伏身跪拜，仪式活动在神圣而又神秘的氛围中展开。祭龙完毕，"请神"进入另一阶段——"请香"，即相邀"香官神"或"三十六神香"。早在农历四月初一"摆鼓开殿门"之时，民间就曾以摆鼓的形式向殿门各路鬼神发出邀请，此刻为正式迎接。龙舟队员各握船桨一把，下端朝上、上端朝下，左右依次排成两列十八行，俨如龙舟竞渡时的空间格局，"唱神人"念诵唱词，把"三十六神香"请至船桨上，船桨随之倒转过来。另外，被安置在香斗里的五通神是端午竞渡的主角之一，据当地的说法"端香斗是端发财的"。

如果说"请神"仪式是庄严的，那么龙舟竞赛则是欢腾的。从农历四月二十日开始，每天下午两时许，各村的龙船纷纷出游。急促的锣鼓声、飘动的战旗、雄浑的号子、两岸的欢呼声，沉寂已久的塘河被装点地生气勃勃。把端午竞渡推向高潮的是"斗龙"，当两条龙舟处于同一地平线时，"斗啊"一声令下，船头艄公猛地跳起，三十六把桨齐心行动，龙舟随之浮上浮下，宛如两条真龙在水中欢快游动。场外观众同样十分活跃，在观看战事风起云涌之余，加油声、叫骂声、唏嘘声接连不断，各种情绪的肆意发挥给端午增添了欢腾的气氛。龙舟竞赛的另一重头戏是"收包"——即外嫁女"摆香案"。当娘家龙舟划到此处，外嫁女摆放祭品迎接，娘家龙舟则为她们送上祝福语，以示回礼。多天的龙舟竞渡在"斗龙"和"收包"中红红火火地展开，或欢腾雀跃，或神秘祝愿，表现了村落、社区之间的团结和竞争，以及人鬼神三者在欢愉过程中的一次沟通。端午当天的龙舟竞渡已接近尾声，一年中最欢腾的节日即将落下帷幕，送神仪式——"收香"显得格外重要。为防鬼神留恋人间，"收香"须慎重对待，从倒转龙舟桨、三次绕游村子、在田地里小便、回程偃旗息鼓，以及做法事、焚化纸船等，民间以自己的方式把鬼神送回殿中。一年一度的龙舟竞渡告一段落。

以上是对温州瑞安地区龙舟竞渡的描述。竞渡在 20 世纪 90 年代曾一度被中断，但近两年逐渐恢复，且成为当地最受关注的节日活动。这样一场龙舟竞渡的上演，令人感兴趣不仅仅是现代社会中传统仪式所保留的神秘、古朴特性和浓郁的原生态色彩，而是它为地方社会各种关系的展现和调整提供了一个舞台：民间在"请神"和"送神"的过程中，以邀请的方式来愉悦、感谢以及运用适当的方式在适当的地方和众鬼神直接相处时，通过与鬼神世界良好秩序的建立来实现端午禳灾驱疫的目的，地方社会与鬼神关系的处理是龙舟竞渡的一个突出特点；以村落社区为单位而进行的龙舟竞渡，其欢腾场面的营造是地方社会新陈代谢的集中表现，它彰显了区域精神并重新确认了传统社区之间的边界，同时青年人与老人、男性与女性等群体关系在此之中发生微妙的逆转和维系，这可被视为地方社会之间及其内部关系的一次协调。① 总之，无论是与鬼神世界关系的建立或地方社会本身的处理，隐藏于日常生活之中的宗教观念、社区边界和群体关系等在端午这一传统节日中得以集中呈现，这是本文把传统节日与地方社会相互结合进行讨论的目的和意义所在。为了更为直观地表述这些内容，本文在对温州端午竞渡文献传统进行简要回溯的基础上，选取温州瑞安HT 村这一调查个案，通过对这一特定村落中龙舟竞渡具体过程的描写，凸显重要事件且把相关活动贯穿其中，以此来理清地方社会各种关系及节日的地方特色。在结语部分，本文将跳出村落的研究，而是把它放在温州

---

① 这里对村落、社区和地方社会三个概念做一简单的交代，其中村落是指自然形成的聚落，也称为自然村；社区的范围比村落小，指的是村落内部所划分的传统社区单位，与村落相比，社区在日常生活中所形成的认同感更为密切；地方社会是学术意义上使用的一个词，通过对村落这一有限区域的研究，来解读村落中所隐含着传统的连续性、集体的认同感、地域边界的区分等方面的内容，突出村落的地方特色。

一个更大的范围中，简单地讨论传统节日的复兴对于现代社会的意义。

2 温州端午龙舟竞渡历史传统的简要回溯

在开头部分，本文在田野调查的基础上对当下温州端午龙舟竞渡做一简单的描述。就研究对象而言，如果田野调查以观察和访谈的方式使其置身于一定的空间情境中，那么文献文本则为解读研究对象的传承历史提供了基本的资料来源，并增强其历史厚度，可以说，田野调查与文献文本互为补充。对于温州端午竞渡文献传统的回溯，其目的在于较为宏观地把握和理清端午竞渡这一节日活动的历史脉络，为当下竞渡的传承和变迁作一简单考察。

钟敬文在谈到节日的起源时，提出了节日"大都跟原始宗教和法术有关"的看法，并认为古代划龙舟的原始意义在于驱逐瘟疫，后来逐渐发展为一种民众体育竞赛活动。① 温州龙舟竞渡，其起源年代已很难考证，但从原始形态来说，包含着与驱逐瘟疫相关的祈年赛愿、祈福禳灾等内涵。南宋叶适在《后端午行》一诗中写道："一村一船遍一邦，处处旗脚争飞扬。祈年赛愿从其俗，禁断无益反为酷……"从这首诗歌来看，它不仅展现了南宋竞渡时的欢闹场面，同时诗中所透露出"祈年赛愿"为竞渡的核心所在，也正是如此，禁断的努力并未奏效，反而更加热烈。另外，诗中还包含了两村竞赛、悬赏夺标、回庙谢功及官方禁令等信息，可知当时龙舟竞渡已趋于成熟，而且较为完备。② 地方志有关龙舟竞渡的最早记载为明万历年间《温州府志》，"竞渡起自越王勾践，永嘉水乡用以祈赛"，这一记录把竞渡的起源追溯至春秋时期，并把"祈赛"与历史人物越王勾践联系在一起，文化因子的融入增强了节日的人文色彩。③ 清朝，端午竞渡在温州依然盛行，"各乡俱操龙舟竞渡，祈年赛愿"，竞渡期间，"龙舟甚

---

① 钟敬文. 话说民间文化 [C]. 北京：人民日报出版社，1990：58、165.

② （宋）叶适. 叶适集. 第一册 [Z]. 北京：中华书局，1961：51、52.

③ 天一阁藏明代方志选刊. 嘉靖温州府志. [Z]，上海：上海古籍书店，1981：6.

多，兼之邑有采舠，游人更盛"。① 总之，无论"驱逐瘟疫"抑或是"祈年赛愿"，都使端午竞渡这一节日活动带上了宗教仪式的特征，而两者之间本身也是一脉相承的，诚如泰勒所言，"某些宗教仪式的特点是惊人的永恒不变性……一般宗教习俗的形式是细致地甚至原封不动地一代一代地重复着，一直重复到内在意义发生部分变化为止"。②

　　除"祈年赛愿"外，竞赛嬉戏构成了端午竞渡的另一主题。宋朝，端午之日，在温州的每条河流里，各色龙舟遍布四处，彩色旌旗到处飞扬，岸上更是人影交叠，层层紧压。一旦"两两龙舟争竞渡"，则船随浪飞，人潮涌动，喊叫震天。即便夜幕降临，竞渡完毕，仍有人流连忘返，迟迟不肯离去，并发出"看未足，怎归去"的感叹。③ 明清时期盛况依旧，根据相关文献的记载，当时的龙舟竞渡以"社"为单位，时间持续十天之久。④ 其间，"士女骈集，观者如堵"。⑤ 然而，竞赛嬉戏却常常演变为争端械斗，端午竞渡也因此成为历代官方查禁的对象。在官方看来，端午竞渡为"构隙兴讼，伤财害民"之事，或摊派勒索，或互争胜负，而这些一旦对社会秩序造成威胁，并超出了官方的控制范围时，官方便强行禁止。⑥ 早在宋朝时，"宋开禧初，知州钱仲彪因溺，死者多奏乞禁之，诸乡亦然"。⑦ 明朝，嘉靖永嘉人项乔在其家训所云："龙舟即称竞渡，即是争端。乔闻往时因死人命，亡身毁家者。近闻子孙共谋好此，而族长、正司礼亦

---

　　① 丁世良，赵放编．中国地方志民俗资料汇编．华东卷［Z］．北京：北京图书馆出版社，1989：908—912.

　　② （英）泰勒（Tylor，Edward）．连树声译．原始文化：神话、哲学、宗教、语言、艺术和习俗发展之研究［M］．桂林：广西师范大学出版社，2005：690.

　　③ 提到的诗词见甄龙友、刘镇《端午》，收录温州市政协文史资料委员会汇编《温州文史资料第二十一辑——温瑞塘河文化史料专辑》，2005年，内部资料，第183、184，180页。

　　④ （明）姜准撰．蔡克骄点校．歧海琐谈［Z］．上海：上海社会科学院出版社，2002：125.

　　⑤ 丁世良，赵放编．中国地方志民俗资料汇编．华东卷［Z］．北京：北京图书馆出版社，1989：908—912.

　　⑥ （明）姜准撰．蔡克骄点校．歧海琐谈［Z］．上海：上海社会科学院出版社，2002：125.

　　⑦ 天一阁藏明代方志选刊．嘉靖温州府志．［Z］，上海：上海古籍书店，1981：6.

坐视不禁……今后尊幼有故违，并不禁者，请神明拯之"，龙舟竞渡的禁令被写入家训，从另一个侧面也可反映出明朝时竞渡的纵情和浓烈。① 清末民初，"龙舟所经各村必馈酒肴，摆香案相待。好事者（头家）往往从中牟利，而穷苦百姓则饱尝摊派勒索之苦"，张棡更是发出了"公家斗怯私家勇，积习难除可奈何"的愤怒之情②。由上述文献可知，龙舟竞渡的竞赛嬉戏成分被赋予赞赏和斥责两种截然不同的态度，其原因在于前者更多的是文人笔下的民间节日，后者主要为官方正统话语的表达，因此民间的意愿与官方的规范，这双重力量的相互制衡一直伴随着温州端午竞渡的整个发展历程。

综上所述，温州端午竞渡在历史的长河中保持着"祈年赛愿"和竞赛嬉戏的两大传统，而其内涵的一致性也使得这一传统在历朝历代被不断地重复。由于相关文献的欠缺，因而很难还原以往端午竞渡的全貌及具体过程，这里田野调查的资料在一定程度上补充了这一不足，以"祈年赛愿"为例，虽可被笼统地概括为民间借娱神来行乐的活动，但这对端午这一特定节日的娱神方式、祈愿表达及与禳灾驱疫的关系等都描述得很少，而这些内容需要田野来丰富。另外，其他文献资料，后面的调查报告也都有所提及。

3　地方社会与鬼神世界关系的建立

端午处于阴阳相争之时，"是月也，日长至，阴阳争，死生分"。③ 此时阳气由盛转衰、阴气逐渐上升，恶气不断积聚，殿门中的妖魔鬼神、疵疠夭札也随之蠢蠢欲动。以防阴气过重、鬼神作怪，民间开启殿门，并用隆重的仪式、人间的娱乐方式邀请和款待他们，双方在愉悦和交流的过程中化解了阴阳争锋，也使得五月的恶气得以疏通，即"顺时令，助阴气，

---

① （明）项乔. 项乔集［Z］. 上海：上海社会科学院出版社，2006：514.

② 引文见张棡《龙舟竞渡招横祸，书此志愤》（二首），收录于温州市政协文史资料委员会汇编《温州文史资料第二十一辑——温瑞塘河文化史料专辑》，2005年，内部资料，第234页.

③ 孙希旦. 礼记集解·月令［Z］. 北京：中华书局，1989.

阴气的顺利上升，有利于阴阳的和谐"。① 可以说，这是当地端午龙舟竞渡
祈年赛愿、祈福禳灾的一种方式和手段，为此达成一个广泛的共识——即
如果在一个适当的时空里按照适当次序加以协调的话，阳与阴、人与鬼神
之间不仅不对立，两者反而能够和谐共处，由此村落保境安民的功能得以
实现。另一方面，鬼神的加入，无形中赋予龙舟竞渡以一种神秘的力量，
这种冥冥的神力被转移到龙舟头家和唱神人的身上，并由他们来支配节日
的节奏。借助鬼神力量来进行人事活动，并建立与鬼神的良好秩序，可被
引申为龙舟竞渡所使用的技术和策略，那么这一相关表达，具体表现为三
方面。

3.1　龙舟经费来源——"龙船银"

　　每年龙舟竞渡都会有几个带头人，也就是"龙舟头家"们，对他们来
说，建造或修整新旧龙舟，置办各种器具、衣物、鞭炮，准备赛后酒席宴
会，以及安排其他一些事务，足够的资金是龙舟竞渡顺利进行的保证。在
民间，这部分资金又被称为"龙船银"。据明朝人姜准记载："竞渡之日，
遍掠祭户以及祭户之姻亲而补已所费。聚众鼓噪，间事劫夺者有之。为之
姻亲者，往往质当待索，罔敢或迟。"② 暂不说这则材料中有关明朝"龙船
银"的硬性摊派和强行勒索，这在一定程度上隐含着姜准作为当地官员对
龙舟的一种消极态度和官方话语，而这里所说的"祭户"和"祭户之姻
亲"需要交纳"龙船银"，类似于现在的"新妇银"和"利市"，前者是
父母要为当年新嫁的女儿交纳的钱财，称为"新妇银"，后者是外嫁女
"摆香案"时送给娘家龙舟的钱，从 3000—5000 元不等。除此之外，现在
很大一部分的"龙船银"来自当地一些企业家、工厂主，如果出钱多的话
则有机会在龙舟上"端香斗"出游，据说是"端发财的"，这既被认为是
吉利的，也是很有面子的事。③ 这几年，房地产业开始进驻 HT 村，房地产

---

① 萧放. 岁时——传统中国民众的时间生活 [M]. 北京：中华书局，2002：172.

② （明）姜准撰. 蔡克骄点校. 歧海琐谈 [Z]. 上海：上海社会科学院出版社，2002：
125.

③ 一般捐资 3000 元以上，才有资格"端香斗"。

商自不会错过这次扩大知名度的机会，赞助也是少不了，横幅在此村的悬挂就是由赞助所交换而来的。一年的"龙船银"筹集下来，大概会有二十万左右，而这些钱会在将近一个月的时间里被全部消耗掉。

龙舟头家是"龙船银"的主要筹集人，他们通过各种渠道搜集有关本村新嫁女、外嫁女以及一些企业的信息，或靠熟人打听，或翻阅村委会的登记，在掌握了全面且可靠的情况后便登门造访。他们一旦敲开某家的门，一般就不会被拒之门外。在村民看来，交多少钱由自己决定，但交钱是必须的，不过大概有个约定俗成的数目，比如说一般人家是1000元，少为500元，多至3000元的，数额均不等。村民在交纳"龙船银"时遵循着一种自愿的原则，他们有拒绝的权利，但冥冥之中的力量指引着他们必须履行这种义务：一是祖上习惯向来如此，如果违反将会受到舆论压力；二来此钱是敬奉鬼神的，在民间看来，鬼神只有在接受贿赂、享受人间喜乐时才不会干扰他们的正常生活，也就是用钱来买彼此之间的和平，甚至会给他们带来好处与财富，"不然小鬼会捉弄你的""求吉利""求发财"，对于双方来说，这是互惠互利的。筹集"龙船银"的过程，正如莫斯所说，"这些供给活动的自愿特性，它看上去是自由的和无偿的，然而又是有约束力的和有利害关系的"。① 在筹集"龙船银"上，龙舟头家扮演着本村代表和鬼神旨意传达者双重角色，为了让本村平安度过端午节这一"恶月"，两者之间的沟通最为关键。正是如此，民间以馈赠的方式和集体的承诺来迎接鬼神的到来，这一策略使得鬼神因受到款待而与民间保持良好关系，"龙船银"筹集的成功是良好秩序建立的前提。

3.2 龙舟祝愿——"唱神"

GX和AY是HT村两位"唱神者"。GX45岁，经营一家小工厂。他父亲在世时，被HT村公认为最好的"唱神者"，GX的唱神天赋遗传自他的父亲，他本人身材魁梧、声音洪亮，唱神时颇有气势。AY已经70岁了，是HT村卫生院的看守老大爷，除此之外，如本村有人去世，都要请他帮

---

① （法）马歇尔·莫斯（Marcel Mauss）. 论礼物［A］. 莫斯著. 佘碧平译. 社会学与人类学［C］. 上海：上海译文出版社，2003：111—112.

忙把死者放入棺材并送进坟墓，因此在村里所处的位置比较边缘，既承担必不可少的角色又让人敬而远之。早些年 AY 是"唱娘娘词"① 的，所以"唱神"对他来说难度不大，后来由于龙船禁划十年之久，性格内向的他很少在公共场所露面。"唱神"贯穿龙舟竞渡的整个过程，但却只限于一些特定的场合和时间，主要包括"请神""送神""上水""收香""摆香案"、绕村巡游以及从外村的桥下经过时。所有这些活动不需要两个人都参与，而是分工行事，AY 由于岁数较大，而且以前唱过"娘娘词"，经验丰富，又懂各种规矩，所以"请神""送神"这一与殿门内的阴间世界直接接触的事情由他负责。GX 的活动区域主要在龙舟上，舞动神楫、放声高唱，代表鬼神与其他各路神灵相互示好。他们每唱一次神，都会收到 200—500 元不等的红包，钱虽不多，但他们尽心尽责，这是本村托付的重任，也是自己的光荣。

唱神是用方言来念诵的。唱神时有些字词的音自觉地被拉长，有的被重读，并随机加入"喏""诶"等有地方特色的语气词，无形中增强了唱词的韵律效果，当男性雄浑的声音在河中荡漾时，颇具意味。唱词以七言为主，但行数不一，多的达 15 行，少则 4 行，不过一般有惯用的格式和固定的套语，其内涵大致为龙舟向各界神灵传达的"祝愿"，即民间所说的"说好话"。从所搜集到的 12 首唱词来看，祝愿的对象十分宽泛：上至玉皇大帝、龙王娘，下至河主（鬼）、桥神、五通爷，还有各族老祖先及本村的老人协会②，天上的神、地下的鬼和人间的祖先均囊括在内。唱神作为人、鬼、神三者的沟通模式，较为形象地展现出地方社会的信仰体系，而民间的宗教观念也得以充分表达。

对于民间而言，如果说各路神灵在日常生活中是虚幻的、混沌的，此时却被"成形"出来，无论是掌管天庭的玉皇大帝、桥神胡得海，还是藏

---

① "唱娘娘词"，又称"唱鼓词"，它是流行于温州的一种民间曲艺，唱词的人又被称为"唱词先生"。

② 共收集了 12 首唱词，具体包括"陈宅祠堂""玉皇庙""小阴岩""西河主""敬老协"等。收集时间：2006 年 5 月 30 日，地点：H 村 AY 家。

于寺庙里胡公、三官大帝，抑或是与彭祖比长寿的各氏祖先，在通过具体的性格、职务、事件等描述后使得这些神、鬼们可触可感，甚至在一些特定场合里，他们之间可以直接对话和相互交流的。然而，这些对话却是在地方社会所能掌控的范围内进行。前面提到，端午节是阴气上升之时，也是地下鬼的大赦之日，他们被邀请至阳间，与人共处且十分自由，但民间则将这一管制任务托付给了天上神，以天上神的名义来对地下鬼进行约束和规范，确保民间在这段特殊的时刻里不受鬼神的捉弄和危害，以"收香"为例：

五月端阳锣鼓声

上圣传令收神兵

收起神香三十六

三十六道上龙亭

那个神香不听令

重打四十大板不容情

非是地子口令重

上圣大令如雷鸣

个个神香都听令

公官奖花你留名

今日龙舟得胜转

一年四季保太平。

按照民间的思维，"神香"被解释为"喜欢玩弄人的小儿神"，也是小鬼的代名词，他们受"上圣"所管辖。① 这是地方社会对鬼、神世界的想象和划分，及所构建的鬼神等级秩序，正常秩序的维持也是民间自我保护的一种手段和策略。劳格文在讨论中国宗教合理性一文中提到，在神明与魔鬼到处都是的社会里，需要费很多心思去处理阴、阳两大空间，而宗教

---

① 叶大兵．温州民俗大全［M］．乌鲁木齐：新疆人民出版社，1998：44.

仪式、日常礼节是一种有效和恰当的方法。① 具备仪式性质的龙船竞渡，在以"唱神"的方式召集、邀请和祝愿各路神灵时，也是地方社会信仰体系的调整和宗教观念的实践。

3.3 禳灾的方式——请"五通神"

前一部分围绕"唱神"对各路神灵进行了简单概述，主要突出地方社会信仰体系的整体性。接下来讨论在端午龙舟竞渡中扮演主角的鬼神——五通神，它直接参与到竞渡中来，并伴随整个始末。许多学者都提到端午游神与五通的关系，萧文评根据梅县调查资料，认为端午为地方神公王的祭祀之日，而公王绕村巡游的目的在于把隐藏在各祖宗屋的"五瘟毒气押上船"，并将龙舟冲进河里，带走毒气。② 梁洪生在江西的调查发现，端午龙舟携令公和五显一同出游，家家户户以"干鲤鱼""腊肉"相迎。③ 五通在这两个地方的待遇截然相反，前者为被驱逐的瘟神，后者是与龙身相关的保护神。而就温州 HT 村而言，五通神又包含着另一种复杂的内涵。

在当地，五通神表现为两种相矛盾的品格：一为"五瘟鬼""五显神"，专门掌管各种疫病，"摸摸你的肚子，你肚子就会疼④"；二是"五通财神"，"取出门五路皆得财之义"，"五通爷给你家送上祝愿，发财、兴隆，很灵的"，因此它既成为龙舟竞渡驱禳逐疫的对象，又贴切了生意人接财神为利市的心理，但后者作为一种筹钱的策略，主要适用于"龙船银"。⑤ 就"五瘟鬼"这一品格来说，明朝永嘉县林应翔在《建五灵庙碑

---

① （法）劳格文．中国宗教的合理性［A］．《法国汉学》丛书编辑《法国汉学》［C］．北京：中华书局，1999：352—353.

② 转引自（法）劳格文．中国宗教的合理性［A］．《法国汉学》丛书编辑《法国汉学》［C］．北京：中华书局，1999：349—350.

③ 梁洪生．传统商镇主神崇拜的嬗变及其意义转换［A］．郑正满、陈春声主编《民间信仰与社会空间》［C］，福州：福建人民出版社，2003：230.

④ 五通神被称为小鬼，但出于语言上的禁忌，一般用"脏东西"来代替。另外，"脏东西"一词在日常生活中出现的频率极高，民间总把生病、事故、失败的原因归结为"被脏东西跟着了""他家有脏东西"等。

⑤ 金良年．民间诸神［M］．上海：生活·读书·新知三联书店上海分店，1991：34.

记》有过详细的记述，春夏之交，疫病滋生，其症状为"凡染是症者如有鬼物焉以凭之"，这些"鬼物"便是"瘟有五，是五行之沴气也。天有五行，于人为五伦，体为五脏，心为五情，味为五辛，各有属也"，一旦鬼物上身，"中于膏肓之上下，汤火针石不能攻也"，对付他们的方式，只有"俾鬼有所依，民知避忌"。① 五通观成为瘟神的居住之处，民间不间断地给这一固定场所供以香火，来防卫自身免遭侵害。就目前温州地区而言，五通观遍布各乡镇，达二十处之多，② 可见其信仰的广泛。端午节为民间的恶日，表现为"一切恶兽毒虫，妖魔鬼怪，其时都渐得势"，久匿于五通观的瘟神也在这一特殊时刻变得不安分起来，为了保证村落的安全，也因此有龙舟竞渡的"请神"行为。③

龙舟开始之初，民间隆重把五通神从殿门中请出来，香斗是它们幻化成形的载体。在民间的观念中，香斗被认为是神人交流的媒介和受人尊敬的象征，也是地方社会的公共财产以及认同的重要物件，因此安置于此是一项极高的荣耀。④ 每次龙舟下水，五通神就被接到龙舟上，跟随本村龙舟一起出游。在这期间，五通神一路上爆竹相迎送，且受到众村民的注目，还不时地受到当地人的朝贡，⑤ 备受礼遇和款待。五月初五的到来预示着龙舟竞渡的结束，也意味着五通神必须返回殿门，昔日热闹的龙舟也变得格外安静，在拜祭完塘西的龙王娘之后，⑥ 早早回村，燃烧纸船，十分尊敬地把五通神送回土地殿。也就是说，端午龙舟竞渡并非是对五通神的驱赶，反而是在"请神"与"送神"的过程中，给予最好的待遇和发自

---

① 温州市温瑞塘河整治工程指挥部《温瑞塘河历史文化研究课题资料汇编》（初稿），2005：42.
② 据粗略统计，塘河附近的五通神达10处之多，但是HT村的五通神被供奉在土地庙里，见《塘河庙塔研究》，收录于温州市温瑞塘河整治工程指挥部《温瑞塘河历史文化研究课题资料汇编》（初稿），2005年，内部资料。
③ 江绍原.端午竞渡本意考.[A]王文宝编.江绍原民俗学论集[C].上海：上海文艺出版社，1998：225.
④ （美）王斯福（Stephan Feucwang）.Popular Religion in China：The Imperial Metaphor [M].Richmond：Curzon Press，2001：135—137.
⑤ 这里指的外嫁女摆香案。
⑥ 塘下一带，龙船下水前需到塘西的龙王娘庙报到，唱神人代表龙舟向龙王娘庙供奉各类祭品和红包，收香前也必须先到龙王娘庙，告知龙舟竞渡将要结束的消息。

内心的尊敬，以此来维持两者的良好关系，并使之和平共处。关系的友好对于双方来说是互惠互利的，这隐含了五通神期待下年再次被邀请，和民间对来年风调雨顺的双重愿望。端午龙舟驱穰逐疫也在关系的互通这一策略性的表达中得以实现。

　　总之，无论是"龙船银"的来源，或"唱神"的表达，还是对五通神的款待，都旨在表明龙舟竞渡作为地方性的节日活动，在地方社会共同参与下与阴间世界建立一种良好的秩序。也就是说，在运用一种适当的次序和恰当的机会来邀请、愉悦甚至直接与天神和鬼神进行对话时，两者关系借此得以重新调整、协调，这使得地方社会在端午这一特定时刻中所面临的危险以及共同焦虑得到暂时的缓解。龙舟竞渡所使用的这种技术和策略，在唤醒的集体情感和整饬地方节日的过程中，包含着积淀已久的地方性知识。

4　端午竞渡与地方社会的更新

　　前面提到，端午竞渡是文人墨客所吟咏的重要题材，特别是在文人竹枝词中，如"龙舟竞渡闹端阳，五色旌旗水上扬""乡间成例闹龙舟，喜事年来托报酬"，① 这里的一个"闹"字把龙舟竞渡的热闹、欢腾气氛展露无遗。如劳格文所说，"热闹"是仪式中最可贵的地方，也是生命力的象征。② 而我们可把这一生命力延伸为地方社会作为整体的一次更新和新陈代谢的过程。正是如此，龙舟竞渡在历朝都曾被强行禁止，却又很快被恢复。在接下来的篇幅里，所要谈论的是地方社会如何借助龙舟竞渡来确认和调整社区边界和群体之间的关系。

　　4.1　社区边界的确认和社区精神的张扬——水上游戏

　　HT 村地属温州瑞安管辖范围，全村一千多户、五千出头人口。改革

---

　　①　文人竹枝词见郭钟岳《东瓯百咏》、杨青《温州风俗竹枝词》，收录温州市政协文史资料委员汇编《温州文史资料第二十一辑——温瑞塘河文化史料专辑》，2005 年，内部资料。
　　②　（法）劳格文. 中国宗教的合理性［A］.《法国汉学》丛书编辑《法国汉学》［C］. 北京：中华书局，1999：354.

开放之前，HT以耕种为主，妇女偶尔做挑花、绣花等手工活来填补家计。凤凰山是这个村子的核心区域，山上坟墓散落各处，且有几座破旧的寺庙道观，山脚下房屋林立，炊烟袅袅，当地小学、各族祠堂都倚山而建，整个村落在祖先和神灵的庇护安静地生活。改革开放后，特别是20世纪90年代以来，经济的飞速发展促使村落向外延伸，在大量的田地逐渐被建筑成楼房、厂房后，山脚下的村民也从原居地搬移出来，多年的邻里被四处分散、并重新组合，新区的建设使得HT村内的传统格局也因此被打破。据当地人称，HT村自古以来就被分成三个相对独立的小社区——前岸、东垟和西垟，其中前岸以陈姓为主，吴、钱、戴等小姓共居于此，后两地以韩姓居多，并夹杂着候、黄等其他姓氏，因此从信仰层面来说，以宗族为单位的祖先神是具有小社区性质的。另外，小桥、河流是三个小社区的地理空间分界点，当问到西垟怎么走时，得到的回答就是"过了那座桥，就到了"，而各自的日常生活区域也由此来框定。然而，如前面所提到的，为适应经济发展所带来的村落建设，改变了村落的传统格局，村民在新区的混居也使得原由的界限日渐模糊。在小社区的共有习惯、互利互助逐渐被经济利益代替时，一年一度的龙舟竞渡却在一定程度上唤起了小社区的浓郁情感，同时也是对村落社区边界的一次重新确认。

HT村民现大部分居住于新区的"新屋"里，老区"老屋"由于破落不堪而被搁置或转租出去，所以相对而言，老区十分冷清。不过端午龙船竞渡主要在老区进行，一来只有老区被划分为前岸、东垟、西垟，这是龙舟活动的传统区域边界，也是散居于新区的村民有所归属的地理界限；二来庙宇和祠堂均散布于老区，并构成各自的神庙系统和祭祀圈，它们是龙舟"请神""送神"等仪式展开的活动场所。在龙舟竞渡期间，老区显得格外热闹，狭窄且安静的小道也因村民的频繁流动而格外鲜活，祠堂中宴会的举办、肆意的消费更增添了这一欢快的气氛，烟花的燃放把老区点缀得很富有人情味。龙舟竞渡作为小社区庆祝活动，以集体荣誉、社区认同把散居各处的村民召集回来，并使其自觉投入其中。每天中午，前岸、东垟、西垟三个"桥头"都聚集了不少人,① 或整装待发、或高谈阔论、或递水送烟,社区村民积极参与、多年的邻里相互问好,逐渐淡忘的集体感在这一特定的时空得到重温。

不同于文章开头所说的前岸龙舟从陈氏祠堂被抬出,而东、西垟的龙舟则从韩氏祠堂出发,并在各自的小社区绕游一圈后,才前往凤凰山脚的土地庙。土地爷是被地方社会所共享的村神,祠堂是小社区、不同宗族的代表,这一绕游也包含着各个社区的全体成员及祖先神向土地爷表达敬奉、感谢之意,感谢一年来在管理鬼神的辛劳以及给全村带来的和平和安全。桥头、路亭是小社区的分界点和标志物,所以四月初一"龙舟头家"站立桥头敲响龙舟鼓,并通过"请神"仪式把各路神灵请至路亭时,其特殊意义就在于各社区在确认彼此的边界,而神灵以见证者的身份参与其中。龙舟竞渡除了表现小社区的内部关系外,每天龙舟的三次绕村巡游,其他两个桥头的鞭炮相迎,唯有如此,才能出村,这反映了三个小社区之间的友好关系。无论是绕游抑或是站立桥头,都以传统的方式来确认和强化自身的地理和精神边界、明确社会整合的范围,并以此来表达自己归属感。

4.2 群体竞赛——"斗龙"

作为一种传统的水上游戏,龙舟竞渡是社区成员共同参与的消遣行为,也是让参与者在身体上得到喜庆、宣泄的娱乐活动。除此之外,端午时节的祈禳驱灾、祈年赛愿等原始岁时观念至今留存,它表现为民间以集体的激情来抵抗这一特殊时刻鬼神出没的恐惧,并以此力量来处理地方社会的焦虑和危害,节日活动因包含社会福祉之意而与生命力息息相关。据有些学者的解释,"欢腾"是由"某一具有共同目标及共同价值观的集团所产生",是一种"充满生命力"的表达,而龙舟竞渡在进行水上游戏这一有规律的躯体运动时把欢腾的意味发挥得淋漓尽致,社区精神也在此得

---

① 桥和路亭的周围简称为"桥头"。

以张扬。①

就 HT 村而言，共有十条龙舟，前岸四条，东垟、西垟各为三条。② 十条龙舟的外观相差无几，但三区各自颜色均是固定的。前岸为白色，俗称"白龙儿"，东、西垟分别为"乌里藏"和"全头青"，即黑龙和蓝龙。为了相互之间容易辨认，龙舟竞渡时队员必须统一着装，其衣帽颜色需与龙船相同，这也是祖上留下来的规矩。HT 村三区的龙舟在围绕村头到村尾巡游后，便从 HT 村的百里河出发，路经前庄的罗凤河，再汇聚到塘下的温瑞塘河，塘河是周边各村龙舟最为集中的地方。龙船竞赛的火爆场景自然在塘河，河内五彩缤纷，红、白、黄、蓝、黑等各色龙舟一应俱全，河两岸人伞密云、喝彩声接连不断。俗话说，"龙舟上不识父子"。斗龙时，如岸上人所叫唤的，每个队员"把吃奶的力气都给用上了"，竞赛双方恨不得使出浑身解数，把对手远远抛在后头。龙舟在竞赛时不调头，而是人转身反方向坐，在转身的那一刻特别要求队员之间的默契和配合，否则会惹来观众的冷讥热讽，因为输了比赛还有再赢的机会，但不够默契却被视为不团结，"会让人笑话的"。随着龙舟赛事的此起彼伏，输赢自然免不了，岸上的观战者也为此发生口角之争，"陈岙昨天输了，我们村的赢了，厉西厉（很厉害）"，"输了就输了，都是昨天的事情了，划龙舟划游戏，又不是输赢，怎么说了又说"。类似于此种口角发生的频率极高，同时龙舟银的多少、唱神的好坏、香案物品的是否贵重，都是看客津津乐道的话题。这些七言八语可谓是龙船竞渡的点缀，他们在享受节日带来的乐趣时又为其增加了一些新色彩，喜笑怒吵贯穿其中，展现了地方社会节日活动的鲜活场面。

有关塘河赛事战况会很迅速地传到地方上来，赢了敲锣打鼓，鞭炮、烟花相迎；不然，则垂头丧气，悄无声息地回村。每一条在塘河中找寻对

---

① （美）维克多·特纳（Victor Tuner）. 方永德等译编. 庆典［C］. 上海：上海文艺出版社，1993：8.

② 一般每个村或每一社区都有几只龙船，但只有请过神的那一只最为重要。其他的龙船主要以中老年人为主，他们只是出去游玩，不参与"斗龙"比赛。

手竞赛的龙舟，以一村一区的代表身份参与到更大范围的公共空间中，通过象征性地抢占稀有资源，即对金钱的掠夺①，来展示社区自身的强大力量。为这一目的，被携带至龙舟的五通神与队员共同协作，人的竞争也因此被扩及到对鬼神的对抗，如巴赫金所说，在节日，"太阳也在天上游戏"，似乎有一种特殊的"节日气候"。②人鬼神相互融合、相互感染，饱含地方荣誉感的社区精神被激发出来，河流中因此变得生机勃勃，欢腾场面在感官和精神上都得到升华。

4.3 男人地位的逆转和维系——"龙舟头家"

而立之年的 JY、JX、ZP 是 2006 年 HT 村前岸的"龙舟头家"，虽然只有初中文化，但凭借其精明的头脑，各自经营的小本生意在这两年蒸蒸日上。早在四月初一前，他们已商定好要夺取今年的"龙舟头家"，所以那天一大早，就赶往陈氏祠堂，以"第一拨人"的优势取走祖先留下来的锣鼓，一行人等巡游大半个村子后，在将近尾声时，站立于桥头敲响锣鼓，这也意味着龙舟竞渡的一切事务将由他们全权负责，由此宣告了一年一度的竞渡活动正式开始。在为期一个多月的龙舟竞渡中，单靠 JY、JX、ZP 三人的力量是远远不够的。在他们号召下，其盟兄弟们被张罗进来。此外，当地老年协会的老人也是积极参与者。新老成员所组成的地方团队，共同加入到龙舟竞渡这一地方性的节日活动中来，他们分工安排、各司其职，年轻人更偏重于发放请帖、筹集龙船银、处理"收包"、举行"斗龙"这一活跃之事，而"请神"仪式、经费管理、防止斗殴、桥上巡逻等由老年人安排和指挥。在节日活动的进行过程中，青年人的热情与老年人经验被充分展现出来。以"斗龙"为例，一天下午，西岙"黑龙"来挑战 HT 村前岸的"白龙"，原因是前一天输给"白龙"，十分不服，一定要再斗一次。此时"白龙"刚比赛结束，正停靠岸边养精蓄锐。青年人经不起激

---

① 2006 年霞林和西岙、海安和新坊、梅头和赵宅等几个村的龙船，分别以五千、八千、一万为赌资，以三天六局的比赛来决定胜负，输的一方以村落或社区的名义支付给对方相应的钱。但这种情况不是很普遍。

② （俄）M·巴赫金. 佟景韩译. 巴赫金文论选［C］. 北京：中国社会科学出版社，1996：250.

将，说"斗就斗，谁怕谁"，摩拳擦掌，跃跃欲试。这时却被老年人制止，并引发了老年人和青年人的一番争吵，青年人面红耳赤，"输赢有什么关系呢，这样被西岙欺负可不行"，老人把脸一横，瞅了瞅说话的青年人，说"输赢没关系的话，他们干嘛来斗"，说得大家哑口无声。最后在一番劝阻下，听从老年的劝告，西岙也讨了个没趣。

龙舟竞渡作为 HT 村这一地方社会的节日活动，其组织者由村民自发产生，吸引他们投入如此大热情的原因有多种，"花二十几万，可以随便吃，随便喝""有意思""青年人的责任"等等。无论出自何种原因，年轻的组织者们必须十分谨慎地对待龙舟竞渡中的每一件事，不能有任何闪失，因为这关系到地方社会的安危和荣誉，也是自身能力得到社会承认的一次实践。在这里借用特纳有关"地位逆转的阈限"的观点，它是指在年度周期的时间点上，以一种特殊力量使某一集体的地位发生逆转，并将社会结构和交融引入正确的彼此关系之中。① 在民间，三十为"而立之年"，是人生的重要阶段，虽已成家立业且为一家之主，但需要被地方社会所熟识，龙舟竞渡提供了这样一次机会，这一年龄段的男性把自身行为置于地方社会这一公共空间中，让公众来褒奖和批评，并用公众话语来检验他们的掌控能力，并从中汲取经验和力量。除此之外，作为社会传承的核心力量，他们还需要习得更多有关地方社会的相关知识，作为承载者的老年人通过这次机会把自己长年积累的经验传授给他们。借助与年度周期这一具有特殊力量的时间点，一些群体发生了某些变化，青年人在地方社会中的地位在逆转中得到上升，老年人凭借其丰富的地方知识又重新得以重视。也就是说，随着习俗在新旧交接中发生的变革，地方社会也得到了一次更新。

4.4　姻亲关系的缔结和确认——"摆香案"

当男人扛着龙舟在村中巡游的时候，在家庭中忙碌的妇女赶忙出来看热闹；当男人在河流中奋勇前进时，河两岸的妇女是欢欣雀跃的；当男人

---

① （美）维克多·特纳（Victor Tuner）. 黄剑波、柳博赟译. 仪式过程：结构与反结构[M]. 北京：中国人民大学出版社，2006：167，180.

聚集在桥头谈论龙舟的种种时，妇女则在家门口七言八语，这就是当地端午龙舟竞渡时的情景。在龙舟竞渡中，男女被划分在特定的活动区域中，并从事相对应的工作。地方社会的祠堂、庙宇、河流，或已"请神"的龙舟，有着神圣意味的活动空间是属于男人的，妇女被排除在外，一旦涉足则被视为"不净"和"不敬"。作为"贤内助"的妇女，她们必须具备保护家庭成员平安幸福的意识，替男人驱除危险和不祥，因此男人出外竞渡龙舟时，她们在家清扫房屋、腌渍咸蛋、挂艾插蒲，向内运动是她们的本分。河岸是被延伸的空间，也是妇女活动的外部空间，在这里她们把呐喊助威传达给男性，确保他们的安全和胜利。作为龙舟竞渡的劳动分工，男人通过保护地方社会来保护妇女，妇女则以保护家庭来保护男人，性别界限的区分是维持社会协调的一种方式。除此之外，在龙舟竞渡中存在着两种与地方社会直接相联系的妇女行为——"摆香案"，前者隐含着对新嫁女的庇佑之意，后者在向娘家表达友好时，也使得姻亲关系得到进一步的确认。

有关"新妇银"和"摆香案"，在前面或多或少已有所提及，这里做一个详细说明。"新妇银"是指父母必须要为当年出嫁的女儿交纳一定的钱财，多少视情况而定。在地方社会，女儿出嫁是以女方家摆完"待嫁酒"和在男方家喝完"回亲酒"为分界点，否则即使已生孩子仍属未嫁女之列。结婚酒的举办预示着女儿将与娘家脱离关系，并真正成为婆家之人，这一身份转变并不需要法律上的约束，只有向众人敬过一杯酒后，在众人的见证下才得以实现。对于父母来说，无论怎样谨慎地权衡利弊，为女儿挑选对象，都丝毫不能减少对其日后生活的忧虑。此时，龙舟竞渡中父母所交纳的"新妇银"包含祈福之意，即借助于神鬼的力量来庇佑其女在陌生环境里婚姻稳定、顺利安康，"这钱一定得给，省不得（不能省）"正是这一思维的表达。在把本村新嫁女的名字写在红纸上，并摆放于天、地、鬼三界前时，既保佑了新嫁女这一外来者的身份顺利被婆家接纳，又是地方社会把新近人事变化向神灵世界的一次汇报。

农历四月中旬，龙舟头家四处发放请柬，邀请各地的外嫁女"摆香案"。由于"摆香案"的费用很高，所以外嫁女一般相隔二、三年摆放一次。以陈氏为例，其娘家在陈宅村，距离 HT 村二、三公里。去年她曾以"最近生意忙"为由拒绝，但今年不好推脱，同时也为了讨吉利，她欣然应允娘家龙舟的请柬。五月初二下午，她在埠头放置了一张桌子，摆放各种水果、香烟、状元糕、新鲜面一些小件物品，地上则有啤酒、饮料、牛奶各两箱、棉被十床。当娘家龙舟靠近埠头时，放响百子炮，其儿子端着放置了糕、面、烟及红包的木制茶盘，双手递给龙舟头家。龙舟头家在回礼时，唱神人高举香斗，带动龙舟队员送上祝福，即"说好话"，祝福语大致为生意兴隆相关，如"名震全球到天边，生意兴隆全世界""龙舟庆贺财源进，子孙满堂新手牵"。收礼完毕，龙舟头家把木制茶盘倒翻过来，在凹槽中放入一些米，并搁置少部分的糕、面、烟后，递还给她的儿子。收礼完毕，龙舟便密集点鼓而去，"摆香案"也就结束了。另外，其他大件实物直接被搬到岸上的一辆专收香案的大卡车上。

就 HT 村外嫁女而言，其娘家范围涵盖了本村、邻近村落及周边的一些县市，村落的交际圈因姻亲关系的缔结而扩散开来。如果说乡土社会是"一根根由私人关系搭建的社会网络"，那么外嫁女是社会网络的结点，也是联结婆家和娘家及两个村落的重要纽带，这种由婚姻事实所发生的社会关系在"摆香案"的过程中得以强化。① 就"摆香案"来说，它是外嫁女礼仪性地向娘家村落赠送礼物和表达心意的方式，作为一种互惠的原则娘家在回礼中要送上祝愿，简单来说，即用实物和现金交换下一年的"好运""兴旺"，经济利益上的相互激励使得地方社会的姻亲关系得到加强。当下的"摆香案"同样包含着此种意义，除此之外，它还与美名声誉相关，外嫁女在向娘家人展示婆家财富并夸耀其财势和地位的同时，也被本村认为是"好看""很有面子"的事情。"摆香案"是一个不断变化的过程，从以前的酱油、醋、水果为主到如今中华香烟和红包的大排场，姻亲关系的互通友好演变为一种财富的炫耀，经济的导向是当下地方社会的重

---

① 费孝通. 乡土中国　生育制度［M］. 北京：北京大学出版社，2004：30.

要特征。总之，"摆香案"是众人谈论的热门话题，摆或不摆、好与不好，如同晴雨表一样，反映一家一户的经济状况，发财的财大气粗，落魄的闷不吭声，新近红火的更是肆意铺张，这可说是地方社会的最新发展动态的反映。

小结：以上讨论了龙舟竞渡作为地方社会最为隆重的节日活动，对于社区边界的确认、群体关系的逆转和维系的重要意义。在现代社会的转型期中，村落在由封闭走向开放时，相互熟识的邻里和地方信仰系统会自觉地发生变化，邻里关系由于新区的混居而日渐淡漠，地方信仰在经济的支撑下反而呈复兴之势，多处寺庙的修建及香火的兴盛就是其明证。然而，与烧香朝拜的个人行为所不同，公共性的节日活动强调与外界抗衡的集体力量及对地方社会的作用，因此在欢庆之余集体荣誉感及其价值观被自觉地强化，隐藏于日常生活中的社会关系得以呈现和调整，这便是节日的意义所在。

5 余论：传统节日复兴的意义

2004 年，温州市人民政府令 75 号《关于温州市区民间划龙舟》的发布，使得一度禁止了十年的民间划龙舟活动，先后在温州地区的相关县、镇、村开禁。禁令的解除，意味着龙舟竞渡在现代化情境中的一次复兴和回归，但官方多重力量的直接在场却使得这一民间行为受到严格的规范和控制。在温州，官方素有介入龙舟竞渡的传统，或布告禁划、或严厉制裁，如民国十五年瑞安县政府发出的通告："案查竞赛龙舟，迭经布告严禁，近闻无知流氓，藉口端午举行，事前勒索派款，当场械斗互争……"一旦这些械斗事件和强行摊派威胁到社会公共秩序时，官方会强行参与干预，20 世纪 90 年代龙舟的销声匿迹正是官方力量所致。兴盛和衰微的交迭可被视为温州龙舟竞渡的几千年发展历程中的运行轨迹，也显示了传统节日在顺时而动中所表现的强大生命力。当下，政府政令一颁布，龙舟竞渡便十分迅速地被操办起来，此时民间在官方许可范围内能动地调整自己的行动，并使之获得合法地位，而官方则以市、镇、村等各级力量进行宣传教育和现场管理①，以此来制衡节日之"乱"，双方的合力促使了这一习俗在当代社会的传承和兴盛。对于温州而言，龙舟竞渡的恢复不仅是传统的回归，同时具有现实意义。

开凿于东晋明帝年间的温瑞塘河，经过唐宋的疏浚和整理，沟通瓯江和飞云江两大水域，各个乡镇的主流干道大部分被囊括在内，也因此被视为孕育瓯越文化的母亲河。旧时的塘河，有送嫁迎娶的花船、曲艺表演的客船、贩卖瓜果的农家船，周边则园林、庙塔遍布各地，商铺幌子四处飞扬，早年温州最美的景致都集中在塘河，在民间流传着"百里荷塘，入水捉鱼，端午龙舟，庙会集市"的说法。然而，20世纪80年代以来，温州经济的高速发展和陆路交通的不断建设，在塘河水上交通、娱乐功能被逐渐代替的过程中，污染越发严重，许多人已不再能意识到它的存在，这也使得它变成一块被遗忘的撂荒地。政府虽已意识到治理塘河的重要性，并投入大量的人力、物力，但收效甚微。龙舟竞渡的解禁在一定意义上唤起了人们对塘河的历史记忆。作为龙舟竞渡的主要赛场，久违了的塘河不仅被各种色彩和锣鼓喧阗所装点，而且竞赛时众人齐心协力中的情感得到一次爆发，此时的塘河完全浸染在欢腾的氛围里。在这里，人们在找寻到逝去的欢乐时，同时对河流的敬畏之意在一定程度上得以唤醒。被早期民俗学家江绍原视为"用法术来处理公共卫生事业"的龙舟竞渡，它在现代社会的复兴对塘河来说具有两重意义：首先对环境恶化的自觉反抗，在龙舟竞渡被禁止的这十年里，塘河由昔日鱼虾游动、稻麦芬芳变成了一条臭气熏天的黑河，其污染程度十分严重，龙舟竞渡的进行不仅把人的视线拉回到塘河，同时以其自身的力量对它进行一次清理，以此引发情感上的共鸣；其次是对河流的神圣性和神秘意味的重申，当龙舟载着众鬼神在充斥垃圾物的塘河中竞渡时，河流本身净化能力的缺失使得此时的竞渡成为无

---

① 2006年端午期间，瑞安市及下属机关单位直接出面做好竞渡的宣传、管理等工作。在HT村，瑞安市府、塘下镇府、场桥镇府（场桥龙舟的活动范围主要在HT）、镇派出所等都有相关人员留守此处，他们与HT村委会、老年协会共同负责竞渡期间的安全问题。

声的谴责，竞渡时塘河中的欢腾场面在一定程度上表达了对河流的捍卫之意。①

在温州地区，龙舟竞渡并没有因端午的结束而就此停止。盛夏的傍晚，龙舟在锣鼓声的敲打中出游塘河，经过水上一段时间的嬉戏和比赛，待到夜幕降临时，纷纷回村。兴致颇高的青年人，聚在河岸边共进晚餐，谈天说地、酒足饭饱，在淋漓酣畅后结束一天既忙碌又悠闲的生活。同端午相比，此时的竞渡少了热闹和欢腾的场面，却多了份日常生活舒展身心、健身强体的愉悦和调适，不仅如此，它还给炎热的夏天带来了一丝丝凉爽和惬意的气氛，（是一个全面健身活动）。等到天气转凉，龙船才被收入村中的专门储藏室，等到来年的端午，这段时间大约会持续到四、五个月。如果说端午龙舟竞渡是全民参与的节日活动，它以"浪费"的形式获得激情的力量来克服巨大的恐惧，那么被延伸的这段时间可被称为社区时间，即在一个生活区域中相互之间通过共享受、交流和体验来建立社会交往体系，以此来消除熟人社会的陌生化，也使得亲属和邻里所组成的地方社会之间的交流更为密集。温州地区向来有人口外流的传统，就 HT 村而言，二十到三十岁左右的男性青年大部分有出门在外的经历，三十岁之后才在家中稳定下来，这样一种循环流动，使得他们对于社区的活动并不明了，并与地方社会的传统产生隔阂，隔阂的弥补需要多方交流和沟通，这也是传统节日活动在现代社会的意义所在。

---

① 江绍原. 端午竞渡本意考. ［A］王文宝编. 江绍原民俗学论集［C］. 上海：上海文艺出版社，1998：206.

物品、叙事与"精神共同体"：
论温州参龙词中历史图景的建构

王　辉

（温州大学人文学院，浙江温州 325035）

【摘要】参龙词是温州地区在元宵、端午节日中举行的参龙仪式中的民间歌谣。参龙词对历史传奇人物与事件的描写，建构了一个超越的、虚拟的历史时空，体现了民众独特的历史文化观念。本文拟从物品、叙事与仪式场域的实践三个角度出发，考察参龙词中历史图景的特征，进而考察其与仪式展现的象征秩序的关系。

【关键词】参龙词；物品；历史图景

作者简介：王辉（1989—），男，河南新蔡人，温州大学人文学院讲师，博士，主要从事历史民俗学、民俗文化与社会治理研究。邮箱：98267437@qq.com

温州参龙是地方民众在元宵、端午节日中举行的一种仪式活动。在仪式的请神、安位、巡游、收殇等环节，都需要参龙师吟诵参龙词。在仪式场域与民众的互动中，参龙师以物品为对象的创作，往往涉及到许多历史、传奇故事。在参龙词中，民众基于自身的生活经验、文化素养，在吸收传说、民间戏文等传统文化资源的基础上，建构了一个虚构的历史文化时空，本文称之为民众的"历史图景"。历史图景不是历史事实，而是参龙师与民众，以戏文、传说等为文化资源，共同建构的蕴含民众历史观念的时空。

从物品、叙事、实践构成我们考察参龙活动不可或缺的三个维度。它们贯穿着民众与秩序、历史与现实、主体与他者等问题，构成一个饱满而蕴含丰富的世界框架。因此，本文拟从以上三个角度，考察参龙词中的历史传奇典故。在此基础上，探讨民众的历史图景作用于共同体建构的角度与路径。

1 "非历史性"的物品的历史意义

在温州端午节龙舟竞渡期间，有一系列的参龙仪式。在请神、会神、参香案、点殇、安位等一系列仪式环节中，参龙师要吟诵祭词和吉利诗句。特别是，在参香案环节，参龙师要对着香案上的贡品、竹竿上挂着的物品，当场作出颂词。参龙词一般为七言诗的格式，有押韵要求。"本地民众将它延伸放大，成了一种带有仪式性的文艺活动，部分环节还有竞赛性。"民众在街边、河边、自家门口摆设香案，以所求之事写在纸上，放在香案上，请参龙师以香案上的物品为题唱参龙词。参龙师现场以吉祥如意的内容来吟咏物品，如果参龙师表现精彩，吟毕，民众以红包答谢。香案参毕，再进行"参红"。所谓"参红"，就是民众在河边立起一根竹竿，上面挂满生活中常见的物品，请参龙师以此为题作参龙词。参龙师面对民众生活中的物品进行创作，常涉及到许多历史小说、民间戏文、传说等方面的内容，如《水浒传》《三国演义》《隋唐演义》《龙门阵》《借东风》《空城计》《桃园结义》《长坂坡》《杨家将》《精忠报国》、"二十四孝"等。值得一提的是，这些传统文化资源在温州地方社会的传播，也受到八十年代以来历史传奇题材影视作品的影响。随着中国社会电视机的普及，《西游记》《三国演义》《封神榜》等电视剧迅速在民间社会传播，成为影响民众历史观念的重要途径。

参龙场域的物品，是现实生活中的用品。竹筒、橘子、爆竹等出现在一个个参龙师所吟唱的历史图景中，它们并没有拥有自己的生命史。在供桌上、树枝上的物品则是随机的、偶然的。总的来说，物品具有以下两种特性：1. 实体性。物品并没有被仪式规定的情景所抹去，成为象征符号，并没有成为某种话语逻辑中的一个构件；2. 非历史性。它来自民众的日常生活，并不被民众视为纪念意义的物件。它与个体生命、家族、地方社会的历史与记忆无涉。正是这两点特性，使得通过物品建构民众历史图景时，呈现出以下三种不同的路径：

（1）历史传奇赋予物品以神奇色彩。如关于"刀枪棍棒"的参龙中，如"金刀杨业帮宋朝，威震番营岳飞枪，张宝马前引路道，武松哨棒有传扬""魏文通大刀使得精，罗成长枪传威名，手提铁棍云阔海，囚龙棒是老杨林""关胜手拿青龙刀，花荣提枪胆气豪。李云手执镔铁棍，武松哨棒会徒劳""周侗师傅名声扬，岳飞手提沥泉枪，王贵善用大砍刀，马前张保后王横"。枪让参龙师想到沥泉枪、花荣的枪、罗成长枪，棍又让民众想到武松的哨棒、云阔海的铁棍、杨林的囚龙棒、李云镔铁棍，刀有金刀杨业、魏文通、关胜青龙刀、王贵的大砍刀。在这里，物品成为传奇人物的武器、道具，与他们有着明确的隶属关系成为他们身份的象征、行动的助力。它们虽不都具民间故事中的宝物一样的魔法，却构成人物的形象与处境的组成部分，唤起了当下民众对擂鼓鸣金、金戈铁马的历史传说的想象。在这里，日常生活中的物品，经过参龙师的想象、夸饰，成为传说中英雄的神兵利器。也可以说，民众的历史图景，成为物品能够肆意进入、扮演角色的场域，从而具有明显的游戏性、反讽性。

（2）物品给予历史以诗意。物品身上蒙上了奇妙的审美微光。竹筒、雨伞、扁担、水桶、花篮、蜡烛、笔墨纸砚、桥等生活中常见的事物，都勾连着一串的历史传奇。"四个塔""四条桑西""四把雨伞""四个竹筒"等，民众对于物品，带着本然的欣悦的眼光。由此，民众欣喜地发现物品还有这样传奇的一面。由此，物品本身从生活中习焉而不察日用而不知的事物，成为散发着日常生活微光的存在。

（3）物品的起源追溯。参龙师往往从眼前的物品，追溯到物品的起源。如"鲁班师傅造龙舟，仑配师傅打船缆，陈丹青师傅画船花""算盘东汉徐岳造""杜康做酒好名声""张小泉师傅造剪刀，夏成进师傅造香烟""蒙恬造笔写文章""盘古老爷天地分，三皇五帝定乾坤，名臣言伟造皇历，一年四季八节分"。在这一刻，民众认识到了物品并非平平无奇，而是在日常生活中有着切实而的作用。物品有了起源的时刻，有了创造者，这让民众想起，自己当下的生活世界，也是在历史过程中建立起来的。

以上三种物品的呈现方式，从三个不同的维度，建构了一个以物品为核心的民间生活世界。而这三种不同的历史叙事，体现了三种不同的时空"建筑术"。第一种，物品走向英雄传说，其本身成为"神圣之物"；第二种，物品走向历史传说中的日常生活，构成这一艺术时空的真实感的基础。同时，又由于真实感，赋予现实生活以喜剧性微光；第三种，物品指向历史起源，基于民众的感受，建构了生活世界的起源维度。在这里，起源与当下互渗互构，桥、船、笔等物品的现实存在，建构了一个以这些物品为线索的绵延的历史时空。

以物品的实体性、非历史性为取径，民众的历史图景呈现出以下几个特征：

首先，物品与民众历史图景之间的联系，成为一种偶然的、自由的关系。在现代关于物质的研究中，马塞尔·莫斯、罗兰·巴特、列维·斯特劳斯等人倾向于将物品视为一种符号与象征，构成人类生活的基本境况与社会网络。特别在仪式语境中，物品越来越容易被视为一种建构社会象征秩序的符号、一个空洞的能指、甚至一种"神话"。然而，在参龙场域中，由于物品的实体性，非历史性，它很难成为一种指代明确、意义固定的象征符号，很难构成对单一价值立场的话语体系的建构和强化，反而是对不同话语体系进行拆解、混杂，模糊其边界。这主要体现在以下两个方面：（1）参龙词中的历史传奇人物和情节相互并列、叠加、对比。如"四个竹筒"："方卿肩背道情筒，排风火棍两头通，黄鹤楼中吹玉笛，令箭一支藏竹筒"，罗列了竹筒在戏文传奇中的不同存在形式。竹筒可以做道情筒、杨排风的火棍、笛子、竹筒等。在这里，民众的历史知识成为一场比拼参龙师智力和才华的话语游戏；（2）不同的参龙师因知识储备、生活经验、技巧与应变能力的不同，使物品也导向不同的历史图景与日常生活维度。由于民间知识储备与价值观念的芜杂性，物品所涉及的符号网络是多重的、开放的。对于竹筒、香烟、棍棒等，参龙师可以将其引申到传说中的某个人物和情节，如关羽、赵匡胤等英雄人物，也可以导向对市场经济、改革开放等政策的歌颂。物品没有固定的指代意义，很难作为趁手的、完全的指符或象征符号。因而，物品拒斥着系统、完备的历史图景的建构。

其次，物品的无历史性，建构了民众历史图景的理想性、超越性。

物品建构民众历史图景的路径，主要有两条：一种是关注物品的生命史，另一种则是关注物品的非历史性、实体性。从生命史的角度来说，物品是家庭、地方社会生活史的见证，构成民众对某一时代的生活图景的记忆。这种记忆以当下的主体为视角。在时间的维度上，它是回顾的，在情感维度上，它是怀恋的、伤感的，是对旧时光的浪漫想象。同时，物品之于时间，和人与时间的关系相对照。人在历史中湮灭，而物品却从过去的使用者的生活的湮灭中逃脱出来。因此，这种物品往往会脱离其在生活中的实用价值，而成为家族、地方社会的记忆的载体，具有历史和文化价值。这种物品注定是独一无二的。

与此相对，参龙活动中的物品，如竹筒、橘子、爆竹等，是没有历史的物品。它来自民众的日常生活，并不被民众视为纪念意义的物件，因此与个体生命、家族、地方社会的历史与记忆无涉。它并非单独的"这一个"，而是可以出现在任何时代、地方和个体的生活之中。由此，在参龙词中，对它们的描述，让民众的历史图景摆脱了地方性、偶然性，上升到本体论的层次。物品所建构的生活世界是非私人的、非地方性的生活世界。正因参龙活动中的物品的存在，并非依赖于某一特定的主体或者团体，它不携带个体性、私密性的记忆，它所建构的历史图景，也很难因时代、利益、立场的变动而被删改和调整。因此，物品指涉的、建构的历史图景，总具有超越地方社会和某一时代背景的掣肘的可能，有蕴含民众深层的、超越时空的文化记忆与精神价值的可能。它建构的不是"某一个"世界，而是不同时代的"我们"的"共同的世界"，它让所有的时代成为同一个时代，所有的社会成为同一个社会。总之，它建构了民众日常生活和历史图景的恒常性。

2　民众对历史图景态度的叙述策略

历史图景的存在，并非奠基于其真实性，而是其价值性。正如吕微对陈泳超《背过身去的大娘娘》中民众观念的讨论，民众认为"应该有"就是"真的有"，民间传说的意义，并非其指向的经验事实，而是其蕴含的先验理想。他们并不确定历史图景的是历史真实性，却又欣赏历史传奇人物身上的价值。同时，民众虽然肯定"真的有"，却基于自身的境遇，对历史图景展现出可堪玩味的态度。他们清醒地认识到历史与传说、价值与事实、人物与民众自身之间的区别。因此，民众有意地与历史传奇人物及其背后的文化价值保持一定的距离。这主要体现在参龙词独特的叙事方式中。

首先，第三人称视角的使用，营造出疏离、客观的民众与人物之间的关系。

据黄家光观察，《阿Q正传》《红高粱》等作品中，人物在生命的重要时刻，往往采取第一人称的方式来吟唱戏文，如阿Q的"手持钢鞭将你打"。在参龙词中，民众往往从第三人称视角出发，直呼参龙词中历史传说人物的名称，如"杨排风""关羽""玄德""孔明"等。可见，在民间戏剧中，剧中的悲欢离合、忠奸善恶，往往起到感人至深，让阿Q、孙五一类人物在死前、疯后抒发情感的唯一途径。相比之下，在参龙词中，民众却对情节与历史传奇人物，没有太多代入感和共情。可见，叙事视角的不同，展现了民众不同的生存状况与经验感受。参龙词的第三人称叙事视角，也展现了民众对历史传奇的复杂的感受。

在参龙词中，民众从第三人称视角出发，关注的是历史传奇人物的行动，而非其精神世界。民众以一种远距离的、外部的、仰视的视角，来看待人物的传奇故事，而避免与人物产生精神上的共鸣，热衷于对英雄、传奇人物不吝赞美，对他们的生存处境、痛苦的体验却有意无意忽略。可见，第三人称视角，使民众与历史英雄、传说人物之间呈现出一种隔阂的、"看"与"被看"的关系。

两种不同的人称视角，导向不同的精神世界。在第一人称视角下，人物面临生活道路的抉择，才会自主承担命运，因而，这也是一个自由的世界。这种内在的自由，也必定构成生命的各种感受，如沉重、辛酸、漂泊、困顿，等等。总之，第一人称视角下的历史图景，则是"未完成的"、行动的、自由的世界。与此相对，第三人称视角下的历史图景，则是必然的、静态的、完善的。参龙词建构了一个伦理意义上黑白分明的世界。在这个世界中，善良、正义的好人最终会战胜坏人，英雄必然战胜叛徒，皇帝可能昏庸，朝廷却必然会最终承认、彰表好人。这是一种具有明显乌托邦色彩的世界，具有没有纵深的历史图景。因此，在面对这个世界时，民众不用感受到承担自己生存的种种沉重之处，不会体会到面临抉择的困惑。英雄传奇人物在道德上自然而然具有正义性、能力上具有优势，即使遇到小人构陷、蒙蔽，也必定会赢得胜利、找到幸福。

其次，物品的描述、组合方式，也隐然体现着民众的历史观念。历史图景被压缩、拼贴、叠合。如"三个宝塔"："三个宝塔有名堂，头个宝塔李天王，翠娥赠夫珍珠塔，弥陀宝塔放金光"；"四把扇"："济公拿扇勿离身，蛟龙宝扇现龙形，悟空三借芭蕉扇，鹅毛羽扇孔明擎"。相类似的还有"四把雨伞""四条桑溪""四个竹筒"，等等。在这些参龙词中，有神话中的济公、李天王、孙悟空，有传说中的白娘子、董永，有历史人物柴荣、诸葛亮、朱元璋、卫青等人物。以塔、扇子、竹筒等为线索，参龙师将《珍珠塔》《杨家将》《三国演义》等戏剧、小说中的故事情节并列出来。这些人物，包括才子佳人、文臣武将、神仙。虽然展现的历史、传说时空不同、人物、事件不同，却共同勾勒了民众观念中的社会图景。其中，文臣武将、才子佳人等人物构成了一个从家庭到朝廷、从凡间到天上的社会秩序与价值系统。正是在参龙词通过历史图景的建构，一次次深化了这一民间世界，让其具有融入当代社会、建构当代民众的生活意义的能力。如在当代，浙南地区的民间信仰、宗族文化仍发挥一定的作用。

同时，历史图景的拼贴与叠合，也折射了民众独特的历史经验。民众的历史经验并不注重时间线索的流动，而是关注传说故事编织的具体的、典型的情节。这些戏剧性的情节，千百年来为民众所津津乐道。它们是民众伦理、价值观念的生动演绎。因此，在民众的观念中，历史呈现出固态化的、片段化的特征。

最后，参龙师对"美名"的强调，也体现了当代生活与民众历史图景之间的张力。在参龙词中，经常出现"美名"二字。"美名"之"美"，体现在两个方面：1. "美名"是英雄、传奇人物行动的"完成时"。人物的传奇历险已经结束，荣誉已经获得，其事迹正被后人口耳相传，此时，"美名"成为民众在时间的流动中眺望永恒的窗口。同时，整个世界呈现出光明、祥和的美好时刻。这种静态的、乌托邦的色彩的历史图景，与民众的生活世界，呈现出静态与动态、超验与经验的区别；2. "美名"所呈现的文化价值与当下生活的背离。如"风流才子文必正，花送严风上楼亭，正旦霍定金小姐，一生二旦传美名。"在以清代小说《双珠凤》及其相关戏剧中，文必正取了两个妻子，一夫二妻的"齐人之乐"，在传统社会中被认为是一种佳话。然而，在当代，这种"美名"明显违背男女平等的社会共识、一夫一妻婚姻制度。

民众对历史传奇人物的疏离态度，是民众基于日常生活体验，基于对自我身份、能力的认知而产生的。在长期的社会生活中，个体民众往往会遇到危险的"至暗时刻"。这时，个体经验、策略在严酷的生存状态中失去了意义，民众只能信任传统的、超越的知识，如参龙词中提供的历史图景。这种知识虽不能解决问题，却能够给民众精神以慰藉，坚定其生存下去的信心。同时，民众清醒地认识到自身的能力的界限，因而，在援引历史传说时，有意将自我抽离出来情境，将英雄的故事作历史化、戏文化的表达，从而保持与英雄人物之间的距离。正是由于以上生产机制，民众的历史图景开始朝向传奇化、恒常化、非线性化的角度演变。历史成为片段的、固态的存在，成为民众可以随意存储和读取的知识。

3 "精神共同体"的想象：作为一种超越的知识类型的历史图景

参龙仪式是民众历史图景被激发、生成的直接场域。参龙词是参龙师基于仪式过程，在与民众互动过程中的创作成果。布尔迪厄认为，实践本身，是民众基于场域、情境、资本与策略，在某一场域展开的灵活的、策略性的行动。正是实践，构成了民众各种非系统的、看似彼此对立的文化观念。从实践的角度来说，民众的文化观念不是一以贯之的、自洽、系统的观念体系，而是基于其处境形成的性情、习惯。

从实践的角度来说，参龙词与参龙仪式场域，有着复杂的关系。一方面，参龙词中的祭词是参龙仪式的重要组成部分，另一方面，参龙词中展现的历史图景，有着与整个仪式所要呈现的基于权力体系的象征秩序又有着截然不同的气质。民众不是以信仰的、沉浸的、迷狂的态度，而是采用一种灵活、策略和实用的方式，来对待这些知识。因而，历史传奇与英雄人物，构成民众拆解、组装、诠释的对象。

在端午节的参龙活动中，有"参红"与参龙之间有区别。前者的对象是日常生活中的常见事物，是民众对参龙师的考较，也是参龙师自己知识储备、才华、个性的展示。这一场合的氛围是放松而又活泼。而参龙则是仪式中的重要部分，是地方神灵临在的场景。民众对这些神灵唯恐不够尊敬。两者虽然是同一仪式的不同组成部分，就主题、氛围来说，却有较为鲜明的界限。被民众祭祀的是陈十四、杨府爷等地方神灵，构成民众历史经验的传说人物，却很少成为被祭祀的对象。

两者属于两种不同的知识类型：（1）两者导向两种截然不同的世界。前者取消了时间意识，强调神灵权威的"亘古以来"、静态的、地方性的，充满了对权力效用的妄想。后者则建构了一个流动的、多线索的、人性的、戏剧化的、时空叠合的虚拟历史时空；（2）从形象上来说，历史图景中的英雄人物，总是活泼的、人性的、代表忠义、仁勇等传统价值维度，而神灵没有呈现出明显的人格、性格特征；（3）从权力角度来说，仪式中对民间神灵的祭祀是严饬的、约束的，是民众与神灵之间的权力结构的产物。这套祭祀仪式所构成的知识体系，本质上是规训着民众的权力结构。而民众的历史图景，没有系统，不成体系，是民众关于历史的片段的、充满想象的知识，在价值上具有超越性、理想性；（4）从民众接受角度而言，前者是民众真实、沉重的生活处境的隐喻，规训这民众的身体和情绪，而后者则是民众精神的舒展，导向一种游戏、放松的时刻和自由、欢乐的氛围。

由此可见，民众的历史图景，在参龙仪式过程中，有明显的异质性。它本身就是民众对仪式过程中以民间神灵为中心的权力秩序的反抗。同时，在解构参龙仪式所展现的象征秩序的基础上，它以自己的方式，建构了一个基于自由平等的、宽广的"精神共同体"。

首先，参龙词中的历史图景，成为民众抵抗权力的象征秩序的资源。在仪式活动中，相较于地方神灵而言，民众是第二位的、服从的。民众祈求神灵保佑，同时又对神灵这种异己的权力者心存畏惧、保持距离。民众既需要在一套权力体系中循规蹈矩，同时，又不会对这套秩序发自内心的认同。因此，他们对权力机制往往采取现实的、灵活的、策略的态度。一方面，在请神、安位、点殇、收殇等仪式环节中，参龙师按照仪式流程来吟诵仪式歌，另一方面，又以策略性地援引参龙词中的历史知识，来抵消、冲洗掉权力与社会秩序在仪式象征中的痕迹。对民众而言，价值观念往往可能被外化、异化为规约、束缚他们生活的规章制度。如儒家"贞节"观念，本是对士大夫精神节操的理想期许，然而，在引入乡里实践中，则可能被扭曲为对妇女的婚姻自由与生命意识的压制的工具。与此相对，民众的历史图景虽是一种关乎价值的知识，却因其碎片化、虚拟性、超越地方性，很难在民众生活与地方社会秩序中落地，成为"规范"。因此，它可以成为民众"躲避"权力体系的庇护所，"逃离"权力体系的飞船。

其次，参龙词的历史图景，也是民众建构共同体的独特方式。自滕尼斯提出"共同体"概念以来，它就包含着一定的价值维度。它是民众基于生活经验、情感联系而自发产生的团体。相较于"社会"而言，它有鲜明的理想性与价值性。以神灵为核心建构的地方社会的象征权力秩序，压抑着民众的精神，将民众切割成一个个原子化的精神个体。而参龙词中所呈现的历史图景，则通过历史传奇人物的事迹所建立的一套充满想象、包含民众伦理观念的历史叙事，就成为民众真正的精神需求。由民间戏文知识建构的世界图景，是一种基于民众朴素伦理观念与历史感受的精神共同体。它不像地缘、血缘等关系形成的社会结构，具有分明的边界、系统的权力关系。任何民众，只要具有一定的传统戏曲知识，就能理解和认同它。它所建构的精神世界，远远超越了"此时此地"，具有了一种精神的、价值的维度，具有了浓郁的乌托邦色彩。它是开放的，向每一个愿意了解、理解的民众开放。也正是如此，它摆脱了"社区主义"的狭隘与偏颇，超越了具体的社区、空间与所处的历史阶段，成为人人共享的"精神共同体"。这在浙南地区的地方寺庙中也有明确体现。如温州不少马仙庙、太阴宫等民间信仰场所的内壁上，都画有《西游记》《封神榜》《三国演义》题材的油彩画。在当代影视作品的影响下，这些绘画脍炙人口、家喻户晓，成为几代中国人的集体记忆。

4　小结

综上所述，参龙词所描述的历史图景，某种程度上体现了民众的历史观念。它不是真实的历史事件的汇编，而是民众的"心史"。日常生活中常见的物品，与历史、传说与民间戏剧等文化资源一起建构了一个个超越的、理想的、虚拟的历史时空。从叙事角度来说，第三人称视角、物品的描述方式等，也建构了民众与历史传奇人物之间的相对疏离的关系。从实践的角度来说，参龙词中历史图景的描写与相关的仪式歌，在仪式过程中，各自承担着不同的功能，构成两种截然相异的知识类型，因而，也更突显了参龙词中历史图景的意义：它因明显的异质性，不但承担着民众反抗仪式中呈现的象征秩序的职能，而且建构了一个超越地方社会权力秩序之上的"精神共同体"。

值得注意的是，参龙词中的历史图景的生成，也是一个动态、实践的过程。它来源于传统历史小说、传说、地方戏剧等文化资源，并受八十年代以来历史传奇题材影视作品的影响。因而，它折射的民众对宏大历史时空的想象，有一定的时代性。近年来，随着浙南社会的变迁、大众文化的流行、新媒介的广泛运用，影响新一代民众的历史图景的文化资源、传播途径也发生了深刻变化。这些如何重构着年青一代的历史图景，如何影响民众当下的生活实践，是一个值得我们接着探讨的问题。

参考文献

[1] 孟悦　罗钢　主编. 物质文化读本 [M]. 北京：北京大学出版社，2008.

[2]（法）皮埃尔·布尔迪厄　著. 蒋梓骅　译. 实践感 [M]. 南京：译林出版社，2012.

[3] 陈泳超. 背过身去的大娘娘——地方民间传说生息的动力学研究 [M]. 北京：北京大学出版社 2015.

[4] 万军　编著. 瓯海参龙 [M]. 北京：中国民族摄影艺术出版社，2016.

[5] 杨盼盼. 浙江温州龙舟历史文化与传承研究 [D]. 杭州师范大学 2016 级体育专业硕士论文.

[6] 黄涛. 温州端午节龙舟竞渡习俗的传统仪式与保护策略 [J]. 温州大学学报（人文社科版），2016（6）.

[7] 许鲁霞. 温州市瓯海区霞王村元宵参龙活动研究 [D]. 温州大学 2021 级民俗学专业硕士论文.

[8] 田金珍. 温州市瓯海区任桥村端午参龙研究 [D]. 温州大学 2021 级民俗学专业硕士论文.

[9] 黄家光. 临刑的唱戏者——从阿 Q 和孙五说起（未刊稿）[J]. 2022.

贵州少数民族龙舟文化流变的影响因素研究

周　玺

（云南师范大学体育学院，云南昆明 650504）

【摘要】本文通过对贵州少数民族龙舟的文化流变进行深入、系统的研究，揭示了少数民族地区龙舟文化传承与变迁的现状及面临问题，有利于更好理解和拓展民族特色项目龙舟研究层次与深度。采用田野调查法、历史考证法、文献资料法及访谈法对本次研究内容提供资料的收集、整理与分析。研究结果表明影响文化流变主要原因有三方面：一是时代变迁，苗族传统社会向现代社会过渡；二是人们生活的改变，生存环境由封闭稳定走向开放流动、家庭结构的扩大与疏离、交往方式的多元化；三是人们观念的改变，人们价值观念的理性化、世俗化和现代意识的增强，精英价值取向代际权利结构的变迁、民族心理的现代焦虑。其中，时代变迁和生活变化是外部因素，人们价值观念和取向的改变是内部因素，这些社会文化因素的合力及其互动关系决定了清水江苗族独木龙舟的文化变迁。因此通过系统、深入的分析和阐释，有助于认清我国少数民族传统体育文化的影响因素之所在，也是关照我国少数民族文化权利、文化传承、文化自觉与自信的重要体现。同时，为少数民族地区的族群认同、乡村文化治理、文化建设与旅游开发提供有用信息，进而为我国少数民族传统文化和非物质文化遗产的传播和未来走向提供参考和建议。

【关键词】龙舟；少数民族；文化流变；因素

作者简介：周玺（1995—），河南漯河人，硕士研究生，邮箱：1357893247

@qq.com，主要研究方向为少数民族体育。

1 时代变迁

过去，清水江两岸苗族的传统社会是以农业生产为主要的生活方式，对自然条件的依赖很高，过着"靠天吃饭、靠水滋养"的农耕和渔猎生活，形成了男性在外耕作、女性在家绣花分工明确的小农自然经济。因此，这也正是以往活动中信仰仪式占主导的原因，落后的生产方式使得苗族祖先对于插秧后雨水不调的后果无法应付，只能依靠宗教活动来表达愿望和诉求。

经历了长期的迁徙来到这里定居的苗族以血缘为纽带，"立宗立社"，形成了"鼓社"。鼓社中的成员们进行集体生产、共同分配。随着社会生产力的发展和鼓社的分化与重组，产生了以血缘和地缘关系并存的多姓氏的苗族村寨，也形成了苗族传统社会以寨老管理村寨的社会制度。各村寨之间为了共同的经济利益和抵御外界的斗争，联合与团结成为他们共同生存的条件。因此，清水江苗族的独木龙舟动为其密切交流与联络提供了很好的机会，独木龙舟的社会圈子和参与准则也相对固定下来。各寨寨老根据自己村寨的情况，设立各寨"鼓头"负责制。要么是单一姓氏一起划；要么是大姓氏各自划；要么是与大姓结盟认亲的一起划；要么是一个婚姻集团的一起划。

随着这一地区农业的发展和水运的便利，清水江两岸形成了许多水码头，商业逐渐兴盛起来，个体经济繁荣发展，人们的生活相较于其他地区来说更为富裕。新中国成立前，地富阶级当了龙舟活动的"鼓头"，接龙中送的礼一年比一年加重，形成了社会风气，给"鼓头"以及他的亲友们带来了很大的经济负担。中华人民共和国成立后，社会更迭，民族平等、民族区域自治政策在少数民族地区实行，村委会开始成为村寨新的管理者。土地改革后，过去称为村赛"众山""众田"和"众谷"的所有制发生变化，社会生产资料所有制的转变，"鼓头"就不设立了。独木龙舟活动变为村委会发起、所需的粮食和经费开始变为村寨群众筹资、政府支持补贴的形式。

改革开放至今，中国社会迅速转型，随着商品经济、打工经济和旅游经济的快速发展，苗族村寨也被卷入到现代化社会生产和消费的浪潮中，村民们也开始追逐物质和实际利益的最大化。许多苗族青壮年为了赚取更高的收入和获得逃离村寨的资本，放弃传统的生计方式，纷纷离开家乡，他们从村寨走向现代化的城市打工和生活。生活空间的分离和对传统习俗的日渐冷淡，使得如今独木龙舟活动的传承面临困境。一方面是独木龙舟制作传承面临断代，年轻人不愿意学、嫌赚的钱少，年轻木匠大多选择去沿海一带城市干装修；另一方面，很多在外打工的苗族青壮年因各种原因不回来参加划龙舟，使得一些苗族村寨的龙舟无法下水。这样迫使一些村寨采取较为强硬的方式（如罚款等），并建立村规要求他们返乡，这样反而促使年轻人对活动产生抵触情绪，激化了代和代之间的矛盾，造成独木龙舟活动内部传承的困境。另外，在旅游发展和商业利益的推动下，原有仪式意义和功能逐渐消失并流变，"外演"的趋势不断扩大，现代元素不新增强，商业气息逐渐渗透。

2 生活变化

2.1 生存环境的改变

随着国家经济建设的发展和交通运输的便利及完善，公路村村通、铁路条条建，苗族村寨过去相对封闭稳定的生活被打破。一方面，人们的出行方式更加便捷和多样，加强了村寨与外界的联系，人员流动日益频繁，大批苗族青年男女外出打工，加速了外来文化的涌入和本土文化的向外传播，改变了独木龙舟文化传播的生存空间；另一方面，当地的自然生态环境也发生了较大的变化。

过去，清水江地区林木资源丰富，种类繁多，植被茂盛，生态环境良好。据历史记载，清代除开垦的耕地外，其余大部分均为茂密的原始森林。由于陆路交通的闭塞，虽说乾隆年间已经开始采伐外运，但也仅限于清水江及其支流沿岸坡地上的林木。加上村民对自然的崇拜和保护，到 20 世纪 50 年代初，这一地区的森林覆盖率仍然达到 50% 左右。从 20 世纪 80 年代开始，由于滥砍滥伐的现象急剧上升，当地森林覆盖率急剧下降，正如龙舟制作传承人张师傅所说的："现在我打龙船最头疼的事就是选材，已经很难找到原来那种一棵那么大的杉木了。我们附近的树木早已被砍完，只能到其他县的森林里去找，有时候光是找木头，来回坐车都要用上一两个月，像过去那种成熟的、粗壮的杉木已经很少了。而且现在的林木很贵，所以现在我们打龙船都是用多根杉木拼接的。造型不变，但确实不是纯正的独木舟了。过去的龙船比较重、比较粗，现在的这种杉木比较细、要轻一些。"

经科学证实，一般情况下相同的材质，木材的重量主要受到密度大小的影响。密度越大，木材的重量越大。过去砍伐的杉木都属于成熟材、过熟材，细胞壁厚，细胞分裂的速度慢，材质紧密、坚硬，颜色较深。现在砍伐的杉木生长周期短，细胞壁薄，细胞分裂的速度快，体积大，材质较为松软，颜色较浅。而木材密度的大小取决于细胞壁的厚薄和木材空隙度的大小。细胞壁厚、木材空隙度小的木材的密度大，相反密度就小。所以传统的用三根整木刳成的独木船身要比现在多根拼接的船身沉重。

2.2　家庭结构的变化

随着苗族社会的发展和现代化多元生活方式的冲击，这一地区苗族村寨的家庭结构也发生了变迁，包括婚姻状况、代际结构以及亲属关系等。随着大量苗族青壮年男女外出打工，苗族村寨的家庭不断空巢化，平时在村寨见到的大多是老人、中年妇女和小孩，直到过节时在外打工的青壮年才回家。在笔者调查期间，每到节日和农忙的季节，村寨才慢慢热闹起来。大约在独木龙舟活动开始的前一周，各村寨才陆续看到许多青壮年男子的身影。过去，当地人心中的"家庭"是一个几代同堂、以老人为核心，全家人共同劳作和生活的状况。

但如今过去稳定的"大家庭"结构已经出现了分解和变化。一方面随着年轻人通过考学外出读书或是打工，离开大家庭，慢慢地与留守在家的老人产生了隔阂，也与家乡的传统生活、记忆和信仰渐行渐远。另一方面，随着年轻人长期在外工作和生活，使得清水江苗族传统的婚姻状况也发生了变化，很多年轻人选择在外地嫁娶，与非本民族、非本服饰和土语圈的配偶建立自己的小家庭，无形中扩大了家庭结构的地域范围，但也疏远了家庭亲属间的亲密程度和文化共享。这样的变化使村寨接龙的亲友范围扩大了，身份也变得多元了。独木龙舟节也成了村寨嫁出去的"姑妈"和在外定居生活的人们回家"走亲"的难得机会。同时，也给活动的代际传承带来了很多不稳定因素。

2.3　交往方式的改变

现代化多元的交往方式也深刻改变着苗族村寨的交流环境。过去清水江苗族地区的青年男女主要通过"游方"对歌来进行交友和恋爱，通过面对面的歌唱来进行各种社交活动，使得苗族这个没有文字、只有语言的民族流传下来很多传说故事和动听歌曲，有很多关于独木龙舟活动的传说和关于龙舟节的歌曲。但随着现代教育的影响和各种先进媒介技术手段的出现，人们的交往方式也开始多元化了，年轻人大多不再通过游方来交友了，原来独木龙舟活动中热闹的歌声和社交活动消失了。

手机、电脑、互联网等现代媒介和技术为村寨人们的交流提供了新的方式和更多的选择，使得独木龙舟活动的组织和交流变得更加便捷，传播和交流的范围不断扩大，并为活动的记录和保存留下了新的方式。同时，随着人们日益加重对媒介技术的依赖，尤其是青年人，减少了他们参与本地活动的积极性，从而减少了他们在本地人际关系的交流与沟通。笔者访谈到某村一位年轻桡手，他这样说："说实话，龙船节除了比赛比较紧张刺激外，觉得其他过程都没大多意思。搞的仪式不感兴趣，好像觉得没啥用，接龙这送那送的也没意思。这个天又热，划龙舟又累，还不如在家里玩手机上的游戏好玩。今天比赛完（参加2016年平寨独木龙舟节竞渡），我们村晚上被邀请去其他村寨做客，明天一早才回。但我不去，我还要赶回去斗地主（一种网络上的打牌游戏）呢！"

3　观念改变

3.1　价值观念的改变

在社会经济快速发展、物质生活日益丰富、各文化观念冲击的现代社会，苗族村寨也和其他农村地区一样，人们的物质需求和精神需求走向多元，价值观念也发生变化。劳作、自然、季节、文化、娱乐、习俗所有这些过去为传统社会重要的实体存在的东西，在现代化的现实生活中，滋生出很多复杂和焦虑的东西，使得人们对过去传统的习俗和共享的信仰再也难以产生依赖和绝对的维护，对过去传统社会的观念和信仰产生了动摇。正如波德里亚在《消费社会》一书中提到的："在现在的生活内容里，即重大的搬迁和浓缩形式，建立在不同成分相互间有机地连接基础之上的比喻和矛盾的重大意象，是不可能存在了。"也就是说，随着人们价值观的理性化和世俗化，信仰仪式发生了"祛魅"过程。仪式中的通灵不再建立在某种具有象征意义和功能的基础之上了，而更多地建立在某种现代媒介的技术之上。

这样，过去生活中各种重要的信仰仪式逐渐淡出人们的日常生活，这也正是独木龙舟信仰仪式淡化和简化的重要因素。并且，传统活动的单一内容也越来越无法满足人们的各种需求了。因此，独木龙舟活动内容的扩展和丰富变成必然。一位老寨老深有感触地说："以前我们搞集体的时候（公社大队），国家不允许划龙船，大家还是要偷偷去划。因为大家天天都要上坡去做活路，过去条件艰苦，没有吃的也没有喝的。如果没有一点娱乐来缓解一下劳累，那就很容易引起大家的厌倦和烦恼。一听到划龙船或是过姊妹节了，大家就趁这个机会去玩了，大家得玩了，能有一碗饭、一口肉、一杯酒喝，哪怕是一碗酸汤，大家也很开心。现在的龙船节由于年轻人外出打工的多了，而且现在家家都有肉和饭（生活水平好了），就不会急迫地想到过节去做客吃一餐饭。以前，我们一年到头得两斤肉吃就笑了，我那会参加工作（60年前）一个月才有一斤肉、一斤油。过个节日，至少去看热闹能休息一下，还多少有一两杯酒喝。现在时代变了，人心也变了，个个都想舒服，都不愿意去做这些累的和麻烦的事情。划龙舟是件很累人也很麻烦的事情，你看看划手站在子船上，脚坎在船的两边是很痛的，又顶着烈日高温。加上现在吃的、玩的都多了，现在的年轻人对划龙舟也没以前我们那种干劲和热情了！"

另外，随着竞争意识、选择意识、利益感、个人感和自我发展等现代意识对农村传统社会的渗透，村民的价值观念和自我意识也相应地受到影响。于是我们看到了独木龙舟活动竞争性和物质性增强的一面，各村寨都更加看重比赛的名次和实际利益的获得，大家都更加计较付出与回报的成本和价值。2016年在塘龙寨举行的独木龙舟竞渡，迎来了几十年来最热闹、龙舟来得最多的一次盛会。这与本次活动出场费用和比赛奖金的明显提高有直接关系。不同活动集会地的龙舟竞渡，除了在铜鼓分龙竞渡（没有决赛）没有出现纠纷和矛盾外，其他在平寨、塘龙、老屯举行的比赛都出现了龙舟队伍之间不同程度的争执和冲突。这样对于各村寨来说，对外不仅影响了村寨之间的社会关系，对内也影响到村寨个人、集体内部的团结。这是对传统独木龙舟活动初衷的颠覆和违背。

一只龙舟队伍的"龙头"向笔者诉说："这几年，我们村寨都没进决赛，所以当起这个龙头的压力是越来越大了，每次回到村寨大家都不太高兴，相互指责和抱怨。看到越来越多的村寨打了新龙船来参加比赛，明显我们村寨这只老龙船就慢了，我们村寨这只还是用三根独木打造的船身，比新龙船要重要沉，船身重了划起来就更加费力，速度自然就慢了，以前那时候的木材和现在相比要扎实得多、粗壮得多。所以，今年比赛结束后，我们村寨也想重新集资打造一条杉木拼接的新龙船。要想在比赛中赢，龙船打得好是一个重要的方面，平兆下寨今年又夺冠了，这与他们村那条龙船打得好有很大关系，我们村寨也准备去看看他们村寨的龙船，好好参考一下，回来设计好打造一条新龙船。大家都希望提高一下成绩，一方面这样村寨也有面子，大家也能多得点奖金来搞聚餐；另一方面，也是想提高年轻人参与划龙船的积极性。"可见，独木龙舟制作方式的改变，除了生态环境的改变外，还与当地人们的主观意识有直接关系。大家积极要求改变传统，主动选择或效仿能够产生更大效益的制作方式。

3.2 精英价值取向的变化

随着现代政治、经济、文化和技术广泛传播影响了少数民族的农村地区，逐渐使得原有苗族村寨中话语权持有者的标准和结构发生了一些变化，即改变了一些苗族社区村寨精英的结构和选择标准。如今，村干部主要领导、新一代的"寨老"、见过世面会运用现代信息技术的人、懂经商管理的人、教育程度高的人成为社区新的精英，他们是拥有话语权、做事有影响的社区"能人"。其中，村干部主要领导是管理和处理村寨日常事务和纠纷的人，新一代的"寨老"主要包括那些熟悉村寨、年富力强、稳定在村寨的中年人，通常是村寨各组的小组长，较早参军见过世面转业复员的军人，在外打拼回报家乡的成功人士，村寨中经济条件较好、关心村寨的热心人。见过世面会运用现代信息技术的人，是指那些长期在外打工、能够自如获取各地最新的知识和信息并且能够主动学习并向村寨传播的人。另外，商品经济、乡村旅游经济对当地人们价值观念的影响，那些懂得经济策划和具有经营管理能力的人自然成为社区新的精英。教育程度高的人主要是那些上了高中、大学的村民，并且有良好的语言表达能力和文字书写水平。村寨精英结构的变化，改变了传统独木龙舟的组织方式、仪式内容和功能意义，催生了独木龙舟活动多元的传播主体。

3.3 民族心理结构的变化

随着大众文化对苗族村寨的冲击，当地群众的心理产生了巨大的变化。过去那种相对封闭、平静和自足的心理状态也逐渐转向关心外部信息、关注主流社会的发展，期待那些不断活跃、充满新奇的未知世界。正是大众文化的有力传播和召唤，使得当地人们获得了更多突破地方性知识的信息和资源，为人们的交流和沟通提供多种可能。面对各种外来文化的影响，当地的苗族同胞站在多元文化的系统来重新定位自己。一方面不断吸收和靠近主流文化；另一方面也更加关注那些对他们有实际意义和价值的变化。因此，他们也在不断彰显和凸出自己的民族特色，以便获得更多有利于他们的实际利益。在如今民族文化获得重视和发展的机遇下，地方政府看到了能够对自身和当地产生实际利益的资源——少数民族传统文化的"特异性"。于是，苗族独木龙舟活动这种"特异性"资源被有意识地强化，并被当作旅游商品来进行消费。独木龙舟活动本是对一个族群共同体之下各部分之间和部分的内部秩序及共同信仰的维系和认同，如今却正在逐渐转变成为对外消费者观赏、评论和审视的对象。

4 结论

作为一个多民族国家，在中国存在着许多类似于苗族独木龙舟活动少数民族传统体育项目，随着时代变迁、生活变化以及观念的改变，呈现出不一样的面貌，也在不同的少数民族社会和文化区域内扮演着不同的角色和地位，它们也面临着传承与发展的问题。因此通过系统、深入的分析和阐释，有助于认清我国少数民族传统体育文化的影响因素之所在，也是关系我国少数民族文化权利、文化传承、文化自觉与自信的重要体现。同时，为少数民族地区的族群认同、乡村文化治理、文化建设与旅游开发提供有用信息，进而为我国少数民族传统文化和非物质文化遗产的传播和未来走向提供参考和建议。

参考文献

[1] 李瑞岐．龙舟文化研究［M］．贵阳：贵州出版社，1991.

[2] 倪依克．当代中华民族传统体育发展的思考——论中国龙舟运动的现代化［J］．体育科学，2004（04）.

[3] 倪依克，孙慧．中国龙舟文化的社会品格［J］．成都体育学院学报，1998，21（3）：16—20.

[4] 方桢，杨津津．比较我国汉、苗、傣族龙舟竞渡文化之异同［J］．北京体育大学学报，2002，25（1）：19—21.

[5] 卢元稹．中国体育社会学［M］．北京：北京体育大学出版社，2000.

[6] 韩成艳．非物质文化遗产的主体与保护主体之解析［J］．民俗研究，2020（3）：46—52.

非遗视角下泽林旱龙舟的历史演变与
文化传承研究

黎　锁

(华中师范大学国家文化产业研究中心，湖北武汉 430079)

【摘要】泽林旱龙舟是流行于鄂州的一种具有荆楚地域特色的驱瘟祭祀活动，其历史源远流长，巡游仪式多样，已与当地民众的生活融为一体，具有显著的社会价值。近年来，泽林旱龙舟由端午巡游仪式到入选国家级非物质文化遗产名录，其文化传承备受关注。它正面临着民间俗核逐渐偏移、文化代际传承断层与节日文化空间压缩等文化传承困境，从修复本土文化记忆、完善非遗传承体系、拓展多维文化空间等方面进行思考，以期实现泽林旱龙舟文化可持续性发展。

【关键词】泽林旱龙舟；仪式；非物质文化遗产；文化传承

基金项目：华中师范大学研究生课外学术科技创新研究项目 (CCNU2022ZT035)

作者简介：黎锁 (1999—)，男，汉族，湖北咸宁人，华中师范大学国家文化产业研究中心硕士研究生，主要从事文化资源与文化产业研究，邮箱：lisuo77@163.com

龙舟文化历史久远，活动形式丰富多样，呈现出赛事竞技、传统民俗等类型并存的状态。它包含着人们对图腾、信俗、仪式、艺术等诸多特质的审美意识，对培养生生不息的民族精神和增强民族自信自强有着重要意义。泽林旱龙舟是在每年大端午节举行的传统节俗，也是龙舟文化重要表现形式之一。它具有鲜明的地域性，完整地保留着先楚民众在祭祀、驱邪、祈福的一些生活仪式，展现了端午节的原始自然属性。鄂州泽林旱龙舟作为民俗类端午节的扩展项目于 2014 年成功入选国家非物质文化遗产（以下简称"非遗"）项目名录，其文化变迁和可持续性发展值得深入探究。

1　作为端午仪式的泽林旱龙舟

仪式通常指与宗教或巫术相关的按传统所定的顺序而进行的一整套或一系列的活动。[1] 它通常被界定为象征性的、表演性的一整套行为方式，它可以是庄严神圣的典礼，也可以是世俗功利性的礼仪。泽林旱龙舟作为一种民间巡游仪式，有着源远流长的历史和社会价值。

1.1　历史溯源

龙舟文化和端午习俗密不可分，很早就成为我国民俗学研究的内容。20 世纪初，国立中山大学的《民俗》期刊记载了一些粤闽地区的龙舟民俗。在龙舟起源、发展方面，江绍元在《端午竞技本意考》[2] 中进行了考证以及阐释自己的观点，并对龙舟是为纪念屈原的说法提出质疑。闻一多先生在《端午考》[3] 中认为龙舟竞渡和龙图腾相关联。黄石提出划龙舟是一种"驱逐恶神厉鬼、消除病疫灾殃"的古俗。[4]

泽林旱龙舟于每年大端午节期间举行，作为一种仪式性龙舟，它保留了端午节最初始的驱瘟祈福文化内涵。泽林镇与黄石市毗邻，古时先后属武昌县（今鄂州）和大冶县。泽林为沼泽莘林之地，瘟疫横行。《湖广通志》卷二十一"风俗"门"岁时"部中对鄂东端午习俗记载道："五月十八日送瘟，纸作龙舟长数丈，上为三间大夫像，人物数十，皆衣锦绣彩绘，冠佩器用，间以银锡，费近百金，送至青龙堤燔之，其盛他处罕比。昔人沿送穷之遗制，船以茅，故至今犹谓之茅船，而实则侈矣[5]。"道光年间的《武昌县志》亦载："扎茅船游街驱疫俗。"当地也有谚语："一进泽林咀，男女都有喜。女的怀十月，男的怀到底。"这描述了吸血虫等瘟疫危害当地百姓的情景。于是每年梅雨季节前后，泽林百姓扎茅船放入泽林河"送瘟神"，来驱瘟、除恶、去病和求平安。后经地势变迁，泽林变成旱地，自清康熙末年起，泽林百姓将茅船改为旱龙舟，也称为"太平船会"。此外，泽林旱龙舟在驱瘟祈福的同时也纪念三闾大夫屈原，战国时期，屈原被流放至鄂州，途径泽林时传授当地百姓驱避瘟疫的方法，泽林民众十分敬重他。后来屈原于五月初五在汨罗怀石沉江，而泽林百姓得知消息时已是五月十五，于是人们每年五月十五至十八都要扎制茅船送入泽林河，意为到汨罗江救屈子，并向河中洒黄酒祈求鱼虫别伤屈原肉身。故光绪年间《武昌县志》卷三风俗说记载道："俗谓初五日为小端阳，十五日为大端阳。"

泽林从明代就有放茅船驱瘟神的传统，习俗一直传承至现代。1949 年新中国成立后由于一些原因停止游祭，1993 年，在当地百姓的坚持下开始恢复旱龙舟民俗活动。从此，泽林将旱龙舟传统习俗传承下来并且进一步成功入选国家级非物质文化遗产名录。

1.2 巡游仪式

泽林旱龙舟在正月初六准备扎制，经过一番超度仪式，于每年的大端午节开始巡游。其扎制有着制式规格要求，龙舟分三层，由龙头、中仓、大亭、小亭、龙尾、船底、杨泗亭、风雨亭等 8 个部分组成。舟上"屈原"和"龙"居于核心位置，载五瘟神、风雨二神、财神、观音等 72 神像，其中财神是主菩萨，前半舱为五瘟 5 个菩萨；舟中有 12 "花神"，象征一年 12 个月，月月都有花；舟下 24 名"水手"，代表 24 个节气。问天阁上还有福禄寿喜。前期准备工作完成后，在农历五月十五至十八，泽林旱龙舟就会进行开光、打醮、祭游、朝舟和饯舟等祭祀巡游仪式。

开光，人们在每年农历五月十五于当地兴隆寺内摆上很高的祭台，放上"全鳞全甲"腊鱼、腊肉、米饭、米酒、水果等祭品，通过卦礼、点光礼等仪式给旱龙舟开光。

打醮，这是一种求福攘灾的法事活动，人们设坛祭祀诚请屈原下界为百姓消灾解难。泽林每户主人都要沐浴更衣，虔诚地书写请愿表，然后带着上好的腊制品，供奉于当地兴隆寺神案前并静跪。

祭游，旱龙舟要遵循"雨行有路、舟行有规、自下而上、自南而北"的路线巡游。旱龙舟巡游路线上每家每户要摆好香案，香案上摆放三盅斋饭、香灯和烟包等物品。巡游队伍里有两名随缘，沿户收取香案上的一盅斋饭，这盅饭会与"饯舟"时收取的另外两盅饭一起洒给江神、鱼神享用，以求众水族勿食屈原。

朝舟，别称"闹船"。"采莲船、闹花船，先摘荷花后摘莲，划着划着划划着"，在农历五月十七夜，泽林民众齐聚兴隆寺唱"闹船词"。闹船词节奏鲜明，夹杂着响亮的锣鼓声，十分欢快。寺庙内活动结束后，庙外鞭炮、锣鼓齐鸣，会戏就开始了。

饯舟，在农历五月十八的上午，人们把巡游的众神、牌位等放归旱龙舟原位，来到当时泪别屈原的泽林咀河边。"借问瘟君欲何往？纸船明烛照天烧。"，所有龙舟会的成员齐跪舟前，头人点燃"天火"投向旱龙舟，带着泽林人的深情以及对美好生活的祈愿，旱龙舟化成烟云奔向天际。

1.3 社会价值

"国之大事，惟祀与戎"，楚人好巫，驱瘟祭祀仪式在湖北民间往往规模宏大，旱龙舟作为地域性的驱瘟仪式，也有着其社会价值。

1.3.1 文化记忆传承功能

远古时期生产力落后，先民认为风雨雷电是超自然力量在掌控着一切，并形成了原始神灵崇拜和"万物有灵"的观念，由此借助仪式来表达对自然的尊崇。龙掌管人间吉凶祸福，是神人通天的工具，因此人对龙神崇拜尤甚。很多庙宇、祠堂都有雕以龙纹饰，泽林旱龙舟也不例外。在一系列巡游仪式中，旱龙舟被具象化为龙神，赋予了灵力和驱瘟辟邪的象征意义，传承了原始的自然信仰。

纸扎的历史可追溯到汉朝造纸术的发明，主要是用于祭祀以及丧葬礼俗可用于焚烧的纸制品。泽林旱龙舟龙船造型令人印象深刻，有着精巧的纸扎技艺，主要有剪纸、雕花、彩绘等工艺。在社会不断变迁中，纸扎工艺得以保留，文化记忆得以留存。

1.3.2 乡土空间情感纽带

"空间不是静止和固态的，空间具有文化意义。[6]" 我国以差序格局为结构原则的传统村落是构成乡土中国的基本单位，[7] 在泽林当地村落生活空间，因旱龙舟巡游仪式而变得意义非凡，神圣与世俗置换。兴隆寺为族群交往提供了文化空间，是村落信仰的象征，人们在这里为旱龙舟开光、摆设香案祭祀，通过一系列仪式进入人为构建的空间，营造出一种真实又超脱世俗的镜像，为凡人建构了世俗通往神圣的场域。在这种神圣空间场域中，族群强化了与先祖、神灵的联系，并且形成集体身份认同，强化了宗族血缘关系，从而形成乡土社会族群情感交流的纽带。同时，在活动期间，当地的居民主动邀请周边阳新、大冶、蕲春亲戚来听会戏和观看巡游活动，打破他者空间，有利于文化的传播和情感的联系。

1.3.3 国家认同叙事符号

"民俗孕育了国魂，国魂在民俗之中。"[8] 文化认同以民俗认同为根基，形塑了中华民族共同体意识。[9] 民族和国家都是想象的共同体，在近现代艰难的探索中，中国逐渐转向为现代民族国家。在地方社会，民俗传统能塑造道德秩序，与法律秩序互为补充，在仪式性活动中国家权力也由此而渗透。而仪式空间为国家认同提供了场景，如少年通过升国旗仪式，能够潜移默化形成爱国主义精神，培养爱国情怀。泽林旱龙舟作为民俗类端午节非遗，在巡游仪式上让人们感受到端午传统节日的喜庆以及屈原伟大爱国主义精神的熏陶，促使人们体验国家在场，营造国家认同的心理基础，强化国家认同感。不论巡游在过去象征什么具体意涵，现在最根本的是地方民众通过这些仪式符号表达了一种集体认同、一种社会凝聚力。

2 作为文化遗产的泽林旱龙舟

2.1 从仪式走向非遗

经过多年的发展，泽林地区由当初的赛龙舟到改扎茅船，到如今的旱龙舟陆地巡游，不变的是其驱瘟辟邪、祈福求祥的文化内涵。它从一种祭祀瘟神的远古仪式到一种文化认同的端午习俗，具有历史学、民俗学、传统节日研究价值，如今变成了鄂州市一张响亮的文化名片，是泽林人民永恒的文化财富。

"非遗意味着是什么，也意味着不是什么，它最重要的一个内涵是对未来的严肃期许。"[10]泽龙旱龙舟曾有一段时间被打上封建迷信的标签，并一度停止巡游，后完成了封建迷信到文化遗产的转变，成为合法的社会文化行为，通过话语的转换，泽林旱龙舟非遗被社会所接受和认可。此后，鄂州市政府、市群众艺术馆将旱龙舟纳入非物质文化遗产保护体系，并予以财政预算重点扶持。经不懈努力，旱龙舟于 2006 年被评定为首批鄂州市市级非物质文化遗产代表性项目名录，在 2011 年入选第三批省级非遗名录，在 2014 年成功入选第四批国家级非遗名录。

2.2 传承机制

2.2.1 国家在场

非遗的传承离不开国家在场，中国非常重视非遗的保护与传承，建立了国家、省、市、县、乡完整配套的体系。近年来政府出台了一系列非遗的政策法规，如《中华人民共和国非物质文化遗产法》《湖北省非物质文化遗产保护管理条例》，非遗成为国家法定公共的文化。在泽林旱龙舟的传承保护中也处处体现着国家在场，一方面，2022 年鄂州市人民政府办公室印发了《进一步加强非物质文化遗产保护工作实施方案》，提出要加强知识产权保护，维护传承人群利益；在传承基础设施建设方面，提出鼓励建设市、区非物质文化遗产馆，将其对外开放经费纳入各级财政预算；并且支持社会力量参与非物质文化遗产展示中心建设事业。另一方面，鄂州市群艺馆组织非遗省级传承人开展泽林旱龙舟扎制技艺培训班，传承旱龙舟传统纸扎技艺、助力乡村振兴。如今非遗数字化保护如火如荼，为文化遗产传承提供了一种新型技术手段。鄂州文旅局开始尝试利用数媒技术，如拍摄宣传视频等来储存旱龙舟文化巡游记忆。

2.2.2 民间参与

民间多以成立行业协会组织和以传统的代际传承形式来延续非物质文化遗产的生命。代际相传是泽林旱龙舟文化传承主要形式之一，在旱龙舟扎制工艺方面，刘桂生为国家级非物质文化遗产泽林旱龙舟代表性传承人，他的女婿董建军继承刘老的衣钵成为旱龙舟的第七代传承人，除技艺繁杂的龙首工艺，他的女婿可以独立制作旱龙舟其他部分。在巡游仪式传承方面，内化为心，外化为行。兴隆寺是旱龙舟文化传承中心和灵魂所在，其开光、摆神案等仪式对于泽林年长者影响不言而喻，同时也耳濡目染规训和教化着年轻一代，在仪式实践中，他们将旱龙舟文化记忆内化为自己的价值取向，并强化泽林人身份认同和信仰，不断的传承下来。民间自发的传承行为在非遗的保护中发挥了积极作用。

3 从仪式到遗产：泽林旱龙舟传承困境

从民间巡游仪式到入选国家级非物质文化遗产名录，泽林旱龙舟在国家和民间的双重推动下得以较好的保护与发展，但在文化传承中仍面临着一些问题，具体表现在民间俗核逐渐偏移、文化代际传承断层与节日文化空间压缩三个方面。

3.1 民间俗核逐渐偏移

民俗的俗核近来为学者所关注，它的最终确认有着一段发展历程。民间口述繁杂无序，颇多牴牾，尚有的史料也亦语焉不详。在泽林旱龙舟叙事记忆中，主要冲突在于此民俗活动是源于对屈原的祭祀还是源于端午原始驱瘟辟邪的传统，如果是源于纪念屈原，为何又把屈原神像当作瘟神在泽林咀而焚烧。从专家学者到民间百姓，众说纷纭，给人以扑朔迷离之感。由此可见，民俗话语的阐释及其扩散，已经对其活动形式带来一些影响。

上述现象也给我们带来一些思考，在现代经济快速发展及文化传播手段多样的状态下，泽林旱龙舟这一习俗正经受着本土文化记忆偏移甚至被涂改的可能性。一方面，本土文化记忆群体不断老龄化，参与旱龙舟巡游活动的大部分为老年人，他们难以寻求有效途径将根于农耕时代铸就的民间事象俗核转化为经济发展中的文化创意。同时，商业文化的介入让青少年注意力分散，造成巡游仪式目的的模糊和游移，使得仪式操演语言不熟练，转移了对民俗文化内核解读的视线，消弭了参与巡游的热情，因而造成文化记忆共同体的逐渐崩塌。另一方面，旱龙舟在非本地人眼里可能存在着文化误读现象。夹在高楼缝隙中的空间与乡土空间构成了"异时位"空间并置的体验。每当大端午节旱龙舟活动开始时，这种节庆仪式就会形成独特的空间景观：旱龙舟在兴隆寺筹备、启动，然后沿着固定路线进入河咀，与沿途的屋堂与公众形成互动，对于河岸边看巡游仪式的文化官员、民俗研究者和其他观光游客来说，旱龙舟的整个仪式性过程具有明显的异空间和异时位体验的陌生感，他们又会以新的记忆形态来看待和记录这一传统习俗，从而造成记忆一定程度的偏移。

3.2　文化代际传承断层

文化的代际传承断层是非遗发展的主要困境之一。究其原因，首先，旱龙舟纸扎工艺复杂，产品赋能效益低。它是一种精细且流程复杂的复合型手工技艺，需同时具备绘画、剪纸等审美意识。而且自身技法、表现形式、受众群体都有一定的局限性。泽林旱龙舟纸扎生产制作都是由非遗传承人单独完成，缺乏完整的生产链，其原有的制作方式与流程无法满足现实生产生活需要。这也就造成了非遗制作技艺知识在社会层面传播的梗阻。

其次，泽林旱龙舟传统驱瘟祭祀等民俗事项处于边缘位置且学术科研存在感不强。同邻市黄石西塞神舟会一样，它既有楚人好巫的传统，又深受本土道教的影响。[11] 泽林旱龙舟根源于神鬼信念，这是整个鄂东地区宗教民俗与信仰观念的表现形态。然而在很多人看来，这就是一些地域的奇风异俗，往往带着猎奇的目光来凝视。此外，认为民俗学研究的是琐碎、边缘的习俗，可有可无并没有什么突出价值的大有人在。这不仅仅是个别群体的文化偏见，更有甚者，部分从事此研究的青年学者没有"文化自信"，继续深造和持续研究的意愿不高。其自身的传统属性很难融入现代语境，使得社会需求度与产品应用度进一步降低，逐渐处于被冷遇的状态，从而造成文化代际传承壁垒。

最后，多元文化冲击造成大众对旱龙舟兴趣度降低。尤其是新时代的年轻人，逐渐接受并且认同现代潮流文化，对一些传统文化和手工技艺不了解甚至排斥。如江西婺源国家级非遗项目傩舞，其学习难度大，且经济效益低。随着电影、电视、手游等大量进入乡村，民间文化市场逐渐萎缩。会傩舞表演的村民老龄化，而青年一代很少去主动学习傩舞。在快节奏的时代，抖音、快手等娱乐性质 APP 充斥着人们的生活，占用着大量碎片化时间，使旱龙舟文化与青年一代渐行渐远。上述现象使得民俗节庆类非遗尚未整合出有效的传承路径，并且存在着文化代际传承断层的风险。

3.3　节日文化空间压缩

空间是时间的"附庸"。20 世纪中后期，空间被以列斐伏尔为首的新马克思主义者引入社会关系领域，成为一种社会建构。[12] 如今泽林旱龙舟的文化空间正在逐步被压缩。

其一，旱龙舟有着固定的仪式空间、巡游路线和节日时间，其传统定位限制了文化空间拓展。旱龙舟虽为巡游，但实质为一种祭祀仪式，而且只能在每年的大端午节四天时间内举行，有着显著的短周期特征。文化空间只有在举办非遗活动时才是非遗文化空间，当这一活动完成后，它就不再是这一特定非遗事项的文化空间。[13] 因此，像当地兴隆寺这种场所只有在举办旱龙舟活动时才是特定的非遗文化空间，巡游一结束，它又变成了一般意义上的活动空间。超出这一时段的巡游则会变味，也不会为民众所接受，故而这种传统的定位在某种意义上限制了旱龙舟的文化空间。

其二，文化生态的变化也使得旱龙舟的文化空间遭受扭曲。传统节日是一个有机整体，从节日的物质体系、仪式形式到精神内核，是相互关联、蕴含生机的文化生态体系。[14] 在特殊期间进行的节日革命化改造，很多节日文化空间遭受破坏，旱龙舟也因此中断过一段时间。加之工业化、城市化的改造，以前的巡游路线被迫改道，甚至沿着马路进行。近年来端午节新式文化活动不断增多，进一步压缩了泽林旱龙舟的节日文化空间。

4　非遗语境下泽林旱龙舟文化传承路径

非物质文化遗产是农耕文化的重要组成部分，在乡村文化振兴中具有多重价值。[15] 但是近年来非遗受到多方面的冲击，其生存空间逐渐被压缩。作为非遗的泽林旱龙舟也面临着传承困境，还需从修复本土文化记忆、再造文化传承体系、拓展多维文化空间等方面着手进行思考。

4.1 修复本土文化记忆

仪式和文本是承载文化记忆的两大媒体，[16] 我们要尽力保护民间非物质文化遗产，不能对其形态带来干扰，还应用科学的方法对其进行深入研究，最终实现对本土文化记忆完好保存的目的。

记忆具有社会性，它由集体产生，只有融入到具体的社会交往与实践中，人才有可能产生回忆。因此，保护和培育泽林旱龙舟生存的本地土壤，一定要修复和重建基于本土的文化记忆共同体。要达到这一目标，一是需要政府和民间组织能提供活动经费，使旱龙舟在巡游仪式的物力和财力得到充分保障；二是深入研究泽林旱龙舟活动的集体族群意义，在培养旱龙舟扎制工艺非遗传承人的同时，悉心呵护口头叙事材料，并给予这些口头述说更自由的叙述语境，不必受到意识形态的桎梏，以便更好培植这一片文化土壤；三是在泽林旱龙舟活动期间，组织专门的文化工作者对这一文化事象进行记录并保护已有文字、图纸，挖掘补充新的民俗资料，丰富和完善旱龙舟的文化记忆，为旱龙舟文化话语认证提供可靠的资料支撑。

4.2 完善非遗传承体系

在非遗传承保护中还存在着政出多门、职能交叉等问题，缺位与越位现象也较常见。因此，一方面，我们要统筹协调好非遗不同部门的工作业务。仅非遗传承而言，泽林旱龙舟涉及文旅局、文明办、教育局、城乡规划等部门的协调。而其作为一种节庆仪式类非遗，往往会在大端午节举办鄂州泽林旱龙舟文化旅游节，实现从文化资源到文化资本的跳跃。这类大型节庆会展，应由文旅、交通、人力资源等部门的统筹兼顾，这就需要县级及以上单位运筹帷幄，让节庆非遗的创意再生产成为非日常生活的"日常"。

另一方面，非遗名录评审体系和非遗传承人评审体系仍待完善。地方节事仪式往往需要大规模的组织与调度协调,乡村乡贤在民俗文化传承中发挥着重要作用,但现在的非遗传承人评审机制却易挫伤其积极性。[17] 同时,节庆仪式类非遗项目以集体传承为主,按制度确立的国家代表性非遗传承人现行规定,旱龙舟难以找到一个能系统掌握所有仪式流程的非遗传承人。再者,非遗资金转移支付方式引发了新冲突。传承人资金本意是用于非遗项目的保护与传承,但实际却用于生活改善或其他方面,非遗专项资金取之于民,也必须用之于民,经费监管需要进一步强化。

4.3 拓展多维文化空间

"非遗文化空间是一种活态的民族特有的传统生活方式的体现。"[18] 在传统节庆仪式空间中,旱龙舟举办时间、巡游活动是线性单向度的,传播范围狭窄,受众群体少。因此,首先需强化旱龙舟的科技支撑,科技能让旱龙舟仪式流程以全新的方式永久保存。如今受疫情影响,传统文化消费的空间和形态受到冲击,文化科技融合下短视频等新业态成为关注的新焦点。[19] 而非遗的数字传播能突破时空限制,显现交互性与跨时空的特点。如北京冬奥会开幕式用激光和数字光影机械装置为观众展现了传统非遗"二十四节气",完美诠释了中国文化的精神内核,促进了传统文化的传播效率。

其次,依托新兴智能技术,能智能感知分析非遗受众群体的需求,提供更好的信息传播和使用体验。随着大数据、算法模型、人机交互等智能传播的发展,泽林旱龙舟非遗能通过内容精准分发,在短期触达更广泛的受众群体,从而维系传受关系的黏度,增强受众参与非遗传承的积极性。然而拓展旱龙舟文化空间的多维形态,光靠科技的支撑是不够的,还需要结合鄂州本土特色,发挥地域文化属性以及文化空间属性的吸引力和创造力,筑巢引凤。一言以蔽之,针对当前泽林旱龙舟传播形式单一、与发展趋势不相匹配等困境,要积极探索新时代非遗的智能传播路径,拓展多维文化空间,实现非遗立体化、活态化、场景化传承与保护。

5 结语

非物质文化遗产是全人类的宝贵财富,蕴藏着人类社会的风俗人情、生产生活方式、文化理念等特性，是全世界各民族无形传统文化的历史聚合体。[20] 非物质文化遗产在进行现代建构时，应与社会需求接轨、与市场经济适应、与现代语境相符。同时要处理好文化和经济的关系，防止节庆空间再造仪式内涵异化和空间过度开发同质化。文化资源在向文化资本的转化过程中，会面临经济、文化利益的新冲突。这就要求非遗在尊重民俗内核、保护地方文化特色的前提下进行创新，从而实现非遗的可持续发展。

参考文献

[1] 吴泽霖总纂. 人类学词典 [M]. 上海辞书出版社，1991.

[2] 张勃. 明代岁时民俗文献研究 [M]. 商务印书馆，2011.12：266.

[3] 闻一多. 神话与诗 [M]. 北京联和出版公司，2014，01：201.

[4] 刘锡诚. 二十世纪中国民间文学学术史上 [M]. 北京：中国文联出版社，2014：14.

[5] （清）徐国相. 湖广通志：卷二十一 [M]. 康熙二十三年（1684）刻本.

[6] 爱弥儿. 涂尔干著：宗教生活的基本形式 [M]，渠东、汲喆译，上海人民出版社，1996.

[7] 费孝通. 乡土中国 [M]. 北京大学出版社，2012 年.

[8] 陈勤建. 现实性：中国民俗学的世纪抉择 [J]. 民俗研究，1998，（4）.

[9] 林继富，吴佩琦. 家族认同到中华民族认同的演进逻辑——基于南岭竹篙火龙节的讨论 [J]. 青海民族研究，2021，32（03）：90—97.

[10] 高丙中. 从封建迷信到文化遗产——中国文化领域一个大是大非问题的疏解 [J]. 长江大学学报（社会科学版），2021，44（05）：13—17.

[11] 宋颖. 端午节研究：传统、国家与文化表述 [D]. 中央民族大

学，2007.

[12] 陈波，庞亚婷．黄河国家文化公园空间生产机理及其场景表达研究 [J]．武汉大学学报（哲学社会科学版），2022，（05）．

[13] 黄永林，刘文颖．非物质文化遗产文化空间的特性 [J]．华中师范大学学报（人文社会科学版），2021，60（04）：84—92.

[14] 萧放，贺少雅．仪式节庆类非遗保护的经验、问题与对策 [J]．中国非物质文化遗产，2020（01）：100—110.

[15] 黄永林．乡村文化振兴与非物质文化遗产的保护利用——基于乡村发展相关数据的分析 [J]．文化遗产，2019，No. 60（03）：1—12.

[16] 王霄冰．文化记忆、传统创新与节日遗产保护 [J]．中国人民大学学报，2007（01）：41—48.

[17] 张士闪．非物质文化遗产保护与当代乡村社区发展——以鲁中地区"惠民泥塑""昌邑烧大牛"为实例 [J]．思想战线，2017，43（01）：140—149.

[18] 陈震，王一鸣．非物质文化遗产保护中的文化空间弱化现象分析 [J]．原生态民族文化学刊，2022，14（01）：121—132+156.

[19] 张文元，范青．融媒体时代维护我国文化安全的路径研究 [J]．理论月刊，2021（09）：95—103.

[20] 黄永林，肖远平．非物质文化遗产学教程 [M]．华中师范大学出版社，2021：41.

广州龙舟戏探究

张 羿

（中山大学，广东广州 510275）

【摘要】龙船之戏，吾粤最盛。在端午节，河面上一般有两种龙舟，竞渡用的"赛龙"和作为巡游观赏用的"游龙"。游龙又名彩龙，重在游弋以展示服饰锣鼓、表演歌舞戏曲，龙舟与戏剧相结合，便称为"龙舟戏"。本文所研究的广州龙舟戏，也就是特指在彩龙这个舞台上演的龙舟戏，其历史由来已久，方志、报章、小说有许多记载，然而龙舟戏鲜少被讨论，因而研究拟从搜集以上的文献资料出发，复原大洲龙船、挖掘龙舟戏传统。

在广东，承袭"宣和遗风"的大洲龙船上演着华丽的各种水戏，通过文献的对比挖掘，对龙舟戏可能有的规模、配置与出行的环节进行了探究和还原。龙舟戏起了缓解械斗、统一民心的作用，协调神人、官民的关系，颇有象征意义。虽然近代龙舟赛常常中止，但是从报纸上看，现代的水上游艺会热闹非凡；在当代的"游龙艳龙"比赛，还带有当年龙舟戏的遗风。在振兴龙舟文化的当下，广州龙舟戏的再挖掘，端午节水面上搭载"非遗+体育"的项目，重现过去的龙舟戏，其发展前景令人期待。本文阐述了龙舟戏在历史上的意义，展望了龙舟戏在当下传承转化的可能路径与前景。希望本文对复原游龙传统、丰富端午节龙舟盛事有所帮助。

【关键词】龙舟；广州龙舟；龙舟戏

作者简介：张羿（2000—），广东云浮人，现为中山大学中国语言文学系大四学生，邮箱：zqzhangao@126.com，主要研究方向为民俗学、民间文学。

1　绪论

1.1　研究背景

"龙船之戏，吾粤最盛，各乡镇间常赛会，亦有是举，而于端阳前后为尤盛焉。龙船有二种，有竞快者，有不竞快者，乡镇之龙船多竞快，省城之龙船则惟鼓锣旗伞，上下梭巡，谓之游河焉已。"①

这是出自 1907 年《时事画报》的《龙船》插图所配的文字。可见广东赛龙之风蔚为大观，除了传统印象中的"竞渡"盛况，巡游出行的龙船也是端午的一道风景。

龙舟一般分为两类，作为竞渡用的"赛龙"和作为巡游观赏用的"游龙"。"游龙"，即平底船，船身宽阔、平稳，其出行并不追求竞快，但务求华丽精致，可以布满生花罗伞、生花头牌，因而也称为"彩龙"，重在游弋以展示服饰锣鼓。② 船上一般会进行娱乐性质的表演，如上演戏曲歌舞、杂剧表演等等，即称为"龙舟戏"。本文拟探讨的"龙舟戏"，将拆分为游龙及船上的戏两个部分。换言之，此处定义的广州龙舟戏是为：在端午节期间，在广州以游龙为舞台进行的表演。

"游龙"传统最早可追溯至先秦时期贵族的"水戏"活动。自宋代始，在端午节赛龙舟逐渐流行。龙舟赛在端午节里演化为娱乐项目，竞渡与戏剧相结合，称为"龙舟戏"。最早的详细记载可见于《东京梦华录》；广东有名的"大洲龙船"也属于此列，见于清范端昂《粤中见闻》及南方多地的方志中。这说明，龙舟赛逐渐从娱神向娱人方向发展。如今，在广州还有地方举办传统"艳龙游龙"环节，当代的彩龙继承了"大洲龙船"遗风，在舟上加以装饰，上演娱人的戏码。

---

①　广东省立中山图书馆：《旧粤百态　广东省立中山图书馆藏晚清画报选辑》，中国人民大学出版社，2008 年 4 月，第 186 页。

②　曾应枫：《龙舟竞渡　端午赛龙舟》，广东教育出版社，2013 年 7 月，第 95 页。

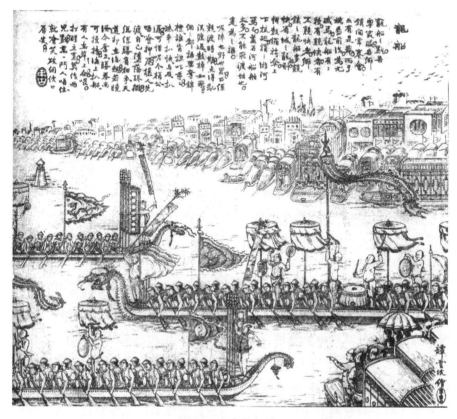

（图一　城乡龙船图）

虽然放眼广东，潮汕、台山等地，都有在端午游行后上演"龙舟戏"的惯例，在现代的广州车陂龙舟节中，龙舟戏意指岸上与龙舟节有关的粤剧表演，但是以上广义的、超出"游龙"舞台的龙舟戏则不在拟讨论范围内。此外，广东多地方志也散见"竞渡之戏""竞渡戏"等表达，但一般而言指代的是"竞渡"比赛，鲜少涉及具体的"戏"，一并不在研究讨论之列。

研究拟从文献出发，在搜集方志和报纸等文献资料的基础上总结分析龙舟戏的符号特征及文化内涵；探究梳理广州龙舟戏的历史和特色，讨论龙舟戏在现代化转型的前景。

1.2　研究意义

从历史意义上看，"大洲龙船"昔日"宣和遗风"的恢宏深入人心，如今在俗语中仍能觅其踪影。不少谚语也体现了龙船在百姓心中的地位："龙船扒得快，今年好世界。"参与龙船饭、起船仪式、龙舟竞渡，都被视作一种荣耀。昔日"游龙"更是一地的财力象征、民心所向。可以说，以精美华丽闻名于世的"大洲龙船"，一度为广州人民增强了凝聚力与认同感。在考古出半艘船身后已过半个世纪，对以大洲龙船为代表的游龙进行史料的整理和探究，能增进对这条赫赫有名的游龙的认识，甚至能借助多媒体手段复原龙船，以回应大家对大洲龙船进博物馆的热望。

从区域发展意义上看，广州正深度参与粤港澳大湾区建设，番禺地区也正全力创建国家全域旅游示范区，深入实施乡村振兴战略。在此背景下，举办龙舟比赛，传承弘扬龙舟戏的光辉历史传统，是切实保护划龙舟这一非物质文化遗产的工作之一。

在传统文化复兴的语境下，广州以"一水同舟"为代表的车陂龙舟正以全新姿态回归，端午节招景、趁景的传统在广州得以完好保存。"游龙""龙舟戏"的传统若能得以延续及发扬光大，将会为"广州龙舟节"增添又一笔亮色。

1.3　文献综述

研究龙舟竞渡的著作颇丰，如《中国龙舟文化》[①] 及《中国的龙舟与竞渡》[②]，都在翔实的史料基础上结合田野调查，对龙舟竞渡的起源发展和历史作了科学分析。《历代龙舟竞渡文学作品评注》[③] 则是龙舟竞渡文献资料整理方面的代表，汇集了龙舟文化的丰富史料。

关于龙舟竞渡的研究有各种切入点。如研究龙舟渊源的有闻一多《端午考》[④]、江绍原《端午竞渡本意考》[⑤] 等；地域上，对广州龙舟进行全面

---

① 何培金主编：《中国龙舟文化》，三环出版社，1991 年 5 月。
② 张建世：《中国的龙舟与竞渡》，华夏出版社，1988 年 1 月。
③ 杨罗生：《历代龙舟竞渡文学作品评注》，中国文联出版社，2003 年 7 月。
④ 闻一多：《闻一多神话与诗》，吉林人民出版社，2013 年 3 月。
⑤ 江绍原：《苦雨斋文丛　江绍原卷》，辽宁人民出版社，2009 年 1 月。

介绍的有曾应枫的《赛龙夺锦》① 和新作《车陂龙舟》②，各地方民俗专著中也有详细记载。王国强的《岭南龙舟文化》中"龙舟游艺"介绍了水秋千、木偶戏、水上舞狮等，说明赛龙舟是一项复合型民俗活动。③

对历史上的龙舟竞渡的研究，有王赛时的《唐代的竞渡》④《从古代诗书中看明代龙舟竞渡》⑤ 等文章，通过翔实的资料，考证还原龙舟竞渡时的热闹场面。此外，有不少论文从龙舟诗词出发，探讨历史上的竞渡书写、民俗特色。

总体而言，龙舟竞渡的研究较为广博，民俗学近年的研究侧重于"赛龙"，对"游龙"的文献记载关注度较低。

关于"龙舟戏"的研究，在戏曲学方面有较为扎实的论著，如黄天骥、康保成的《中国古代戏剧形态研究》⑥ 中就有对"水戏"详细的梳理，是"龙舟戏"溯源的重要资料。其他关于水戏的研究，则主要被包括在水上体育、木偶戏的研究中。但总而言之，研究领域较为垂直，"龙舟戏"的综合考据较少。

方志、报纸、近代白话小说、插图等，都有大量的龙舟戏的记载。如中南大学出版的新作《龙舟图像志》⑦，就首次披露了数幅龙舟竞渡图。龙舟戏资料尚待搜集整理，对"龙舟戏"的专题研究还可进一步补充。对广州龙舟戏进行探究的尝试，也是一项抛砖引玉的工作。

2 龙舟与"水戏"的历史渊源

水戏或称"水嬉"，一般指在水中平台或船只上进行歌舞、戏曲表演的形式。龙舟与水戏的渊源，或可追溯至战国时期。

---

① 曾应枫，陆穗岗：《赛龙夺锦　广州龙舟节》，广东教育出版社，2009 年 5 月。
② 曾应枫：《车陂龙舟》，广东人民出版社，2022 年 6 月。
③ 王国强：《岭南龙舟文化》，暨南大学，2006 年。
④ 王赛时：《唐代的竞渡》，《体育教学与科研》，1985 年第 3 期。
⑤ 王赛时：《从古代诗书中看明代龙舟竞渡》，《体育文史》，1999 年第 5 期。
⑥ 黄天骥，康保成：《中国古代戏剧形态研究》，河南人民出版社，2009 年 1 月。
⑦ 胡彬彬，吴灿：《龙舟图像志》，湖南美术出版社，2019 年 7 月。

2.1　"龙舟戏"的形成时期

早在战国《穆天子传》就有"龙舟"一词出现："癸亥，天子乘鸟舟、龙舟浮于大沼。"晋郭璞注："龙下有舟字。舟皆以龙鸟为形制。今吴之青雀舫，此其遗制者。"[①] 由此可见，龙舟可能天然地与贵族游玩的活动有关。

在水上进行歌舞、戏曲表演的传统可追溯至先秦时期。在春秋末期，《太平广记》所引《述异记》中有记载："（吴王夫差）作大池，池中造青龙舟，陈妓乐，日与西施为水戏。"[②] 此是早期的龙舟"水戏"。国君贵族可以欣赏在并排的"舫龙舟"进行的表演。

2.2　"龙舟戏"的鼎盛时期

至隋唐时期，龙舟表演得到进一步发展。在隋炀帝时期，龙舟、凤艇增设了表演舞台："至汴，帝御龙舟，萧妃乘凤舸，锦帆彩缆，穷极侈靡。舟前为舞台，台上垂蔽日帘，帘即蒲泽国所进，以负山蛟睫幼莲根丝贯小珠间睫编成，虽晓日激射，而光不能透。"[③] 隋炀帝南下所乘的龙舟极为豪华，傀儡戏也达到了最高水平。在后世小说的情节里，关于隋炀帝的龙舟戏记录最为详尽。[④]

宋代，《东京梦华录》全景式地展示了皇家"水戏"的豪华程度。三月，由南方进贡的龙船在金明水池上演"水戏"，水傀儡、水秋千……好戏轮番上阵。值得一说的是，大洲龙船也与宋代官员有关、承袭宋风，借此可以一窥广州龙舟戏昔日的繁华。

明清之际，江南地区的船台演出最为繁盛。在小说里，贵族的私人府邸也有"龙舟戏"的消遣方式，如白云外史散花居士撰《后红楼梦 30 回》和归锄子撰《红楼梦补 48 回》清藤花榭刊本中，都不约而同地写了贾府中姑娘在龙舟上唱戏、表演的情景。与此同时，岭南地区的船台演出，则

---

① （汉）班固著，（晋）郭璞注：《穆天子传》，（清）钱熙祚校，商务印书馆，1937 年 12 月，第 26 页。

② （宋）李昉等：《太平广记》，中华书局，1961 年，第 1806 页。

③ （明）陶宗仪等：《说郛三种》，上海古籍出版社，1988 年，第 8 册，第 5077 页。

④ 如：（明）王世贞撰《艳异编》明刻本卷四。

有以大洲龙船为代表的龙舟戏。

3 古代的广州龙舟戏

学界一般认为，清代岭南地区受到"外江班"的影响，船台演出逐渐普及。① 早在明嘉靖年间，南海人何维柏的《天山草堂集》就记载了装饰性的"游龙"。② 清王植《敝俗》中就记载了清代广东戏船的情况："余在新会，每公事稍暇，即闻锣鼓喧阗。问知城外河下，日有戏船。"③ 由此可见，在广东，龙舟竞渡、出行之风不可谓不盛。但关于龙舟戏的记载不多，散见于各地方志中。④

最著名的当属"大洲龙船"，它的部分船体于1977年被考古队员于番禺县钟村挖掘出土，印证了记载中昔日大洲龙船出游的盛况。实物的出土使大洲龙船成为我们对古代广州龙舟凤船进行研究分析的难得标本，对以"大洲龙船"为代表的古代龙舟凤船进行整理探究，可对龙舟戏的复兴提供一些参考。

3.1 "游龙"的规模及装饰

大洲龙船规模之巨大，造型之华丽，在清代也属数一数二的存在。据考古报告，全船长43.6米、宽4米。⑤ 这与《天山草堂集》中的"船广可三丈，长五之"，及方志中的"舟长十一丈"文献记载有所出入。由于早在明代就有大龙船的记录，兼以在船上出土了明代陶罐，可以猜测大洲龙船始建年代可能早于清初；埋藏的年代可能在康熙年间，而龙船舱底多次的修补痕迹表明了船被多次使用，大船每十余年才出行一次，由此更可以将建造年代推至清代以前。

---

① 《中国古代戏剧形态研究》，第425页。

② 文中记载："粤人习海，竞渡角胜，而大舟比常制犹异，十余年始一举。船广可三丈，长五之。龙首至尾，金光夺目，迭彩如层楼。上饰童男女，作仙佛鬼神及古英雄，凡数十事。旋转舞蹈，冒之以幔，数里外望犹可见。两旁持楫应鼓者百夫，银帽红衫，铙吹沸作。"见（明）何维柏撰《天山草堂诗存》。

③ （清）徐栋：《牧令书辑要》，卷六引。

④ 如同治、乾隆《番禺县志》、光绪《广州府志》等，见于下文。

⑤ 黄淼章：《广州番禺县大洲龙船》，《考古》，1983年第9期。

　　游龙装饰华丽，承袭了宋代的"宣和遗制"。"宣和"即北宋皇帝宋徽宗的第六个年号，因大洲龙船是为纪念宋代南下、善于营造的梁太保公，故而整体风格沿袭了宋代游龙的奢华精美。"龙首至龙尾，金光夺目"，"有奇龙，首尾刻画奋迅如生生"。船身外绘红、黄、黑三色龙鳞。舱内残存的底座和榫口，留下了往昔船阁的印记。据《广东新语》记载："中施锦幔，上建五丈樯，五樯上有台阁二重，中有五轮阁一重，下有平台一重。每重有杂剧五十余种，童子凡八十余人。"其豪华程度，可谓"迭彩如层城"。游船高大，"数里外望犹可见"，可见交口称赞的"十余年始一举""至三十年始出一船"实至名归。所谓"大洲龙船——唔入滘"，表面意思就是说大洲龙船无法进入小涌小滘。

　　在东莞，也有一条被方志用浓墨重彩记下的龙舟，但又被记载用以竞渡，因而不算游龙之列。该龙舟"长十余丈高七八尺"，[①]在长度上可与大洲龙船媲美，且龙头庞大，体现在"龙髻去水二尺"及"额、项"可容纳六七人。船中有锦亭可容纳更多的人，全船总计可达七八十人。以之竞渡，则"惊涛涌起，雷雨交驰，舟去而水痕久不能合"。由此盛况观之，规模相似的大洲龙船也应有如是震撼景观。

　　凤船也是"龙舟戏"的舞台。凤船，为用凤头、凤尾装饰的游船，据《广东民俗大典》，端午"唯有番禺市桥有划凤船的习俗"。[②]因为同是端午游船，故也稍加讨论。凤船规模也大，为"巨舰"，长达十丈，宽一丈三。除了凤首凤尾，还装上了可以收放的凤翅。由于凤船为纪念慈济宫祀天后而造，凤船中间建设"神座亭"以供奉，以前后两缯船系缆出游，其中随行在先的大船搭建船篷、上演梨园戏。[③]而大洲龙船的建造，则本身就是为了纪念世俗的人，即当年随宋幼帝南下的梁太保公。相形之下，龙

---

①　（清）屈大均：《广东新语注》，李育中等注．广东人民出版社，1991年5月，第433页。

②　叶春生，施爱东：《广东民俗大典》，广东高等教育出版社，2005年9月，第189页。

③　同治《番禺县志》记载了市桥凤船的规制："用巨舰一，首尾装如凤样，两翅能舒能戢，中建神座亭，奉天后神。左右饰孺，为官嫔，画衣鼓乐以侍。前后缯船各二，令建蹼操之，系缆引行。时遇便风顺流，船行太速，则后二缯船倒牵如前引。其在凤船先者，别以巨舸结篷屋，演梨园，为水嬉。"

舟戏较凤船的世俗化倾向更为明显，无特定供奉的罗伞或神座，突出娱人目的。

　　大洲龙船并无任何图像留存。在近代的《点石斋画报》上，芜湖地区还有宋风留存的龙船进行巡游，或可作一参考。

（图二：《追踪屈子》）①

3.2　龙舟戏的种类

3.2.1　木偶戏

广州龙舟戏，大洲龙船上演的是木偶戏：

各重杂剧五十余种，童子八十余人，为菩萨、天仙、大将军、文人、女伎、冠裳、介胄、羽衣、衲帔、中帼、襦襮之属，所执刀槊麾盖、旌旗

---

① （民国）金蟾香：《追踪屈子》，见《点石斋画报》，甲集六期，第48页。

书策、佩帨等，一切格斗挑招、奔奏坐立、偃仰喜惧、悲恚自顶颐，眉目手足，提袂蹇裳，有声有色，有神有理，无不尽态极妍，诸童子不得自由不自知，其所以然观者疑为乐部。长积岁月练习，而不知锦幔下操机士所为，信天下之奇云。①

细读这段话，首先可知龙舟戏场面之盛大，由八十余童子上演五十余种杂剧，从神到人的角色都有。木偶戏自诞生伊始就有宗教祭祀的内蕴，北宋时，民间的木偶戏已经成为娱神名义下的娱乐活动。因此所演之戏，人神兼备："作仙佛鬼神及英雄，凡数十事。"上演的剧目，很有可能是元杂剧。元代木偶戏受杂剧影响颇多，而元中叶后艺人纷纷南下，木偶戏也随之来到广东，②海南方志已出现"手托木头班"的记载。③

此外，在罗天尺的《大洲大龙曲》中也有这样的描述："象板鸾笙又十番，粉香流腻欲浮山，鸳鸯有客留心看，更有何人吊白鸥。六更头尽费机关，海上鱼龙不易闲。莫扮元人新杂剧，楼船犹认赵家山。"④诗中既有对大洲龙船的恢宏场面的描写，也流露出了一些评价态度，其中"元人新杂剧"指出了船上的剧种。

表演木偶戏的形式，是由帐幔中的人操纵童子进行表演。这种表演方式应为"肉傀儡"，最早可追溯至宋代，《都城纪胜》的"瓦舍众伎"篇中首次出现该条目，并有八字注脚："以小儿后生辈为之。"⑤据康保成认为，"双簧"更接近肉傀儡的表演形式，⑥即幕前演员和幕后说唱相结合，这和上文的"有声有色""不知锦幔下操机士所为"应该相吻。由此可见，大洲龙船上木偶戏的设置或许仍是和承袭宋风有关。

值得一提的是，据刘琳琳的研究，肉傀儡从"杖头傀儡""悬丝傀儡"

①　（清）屈大均：《广东新语》（下），中华书局，1985 年，第 487 页。

②　侯莉：《中国古代木偶戏史考述》，中国艺术研究院，2005 年。

③　据《海南岛志》和明代正德年间的《琼台志》记载，元明时代，海南岛已有木偶戏，并在此基础上形成海南土剧。《海南岛志》："戏剧之在海南，在元代已有手托木头班，来自潮州。"

④　（民国）周之贞修，周朝槐纂：《顺德县志》，民国十八年刻本，卷二十四。

⑤　（宋）耐得翁：《都城纪胜》，中国商业出版社，1982 年 3 月，第 9 页。

⑥　康保成：《佛教与中国傀儡戏的发展》，《民族艺术》，2003 年，第三期。

二种脱胎而来，那么肉傀儡也天然地具有两种形态。① 如大洲龙船上的，则属于"悬丝傀儡"的变种；"杖头傀儡"为大人托举儿童至肩头以上进行演出，广东飘色或是南宋肉傀儡的"活化石"也未可知。由此，或可窥见广东地区受到肉傀儡木偶戏的影响。

清末民初，木偶戏已在广东的街头表演。至于龙舟上的木偶戏如何呈现，还需更多的资料以佐证。

3.2.2　秋千戏

龙舟戏中，还有"秋千戏"这一环节：

惟大良之龙凤船，妙极华丽，设轮而转，作秋千风，仿佛《清明上河图》中所有，尚为太平盛事。②

顺德龙凤船也异常精美，《顺德县志》里记载其制作技艺与制作大洲龙船有关："后遂传其法大良，因是踵而行之云。"③

大洲龙船是否有秋千戏？大洲龙船承袭宋风、纪念宋人，而《东京梦华录》卷七"驾幸临水殿观争标锡宴"中有对金明池上船台表演的详细记载。其中就有两只画船上演"水秋千"的戏码："又有两画船，上立秋千，船尾百戏人上竿，左右军院虞候监教鼓笛相和。又一人上蹴秋千，将平架，筋斗掷身入水，谓之'水秋千'。"④ 伴随音乐，人在秋千荡至与架齐平时，翻筋斗跃入水中，此为水戏的一部分。

水秋千可追溯至五代十国时期，在宋代，宋徽宗亲临金明池观看水戏，水秋千之戏得到详尽记录。虽南宋国力渐衰后，水秋千之戏渐隐，但绝非部分文献所言的失传，至于清代，无论是皇室还是民间，水秋千仍然是广受欢迎的水戏之一。据戴愚庵《沽水旧闻》记载，乾隆至天津时，当地学"三江闹龙舟"之法，做竞渡之戏，"选梨园中善武技者，得十人，衣彩衣，在舟上作种种武技。舟作龙形，上悬秋千、皮条之属，献武技

---

① 刘琳琳：《宋代傀儡戏研究》，首都师范大学，2007年。
② （清）郭汝诚修，冯奉初纂：《顺德县志》，清咸丰刊本，顺德县志卷之三。
③ 《顺德县志》，清咸丰刊本，顺德县志卷之三。
④ （宋）孟元老：《东京梦华录》（外四种），上海古典文学出版社，1956年，第41页。

者，作诸般身手，使观者惊魂动魄。"①《聊斋志异》中的《晚霞》篇，记载了民间朴素的水秋千之戏："五月五日，吴越间有斗龙舟之戏。刳木为舟，绘龙鳞，饰以金碧，上为雕甍朱槛，帆旌皆以锦绣；舟为龙尾，高丈余。以布索引木板下垂，有童坐板上，颠倒滚跌，作诸巧剧；下临江水，险绝欲坠。"②

大洲龙船的技艺传自"宋末八广掌龙舟者"，正是水秋千最盛之时，且据清代的记录来看，龙舟与水秋千相结合的活动被完整继承至清代。因而可以推测大洲龙船的设置"五轮阁"应与水秋千相关。五轮相转，宛如秋千荡漾，其华丽程度堪比《清明上河图》。至于是否也有童子在五轮之上作跳水戏，惜不见相关图像记录，后人无从得知。时至数百年后的近代广州，跳水仍是"游龙"传统活动之一。

3.3　龙舟戏的环节

"游龙"出动的第一步，必是请神，《广东新语》载："洲有神，曰梁太保公，盖以将作大匠，从宋幼帝航海而南者也。公将营宫殿于大洲，未成而没，村民感其忠，祠祀之。每岁旦请举龙舟，覆珓得全阴，则神许矣。许则举。"又："每岁旦十珓以请神，许则举率，以十年二十年之久许之。"③ 可见第一步亦是请神，此外凤船出游亦是如此。

如前文所言，大洲龙船的建造与纪念梁太保公有关。请龙舟时，需先请示神意。"珓"即为古代占卜器具，一般有两珓，占卜时抛掷，正面为阳、背面为阴，广东番禺以十珓全阴为吉兆。根据神意来看，应该长达十年二十年之久才有一次出行机会。因游龙场面盛大，占卜请神在某种程度上有效控制龙舟盛事的金钱投入。人们会把游龙、凤船出行与城镇的气运相联系，因而不敢怠慢："然必十余年十于神，神许廼举，举必岁登，不许，则居民摇手相戒，以为逆神。"④ 龙、凤船相当于神仙的喉舌，在方志

---

① 戴愚庵：《沽水旧闻》，天津古籍出版社，1986年11月。
② （清）蒲松龄：《聊斋志异》，岳麓书社，1988年10月。
③ （清）任果修，檀萃纂：《番禺县志》，清乾隆三十九年刻本，卷之二十。
④ 《番禺县志》，清乾隆三十九年刻本，卷之二十。

记载里："龙之口铁鑲鑲之，问之神曰不尔，则雨。"

出行时，各乡的龙舟都需跟随，且挂满香囊一类的物品，应与祓禊的习俗有关："出则诸乡舟行以从。悬花球绣囊香溢珠。海孙仲衍所云天香茉莉素馨国是也。"① "士女乘舫观竞渡，海珠舟中各悬花球，香浮浮海面。"②

场面相当壮观，夹岸有仪仗队，游龙紧随，如群龙闹海："百夫银帽红衫铙吹沸，作更为游龙十数，缭绕后先，若群蜧之后母出入者。"③

"游龙"出动的环节本身就与敬神密不可分，在广东其他地区，即使没有专门用以巡游的大龙船，请神、敬神、巡游的步骤也一应俱全。如广宁即在方志中记载："自初一至初五，各坊儿童迎神出游，系鼓鸣锣，此来彼往，河边诸神亦乘龙舟周游河上，沿河村市焚香迎接，谓之'迓圣'。"④

步出广东，在端午节这天，娱神、娱人相结合的"游龙"演出也相当精彩。如湖北的游龙环节中，船中楼阁供奉忠臣屈原、孝女曹娥及瘟神、水神各像，同时，"好事者取传奇中古事扮肖人物，极其诡丽"，既能奉神，又增加了"嬉戏"的乐趣。虽然从"水手十余"可判断规模不及大洲龙船，但数日后将船舱填满茶米铸币后推至河心焚烧，曰"送船"，则成为一次相当完整的祭祀活动。⑤ 这种习俗与广东台山市广海镇的"打龙船"习俗有异曲同工之处，后者在陆上舞旱龙后将装饰卸下后烧掉，名为"送龙归天"。除此以外，南方多地均有龙舟戏记录，"竞龙舟于江中……装戏游市上，备极巧丽川"⑥"端午……近水者亦或竞渡……妆杂戏于上，负之以趋"⑦，等等。

---

① （清）李福泰修，史澄纂：《番禺县志》，清同治十年刊本，卷六。

② （清）戴肇辰修。史澄纂：《广州府志》，清光绪五年刊本，卷十五。

③ 《广州府志》，清光绪五年刊本，卷十五。

④ （清）黄思藻纂修：《广宁县志》民国二十二年补刻本，卷之十二。

⑤ 《云梦县志》，道光二十年刻本。

⑥ 《湖口县志》，嘉庆刻本。

⑦ 《金溪县志》，乾隆刻本。

3.4　龙舟戏的意义

3.4.1　缓解械斗，民心所向

龙舟竞渡自诞生起，正因其有"习武技，强体力"的功能，就不可避免地与械斗产生联系。"宁荒一亩田，不输一条船"，这种风气从俗语可见一斑。在端午节这天，粤人是公认的好斗之族，翻开清代民国的方志与报纸，一部龙舟竞渡史，可以说写满了官方禁令与民间活动的角力的记录。在清代某些方志中，"伤财""或劳伤，或溺死，或兴众大斗"① 等字眼触目惊心，可以看见作者有意为官方禁令背书；至于民国，广州即使禁止竞渡，仍能在端午当日、警厅管辖区域之外"均闻龙船锣鼓之声"，② 官方承办水上游艺会以管控私人活动；直到当代的龙舟系列著作里，仍可见血腥械斗的场面回忆，只是同一作者时隔数年后的新作有意删除，可见规范活动、文明竞渡仍是当下龙舟赛事的命题之一。

然而"游龙"活动则因其庄严肃穆的属性，可有效调动各乡民众协力出游，至于"诸乡舟行以从"。请神甚为神圣，鲜有敢不随从者，近代的因竞渡引起的械斗，有一部分就是因为抢神、借神闹的不和；是以凝聚民心，大小采艇纷至沓来，一时群龙闹海、热闹非凡。

3.4.2　娱人娱神，官民共处

由中南大学中国村落文化研究中心出版的《龙舟图像志》中展示了数幅清末民国的龙舟竞渡图，画中大多体现了神、官、民共处的和谐场面。神飞于空中，或坐于舟中；官员手持笏板，列坐在图中最大的游龙的台阁里；童子在船头嬉戏，舟子、舟妇在奋力划船。③

在广东的游龙里上演的木偶戏，菩萨、大仙、将军，与文人、女伎并列，上演一出好戏。并没有具体名目，神、人都是为符号的名称。娱神敬神和娱人都结合在游龙仪式中，通过闹热的场景表现出来的，是祭祀、袯禊、娱乐三位一体的和谐统一的活动。在龙舟戏的调度下，神、官、民达

---

① （清）田明曜修，陈澧纂：《香山县志》清光绪本，卷五。
② 见《广州民国日报》1924 年 6 月 9 日《端节日见闻录》。
③ 《龙舟图像志》，第 70 至 97 页。

到了和谐统一的相处之道。

3.4.3 宽广舞台，包容性强

除了神人、官民达到和谐关系以外，值得注意的是在"游龙"的环节里，对女性的包容度极高，或者换言之，游龙是女性也可以主动参与的环节。在《龙舟图像志》中，图画上显示，即使是规格最大的龙船上，在演水戏的人员之中，也有"抱着孩子的妇女"，船尾还有"正在划船的妇女"。[1] 女子还可以坐凤船随行。

试想，在龙舟戏中，除了女神，作为凡人的女伎也在戏中。供奉神座的，还需宫女在一旁服侍。《后红楼梦30回》及《红楼梦补48回》里，姑娘在美轮美奂的龙舟里进行表演，可见在龙舟戏里，女性与龙舟结合得巧妙。更不用说，围观人群里，"笑语相乱，士女华妆炫服照耀波间，坠珥遗簪，想满龙宫矣"。[2]

时至今日，围观划龙舟，在部分地区仍有诸多禁忌。就在2022年，"佛山女子上龙舟"被认为违反了传统习俗，而引起热议。据过往的田野调查，佛山其他地区在20世纪已有成立女子龙舟队，然而"传统习俗"巨大的惯性仍然一时无法改变。即使在当代的龙舟节中，"彩龙艳龙"的竞艳环节里，女角多由男子反串。即使是游龙，还是符合龙舟竞渡时的固有传统。

对"龙舟戏"的挖掘和探究，即有利于打破如是偏见。女子能更多地出现在龙舟上，进行主动的演出，或者就坐在游龙上围观水上演出，可以逐步打破信仰禁忌，促进龙舟比赛融入当代男女平等的语境中。

4 现当代的"游龙"活动

4.1 现代的水上游艺会

近代广州，由于兵燹之灾与械斗成风，龙舟盛事一度被中断。[3] 1907

---

① 《龙舟图像志》，第70至97页。
② 《广州府志》，清光绪五年刊本，卷十五。
③ 如1925年"沙面"惨案。

年的《时事画报》便指出，只有乡镇被允许赛龙舟，省城的龙船唯有撑罗伞、打锣鼓进行"巡河"。龙舟戏的兴盛与经济情况、时局变化紧密相关。

据现存报道，1924 年始，广州警察厅已禁止龙舟竞渡，但仍"屡禁不止"。① 私下的游神活动亦被明令禁止，端午活动唯官方承办的"水上游艺会"得以举行。②

水上游艺会热闹非凡，虽然需要购票观看，但仍"红男绿女、游人如织"。数十条龙舟游行，"各公司订购金龙、银龙、狮子等纸扎的东西来助兴"。1928 年，广州的水上游艺会空前热闹。逾三十条龙船在珠江游河，有人在船上表演跳水，恰似对水秋千戏的呼应；更有在船头搭建平台的大民船沿河表演"水上狮子"。③ 在水上游艺会后紧接着就是东山精武会。这表明，虽然传统意义上如"大洲龙船"般恢宏的"游龙"难以复刻，但是"龙舟加戏"的习俗活动仍在存续。

此外，据《中国古代戏剧形态研究》载，近代凤船活动也未断绝，每十几年仍有一次。④

4.2　当代的"艳龙倩影"

昔日大洲龙船的"宣和遗风"，如今在"游龙艳龙"环节中仍能觅其影子。1986 年，广州番禺拟于每年在市桥镇举行传统的长龙"莲花杯"、标准短龙"禺山杯"比赛，比赛中设置传统的游龙艳龙环节。据报道，参加彩龙竞艳的龙舟需要配备"挂红、花篮、扶神、龙船鼓、幡旗、大单旗、罗伞等元素"，并且突出本村祠堂特色。⑤ 换言之，这是当代"游龙"

---

① 见 1924 年 6 月 6 日《广州民国日报》之《本届端节情形》："本日为夏历端午节日，向例有竞渡之举，自警察厅及现公安局援案申禁后，省河已绝少龙船发现……" 1924 年 6 月 9 日《端节日见闻录》："而大涌口方面，因有龙舟竞渡，往观者亦盛极一时。"

② 见 1927 年 6 月 6 日《广州民国日报》之《端节日本市之各方情形》："最怪象者，是日午后，竟有乡人八名，抬扛神像，在长堤永汉路泰康路一带游行，并导之以鼓乐及顶马彩亭，见者多以现任尚有此种迷信举动出现，甚以为异云。" 次年端午节明令"保护端午竞渡，只许在河面游行"。见 1928 年 6 月 22 日。

③ 《广州民国日报》，1928 年 6 月 25 日。

④ 《中国古代戏剧形态研究》，第 425 页。

⑤ 《大场面！8000 名龙舟运动员竞艳逐浪市桥河》，2019 年 6 月 9 日，https：//static. nfapp. southcn. com/content/201906/09/c2302567. html

的审美要素。

除此以外，龙船身上的彩绘、船上表演的人物、服饰、妆容、故事……也是"艳龙游龙"比赛的标准之一。如 2018 年的赛事中，猎德的"中约花龙"以人物的八仙造型加船身彩绘的八仙法器相呼应，获二等奖。① 值得一提的是，民国的"水上游艺会"便已有猎德争艳的记载："装饰美丽者则以珠江，文冲，猎德三艘为最。"② 竞演的彩龙往往达 30 条之多，据刘晓春《番禺民俗》，一些经济强盛的传统村落会花费重金装扮龙船，其设计的故事、船身的装饰，都极尽奢华，有昔日大洲龙船的遗风。③

如今的"鲜花罗伞"仍可见大洲龙船的遗风，这是在广州较为独特的用鲜花制作罗伞的技艺。比如在海珠区庄头村，就有种植素馨花和茉莉花的传统，村民用竹条编制罗伞，再插上各种鲜花和凤尾草，而且必须用村花素馨花装饰。在方志中，大洲龙船出行盛况被形容为"天香茉莉素馨国是也"，花球、绣囊，充满了鲜花的元素，可见庄头村的游龙装饰有一定的传承。

由此可见，如今的广州龙舟戏体现了简约化、娱乐化、全民化等特点。龙舟戏变为精美、甚至滑稽的扮相，加以小品式的故事演绎。某种程度上已经脱离了既有的"龙舟戏"的语境，而是以一种全民参与、轻松愉快的方式进入大众视野。"游龙倩影"已成龙舟赛中吸引游人的重要一环。

4.3 龙舟戏的发展前景

从古至今，广州龙舟戏以不同的形态焕发着勃勃的生命力。在传承传统文化的语境下，向传统复归就是一种创新，也就是说，向以往的龙舟戏取法，或许会为当下的龙舟盛事再添亮色。

未来的龙舟盛事，或可向过去的龙舟戏取法，搭载水舞台进行表演。木偶戏、粤剧。船台演出最盛之地莫过于江南地区，最盛之时莫过于明清

---

① 《猎德艳龙时隔二十年重出江湖，获广州国际龙舟邀请》，2018 年 6 月 25 日，https：//c. m. 163. com/news/a/DL5GLP1S0525JM1D. html

② 《广州民国日报》，1927 年 6 月 6 日。

③ 刘晓春：《番禺民俗》，中山大学出版社，2017 年 7 月，第 203 页。

时期。除了方志以外，大量的白话小说里都出现了细致的"龙舟戏"描写。时至今日，西湖上仍航行着巨大的画龙舟，温习繁华的故梦。在端午节这一天，在水舞台上重新上演水戏，即是向传统致敬、在复古中创新。

如今，车陂的龙舟节中，不同村落的龙舟在特定日子互相拜访的招景、趁景习俗得到延续，游龙环节适用于搭载此情此景，可以再现当年"群龙闹海"的盛况。

作为表演，"体育+非遗"的项目既能吸引游客，又能推广全民参与。水秋千、水上舞狮、跳水等体育项目，兼具表演的观赏性和参与的趣味性，演出前景令人憧憬。

5　结论

龙舟戏源远流长。从明清至今，广州的龙舟戏经历了形态上的多次变动。遥想大洲龙船的"宣和遗风"，惜其奢华精美，今尚未能复原，从文献的字里行间，我们仍能看到一艘巨大的豪华游龙，搭载着丰富的木偶戏与秋千戏，在端午节的水面上威严地巡行。古代龙舟戏极富象征意义，它既有助于缓解械斗，团结乡里，又能统辖神人、官民，是为全民参与、民心所向的端午活动。

看近代龙舟、当代游龙艳龙出游所搭载的龙舟戏，在走向简约的同时承袭大洲龙船的情影遗风，焕发出当时当地的新生命力。希望对龙舟戏的探讨，能对复原大洲龙船、传承龙舟文化有所帮助。在未来，旧日的龙舟戏能搭载"非遗+体育"的项目以怎样的新面貌出现，令人期待。

龙舟戏遍布全国，其背后可讨论的内容，正如龙舟戏本身一样精彩纷呈。本文权作抛砖引玉，希望未来有更多的研究与讨论。一艘艘华美的游龙、搭载着一出出精彩的龙舟戏，正从历史烟云中向着当下驶来。

参考文献

1. 专著

[1] 广东省立中山图书馆编.旧粤百态　广东省立中山图书馆藏晚清

画报选辑［M］.北京：中国人民大学出版社，2008.04.

［2］曾应枫著.龙舟竞渡 端午赛龙舟［M］.广州：广东教育出版社，2013.07.

［3］何培金主编.中国龙舟文化［M］.海口：三环出版社，1991.05.

［4］国家体委文史工作委员会，全国体总文史资料编审委员会编；张建世著.体育史料 第13辑 中国的龙舟与竞渡［M］.北京：华夏出版社，1988.01.

［5］杨罗生著.历代龙舟竞渡文学作品评注［M］.北京：中国文联出版社，2003.07.

［6］闻一多著.闻一多神话与诗［M］.长春：吉林人民出版社，2013.03.

［7］北京鲁迅博物馆编.苦雨斋文丛 江绍原卷［M］.沈阳：辽宁人民出版社，2009.01.

［8］曾应枫，陆穗岗著.赛龙夺锦 广州龙舟节［M］.广州：广东教育出版社，2009.05.

［9］曾应枫作.广府文库 车陂龙舟［M］.广州：广东人民出版社，2022.06.

［10］黄天骥，康保成主编.中国古代戏剧形态研究［M］.郑州：河南人民出版社，2009.01.

［11］胡彬彬，吴灿著.龙舟图像志［M］.长沙：湖南美术出版社，2019.07.

［12］（晋）郭璞注；（汉）班固著；（清）钱熙祚校.穆天子传［M］.商务印书馆，1937.12.

［13］（宋）李昉等著：太平广记［M］.中华书局，1961.09.

［14］（明）陶宗仪等编.说郛三种［M］.上海古籍出版社，1988.

［15］（明）王世贞编.艳异编［M］.长春：北方妇女儿童出版社，2001.01.

　　［16］（清）徐栋原辑．牧令书辑要　4［M］．

　　［17］（明）何维柏著．天山草堂存稿　一［M］．桂林：广西师范大学出版社，2014.10.

　　［18］（清）屈大均著；李育中等注．广东新语注［M］．广州：广东人民出版社，1991.05.

　　叶春生，施爱东主编．广东民俗大典［M］．广州：广东高等教育出版社，2005.09.

　　［19］（宋）施耐翁撰．都城纪胜［M］．上海：上海古籍出版社，1993.12.

　　［20］李明　主编，广州近代史博物馆　编撰．近代广州［M］．北京：中华书局，2003.12.

　　［21］（宋）孟元老撰．《东京梦华录》（外四种）［M］．上海：上海古典文学出版社，1956.

　　［22］戴愚庵著．沽水旧闻［M］．天津：天津古籍出版社，1986.11.

　　［23］（清）蒲松龄著；张式铭标点．聊斋志异［M］．长沙：岳麓书社，1988.10.

2. 论文

　　［1］王国强．岭南龙舟文化［D］．暨南大学，2006.

　　［2］王赛时．唐代的竞渡［J］．体育教学与科研，1985（03）：58—60.

　　［3］王赛时．从古代诗书中看明代龙舟竞渡［J］．体育文史，1999（05）：62—64.

　　［4］黄淼章．广州番禺县大洲龙船［J］．考古，1983（09）：817—821.

　　［5］侯莉．中国古代木偶戏史考述［D］．中国艺术研究院，2005.

　　［6］康保成．佛教与中国傀儡戏的发展［J］．民族艺术，2003（03）：58—72. DOI：10.16564/j. cnki. 1003—2568.2003.03.002.

　　［7］刘琳琳．宋代傀儡戏研究［D］．首都师范大学，2007.

3. 方志

［1］（民国）周之贞修，周朝槐纂《顺德县志》卷二十四，民国十八年刻本。

［2］（清）郭汝诚修，冯奉初纂《顺德县志》卷之三，清咸丰刊本。

［3］（清）李福泰修，史澄纂《番禺县志》卷六，清同治十年刊本。

［4］（清）戴肇辰修，史澄纂《广州府志》卷八十一，清光绪五年刊本。

［5］（清）黄思藻纂修《广宁县志》卷之十二，民国二十二年补刻本。

［6］（清）田明曜修，陈澧纂《香山县志》卷五。

4. 报纸

［1］金蟾香.追踪屈子［N］.点石斋画报，1884.

［2］无名.本届端节情形［N］.广州民国日报，1924—6—6.

［3］无名.端节日见闻录［N］.广州民国日报，1924—6—9.

乡村社会内部不同社区主体对龙舟活动的认知与参与

——以温州市瓯海区马桥村为考察重点

徐慧丽

（温州大学人文学院，浙江温州 325035）

【摘要】龙舟是温州地区民众所共享的重要节日民俗，分为传统龙舟与健身龙舟，在温瑞塘河沿岸乡村社会秩序有重要建构作用，关注社区主体在龙舟活动中的具体参与行为，不仅能挖掘温州龙舟文化价值，更有利于构建和谐有序的乡村社会。本研究选取温州市瓯海区马桥村为考察的主要社区，结合田野调查与文献分析，从乡村秩序建构视角出发，阐述以普通民众、组织者、参龙师、村委会这四个主要社区主体的具体参与行为。无论是带着神灵期盼意味的巫姓村民，还是有着泛神灵信仰的普通村民，甚至是个别基督教信仰的村民，普通民众对于龙舟活动的认同感会在通过血缘和地缘关系代际传承，普通民众遵循着既往的行为范式，直接参与龙舟竞渡与出资筹备，建房、结婚和生子的家庭受到地方传统和民间信仰的约束参与龙舟活动，宴请龙舟划手，其村落身份和宗族身份得以确认和加强。龙舟的组织者分为头家和龙舟俱乐部，民主轮流制的头家遵循着既往惯例，组织协调各方，承担着安全责任，受到民众监督，行为关乎个人在地方社会的评价与信誉，龙舟俱乐部组织社区成员参与龙舟赛事，拉赞助、组织训练和带领成员外出比赛，是青年群体参与龙舟活动的重要组织，在龙舟赛事中能够激发组织成员较强的地方荣誉感。参龙师不仅是传统龙舟仪式主持与参龙词创编的民间文学创作者，也是具备宗族身份与风水知识的民间知识分子。村委关注龙舟社区治理价值，通过建造龙舟文化展厅增强宗族凝聚力、实现治理效能和扩大乡村知名度。尊重龙舟文化，就要尊重"社区参与"，官方应配合而非主导龙舟活动，这样才能充分发挥各个社区主体的自主性和创造性。

【关键词】乡村社会；社会主体；龙舟活动；社区参与

作者简介：徐慧丽（1998—），浙江文成人，温州大学人文学院21级民俗学与历史文化专业硕士研究生，邮箱：2273174815@ qq. com，研究方向：区域民俗研究。

1 普通民众的认同、参与和支持

1.1 龙舟活动认同感的代际传承与扩散

对于龙舟活动所在社区的民众而言，参与龙舟活动是一件再熟悉不过的事情，从喜欢到认同呈现出自然而然的趋势，在乡村社会之中，血缘表现为同宗关系，而地缘则表现为同村关系，普通民众通过血缘和地缘参与到龙舟活动之中，龙舟活动贯穿着普通村民的成长过程。血缘是指由于生育带来的亲子关系，具有较强的稳定性。① 以马桥村村民胡武略为例，他的爷爷就有划龙舟，再到他的爸爸也划龙舟，只是频率比较低，作为八〇后的他在小时候每年端午节会和同村落的朋友像大人一样划龙舟，退伍回来之后也愿意去参与龙舟，他的姨夫胡国义还是村中的老参龙师。② 这种以血缘相承的龙舟代际传承较为常见。同时，龙舟活动也为村中的民众提供了交流活动的场所。在茶山街道的霞岙村中，许多村民是归国华侨，虽然在国外生活过，但是仍然喜欢他们小时候就爱好的龙舟活动，在村中太阴宫旁用一栋独立楼房的二层作为龙舟俱乐部活动使用，一楼则是村中的

---

① 费孝通著，刘豪兴编：《乡土中国（修订本）》，上海人民出版社，2013年，第65—70页。
② 马桥村龙舟俱乐部成员胡武略口述。访谈时间：2022年12月7日，访谈地点：温州市瓯海区马桥村。

老人售卖香火的地方。龙舟是村中居民娱乐休闲的活动方式。在天气适宜的情况下，健身龙舟活动可以持续到天气真正变冷之前，而龙舟俱乐部的成员在小时候就认识，如今成家立业之后仍然会共同参与龙舟活动，认为龙舟可以强身健体，龙舟队伍从茶山的河流出发，可以沿着塘河一路到温州市区。① 龙舟活动对于许多中年参与者而言不仅仅是幼时村中的娱乐游戏，更是成年之后强身健体与村中社会交际的重要活动。

马桥村即使是一个整体的行政村，对外在行政区划与管理上是一个共同体，但是在下辖的后马自然村、浃上自然村和潭头自然村有各自的社会关系，而龙舟就是乡村社会内部区别于其他社区的重要标识。在马桥村，三个自然村会专门打造自己的龙舟，在龙舟的尾部写上"潭头花""浃上花"和"后马花"，这三个自然村拥有各自的龙舟，并无隶属关系，但是这三只龙舟在形状和装饰上又是如出一辙，均是"黄龙"，这些黄色的龙舟在众多的龙舟队伍中容易被识别出是本村的龙舟。龙舟不仅关联着乡村社会中小的自然村的共同体，也关联着大的自然村的共同体。对于龙舟活动的认同感通过自豪感得以加强，端午节时百余支龙舟会从各处汇聚在马桥河中，在马桥村的村民心中，会有"东道主"的自豪感，加深了普通民众对于龙舟活动的认同。

此外，龙舟活动能够吸引起个别基督信仰的民众参与到地方社会的集体活动之中。在既往的温州龙舟调查中，信奉天主教和基督教的村民是不会参与到龙舟之中。当组织活动的信仰"洋教"的村民家筹资时，这些村民基本上都会表明自己信仰不同，不认同当地的民间信仰活动，并表示不会出资。② 在他们的观念中里，龙舟关联的中国道教神灵，因而不参加龙舟的任何活动，但是宗教性的准则能够制约大多数信众，但是也无法组织新一代的青年人通过龙舟参与到地方活动之中。在笔者的调查过程之中，

---

① 霞岙村龙舟俱乐部成员林宪榜口述，访谈时间：2022 年 11 月 19 日，地点：温州市瓯海区霞岙村龙舟俱乐部。
② 潘阳力：《城镇化语境下以民间信仰为依托的温州农村社区文化存续——以鹿城区南塘三村为例》，温州大学 2014 年硕士论文，第 43 页。

遇到了一位信奉基督教的胡丰成的青年，他表示他从小就划龙舟，家里人不允许，但是"被骂一顿"也就好了，① 争执的内容不得而知，争执的结果就是他和家中的哥哥依然参与龙舟活动，在文化矛盾之中达到了和解。

1.2 直接参与龙舟竞渡与出资

在龙舟比赛活动开始之前，普通村民为龙舟活动提供了最广泛的人员支持。马桥村信仰基督教的村民基本不参与龙舟活动，其余村民均会参加。一支龙舟划手需要三十六人，且为男性，这就需要村中有青年男性的参加。在2005年，温州的龙舟赛也有女子龙舟队，将村中出人的范围又进一步扩大，在那一年，马桥原本的潭头花、后马花、浃上花原本三支龙舟队伍又各自添加了一只"女龙"，所以在马桥龙舟活动最多会有六支龙舟队。② 虽然女子龙舟队在马桥村由于各种原因在之后的几年较少组织，但是在历史上的那段时期其参与范围得到了明显的扩大。选定龙舟人员之后，便要紧锣密鼓地开始训练，为了到来的端午节做准备。

龙舟活动的资金筹集主要有善捐、摊派、收"媛主银"和香资支出四种方式。③ 这四种方式为龙舟活动的举行提供了直接的资金支持，为龙舟活动提供了资金保障。

每户出钱较为常见，随着普通民众水平的改善，按户出钱逐渐理性和文明，且地方企业会占比较大。部分贫困家庭在历史上因为摊派而倍感压力，"愿意多出的就多出点，不太想出的就少出点"是常态。村民胡耀宗表示："以前村中每户要出一两百，企业出五百一千，现在企业有钱，也不怎么需要每家每户出钱了。"④ 马桥村中的企业多为自家经营，许多企业的员工便是同村的村民，龙舟活动在地方上被认为是公共活动，企业家也

---

① 马桥村村民胡丰成口述。温州市瓯海区马桥村潭头自然村红颜桥旁，访谈时间2023年4月24日。
② 马桥村宣传委员罗众谊口述。访谈时间：2022年5月24日，访谈地点：温州市瓯海区马桥村文化礼堂。
③ 徐高发主编：《瓯海龙舟》，2011年1月，北京：中国戏剧出版社，第28—29页。
④ 马桥村村民胡耀宗口述。访谈时间：2023年4月24日，访谈地点：温州市瓯海区马桥村潭头宫附近。

乐意出资，企业的出资不仅仅对于传统龙舟，也会捐助健身龙舟。

端午时节，尤其是对于当年有建房、生子和结婚的人家而言，端午节龙舟对于他们而言则更为重要，这种参与既有约定俗成，也有来自地方信仰对于民众的约束。无论是结婚、生子还是建房活动，都会参与其中。马桥村浃上自然村的一位女士这样表示：

哇，有的家里要是生个儿子，要摆酒起来给划龙舟的人吃，要两万三万用的，我家儿子早些时候摆过，一只船两家拼，一家人请一支船上的四十个人，要摆五、六桌用，吃完了还要分钱，一个人要给五十块钱红包，给人家白白吃还要给钱，三十几年都是这样。不愿意也不行，别人说这个龙舟是菩萨保佑的，来了你家不摆酒怕不吉利，摆一桌要花费要三四千，至少两三千。我的孙子还没开始，如果今年要划龙舟也要摆起来给人家吃。①

在端午节期间的上午，龙舟会到当年建房、生子和结婚的人家参龙，而到中午时则会去家中吃饭，到下午斗龙。民间信仰具有突出的功利性，其实质是求吉、禳灾。② 第一位位女士以"菩萨"的泛称代表了龙舟祭祀活动中殇官神，虽然请吃酒的花费不少，但害怕"不吉利"而有所忌惮，遵循着既往的惯例招待龙舟划手。在乡村社会中之中，民间信仰在节庆中的活动建构民众社会生活的秩序，形成一套约定俗成的行为范式。在日后的相处之中，上了年纪的长辈会对晚辈说："你那次摆酒时候我也在吃。"将新生男孩写入族谱是一种接纳宗族共同体成员的形式，在端午节宴请龙舟划手也是身份确认的方式。

即使选择不摆酒招待龙舟划手，在当年建房、生子和结婚的人家也要出钱表示参与，潭头自然村中一位村民这样说："我孙子出生的时候弄过，我儿子要把钱给头家。现在的钱不值钱，如果不摆酒一般就出八千元。现

---

① 马桥村浃上某女士口述。访谈时间：2023 年 4 月 24 日，访谈地点：温州市瓯海区马桥村公交站旁。
② 钟敬文主编：《民俗学概论》，北京：高等教育出版社，第 158 页。

在我的孙子今年十七岁了，当年出了两千两百八，算是最多的了。"① 村民不吝啬于出资龙舟活动，建房、结婚、生子对于乡村社会中的民众而言，不仅是个体人生进程中的头等大事，更是其在宗族中社会身份确认的大事，生子更是乡村社会完整和新陈代谢的基础，在马桥村，这种身份的确认则通过龙舟活动加强了。

2 组织者的统筹协调与自我管理

2.1 "头家"的礼俗继承与权威提升

"头家"又称为"首事"，是指在当地负责节日期间和庙宇日常安排的管理人员的统称，在端午期间承担着组织传统龙舟的职责，在轮值期间有地方集体事务的处置权。村落组织是小型的社区组织，只有那些多姓杂居的村落，才有必要在宗族组织之外建立村落组织，以协调居民关系。② 马桥村中既有属于村落组织中的头家，属于地缘性的社会组织，负责本村内的公共事务，如组织龙舟、庙会、请戏等，头家是在传统龙舟举行的重要组织者，在马桥的村落社会中展现出乡村社会中的个体可以共同参与到公共事务当中。

头家的规模由村落的规模的决定，以户为单位，负责本村一年的公共事务，抽签选举，轮流当选，不连任。马桥村中的潭头自然村、浃上自然村和后马自然村都有自己的头家组织。以潭头自然村为例，村中有胡姓、陈姓、林姓等多个姓氏一共二百余户人家，每户人家出一人，每年的头家人数为十余人至二十余人不等，大致十年能够轮完，在接到街道政府今年允许开划的通知后，便开始组织龙舟的各项事务了，在龙舟正式开划之前，头家的工作主要有筹集资金、通知村民、采购和负责街道申报工作。

龙舟活动的组织第一步便是筹集资金，在上文中提到普通村民为资金的贡献者，头家则是龙舟活动资金的筹集者，在笔者访谈曾为头家的胡国

---

① 马桥村村民胡耀宗口述。访谈时间：2023 年 4 月 24 日，访谈地点：马桥村潭头自然村潭头宫附近。

② 钟敬文主编：《民俗学概论》，北京：高等教育出版社，第 98—99 页。

义时，他一再强调"自愿"和"根据经济情况来决定"，头家不会强迫他
人。[1] 每年的头家要选出一人担任本年度的出纳，保管钱财，负责龙舟活
动的各项支出。头家首先要粘贴告示告知村民今年龙舟要开划，按户收
钱，收集到的几十到几百的都有，也要联系村中的企业，告知今年龙舟开
划希望对方出资，同时还要统筹安排当年建房、生子的人家招待龙舟划
手，一年村中可能有五六个人家生了男孩子，那就要安排每一天龙舟划手
要去哪家吃酒。头家还要为村中女孩子外嫁到其他地方的人家写"媛子
帖"，告知本村龙舟开划，夫家的地址较远的话，头家则会通知其家里人
以保障钱的到位。

　　资金收集后，头家要负责采购事宜和通知，占比最大的便是龙舟的制
作与购买，马桥村最早的时候地方上有建造龙舟的师傅，后来就需要请来
自乐清的师傅建造龙舟，再后来则是用上万元购买一支龙舟，一支龙舟的
寿命是两三年，不能用了便需要重新添置。除了龙舟的大头支出，头家还
要负责购买其他物品，在进河、点殇、收殇等环节需要用的祭祀物品、食
物、水果、队员衣服、锣鼓、划桨、礼炮等。马桥会点燃礼炮表示对每一
支外村龙舟表示欢迎，所以头家礼炮支出相对较多。龙舟造好后，龙舟开
划的五月初五前的几天时间，头家统计好名单，安排好每天由谁代表本村
划龙舟，马桥潭头自然村人数较多需要轮流安排每天谁来划龙舟，若人数
不足则安排一部分人再重复参与。

　　历史上的斗龙较为激烈，会发生械斗的情况，甚至会有危及生命的
可能，所以 2004 年限划政策放开后，举行传统龙舟的活动就需要街道来
进行审批，而每个村中主要申报工作的便是头家，主要是收集本村龙舟
参与人员的信息、填写申请表、填写承诺书和为龙舟划手购买保险，这
一切的流程均以安全为目的。街道的通知发起后，头家便开始负责上传
下达的任务，在申请书中填写收集本村的参与人员的信息，保障每次的

---

[1]　马桥村参龙师胡国义口述。访谈时间：2023 年 5 月 12 日，访谈地点：瓯海区马桥村胡国
义家中。

参与人员会游泳，督促龙舟划手不要喝酒。几个主要的头家还要承担一定责任，所以每年的头家也最担心整个赛事的安全，不敢懈怠，龙舟开划前保险公司会来到村中，头家便要与保险公司交涉为参与划龙舟的人购买保险。审批流程走完之后，头家会领来一张每年龙舟专属的牌照，拥有一个专属的编号。头家上承下接的角色至关重要，在龙舟活动中起到了普通村民与政府间的桥梁作用。端午节划龙舟的那几天，头家们便要邀请参龙师主持仪式，在龙舟的点殇、摆祭、收殇的各个环节整理场地，提供后勤保障服务，还要陪同街道政府、村委会维护现场的秩序与保障活动的安全。

头家是每年集体活动主要的组织者，展现出乡村社会自发形成的民主参与，这种集体性的事务性参与，既是荣誉也是责任。"大家都看着呢"的文化心理督促着当年轮值的头家尽心干事，谨慎使用当年的集体资产，不敢徇私。以马桥村潭头自然村为例，每年村中20人左右的头家并不都是积极参与的，有部分头家也会因为正好轮到了而敷衍了事，头家每年的事情干得好，村里人的人会喜欢，成为头家的村民在参与事务的过程中也提升了自己的好名声，而个别偷懒的头家其名声也会降低不少，在下一个十年重新头家分组的时候，有些村民在心中便会暗忖："瞧瞧这个懒惰鬼又在我这一班了。"① 在乡村社会之中，普通民众与头家身份转换之间直接影响到个人的名声。

2.2 龙舟俱乐部的赛事组织与荣誉归属

龙舟俱乐部是组织健身龙舟的另一社区主体，其组织活动的方式突破时间和空间的限制，组织以龙舟为兴趣的民众参与到常态化体育锻炼之中，从娱乐性的传统龙舟转向专业性较强的健身龙舟。龙舟俱乐部在宏观政治环境下兴起，"健身龙"较好地满足民众的现实需求。② 血缘和地缘关

---

① 马桥村参龙师胡国义口述。访谈时间：2023年5月12日，访谈地点：瓯海区马桥村胡国义家中。

② 吴金跃：《温州龙舟与地方社会变迁的民族志研究》，南京大学硕士论文，2012年5月，第82—91页。

系为纽带的传统组织方式在城镇化进程中发生变化，龙舟俱乐部作为地缘和业缘相融合的新生组织力量为端午龙舟活动的承继注入了新的活力。①温州龙舟俱乐部的组织形式是二十世纪才正式兴起的，在城镇化进程之中，龙舟俱乐部是一种新的社会组织，其人员构成也较为年轻化。在比赛方式上，传统龙舟在进行斗龙时的比赛路程并不确定，而健身龙舟在比赛时需要规定起点和终点，通常以 200 米、500 米和 1000 米为标准赛道，分别设立男子比赛和女子比赛。

龙舟俱乐部拥有专门的队长和管理人员，成员大都是本村居民，俱乐部成员较为年轻化，俱乐部的会费由成员共同出资，经济基础良好的企业家出资占比较大，拥有固定的活动场地。俱乐部的成立和组织运行离不开经济状况较好的组织者。龙舟俱乐部成立较早，胡武略讲述 2007 年，潭头自然村的健身龙舟就是潘桥区域内第一条健身龙舟，而后专门成立了龙舟俱乐部，健身龙舟的兴起离不开村中爱好龙舟的企业家，据他表示，在成立之初，企业老板个人出资两三万购买龙舟供俱乐部成员使用，随着时间的发展，还不断添置新的龙舟。② 地方企业家的出资对于龙舟俱乐部的运行起到了至关重要的作用。

龙舟俱乐部日常活动是以强身健体的划龙舟，许多参与健身龙舟的成员也参与传统龙舟，突破传统龙舟的时空限制的健身龙舟在运行上更为灵活。在马桥村，参与过马桥村的龙舟俱乐部人数有一百多人，主要的核心成员也有二三十人，平均年龄在 34 至 36 岁之间，这些队员从事的行业不同，有些是村中开鞋厂的老板，有些是开饭店的，有些则从事普通的工作，俱乐部成员都是因为喜爱龙舟参与到俱乐部中，没有金钱上的奖励，全凭热爱，在地方上有些高中生会在暑假来龙舟俱乐部体验龙舟。③ 龙舟

---

① 田金珍：《温州市瓯海区任桥村端午参龙研究》温州大学硕士论文，2021 年 6 月，第 58—61 页。

② 马桥村龙舟俱乐部成员胡武略口述。访谈时间：2022 年 12 月 7 日，访谈地点：温州市瓯海区马桥村。

③ 马桥村龙舟俱乐部成员胡武略口述。访谈时间：2022 年 12 月 7 日，访谈地点：温州市瓯海区马桥村。

俱乐部成员中年人和青年人较多，在他们的童年时期就曾跟着父辈参与到龙舟活动之中。龙舟俱乐部组织的健身龙舟活动拓宽了传统龙舟的划行时间，只要天气不是很冷就可以划，一般为三月到十月。

龙舟俱乐部重要的组织活动便体现在龙舟赛事组织上，遇到重大赛事时，龙舟俱乐部需要筹谋整个赛事的安排，龙舟俱乐部要拉赞助、组织训练和带领成员外出比赛。马桥村龙舟俱乐部作为地方性非职业的龙舟俱乐部成绩斐然，近些年所获荣誉众多，如"2022 年温州第九届龙舟系列赛12 人龙舟 500 米直道赛第一名"、温州市第二届龙舟俱乐部联赛（第二站）中获得公开组 500 米直道赛第一名、"2020—2021 年度温州市十佳龙舟俱乐部"① 等。马桥村龙舟俱乐部作为民间自发组织的民间传统体育组织在温州地区内享有一定的知名度，俱乐部组织成员参与到国际标准的龙舟赛事之中，而这些赛事往往是龙舟俱乐部在龙舟协会通知下组织参与的，龙舟俱乐部具有独立法人性质和参赛资格。马桥村龙舟俱乐部所参加的以温州的龙舟赛事比较多，近些年常去温州市龙舟基地参与比赛与训练，还要配有专门的领队、教练及替补人员，甚至会聘请退役的专业皮划艇教练员前来指导。

荣誉归属是俱乐部成员积极参与的主要原因，为了地方的荣誉感，主要参加比赛的俱乐部成员准备得较为认真。俱乐部成员胡武略表示马桥村的龙舟俱乐部都是拥有共同兴趣的人来参加的，地方荣誉感是其积极参与比赛的重要原因，要尽力划才对得起提供资金支持的企业和赞助商。② 也有成员这样说："哪个训练不吐的，新年第一次训练划我就划吐了，训练吐了也要训练，我们是男人，力气要大。"③ 凯旋时对于龙舟俱乐部成员而言是最开心的时刻，会受到来自村的表彰与表扬。

---

① 获奖证书陈列于马桥村文化礼堂龙舟文化展厅，表格由笔者 2022 年 5 月整理所得。

② 马桥村龙舟俱乐部成员胡武略口述。访谈时间：2022 年 12 月 7 日，访谈地点：温州市瓯海区马桥村。

③ 马桥村村民胡丰成口述。访谈时间 2023 年 4 月 24 日，温州市瓯海区马桥村潭头自然村红颜桥旁。

3　参龙师的仪式主持与技艺传承

3.1　仪式主持与参龙词创编的民间文学创作者

参龙师是仪式的主要主持者，在请神、参龙、收殇环节需要演唱参龙词，作为端午节祈福重要仪式主持者，创作的参龙词以喜庆、吉利为导向。参龙师是指在参龙仪式中演唱参龙词的先生，是参龙仪式的主角。端午节的参龙师有多重身份，既是龙舟竞渡活动中祭祀环节的"唱神者"，也是龙舟上的总指挥和鼓手的帮手，亦是在端午节庆中向民众传播知识的文化使者。[1] 马桥村、岷岗村、丁岙村的七个自然村（又称"七花"）[2] 共同在马桥河上游庙宇的霞碧殿中进行请神仪式，参龙师要负责点殇，即将三十六殇官神像从马桥河上游庙宇的霞碧殿中取出。在这一环节中，参龙师需要穿着特定的道袍，配合鼓声和锣声说唱参龙词，来自潭头的参龙师对这一仪式的参龙词稔熟于心：

<blockquote>

河边光景一时新　　三港大帝受点灯

合殿尊神齐庆贺　　后宫娘娘受点灯

五月端祥闹盈盈　　兑受传令奏仙人

先桌神仙五太保　　三十六道后边跟[3]

</blockquote>

请神仪式的参龙词的大意是既定的，先向本宫殿的诸位神灵讲明来意，点出五灵太保，在三十六殇官保佑七花龙舟顺利举行，然后便要奏仙，配合着插香、点烛地点出三十六殇官，六个殇官为一组，点六组便可全部点完，其文本记录如下：

<blockquote>

一道点碧是六道　　二六十二点仙人

三六点碧十八道　　四六廿四点香官

五六点碧三十道　　三十六吴良仙人

</blockquote>

---

① 田金珍：《温州市瓯海区任桥村端午参龙研究》温州大学硕士论文，2021年6月，第7页。

② "七花"指的是马桥潭头花、马桥浃上花、马桥后马花、岷岗前花、岷岗中花、岷岗后花和丁腰花。

③ 马桥村参龙师胡国义手稿。2022年12月12日，温州市瓯海区马桥村文化礼堂。

三十六道点各龙舟内　　龙舟点度满是赢①

三十六殇官便可以全部点完，各村便可以将放着殇官爷的香案领回村中暂存，正式开始划龙舟。除了请神点殇这一环节遵照一定的内容，还有收殇环节也是如此，龙舟活动结束之后要将神灵送回宫殿之中，同样也需要说唱参龙词，送神时和收香案时都会吟唱参龙词：

奉送三请归山景　　腾云驾雾转回宫

十二星辰添富贵　　廿十八宿保康宁

万紫千红总是春　　多些大宅香案收

纸灰化作玉蝴蝶　　爆竹声声送神功②

龙舟经过当年建房、生子和结婚的人家时，村民要将物品放置在竹竿顶端，系上红绳，让参龙师创作参龙词，参龙师需要在较短时间内创作出寓意吉祥、朗朗上口的参龙词，龙舟上的划手、鼓手、锣手配合着参龙词的吟唱而拍打水面、打鼓、敲锣，喜庆的气氛便会达到高潮。马桥村参龙师胡国义创作的参龙词对仗工整，寓意吉祥，针对不同的物件快速写出参龙词，为民众讨个好彩头。虽然一支龙舟上只有一个参龙师，但是参龙师在传统龙舟仪式举行上承接着娱人和娱神的重要职责，不仅要向神明祷告本地区的龙舟事宜，起到本地区风调雨顺，更要同社区民众"说好话"，将入仕、求学、平安、健康等美好祝愿通过参龙词说唱出来。

3.2　传承参龙技能、宗族文化和风水占卜的民间知识分子

参龙分为端午节参水龙和元宵节参旱龙，所以在温州地方社会中，需要参龙师的时间并不会持续太长，并不能为个人职业，在以往学者的调查研究中，文化程度偏低、年龄偏大是现有参龙师队伍是特征之一，但是许多参龙师会通过自身的学习，掌握传统的地方性知识便可以成为其谋生的重要手段。

部分参龙师并不承认完全意义上的师承关系，强调自我习得，与地方

---

① 马桥村参龙师胡国义手稿。2022年12月12日，温州市瓯海区马桥村文化礼堂。

② 万军：《瓯海参龙》，中国民族摄影艺术出版社，2015年，第269页。

社会其他参龙师保持交流。胡国义参龙师是马桥村潭头自然村人，参龙师胡国义回想起第一次参龙时已经距今 38 年了，那时他的外甥胡武略出生，端午节作为生子人家值饭，参龙师傅参龙时，他在岸上觉得参龙师创作的参龙词不好，便下到龙舟上重新创作了一首，那是他第一次创作参龙词。成家立业之后胡国义参龙师忙于生计，并不是常年在马桥村，对古戏古文较为了解的他在退休之后积极地参与村中事务，创编参龙词和楹联，同时研习风水占卜的书，算建房时间及其各种占卜，也会为各种古建筑题写对联。胡国义参龙师自学创编参龙词，在固定的平仄之间引用民众耳熟能详的戏文和典故，也对老参龙师表示尊敬，在仙门村有一位林保旺参龙师在耄耋之年去世，当时正是新冠疫情第一波感染的高峰，找不到办理丧事的先生，是胡国义参龙师帮忙测算出殡日子再寻到了一位先生主持仪式。

在龙舟活动期间，参龙能够为参龙师带来一定的经济报酬，在熟人社区的收入会低一些。在马桥村的龙舟活动中，参龙的收入主要有两部分，一部分是头家一次性支付的收入，另一部分是在建房、生子、结婚人家额外的红包收入，整个期间的收入有几千到几万不等。他认为在端午节期间进行参龙是将自己的"才气"分享给大家，参龙词不仅要好听，还要能说出参龙词的历史典故，创作出有水平的参龙词。近些年端午节期间，因为参龙师的稀缺，参龙师常常需要前往其他村子进行参龙，胡国义参龙师记得最忙碌的一年，一个上午参了五六个村子，在龙舟上腿都站不稳了，非常疲惫，在其他村子的收入会比在本村马桥村的收入高一些，他解释都是地方上的人有面子在的。① 参龙师的名誉是慢慢积累的，不同的村子对于参龙师水平的要求也不一样，要求较高的村子须得好好准备，良好的创作也为下一年各村联系他奠定了基础。

我们或许可以从参龙师的个人人生经历来看到乡村社会内部运行的一套礼制与规范，参龙师是龙舟活动的社区主体，更是乡村社会因血缘和地缘关系交织的个体，其行为代表一定的社会文化。笔者第一次接触到胡国

---

① 马桥村参龙师胡国义口述。访谈时间：2023 年 5 月 12 日，访谈地点：温州市瓯海区马桥村胡国义家中。

义老先生，他最先向我们提及的不是他所创作的参龙词，而是一叠厚厚的《胡氏谱牒》，侃侃而谈的是他在潭头为地方宗族事业所做出的贡献，马桥村的一处山林中有着第一位祖先胡成的墓地，但是杂草丛生，胡国义老先生经过多方考证终于确定了这就是马桥村潭头自然村的第一位胡氏祖先，便收集文献资料，查阅政府文件将墓申报瓯海区文物保护单位，地方政府的修缮墓地款项和胡氏族人的出资还是不够修缮古墓，他便自己出资五万余元继续完成修缮胡成墓的任务，不遗余力地出钱出力，终将胡成墓修缮完全，同时也修了前往胡成墓的水泥路。① 除了修祖墓，他又耗资十余万整理胡氏宗谱，理清了胡氏迁徙潭头的路线，确定了因为元代温州海啸，胡氏内迁，成为最早在马桥地区扎根的氏族。宗族的兴盛在参龙师们的意识范畴里占据着重要地位，修建宗祠、完善族谱和组织宗族活动都是他们依托血缘和地缘融入乡村社会中的重要路径，他们认为只有宗族兴盛，子孙才会有出息。

4　村委会的展厅建设与社区治理

马桥村龙舟文化展厅位于马桥村文化礼堂一楼农耕教室，占地面积约80平方米，以灰色砖石为墙面。位于龙舟文化展厅中心是一条身长10米的装饰性竞渡船的黄色龙舟，较河中实际比赛使用的龙舟小，中间宽，两头窄且大小相等，自中腹向两头渐收，龙头戴红巾、挂2个红灯笼、26支黄色划桨、13档装坐板、1个龙船鼓、1个铜锣，3面带有"马桥村"字样的黄红旗，龙舟夹板上摆放着马桥村龙舟俱乐部近些年奖状和奖杯。

马桥村龙舟文化展厅的建成过程比较顺利，村委会是组织建造展厅的主体。马桥村委干部罗众谊表示，龙舟竞渡文化一直是村中文化的核心标识，恰逢浙江省文化礼堂的建设，将龙舟文化展厅的选址定在了马桥村文化礼堂之中，通过村委提案、村民大会表决，街道审批，以招投标的形式选取建造方案，资金由村中集体资金收入来筹建，建造约三万元，整体装

① 马桥村参龙师胡国义口述。访谈时间：2022年12月12日，访谈地点：温州市瓯海区马桥村文化礼堂。

修花费十余万元。① 龙舟文化展厅于 2016 年建成，建成的一两年，村民参与度较高，马桥村委将文化礼堂打造为研学基地，温州市实践学校②占用的是马桥村土地，在一次学生实践参观之后，实践学校赞美龙舟文化展厅之中的龙舟装饰美丽，村支书左和存便组织马桥村免费捐赠一条龙舟给温州市实践学校。

龙舟文化展厅以龙舟宣传性资料为主，同时会为附近中小学提供研学场地。左侧墙面多参考《瓯海龙舟》资料，包括"龙的传说""龙的起源""端午由来""资金筹措"的宣传资料，右侧墙面挂有龙舟竞渡"点殇""进河""摆祭""参龙""斗龙""收殇"完整仪式的介绍。除此之外，展厅角落中摆放着闲置的桌椅和文艺表演后留下的戏服。"龙舟起源"的宣传文字并没有明显强调温州龙舟是古代越国消灭吴国的军事起源，而是客观地评价"龙舟是古代工具技术的发展和风俗习惯形成的产物，曾经广泛地应用于生产、军事、娱乐、祭祀等各个范畴，是我国劳动人民智慧的实践、美好愿望的表现形式和民族精神的体现"。

村委会作为最重要的社区治理主体，对于推进新型农村社区治理具有十分重要的影响。对于村委会而言，温州龙舟主要有增强民族凝聚力、实现治理效能和扩大乡村知名度的社区治理价值。

围绕龙舟的起源众说纷纭，"纪念屈原说"较为普遍，而以马桥村为代表的温州龙舟是以"纪念勾践操演水军说"为主要起源。越王勾践忍辱负重利用龙舟操练水军，打败吴国的传说与屈原以身殉国的牺牲精神本质上都是反映爱国主义，当中小学生和村民或者是其他社区成员参观马桥村龙舟文化展厅的时候，其教育目的也是体现爱国主义的教化功能，对于中华民族共同体的归属感的渲染和增强是政府在文化上的诉求。

村委会通过参与龙舟民俗活动实现服务职能与治理职责。传统龙舟的

---

① 马桥村宣传委员罗众谊口述。访谈时间：2022 年 5 月 17 日，访谈地点：温州市瓯海区马桥村文化礼堂。

② 浙江省首批中小学生研学（劳动）实践教育营地和国家示范性综合实践基地，负责中小学课外实践活动。

资金筹措的摊派之风对于家庭困难的民众而言是一种负担，也只有政府以其公权力加以禁止才能将龙舟习俗中的不良成分，剔除以香资支出等方式合理解决龙舟活动的资金筹措问题，历史上的龙舟竞渡热闹非凡但也存在着安全隐患，马桥龙舟伤亡事故对民众的生命财产安全和乡村社会治安和谐都造成了负面影响，村委会将龙舟赛事规范化与安全化，履行了政治职能。在组织和推广龙舟活动时，可以扩大乡村知名度，促进乡村教育和旅游活动，宣传龙舟活动中包含的团结一心、奋勇拼搏、强身健体的现代文化价值。马桥村将农耕文化和龙舟文化作为村落的核心文化标识，通过建立研学基地和村民文化活动中心来打造乡村文化礼堂品牌，助力实现乡村文化振兴。

参考文献

[1] 潘阳力. 城镇化语境下以民间信仰为依托的温州农村社区文化存续——以鹿城区南塘三村为例 [D]. 温州大学，2014.

[2] 徐高发主编. 瓯海龙舟 [M]. 北京：中国戏剧出版社，2011.

[3] 钟敬文主编. 民俗学概论 [M]. 北京：高等教育出版社. 2010.

[4] 吴金跃. 温州龙舟与地方社会变迁的民族志研究 [D] 南京大学硕士论文，2012.

[5] 田金珍. 温州市瓯海区任桥村端午参龙研究 [D]. 温州大学，硕士论文，2021.

[6] 万军. 瓯海参龙 [M]. 北京：中国民族摄影艺术出版社，2016.

温州端午参龙词的主要内容与社会功能

胡铸鑫　　薛锦霞

（温州大学，浙江温州 325035）

【摘要】参龙活动是温州端午节独具特色的一项民俗活动，是通过口头传诵方式进行活态传承的民间文学活动。参龙词可以被划分为赞颂词和娱乐词两类，赞颂词主要是敬神祈福类，娱乐词主要分为历史文化类、温州风土人情类、颂扬当代社会类三大类内容。另外，参龙是一项在特定的仪式中为娱神、娱人而进行的民俗活动，兼备仪式性和娱乐性，从近些年的参龙词内容来看，其民间信俗色彩逐渐减弱，娱乐休闲功能逐渐增强，是民间重要的艺术表达形式。祈愿为目的的参龙仪式可以满足人们"求吉"的心理需求，包含惩恶扬善故事的参龙词具有教育意义和知识传播意义。参龙活动是百姓津津乐道的地方端午节俗的重要组成部分，人们在这种互动交流中加强对村落文化的认同。

【关键词】参龙词；内涵意义；村落认同

作者简介：胡铸鑫，男，温州大学教育学院副教授，杭州国际城市学研究中心浙江省城市治理研究中心智库客座研究员，研究方向：摄影摄像视觉媒体、民俗文化、虚拟现实技术等方向，信箱：boyfzx@163.com。薛锦霞，女，温州大学人文学院2021级民俗学硕士生。

参龙是温州端午龙舟活动中具有浓郁传统性和地方性的特色习俗。参龙活动有一套固定的程序，包括进河、点殇、会神、参祭、参红、收殇、十保、归宫安位等，其中参祭和参红①是难度最大、比重最大、文化内涵最为丰富的环节。[1] 参龙师一般是先参香案上的祭品，祭祀神灵庇佑摆祭的人家，后参红绸竹枝上的物件儿，根据物件儿说好话来讨彩头。[2]

1　温州端午参龙词的主要内容

参龙词根据不同的演唱场景和内容，可以分为赞颂词和娱乐词两类，以仪式歌、插词、正文三种形式表现出来。赞颂词主要是颂扬神灵的功绩、强调祭祀仪式的神圣性、称赞主人家的能干善良，主要是敬神祈福类中体现。娱乐词则是为了娱乐民众而创作，涵盖历史文化类、温州风土人情类、颂扬当代社会类。

1.1　敬神祈福

参龙是温州端午节敬神祈福的民俗活动，人们将对神灵的畏惧崇敬以及对美好生活的期盼都用吟唱参龙词的形式表示出来。敬神祈福在请神安位和进河收殇时表现得最明显②。

1.1.1　请神安位

请神时，参龙师、头家、祭户和龙舟队组成一队带着皮鼓大锣，抬着龙头龙尾，拿着船桨到达神灵庙宇，到达门口后燃放鞭炮以敬告神灵。参龙师用温州土话告知神灵划龙舟的计划和详情，包括起始时间、天数、参与村落（花）、首事名单等。随后，参龙师吟唱《请太保佛殿通情》，由开场词、八仙贺寿、众神安位、请太保、菩萨保、结束语六部分组成。参龙师唱一句，鼓手敲击一下，锣声和三声。头家、祭户和龙舟手随着参龙师的节奏双手合十向神灵祈祷，当参龙师念到名字时，那个人就会连连鞠躬，请求神灵赐福，大殿之中的人们共同完成请神灵的仪式。

以任毓海③的《请太保佛殿通情》为例：

---

① 参祭是参岸边摆的香案中的食物，参红是参带红绸的竹枝上所挂物件。
② 本部分内容参照任银河老师提供的 2021 年任桥正湖（燎东俱乐部）的龙舟参龙活动的田野调查整理而成。
③ 任毓海先生为瓯海区参龙文化研究会秘书长，任桥人，师从任银和老师。

三声礼炮响连天，迎来一片锣鼓开。……开头八仙先祝贺，合殿诸神保太平。瑶池王母寿筵开，相请天庭众神仙，众仙奔赴蟠桃会，八洞神仙离蓬莱。

太阴圣母银銮坐，安坐原位受香烟。张三令公原位坐，身坐银銮受香灯。……合殿诸佛安原位，安坐原位受香灯。

太保圣神有灵感，听我弟子叩通情……事情先道当年初，楚国屈原官大夫。忧国忧民人忠烈，名载史册在汨罗。……瓯海郭溪任桥村，每花修（新）造有龙船。敬请太保出庙宇，掌管龙舟保平安。

太保令交我弟子，我代圣神把令传……几天龙舟划完毕，没有伤损无灾凶，划船子弟保一毕，再保全村统地方。这次龙舟划过后，家家户户都安康，六畜兴旺猪牛壮，五谷丰登粮满仓。

弟子通情已完毕，现在请你出中堂。各位首事来朝拜，接送太保到地方。[6]308

《八仙贺寿》的唱词，以礼炮和锣鼓为开端，描写庙里敬神的场景，并邀请八仙一起来庆贺端午。之后写八仙来赴会的场景。《众神安位》是为宫庙中供奉的神灵安排宴席位次，是现实生活的一种映射。不同庙宇供奉神灵不同，所写的《众神安位》词也不一样。接下来是《请太保》，吟唱时参龙师需面向太保神位。每个划龙舟的花都要派一名鼓手和锣手站成一排，参龙师每唱一句，他们则快速密集地敲锣打鼓，与参龙师的演唱配合。先吟唱为纪念屈原而划龙舟的历史，随后请太保出庙宇，掌管和护佑今年任桥的龙舟活动。随后，请太保令、唱诵《菩萨保》，请太保护佑今年划龙舟平安，不同村民来年的生活吉利顺遂，最后便是结束词。《请太保佛殿通情》是在龙舟请神时常用的文本，叙事完整且具有程式性。请神文本大体是一致的，参龙师会根据具体情况做出一些小的改变。

参龙师唱完后，各个花的头家要从五阴太保的香炉中拿一根香，插在自己花的香斗中。随后，拿着香斗飞快地跑向临时行宫，鼓手和锣手也紧跟着头家，边跑边敲锣打鼓。参龙师手拿令箭，到达行宫后，将香炉和令箭放置其中，供民众祭拜。在临时行宫也要吟唱参龙词来安位，以任毓海的《埠头暂安位》为例：

龙鼓咚咚鸣金锣，簇拥太保到埠头。临时行宫安下位，请你在此暂停留。接受香灯有几天，善男信女会应酬。等到进河这一天，再来请你落龙舟。太保神圣有灵感，在此几日会显威，三十六道你掌管，暂坐埠头报平安。保佑全村男和女，男女老少保平安。本村龙舟红黄色，年年龙舟划平安。[①]

这段唱词为"太保临时安位"的内容，此外，还要以此吟唱《庆八仙》《谢祭户》和《十保》。"谢祭户"是要通告今年资助划龙舟事宜的个人及企业，并且请太保爷保佑这些个人和企业平安富贵的吉祥话。最后吟唱《十保》，保佑所有村民来年可以吉祥顺遂。吟唱结束后，请神安位正式结束。

1.1.2 进河与收殇

进河的参龙活动都在龙舟中进行，龙舟进河是很讲究的，需要请算个"黄道吉日"。正式进河前，还要划"哑儿船"的程序，也就是龙舟不敲锣打鼓、不放鞭炮来回划三趟。试划安全后正式进河，龙舟手、舵手、鼓手、旗手和参龙师在岸边礼炮响后登船，紧接着参龙师开始吟唱"进河词"进河词包括庆礼炮、请太保下船、点殇官、净船、请龙、庆八仙等环节。

蔡兰西的《龙舟进河》："齐声发哈神喜欢，总将得令点香官，豪杰神仙点下三十六，三十六道保平安。"[6]256 以此来鼓舞士气，祈祷神灵保佑。祭拜结束后，参龙师拿走令箭和香炉（香案上再备一个香炉）带上龙舟。龙舟朝着请神庙的方向划一圈停下，再划三次"哑巴船"，从村头到村尾没有任何声响的，划完后归还令箭和香炉。划完三次后开鼓点炮放烟火，随后开始参祭，参祭是要参给太保的，是为了表达对神灵的敬畏的。参祭先要有个开头语，开头语包括好几节，包括参埠头、参地方佛名、八仙庆、龙舟送宝、参造桌、参吃茶、参酒、参三牲、参其他。随后跟着龙舟

[①] 任毓海供稿，资料于 2023 年 4 月 20 日微信获得。

前进，遇桥参桥，遇庙参庙，龙舟划至仙门桥时，参龙师就会参"花有清香月有阴，太阴圣母受香灯。水仙神府龙庆贺，桥亭路道一总宁"①。龙舟划至太阴宫，龙舟会参"一寸光阴一寸金，太阴圣母受香灯。圣殿土地龙庆贺，张三令公保康宁"。掉头的时候也需要参龙："云淡风轻近午天，总管大令催神仙，龙舟掉头顺头出，鸣锣急鼓把船出。"

第二日，龙船进水，参龙师开始挨家挨户地参龙，有的人家将东西放置在门外香案上，也有的人家摆在屋内，无论什么情况，参龙师都会去参，参完香案后，民众便会将一些米洒出来象征去除邪祟，然后紧闭大门。参香案结束后，正式开始斗龙，参龙师行至岸边看到竹竿上的物品也要参，是为"参红"，参红的对象不一致，但都是为了娱乐以及趋吉避凶的心态。最后是收仙送神、归宫安位，龙舟到任桥报到后返回各村，返回时带走自己的殇官，陈光汉的《收殇》描写了这一场景："云涌大地起风雷，总管传令把殇催，催齐神殇船舱内，三十六道顺利归，尽喜尽欢转回营。乳鸭池塘水浅深，桥头桥尾休耽搁，听令落船转回京。云淡风轻近午天，太保令出收殇神，收齐殇神五七一，鸣锣击鼓把船开。"[6]237 回到村子后将龙舟拆除扔到河里，然后捞起来安置在岸上，香炉和令箭也放回原来的道观和寺庙，寓示着神灵归宫安位。

1.1.3　敬神祈福的参龙活动

参龙活动通过吟唱方式来祭神娱神，以此来达到驱邪祈福的目的，带有浓厚的宗教祭祀色彩和地方特色。温州因为地理环境的缘故，自古就有的"信鬼尚巫"风气。温州自然环境恶劣，几乎每年都要遭受台风和洪水等自然灾难袭击，因此，温州先民的不安全感和忧患意识很强，在自我力量较为弱小时，他们便期待一种超自然力量的庇护，于是各种充满异能的神灵被"制造出来"或者"迁移而来"，用来纾解人们对未知生活的恐惧和寄托人们对未来生活的期待。参龙所请的五阴太保，据说原型是战国时期的5位将领，分别是张彪、彭方、张贤、洪武、周陆将军，所请的36殇

---

① 任毓海供稿，资料于2023年4月20日微信获得。

官是未成年而夭的亡魂的统称。殇官是比较争强好斗的，请殇官可以帮助龙舟划得更快，龙舟划得越快殇官越高兴，就不会祸害乡里。五阴太保①是负责管理殇官，能保证龙舟安全划行，保佑村落能够顺利吉祥的。此外，龙舟进河也要请龙神，以此来祈愿村落风调雨顺，百姓安居乐业。敬神祈福是举行参龙仪式最核心的目的，贯穿整个仪式的始终，尤其是在请神安位、进河、收殇环节体现得尤为明显。参龙师作为神灵的"弟子"，是沟通神与民之间的中介，他敬告神灵民间所做之事，请求神灵的庇佑和赐福，神灵通过仪式被请出来后，正式加入龙舟竞渡活动中，与民同乐，民众也通过仪式得到心灵上的慰藉，减少了对灾祸的恐惧，对生活越发积极。

1.2　讲述历史人物和传统文化

参龙词是一种温州民间创作的文学形式，参龙的时候，要通过多种方式对供桌上摆放的物件儿或竹枝上挂红的物件儿作诗描述，以此来赢得乡民们的喝彩。参龙时，就算是在同一地点、同一品类的物品，也要随时变换手法，让听众保持新鲜感，这要求参龙师要有深厚的文学素养和丰富的知识储备。参龙师们在日常生活中也会学习大量的知识，尤其注重对历史故事和传统文化的学习，在与参龙师胡国义访谈时，他就曾讲过："我年轻的时候就喜欢看书，历史书啊、小说故事啊，我都读。"② 因此，许多参龙词都蕴含着历史人物故事和传统文化，参龙词虽然是民间创作，但因为增加历史和传统文化的内容而增加词的雅致。

1.2.1　历史人物的叙述

参龙词中记载了很多品德高尚的历史人物，以此来弘扬儒家提倡的仁

---

① 战国时期，越王勾践为了复国报仇暗自操练水军，最后成功攻灭吴国。当时越国的 5 位将领，张彪、彭方、张贤、洪武、周陆将军是此次复仇之战中的主力将领。这次战斗中有许多将士伤亡，于是越军请来唱神者为战役中牺牲的亡灵招魂。这也是最早的收殇仪式。后来每年端午节经常出现安全事故，人们猜想是这些殇官把魂魄附在划手身上，导致各种斗殴和沉船事件。人们于是在神殿中塑起这五位将领，每年在端午节划龙舟活动的时候祭拜，希望这 5 位太保能管理这些亡灵，以保龙舟活动安全，其中的唱神者也就是最初的参龙师的原型。

② 被采访人：胡国义，男，77 岁，中学学历，马桥村参龙师。访谈时间：2022 年 12 月 6 日。访谈地点：温州市瓯海区马桥村。

义忠勇思想。"桃园结义关云长，匡胤兄弟后结义，千里单骑送王嫂，千里一人送京娘。"[6]315 赞颂关羽的义薄云天，着重强调兄弟之间应当忠义。"卧冰求鲤王祥"，赞扬他对于父母的赤诚的仁孝之心，强调对待父母应当孝顺。[6]330 综上来看，这些历史人物的故事，更多体现的是中国古代传统价值观念，仁义忠勇等价值观念被赋予在参龙词的词曲之中，被参龙师通过吟唱的方式传递给每位听众，听众认可这样的价值观念并且予以掌声、喝彩等方式予以回应，构成参龙师与岸边人群的一个互动。节日是一个神圣时间，人们通过参龙这样的节俗活动接收到这样的价值理念对人们的价值思想建构有着重要的意义。

1.2.2 传统文化运用

参龙词中也有很多民间传说故事和戏曲故事，这些故事贴合百姓的日常生活，能够引起民众的聆听兴趣，让他们鼓掌叫好，从而使其与参龙师有良好互动，活跃现场气氛。参龙词中讲述的民间故事大都为爱情故事、好运故事。爱情故事以拾玉镯为例，"傅朋故意把镯丢，姑娘拾到身边藏，媒婆拿扇长烟筒，有意盘问孙玉娇。"[6]432 这个故事来自于戏曲之中，讲述的傅朋与孙玉娇彼此爱慕，傅朋故意遗失玉镯，玉娇拾镯进屋。刘媒婆看出两人心意相通，索要玉娇绣鞋，代为撮合的故事。玉镯钗环、绣鞋荷包自古便是男女私定终身的信物，通过"赠送"信物，表达男女双方的情义是民间故事常有的母题，是民众所喜闻乐见的故事内容。故事的走向也是皆大欢喜的，男女主人公在媒人的撮合下结成连理，这种大团圆式的故事结局往往是符合人们对于爱情故事憧憬的，表达了百姓对于美好爱情乃至美好生活的向往。

好运故事以张银森的《洞庭红》故事为例，张银森在参龙词中简要地叙述了转运汉巧遇洞庭红的故事，"文实经商家道穷，出外返卖洞庭红，荒岛得宝龟龙壳，以后号称大富翁。"[6]432 这个故事取自凌濛初的《初刻拍案惊奇》中的一篇明代的白话短篇小说，故事讲述的是明代成化年间，一个名叫文若虚的男子是个出了名的"倒霉汉"，在国内做生意屡遭失败，后来跟随张大等人出海贸易，因少有本钱，故而用一两银子买了太湖特产

"洞庭红橘子"却在陌生国度挣了 1000 多两银子，本以为是极幸运的事情了，但返回途中偶然捡到的大龟被波斯商人五万两白银买走，更是让人感叹其好运。他拿这些钱财置业娶妻，从此家道富裕不绝。[6]314 故事中掺杂着"命运既定"的思想，男主人的际遇存在偶然性，但也是明代市民生活的体现。故事发生背景在明代中后期，当时国家虽然实行海禁政策，禁止商人出海贸易，但是江南地区仍然存在着私自出海贸易的现象，说明海禁政策并非是牢不可破的。而且像这种"骤然暴富"故事也是诱导民众出海求利的一个动因，在金钱利益的吸引下，许多民众认为自己也可以是赚大钱的"幸运儿"，所以甘愿冒着风险出国经商。

参龙词中也会涉及许多文学著作的内容，有的是对文学名著总的概述，譬如吕锡洪对于四大名著的述论："唐僧师徒去取经，魏蜀东吴三国分，水浒一百零八将，大观园里闹纷纷。"[6]314 又如任青云对四大名著的叙述，则注重从作者的创作入手对其进行描述："高鹗雪芹著红楼，承恩独笔写西游，罗贯中将三国写，耐庵水浒亦虚构。"[6]325 也有关于某部文学作品中的内容阐释，譬如任青云对生辰纲这一故事情节的描述："杨志押送生辰纲，通风报信是刘唐，车推酒桶白胜卖，后会梁山助宋江。"[6]326 简短的语言将智取生辰纲的主要参与者和情节都描绘出来。还有对于某一文学人物事迹的讲述，任青云对《西游记》中孙悟空的形象曾这样描述："借宝兵器海龙宫，偷吃仙桃闹天宫，葫芦灵丹仙酒饭，西天取经大师兄。"[6]325 通过叙述其主要"事迹"，塑造出桀骜不驯、勇于斗争的孙悟空形象。

1.3 赞颂温州的风土人情

参龙是温州地方独有的端午习俗，参龙师在进行词曲创作时也会主动地颂扬家乡的风土人情，宣传温州自然风光、历史建筑以及节俗物产。增强民众对于家乡的认同感、自豪感。

1.3.1 赞颂本地建筑物

瞿溪古镇自然风光秀丽，文化底蕴深厚，工商业繁华，因而成为许多参龙所创作的重要素材。参龙师任毓海的参龙词中便有三次相关的描述，前两首讲瞿溪古镇的文化建筑，提到八仙岩、两沙滩、普明寺和打水拦等建筑，主要突出其建筑的文化悠久。第三首是八仙岩的顺回诗，讲述八仙岩的岩石奇特，秀水环抱的自然景观，以及八仙在此聚会的道家传说故事。王锦森也曾写过《巨溪古镇》："巨雄两胞是一家，溪水碧绿好地方，古色古香好奇迹，镇内居民奔小康。"[6]396 巨溪古镇是瞿溪古镇的别称，主要叙述其历史悠久，环境优美，经济繁荣的状况。

1.3.2 赞颂丰富的物产

温州位于浙江东南部，东濒东海，毗邻福建，海岸线较长和滩涂面积较大，是中国的海鲜之乡。籽鳝是温州独有的水产品，林有发就曾参过此物："籽鳝产地在温州，江心寺后到处游，这种鱼儿满肚籽，大宅一定子孙多。"[6]290 通过它"多籽"的特点寄托人们对于家庭多子多孙的愿望。温州乡村多养鸡，曾红极一时的乡巴佬卤蛋便是出自温州，而且端午时候还有吃鸡蛋的习俗，艾叶煮过的鸡蛋可以驱邪避灾，祛除晦气，家门清洁，病不袭身，因此也有不少参龙师参鸡蛋，罗松光就曾有过一篇关于鸡蛋的参龙词："重五鸡蛋色金黄，陪伴银红用袋装，卵孵鸡蛋鸡生卵，鸡鸭也会变凤凰。"[6]290 参龙词中不光提到吃蛋的习俗还有撞蛋的习俗，家长给孩子编制彩色蛋袋，将鸡蛋放到其中，挂在孩子的脖子上，寓意逢凶化吉，之后孩子们便开始激烈的"撞蛋"活动了，撞蛋胜利的孩子会有好的运气。温州本地还有许多特有的物产，譬如温州瓯海的瓯柑曾是朝廷的贡品，果肉多汁，有很高的营养价值和药用价值，深受温州本地人喜爱。任秀青曾写过多首参龙词来参颂瓯柑："温州特产敬龙舟，彩头好听一串柑，身穿黄袍内生子，子上结孙孙结孙。温州同乡永强村，张璁阁老朝中官，金殿献宝壶盒碗，嘉靖皇帝买瓯柑。"[6]339 这首参龙词既写出瓯柑的外形，瓯柑含多瓣果肉的特点被当成多子多孙的象征物，还交代了柑橘被皇帝所"宠幸"的历史。温州是民营经济发展的先发地区与改革开放的前沿阵地，是最早对外开放的 14 个城市之一，温州的制造业很发达，尤其是皮制品制造闻名于海外，出现了奥康、红蜻蜓等知名的皮鞋企业，创造了温州"皮鞋之乡"的美誉，体现了温州人敢闯敢拼，敢为天下先的精神。胡国义曾经描述过温州的牛皮生意："瞿人敢为天下先，首创牛皮大市场，产品销遍全地球，年创纯利百万千。"[6]277 这首参龙词中描写了瞿溪牛皮生意的发展情况，市场广阔且收益颇丰。

1.4 颂扬当代社会

文学作品是时代的一面镜子，能够反映时代的特征，映射时代的精神风貌。参龙词是一种民间文学形式，也无可避免地受社会大环境影响。参龙词在谈及时代发展时，多数是赞颂新中国取得的成就，也有部分是夸赞党的正确领导的。

1.4.1 赞颂新中国取得的成就

新中国建立以来国家取得的伟大成就是参龙词关注的重点，许多参龙师都会作词颂扬。譬如陈建华就将当今社会描述为"太平盛世"，盛世的表现主要体现在科技的进步和广大民众的勤奋进取之中。陈光汉也曾做过一首太平盛世的藏头诗："太白醉酒书百篇，平安吉庆值千钱，盛世安居并乐业，世界丰收庆丰年。"[6]245 陈光汉眼中的太平盛世大致是政治昌明和平以及百姓安居乐业、衣食无忧，这种理想更像是儒家世界所讲的大同社会的理想愿景。科学技术的发展是经常为参龙师们津津乐道的内容，类似于神舟号、嫦娥号等航天领域的顺利飞天以及蛟龙号潜水器的成功下潜都是普天同庆的事情，参龙师选择这样的内容容易引起人们的情感共鸣，更易获得民众的喝彩。陈光汉的参龙词涉及到神舟号和蛟龙号，神舟号的描写主要夸赞其技术先进，受领导人重视："中国神舟飞上天，科技发达赛神仙，天宫一号来对接，国家主席来赞扬。"[6]244 蛟龙号主要从其功能方面进行赞颂："载人潜水号蛟龙，为国为民立奇功，研究深海来勘察，可以潜到水晶宫。"[6]244 歌颂国家制定的方针政策以及党的英明领导也是参龙词的重要内容，包文胜的《深化改革》的参龙词，通过照耀、拍手、变等动词来反映深化改革对民众、社会、国家所带来的重要意义。[6]233 他的《五谷丰登》描述的是共产党在提高粮食生产中的重要作用："共产党领导到如今，水稻改革旧变新，平均亩产两千多，五谷丰登定人心。"[6]233 歌颂了中国共产党务实、关心百姓民生的伟大形象。

1.4.2　颂扬当代社会的意义

这些内容既是群众真情实感的流露，也是希望通过颂扬国家政策的方式来能够获得国家的支持，温州端午龙舟活动是一项民间群众自发组织的传统节俗活动，带有浓厚的民间信仰色彩和较高的危险系数，因此，龙舟曾一度被禁。温州龙舟活动历史悠久，有很深的群众基础，因此，民间想要开禁龙舟的愿望强烈。温州市政府经过慎重考虑，2004 年，温州的龙舟活动才重新开始恢复。政府制定了严格的"龙舟限划"政策，深入地参与民间龙舟活动管理中，确保龙舟活动能够健康安全地进行。政府对于民间龙舟活动的开禁有着决定性作用，龙舟活动的举办者们希望可以多宣扬积极正向的爱党爱国家的思想，来强调自己活动的积极意义，树立自己热爱祖国、拥护政权的正面形象，以此来获得官方对活动的默认和许可。

参龙是一项在特定的仪式中为娱神、娱人而进行的民俗活动，兼备仪式性和娱乐性，从参龙词的内容看，其民间信俗色彩逐渐式弱，娱乐休闲功能逐渐增强，是民间重要的艺术表达形式。

参龙师最初是具备双重身份的，具有抚慰民众心灵和规避航行危险的作用。他是民众与神灵之间的中介，通过击打出的鼓声通神，吟唱参龙词来实现为民众敬神祈福的目的。他又是龙舟竞渡的总指挥，通过吟唱水龙词的方式来提醒鼓手前方可能会出现危险的地方，鼓手再通过特定的鼓声提醒给各划船的人。参龙师最初是作为龙舟活动的辅助角色而存在的，端午参龙活动还没有明显的娱乐性，仪式性、祭祀性作用更为主要。社会进步，参龙活动的民间信俗色彩逐渐式弱，娱乐休闲功能逐渐增强，参龙师增加了一项娱乐文化创作者的身份，民众会在参祭和参红的时候增加许多物品，有时还会与参龙师开些玩笑，增加参龙的娱乐性。仪式歌谣演变成为端午节中用于交流互动的娱乐歌，直至发展成为民众喜闻乐见的口头诗歌艺术。

2　温州端午参龙的社会功能

2.1　满足人们求吉心理

民众的需求是民间信仰产生的动力，民众需求大致有两种：一是求吉，二是避祸，有些民众的需求凭借自身努力就可以完成，有些则需要求助于有特殊力量的"神灵"英国人类学家马林诺夫斯基曾深刻地剖析这一民间信仰心理："……初民对于自然与命运，不管是利用，或则规避，都能承认自然势力与超自然势力，两者并用，以期善果。"[3]

端午参龙仪式中，参龙师与村民们及其附近的空间都处在了一种求吉的神圣状态，参龙师通过吟唱参龙词请求神灵庇护村落中的村民，以此来满足人们的求吉心理。船上所捧香炉被认为是神灵的化身，具有求吉功能。参龙师站在香炉旁赞颂神灵、吟诵祝福的吉祥话便可以很快地传达到神灵处，能够让神灵听到村民的求吉愿望，庇佑村民的生活。仪式顺利完成后，能够有效地缓解和消除了人们对自然、未知世界的恐惧，调适心理，积极地面对现实生活，让他们对未来充满了希望。

2.2　具备教育民众和知识传播意义

参龙活动在给人们带来消遣娱乐的同时，也是历史知识、文化传统和伦理价值的传播媒介，具有教育民众和知识传播的意义。参龙词提倡的仁义忠勇是中华民族最深邃的文化内涵，它所包含的历史故事、传说故事反映着社会生活，传达着丰富的历史、现实、人生内涵，这些参龙词内容具有教育民众的积极意义。[4] 端午时，参龙师与民众共处于参龙活动的特定活动空间之中，参龙师根据"挂红"的物件儿，吟唱带有教育意义的参龙词，民众认可并给出鼓掌、喝彩等互动方式，参龙师感知到民众的热情后，更加卖力地即兴创作参龙词，参龙师的吟唱和民众的喝彩之间形成了一种有来有往的知识传播过程，每年一次的参龙活动，民众都会受到这种仁义忠勇思想的教育和传统文化知识的传播，慢慢地就会在日常生活中遵循这样的价值理念，以这样的价值观做人做事。同时，也会增强对传统文化的兴趣，促进文化的传播。

2.3　加强民众的村落认同

民俗活动是建构、维系村落共同体意识的核心和重要途径，温州的端午龙舟活动是一个民众参与度很高的文化公共事件，一般是以"花"为单位开展的，从前期准备到龙舟竞渡都需要全村人精诚合作。过去，村里划龙舟是大事儿，村民都要回来参与龙舟活动，要不然会被人笑话。通过划龙舟可以促进村民之间的交流往来，加强村民对于村落的认同。"民俗活动，来自于村落共同体的祈愿，反过来又参与了村落社会秩序的维持和共同体意识的建构。"[5] 参龙是龙舟活动的重要组成部分，只有经过请神安位的仪式，传统的龙舟活动才能进行。只有举行了收殇仪式，龙舟活动才算结束，这些仪式都是需要村民们通力合作，村民们在合作交往中也加强了彼此的联系，树立了共同体意识，增强了其对村落的认同。在龙舟游乡的时候，参龙师要去值饭摆祭的祭户家去参龙，按照规定，盖新房或者头胎生儿子的家庭要值饭摆祭，一般意义上，每家都会成为祭户，祭户在这个仪式得到了神灵的赐福，也完成了其村民身份的"重申"，以此来增强他们对于村落的认同感。这种互动有利于增加民众对于村落的认同感[6]。

参考文献

［1］黄涛 . 温州端午节龙舟竞渡习俗的传统仪式与保护策略［J］. 温州大学学报（社会科学版），2016（06）：37-46.

［2］田金珍 . 温州市瓯海区任桥村端午参龙研究［D］. 温州大学 . 2021.

［3］（英）马林诺夫斯基著，李安宅译 . 巫术、科学、宗教与神话［M］. 中国民间文艺出版社，1986：116.

［4］王宜文 . 曲艺发展的当代路径：传承教育？教材开发？学科建设［J］. 曲艺，2021（06）：21-22.

［5］王凤梅，王志霞 . 凝聚与认同：民间信仰在村落共同体意识建构中的功能——基于对临沂大裕村送火神民俗仪式的考察［J］. 济南大学学报（社会科学版），2021，31（01）：155-156.

［6］万军 . 瓯海参龙［M］. 中国民族摄影艺术出版社 .2015.

浅析东莞水乡"正丫起龙"文化的当代价值

叶荣华

（东莞市民间文艺家协会，广东东莞 523099）

【摘要】正丫村，是东莞市水乡的一个自然村落，近六年来，依托乡村振兴，按照"乡村振兴，文化先行"的思路，结合万江街道"赛龙舟"国家级非遗项目，深入挖掘活化"正丫起龙"传统民俗，使一度消亡的"正丫起龙"传统民俗走向复兴，形成"正丫起龙"文化 IP。坚持传统文化"创新性发展，创造性转化"，将正丫湾打造成宜居宜游宜商的商旅圣地为目标，高度融合本土优秀传统文化，让优秀传统文化形成国潮，先后有"水乡醒狮联盟基地""联圣堂醒狮""枝昌龙舟俱乐部""少儿龙舟""有龙营地""茂春文旅""龙图腾文化"等文化项目进驻正丫湾。每年四月初八的"正丫起龙"活动享誉全国；枝昌龙舟俱乐部龙舟队在中华龙舟赛、中国龙舟赛、香港龙舟联赛等大赛屡获佳绩，联圣堂国潮醒狮登上2022年湖南卫视、河南卫视春晚节目、2022年央视三套"春晚有心意"栏目。依托人文环境品质提升，社区促进三航科技制造中心、智能高科产业中心、新茂智谷产业园三大产业园项目落地，先后被评为"东莞市美丽幸福村居示范村""东莞正丫湾龙舟民俗文化村""东莞市绿色社区"等称号。

东江文明，源远流长。历史长河中，"正丫起龙"传统民俗活动一度消亡，通过挖掘整理、田野调查，再度复兴，为传统文化的创造性转化，创新性发性提供了宝贵的"正丫起龙"模式。

【关键词】东莞水乡；龙舟；正丫起龙

作者简介：叶荣华（1976—），籍贯广东龙川，大学学历，现为广东省民间文艺家协会会员、东莞市民间文艺家协会副主席、东莞市万江文化服务中心副主任。一直从事乡村传统文化的挖掘、培育、活化工作，致力于东莞文史的研究。邮箱：466645788@ qq.com

1　引言

习近平总书记指出："中华文明延续着我们国家和民族的精神血脉，既需要薪火相传、代代守护，也需要与时俱进、推陈出新。"东莞水乡正丫村为东江支流分岔之正道，人们出行举步登船，有起龙仪式、龙舟竞渡的传统民俗。"正丫起龙"传统民俗活动从消亡到复兴。本文通过对"正丫起龙"活动的发展进行分析，探讨东莞水乡"正丫起龙"文化的当代价值。

2　东莞水乡龙舟文化的历史

东莞，东江贯穿而过，属于珠江三角洲，因盛产莞草，又位于广州之东，故名。莞邑水乡，位于东莞市西北部，东江下游，属于东江北干流和南支流流经区域，范围包括万江、中堂、望牛墩、麻涌、洪梅、道滘、石龙、石碣、高埗、沙田等镇街以及虎门港，即十镇一港，是著名的岭南水乡，水生态资源丰富，岭南文化底蕴深厚。

明末清初广东著名学者屈大均《广东新语》卷十八载："东莞有彭峡……五月时，洪流滂濞，放于百里。乡人为龙舟之会，观者画船云合，首尾相衔，士女如山，乘潮下上，日已暮而未散……广中（珠江三角洲）龙船，惟东莞最盛。自五月朔至晦（从初一到三十），乡乡有之。"莞邑赛龙舟，唯水乡最盛。

每年农历四月初八开始，到五月三十日，东莞水乡人起龙、划龙舟，洗龙舟水，看龙舟景，吃龙舟饼，食龙舟饭，唱龙舟歌，成为龙舟月。

"龙舟制作技艺""赛龙舟"被列入国家级非遗项目，2000年沙田镇被国家体育总局、中国龙舟协会授予全国首个"中国龙舟之乡"称号，2006年中堂镇也被授予"中国龙舟之乡"称号。

疍家是莞邑水乡最早的人家，水乡不少地方，多有蚝壳、蚬壳堆发现，是人们以水生动物为食留下的贝丘遗址。改革开放后，城市化进程推进，东江优质河沙成了重要的建筑材料。捞沙船曾"出水"不少旧石器、新石器、汉代打鱼的网坠、网串、网珠，是莞邑水乡人们渔猎的遗存，也是疍家人创造的水乡古老文明。

江河百舸争流，人们靠水吃水，喜欢游泳、划船、打鱼，并开展龙舟竞渡，是自然形成的龙舟之乡。有传说，宋代皇姑曾观赏万江赛龙舟，有大汾"黄袍纳"的动人故事。明代汾溪十二胜景已有《红花池畔飞龙》诗歌，记述龙舟能"飞天遁地"。

舟，在历史的长河中不断丰富内涵，由独木舟、木排、竹筏和木板船等，把人类的活动范围从陆地扩展到了水面，有了原始竞渡、争战竞渡、节日竞渡。"节日竞渡"应当是在"原始竞渡""争战竞渡"的基础上发展起来，经过不断丰富、不断完善，逐步趋于规范和统一。今天的"龙舟竞渡"已成为一项群众体育运动，除在端午期间举办大型龙舟竞渡外，还常年举办全国性、地方性龙舟竞渡。

莞邑水乡与大海相生，潮涨潮落，根据潮汐，每个地方都选定最适合赛龙舟的日子，或赛龙夺锦或游龙趁景，万江民谚有云："初一景，万江租；初二景，西塘尾；初三初四，大汾、牛涌尾；十三十四，新村、龙湾梓。"水乡各地互让互利，都有自己的龙舟景日子。五月初二是道滘景，初三是洪梅景，初五是望牛墩景，十二是沙田景，十三是中堂景，十五是高埗景，十六是麻涌景，十七是石碣景，很多村也有自己的村级龙舟景。

3　东莞水乡龙舟文化的现状

东莞"赛龙舟"是国家级非物质文化遗产代表性项目，东莞龙舟月是影响面最广、参加人数最多的传统文体活动。通过线上直播、线下互动的形式开展龙舟竞标、游龙趁景、旱龙舟等龙舟文化主题活动，参与人数超过千万。为了营造更优质的文化生态环境，东莞积极打造"水乡文化（东莞）生态保护实验区"，以东江为线、龙舟文化为引，串联水乡镇街的特色文旅资源，把龙舟文化的科学保护、活态传承与特色小镇建设、乡村振兴紧密结合，东莞市文化馆与万江共建"正丫龙舟民俗文化村"，助推龙舟运动、龙舟民俗文化品牌活动及知名龙舟俱乐部落户正丫村，成为传承、发展龙舟文化的新模式，更高层次促进了文旅融合、乡村振兴。鼓励民间艺人、院校、社会团体等做好龙舟创意文化，开发出"飞天遁地"小龙舟、徽章、银质、木质、聚酯龙头、饰件等文创产品。

早在明朝时期，东莞水乡万江人民就有五月初一赛龙舟的习俗，为"东莞龙舟第一景"，以每年率先开始龙舟竞渡为荣。长久以来，水乡人民爱好龙舟，以龙舟祈福愿，以龙舟表友谊，以龙舟聚民心，以龙舟促发展。特别是每年的农历五月，东莞水乡家家户户聊龙舟、众人奋楫赛龙舟、万人空巷看龙舟，龙舟早已成为万江本土优秀文化的代表，成为对外友好交流的重要载体，成为展示发展成果的重要窗口。

近年来，东莞水乡龙舟俱乐部发展迅速，形成了竞技型龙舟俱乐部与群众型龙舟俱乐部。竞技性龙舟俱乐部以东莞万江恒泰建筑、东莞万江枝昌、中堂老友、道滘骏马、中堂碧海等代表，与专业龙舟队合作，征战中华龙舟大赛、中国龙舟公开赛。

4 "正丫起龙"传统民俗

东莞水乡万江街道被东江及支流环抱，原名疍家租，明代是东莞渔民的聚居地，无数河涌穿插而过。滘联社区正丫村为东江支流分岔之正道，人们出行举步登船。关于起龙传统民俗，民间有顺口溜："四月八，龙船鼓打镲""四月八，龙船兜底挖"。

东莞龙舟活动由祠堂、庙堂组织。一村一姓者，如大汾何氏、潢涌黎氏、横坑钟氏，皆由祠堂组织。一村多姓者，如麻涌大步有七姓，在观音祖庙占卜，抽签决定顺序，一年一姓当主持，以免争先恐后。正丫村有洪、谢两大姓，刘、李等小姓，就由庙堂组织。正丫村有三圣宫，祭天后、斗姆、人皇，三位女圣母，天后司水上安全。正丫村受水抱河环，更加重视天后，男女老少都称天后嫲，即天后祖母之意。东莞水乡的龙头形制一般与庙堂有关，由庙堂决定龙头形制，正丫的庙与天后有关，造型是颊白无须，也称"龙船嫲"，祈求多子多福，沿岸人人健康，岁岁丰收，形成了正丫村民互让互爱，各姓和谐共处的优良传统。

龙舟在清代多用坤甸木造，坚韧耐用。民国到改革开放前，几乎无坤甸木造船，龙舟制作改用松木。1983 年，正丫村与全县一样，乘长风破万里浪，生产生活大改善，东莞水乡逐渐恢复龙舟竞赛活动。为庆祝经济腾飞，正丫村民传承先祖传统，重做一条龙舟。选定良辰吉日，正要出东江练习，突然大风大雨，人云"新龙一出惊风雨"，村民认为此为神龙，是天后、先祖的考验。冒着雷鸣电闪，将龙舟抬到村中地堂上，兴高采烈，扒起"旱龙"，庆贺神龙。

俗话说："水浸千年松，风吹万年杉。"因为正丫的龙舟为坤甸木、松木所造，每年龙舟节后，都埋入河床，让泥水淹没，不受蛇虫鼠蚁侵蚀。旁边插上竹竿，晾上破渔网为标志，让外来船知道，不在其上面泊位。次年，依所插竹竿位置起龙，有祭祀、游会、挖龙舟等仪式。

5　"正丫起龙"传统民俗的消亡与挖掘整理

随着时代的变迁，龙舟的材质、形制也发生变化，东莞水乡龙舟大概经历了三个阶段，一是民国前的硬木阶段，用料主要是格木、坤甸木，此木为进口材料，材质坚固耐用，但船身重，舟行时阻力较大；二是民国以后到 20 世纪末，在这一时期主要是用松木，船身较轻，船速有所提高，但保管麻烦，每年都要埋入河床；三是 2000 年后，船身主要是用杉木，重量轻，龙舟吃水浅，舟速快，保管也相对简单，只须吊在龙船坞。

因造龙船的材质发生了变化，坤甸木、格木、松木龙船渐渐退出了历史的舞台，从 2002 年开始，东莞水乡的"正丫起龙"仪式也走向了消亡。

东莞水乡在"赛龙舟"国家级项目保护中，坚持赓续前行，奋楫争先，遵循"从哪里来，到哪里去"，全力挖掘赛龙舟文脉。通过查阅不同朝代、不同名家编撰的《东莞县志》《广东新语》《岭南古史》等古籍，走访老人，深入挖掘整理起龙文化。

通过挖掘整理的起龙过程，更具仪式感：一是沐浴。先用菖蒲、香茅、莞香、柚叶等，泡成"圣水"，由老伯以香茅草沾水，从头到尾，洒到龙舟上。二是摆供。全鸡、烧肉、鱼丸、龙舟饭、荔枝、龙眼、芹菜、香菜、松沙酥、白饼、松糕、香橼，四角放糯米粽。三是三圣宫龙头点睛、三圣宫龙、醒狮、麒麟祭祀，三圣宫供案祭祀。四是龙船祭祀。因在河边，五供不备，供品简略，只用莞香、香烛、元宝、爆竹、烧酒等。五是龙船祭词。老伯燃烧香烛，祭河神、拜四方，再依次祭龙头、龙船身、龙船尾。六是辰时起龙开始。鸣放爆竹、焚香、烧元宝等。村民同时拿起铁铲，开始挖龙舟尾上的泥巴。把松软的河泥，挖起堆砌在船边，以防河水进船。岸旁擂鼓、打锣。七是村民举行"游会"，在龙、狮开路下，游遍全村。八是龙舟从水中起出来后，抬到岸上晾干，再整体修理，重新涂上桐油，插上罗伞帐、龙舟幡，接着，就是参加训练、趁景、斗标了。

6　"正丫起龙"传统民俗再获新生

深入田野调查半年，最终在正丫村发现一条蛰伏在东江河畔15年的老龙舟，已破败不堪。正丫村民深深认识到，要实现乡村振兴，必须文化先行。经充分前期挖掘，做好现场勘察，根据前期对"正丫起龙"仪式的挖掘整理，决定于2017年重新举办"正丫起龙"传统民俗活动。

2017年四月初八，在正丫村举办盛大的"正丫起龙"仪式，有完整的沐浴、三圣宫龙头点睛、三圣宫祭祀、河床龙舟祭祀等仪式感特强的仪式，激发了百姓的龙舟文化自信，各大媒体争相报道。

村民自行举办"游会"，在龙、狮开路下，游遍全村。村中男女老幼都会参加仪式，大妈们随意跳起广场舞。仪式现场备有龙舟饭，供参观的群众与村民一起免费享用，来者不拒。老者吃之，健康长寿；婴儿尝之，快高长大；青年吃之，身强体壮。各企业也不失时机，冠名赞助各种商品，如省级非遗项目庾家粽子、市级非遗项目新村豆腐花等。"走会"的说唱龙舟，设摊摆卖的小龙舟模型、小船桨等助兴。岸上狮鼓、龙舟鼓人们不停轮换敲击，鼓声不断。也有小朋友跟随打鼓，出现爷孙共趣的镜头。

7 铸造"正丫起龙"传统民俗活动品牌

通过深入田野调查，发掘、整理起龙文化。在每年的四月初八前后，举办盛大的正丫起龙活动，已成为品牌活动。2021年开始，东莞市文化馆、万江文化服务中心、滘联社区合作共建"正丫湾龙舟民俗文化村"。2022年"江湖山海"非遗系列活动暨龙舟月启动仪式现场，东莞市人民政府向万江街道滘联社区正丫村正式颁发"正丫湾龙舟民俗文化村"牌匾。

2017年前，滘联正丫村是名不见经传的小乡村，道路不通畅，村内环境较差。正丫村民深深认识到，要实现乡村振兴，必须文化先行。以"美丽幸福村居，谷涌滘联连片发展示范区"建设为契机，深入发掘传统文化，以起龙仪式为文化之魂，全面活化，建设起龙广场，带动了醒狮、麒麟、舞龙、东莞小吃等非遗项目的产业化发展。

每年四月初八的"正丫起龙"活动享誉全国；枝昌龙舟俱乐部龙舟队在中华龙舟赛、中国龙舟赛、香港龙舟联赛等大赛屡获佳绩，联圣堂国潮醒狮登上2022年湖南卫视、河南卫视春晚节目、2022年央视三套"春晚有心意"栏目。依托人文环境品质提升，社区促进三航科技制造中心、智能高科产业中心、新茂智谷产业园三大产业园项目落地，先后被评为"东莞市美丽幸福村居示范村""东莞市绿色社区"等称号。

8 "正丫起龙"传统民俗的融合发展

正丫村通过彰显龙舟文化，已逐步打造成了乡村龙舟文化、传统小吃、农耕文化等一体的旅游景点。正丫村有多家民间龙舟俱乐部，全天候开展龙舟体验、培训和比赛活动，对正丫龙舟文化的发展和地位的提升产生深远的影响。

近年来，滘联社区紧抓美丽幸福村居特色连片示范区、东莞市精品特色示范村以及东莞市精细化管理示范村建设，使社区人居环境实现质的提升。同时大力实施文化振兴和传统文化孕育传承，创新文旅融合新模式，树立乡村文旅新典范，让市民有更多机会现场亲身感受万江的龙舟文化，已引进广东枝昌龙舟俱乐部、茂春文旅、枝昌龙舟制造厂、少儿龙舟训练基地、水乡狮子联盟基地等文化阵地和项目，深挖掘龙舟民俗文化内涵、举办系列龙舟民俗文化品牌活动、制定龙舟民俗文化文创产品在地计划、打造龙舟特色餐饮体验馆、推动围绕龙舟民俗文化的服务业发展和搭建青年文化产业创业就业平台、建设龙舟民俗文化特色美丽幸福村居、举办正丫湾中华标准龙舟系列比赛、推出龙舟培训与体验研学专业化的现代化发展方式，促进当地文旅融合发展。助力龙舟文化深植和弘扬龙舟精神。使人们在美丽的正丫湾可以体验到全方位、多维度、立体式的龙舟文化。

9 结语

东江文明，源远流长。历史长河中，"正丫起龙"传统民俗活动一度消亡，通过挖掘整理、田野调查，再度复兴，为传统文化的创造性转化，创新性发性提供了宝贵的"正丫起龙"模式。

参考文献

[1] 屈大均，广东新语，十八卷，清。
[2] 东莞政协丛刊，正丫起龙舟，2018年第3期。
[3] 何廷蛟、何孚衡，大汾何萃涣堂族谱，艺文，清。

龙舟禁划、限划与保护：社会治理与民间的互动、博弈与协商

薛锦霞

（温州大学人文学院，温州 325000）

【摘要】 以仙门村龙舟活动发展为线索，爬梳温州龙舟竞渡的历史，发现这过程充满了政府话语与民间话语的互动和博弈。传统社会中，政府曾多次下令禁划龙舟，但民间龙舟活动却一直呈现"禁而不止"的现象。新中国成立后，温州龙舟重新复兴，暴露了严重的社会问题，迫使温州政府宣布严禁龙舟，但民间龙舟活动仍以较隐蔽的方式偷偷进行着。民间开禁龙舟的呼声越来越高，政府遵循民意开禁龙舟，实行龙舟"限划"政策，自此，温州民间龙舟从传统龙舟向竞技龙舟过渡。但限划政策、地方政府的顾虑、后继无人的发展生态以及村落拆迁导致的居民离散，让民间传统龙舟逐渐没落。回溯温州龙舟发展历史，政府与民间的互动与博弈贯穿始终，在新时代传承发展龙舟文化，需要政府与民间运用"民俗协商"的智慧，构建一种平等、互赢的交流模式。

【关键词】 禁划限划；政府话语；民间话语；互动博弈

作者简介：薛锦霞，女，在读硕士，研究方向为区域民俗学。邮箱：17734938082@163.com。

1 传统地方社会政府话语对龙舟活动的打压、禁锢

端午前后的龙舟竞渡是温州乡村的一次集体狂欢活动，在乡村生活中占据着重要的地位，是乡民集体记忆中的独特存在。回溯传统社会时期温州龙舟的发展历史，发现地方政府发布相关禁令，限制民间龙舟划行。民间则充分发挥智慧，在不同时期采取不同的应对策略，让温州龙舟延续至今，这过程中充斥了地方政府与民众之间的博弈。

1.1 传统社会时期温州龙舟的"禁而不止"

传统社会中，政府出于安全和经济的考虑，往往对于龙舟采取限制、禁止的态度，但是民间社会将龙舟竞渡作为祈愿祝福的一种方式，竞渡输赢事关村集体的荣誉，能够影响来年收成的丰歉，因此民众对这项民俗活动分外狂热，常常不顾政府禁令，在大河中进行龙舟竞渡，政府虽然常常颁布"龙舟禁令"，但始终"禁而不止"。

1.1.1 唐宋时期温州龙舟的禁赏分立

传统社会时期，政府对龙舟竞渡在律法层面上普遍严令禁止，但实际管理上却未完全禁绝。如果龙舟械斗，影响地方社会治安，政府又会颁布禁令，维护地方稳定。胡三省在注释《资治通鉴》所载唐敬宗"诏王播造竞渡船二十艘"。一事时，曰："自唐以来，治竞渡船，务为轻驶，前建龙头，后竖龙尾，船之两旁，刻为龙鳞而彩绘之，谓之龙舟。植标于中流，众船鼓楫竞进以争锦标，有破舟折楫至于沉溺而不悔者。"[1] 明确提出有唐一代，政府对龙舟竞渡都是严禁的。宋代，政府依旧禁划龙舟，但相关官员对于龙舟是否禁划的看法不同，温州知州钱仲彪因端午溺死者众多，奏请朝廷下令禁止竞渡。而叶适则认为应当尊重地方风俗，贸然禁断反会引起许多社会问题。他在《后端午行》写道："祈年赛愿从其俗，禁断无益反为酷。"[2] 政府官员也会出于个人喜好或政治需要支持并参与龙舟活动，并且亲设"竞标之物"。杨万里《过弋阳观竞渡》诗中"银椀锦标夸胜捷，划桡绣臂照江湖"[3] 银椀就是竞划得胜的奖励。宋代温州知州宋燔亲临会昌湖来观看龙舟，永嘉郡守更是亲自设置标物，悬赏竞渡得胜者。

民间的竞渡热情是高涨的，民众往往忽视政府禁令，在大河中进行龙舟竞渡。宋时，温州龙舟竞渡已普遍流行，"一村一船遍一乡，处处旗脚争飞扬"。[4] 仙门河、会昌河都是龙舟竞渡的圣地，竞渡场景激烈，围观之人众多，官员百姓都纷纷临水观望，常居闺中的士女也争相登楼观看。宋祝穆《方舆胜览》卷九载："俗喜竞渡。旧俗以端午日竞渡于会昌湖，里人游观弥岸，绮翠彩舰，鳞集数里，华丽为它郡最。"[5] 叶适《端午行》："仙门诸水会，流下瓦窑沟。中有吊湘客，西城南北楼。旗翻稻花风，棹涩梅子雨。夜逻无骚音，绛纱蒙首去。"这些诗句都生动地描绘了南宋时期温州端午竞渡的盛况，龙舟竞渡活动还吸引了当地的地方官员来"使君劝客亲付标，两朋予夺悬分毫。"[6] 当时龙舟竞渡设锦旗夺标，温州太守亲自主持竞渡事宜，悬赏夺标的龙舟。一时之间河上龙舟旗帜飞舞，船棹极快地翻动，引得观者如织，喝彩不断，场面盛况空前。

1.1.2 元明清时期温州龙舟的屡禁不止

元明清时期初期都采取了放纵的态度，但在发生严重事故后都对龙舟竞渡采取严禁的命令。元朝在沉船事件后，法律明确规定了禁绝龙舟。《元典章》刑部卷之十九《诸禁·杂禁》中有载："禁约桦棹龙舡。"[7] 明朝时，官员们在看到龙舟弊害后纷纷提出要在全国范围内禁绝龙舟，得到统治者支持。明代《温州府志》中数列龙舟之弊，指出了温州政府禁绝龙舟的事实。明弘治五年（1492），礼科给事中王纶以灾异言三事，其一即"请绝龙船、灯火之戏，而慎于浪费"，为孝宗采纳，祭告禁约如例行。[8] 弘治十六年（1503）《温州府志》亦载："端午，各乡造龙舟竞渡，所谓一村一船遍一邦，祈年赛愿，从其俗是也。但互争胜负，至殴伤溺水者。近来官府虽有禁，而人心技痒不能禁，庸非俗使然乎?"[9] 清朝志书中也将地方官的龙舟禁渡政策称为"善治"，康熙《平阳县志》记载："各处集龙舟竞渡争胜往往斗殴伤人，淹溺多命，控告官府攀害蔓延，有司每禁绝之。"[10] 这些官方的文书表明，官方在元明清时期对于温州的龙舟活动是持禁止、打压的态度。碑刻是活化石，温州的《永禁龙舟碑》也印证了温州禁划的历史。仙门村村民林WZ说，清同治年间，仙门村与凰桥村龙舟争渡以致发生命案，官府在仙门立碑禁赛。① 马桥的胡 YZ 回忆说，马桥村与丁岙村因"斗龙"械斗淹死 7 人后，官府在马桥立禁碑，禁止两地竞渡。② 这些石碑资料现虽然遗失，但仍然是温州龙舟禁渡历史的见证。

　　随着时间的推移，禁令约束力淡化，民间龙舟竞渡风气又渐兴起。《岐海琐谈》记载："自城市以达都鄙，里社丛祠各置龙舟。"[11] 划龙舟大多以村落和祠堂为单位，龙舟竞渡活动遍布城市与乡野，是民间重要的节俗活动。梅调元③被兄长邀请观看南塘龙舟竞渡后赋诗："南塘新涨口口口，看逐双龙士女同。彩楫昼飞晴亦雨，绣旗晚掣浪还风。"④ 端午前后，南方暖湿气流与南下的冷空气相遇，带来大范围的持续强降水。大河水位迅速上涨，为龙舟竞渡提供了良好的条件。端午南塘水位上涨，河流水深，是划龙舟的好时机，船手们都摩拳擦掌，船桨被划得飞起，随着船支快速地移动，船上的旗帜也随风飘扬。精彩的斗龙场景吸引了许多未婚的男女前来观看。仙门河的龙舟竞渡也是精彩纷呈，吸引了王又曾⑤到仙门河观赏龙舟竞渡，他对龙舟们竞渡夺标的精彩情景进行了"细描"："锦标天际飞来，一龙奋攫，群龙舞转。疾于箭，遥指千桡齐动，雷惊雨溅。霎时翻簸鲛宫，腥风撼树，墨云弄晚。"清《永嘉县志》则从观赏龙舟的民众数量来描述龙舟竞渡的热闹："端午之竞渡，士女游观，独盛他处焉。"[12] 金璋也对当时女子们争先去看龙舟竞渡的场景进行了描述："群花一队聚临流，百袻罗裙艳石榴……倾城士女观如堵，谁是当年杜牧之。"⑤城里众多女子都身着红衣纷纷赶至河边观看龙舟活动，让人不禁联想到当年杜牧在湖州要求举办龙舟竞渡活动来相看美女的事情。

---

　　① 被访谈人：LWZ，男，高中文化。访谈时间：2023 年 4 月 25 日。采录地点：温州市瓯海区仙门村。

　　② 被访谈人：HYZ，男，初中文化。访谈时间：2023 年 4 月 25 日。采录地点：温州市瓯海区马桥村。

　　③ 梅调元，字赞臣，擅诗赋，永嘉人永嘉五子之一。

　　④ 来自于瓯海区《中国龙舟文化之乡》申报材料，现未公布。

　　⑤ 王又曾，字受铭，号谷原，秀水（今浙江嘉兴）人。清代诗人，与厉鹗、钱载、袁枚、吴锡麟、严遂成并称为清诗"浙西六家"。

1.1.3 新中国成立前温州龙舟的严禁无果

民国时期政府严禁龙舟活动，但民间划龙舟的风气依旧盛行，政府曾试图用暴力手段进行镇压，但收效甚微。民国三年端午，张棡跟家人到莘塍河看龙舟比赛，警兵乘船巡视，禁止龙舟进河，但此时河面上就有二三十只龙舟竞渡。茶山流传着龙舟斗黄巡①的故事，黄巡得知茶山划龙舟，紧急赶往茶山准备捣毁龙舟，当地民众拒绝散河，黄巡鸣枪伤人，激怒了当地民众，于是大家抛石赶跑了"黄巡"。

抗战时期，战争的频繁和青壮年的流失，致使温州的龙舟活动也较少。但温州三次沦陷期间（1938—1945年），仙门村也偷偷组织过龙舟比赛。当时，警察枪击龙舟，龙舟活动不欢而散。抗战胜利后，龙舟活动又频繁起来，1946年的龙舟活动自五月初一起持续到五月中旬，仙门河有63支龙舟之多。没过多久，国共内战爆发，整个社会陷入巨大的困境之中，百姓无法解决温饱，自然也无心操办龙舟活动，龙舟活动也随着少了很多。

传统社会，温州政府基于经济、安全等因素的考量，一直对龙舟活动采取压制、禁锢的做法，甚至激进的地方政府会采用暴力手段阻止龙舟比赛的进行。而地方民众对龙舟活动则愈发狂热。政府颁布禁划令，民间龙舟活动稍止，政府稍有松懈，民间龙舟活动又重新活跃，龙舟械斗事故后，政府再次禁止，如此循环往复，禁而不止。

1.2 "禁而不止"现象的背后动因分析

1.2.1 政府颁布禁令的原因分析

温州龙舟竞渡是一项带有信俗色彩的祈福祝愿活动，民间对龙舟竞渡活动的狂热，导致了许多的社会问题，因此，政府也屡次发布禁令。政府禁渡龙舟主要有三方面的考量。一是龙舟竞渡容易导致械斗，有严重的安全隐患。二是龙舟装扮精美，竞渡中存在靡费财力的现象。三是龙舟竞渡存在强行摊派的现象，增加了民众负担。四是竞渡活动会导致费农耗业。

---

① 据当地人所说，当时的警察，因穿黄色衣服被称为黄巡。

　　传统社会中，竞渡事故主要包括溺亡、械斗等。端午龙舟竞渡往往是以村落和宗族为单位进行的，每支龙舟都代表着一村落或一宗族，民众相信龙舟竞渡如果胜利，宗族或村落就可以得到神灵的祝福，就会万事顺遂、风调雨顺，所以，民众极为重视竞渡输赢。这种紧张激烈的水事竞争的胜负，是可以影响宗族、村落之间权力关系的某种差序格局的，胜出的龙舟应当在这种差序格局中占据优势地位。对于民众来说，竞渡输赢被赋予了特殊的意义后，龙舟活动也就夹杂着村落、宗族之间的博弈，村落、宗族间竞渡事故时有发生。隆庆《平阳县志》就曾记载："各乡集龙舟竞渡争胜致斗殴淹溺。"[13] 光绪年间的《乐清县志》也记载："五月龙舟竞渡虽村居相隔，以同姓聊为党援，恃强凌弱，轧肆殴打甚至毙命。"[14] 从县志记载看，龙舟活动并非是和平友好的竞争赛，而是充斥着争强好胜意味的村落、宗族竞赛，存在着严重的安全隐患。《申报》也曾报道过一起龙舟械斗事件，同治年间，仙门龙舟曾与凰桥龙舟在马桥河发生冲突，继而在仙门河内发生械斗。仙门因在本乡的缘故，纠集了许多乡党来械斗，凰桥因为距离较近也纠集了乡党持械赶至仙门，失手将仙门龙舟中的一人殴打致死，并拆除仙门的七间房来泄恨，第二天仙门到县衙报案，双方各执一词，经地方士绅的调解，事情平息①。政府在此立碑禁划，警示地方。面对龙舟活动带来的严重后果，地方政府多次采取立碑禁止、拆船禁赛的方法来维系地方社会的稳定，但地方社会对龙舟竞渡非常狂热，经常无视政府禁令来组织竞赛，政府对此也无可奈何，只能在械斗后采取严禁的方式来遏制民间划龙舟的风气。故而龙舟竞渡引发的溺水身亡、械斗致死的事故时有发生，严重影响着社会稳定和地方治安。

　　龙舟活动是极耗费钱财。光绪《永嘉县志》就曾感叹："至于上元灯火，端午竞渡，争奇炫新，靡财奢贵，略不顾惜。"[15] 首先是龙舟的制作，龙舟制作的时候是要请做船师傅来的，做一条龙舟要 2 万左右，头家们先将龙舟所用的杉木或樟木的材料准备好，跟师傅商量好龙舟的型式，然后

①《申报》材料，由 LWZ 提供。

支付定金，定金 5000 至 10000 不等。之后，头家们要去"择日子"开工，开工那天为了讨个好彩头是要给师傅红包的，做好验收好要支付剩余尾款。龙舟做完后，师傅是不钉彩的，如果需要钉彩还要额外给师傅红包。2 万的制作费还只是白身，油漆、画龙还需要再找画龙的师傅，画龙差不多一只 1500 块。据仙门村人 LJB 回忆，过去仙门龙舟几乎是隔一年换一艘新的，就算不换新的，旧的龙舟也要重新换油彩，让龙舟看起来是新的。而且要在师傅动工、定龙眼、定彩的时候要给数目比较吉祥的红包，花费很大。① 其次，温州还有一种台阁龙舟，台阁龙舟首尾均装成龙形，外部装饰有各式旗帜、彩伞等，船舱分为上下两层，其上设有秋千架，舱内设有锣鼓乐器，每次出行都有民间艺人在上面展演活动。《张棡日记》中曾有张棡在端午节看到台阁的记载：

遥见旌旗飞扬，光彩夺目，自城隍庙河边缓缓而来，龙舟身长约数丈，中有亭，结彩高矗，内扮秋千架一字，诸小童各扮古人杂剧，演打秋千，身两旁个插五色绸旗。身前头一小童，头戴金冠，双插雉尾，身穿蓝色洒金蟒袍，面如冠玉。舟尾坐一小童，装扮女儿，头戴珠簇斗篷，身穿湖色纱衫、大红裤子，三寸弓鞋，手执画捐，貌若天仙。观者无不喝彩。两岸均得有案迎接龙神。[16]

台阁龙舟凭借其绚丽的外部装饰、优美的曲艺锣鼓和有趣的秋千表演来吸引周边村落的民众观看，龙舟这项传统民俗活动呈现出奢靡化的倾向。台阁龙舟，其造型制作、活动展演所靡费钱财不在少数，《瓯海文史资料》记载梧埏后岸富户朱兰生曾牵头举办水上台阁活动，在承办了两年之后，几乎倾家荡产。而随后接手的谷宝桢，也在巨大的经济压力面前选择放弃，[17] 由此可窥，台阁龙舟所靡费资金之大。

龙舟竞渡的另一大弊端就是强行摊派，增加民户负担。每年龙舟活动资金的来源主要是靠每户人家均摊（有时是户富多摊），再由活动的头家挨家挨户去收取的。每一年，有男孩儿降生，或者建造房屋的人家还要摆

---

① 被访谈人：LJB，男，66 岁，仙门村村民。访谈时间：2023 年 4 月 25 日。采录地点：温州市瓯海区仙门村。

酒，请亲戚和龙舟上的人，不摆酒也可以折成金钱。民众认为摆酒越丰
盛，神灵赐福越多，所以民户宴请花费也很多。当地富户会被摊派更多的
金钱，《张榈日记》就曾记载让挣扎于生存水平线的贫苦民众的生活雪上
加霜。

龙舟竞渡还极为影响农事。元稹的《龙舟》直指龙舟对农事的影响：
"楚俗不受力，费力为龙舟。买舟俟一竞，竞敛贫者赇……祭船如祭祖，
习竞如习仇。连延数十日，作业不复忧……见标民取舍，胜负死生求。一
时欢愉罢，三月农事休。"[18]龙舟活动一般是农历四月初就开始鸣鼓准备，
一直要划到农历五月十六左右才罢休。温州的农忙时间大致上是五月到六
月，恰逢龙舟训练和比赛的时间，时间虽未有元稹记载的三月之久，但是
也占据了农民很长的农忙时节。参与龙舟竞渡的多是村里的青壮年，投入
到龙舟训练便会疏于对稻田的看护，进而影响农事，龙舟活动本为祈愿丰
年，耗费大量人力于此，反而事与愿违。

1.2.2 温州民间龙舟"竞渡不止"的原因分析

龙舟竞渡自南宋起就一直被政府所禁止，但是民间龙舟活动却"禁而
不止"，探究其缘由，与龙舟竞渡的本质、龙舟文化所承载的美好寓意以
及龙舟所传递的拼搏团结精神不无关系。

竞渡的本质是维护村落荣誉与利益而进行的一次村际间的竞赛活动，
民众将竞渡胜利与村落运势相联系，每个宗族、村落都请自己的神灵所保
佑，民间认为，如果龙舟竞渡落败，神灵就会动怒，村落和村民都会倒
霉。而且端午划龙舟是一件村落或宗族内的大事情，被选为龙舟手是对男
子能力的一种认可，这样的青年男子是被认为是有力量的、智慧的，家里
人也为其当选而感到自豪。周边宗族、村落的龙舟都要进河比赛，彼此都
暗暗地较着劲。龙舟如果赢得比赛，就是件全族或全村荣耀的事情，人们
在茶余饭后也会夸耀这个村子的龙舟厉害，年轻人勇猛。如果输掉比赛，
对宗族或村落来说是件丢脸的事情，周边村落的人会奚落其龙舟不行，村
里有些老人也会埋怨年轻人不够卖力。

龙舟文化是龙文化的一种表现形式，龙是中华民族的象征，有着吉祥

如意的美好寓意。龙舟进河时，出于祈福求吉的心理，村民会自愿拿出钱财来赞助本村龙舟活动，甚至为了讨个好彩头，有的村民会主动提出多赞助钱财。如果当年有生男孩子或者盖新房的人家，都会摆酒宴请划龙舟的船手，"主人家"往往不吝惜钱财来招待，希望借此来给新生儿和家庭带来好运。我在马桥碰到一位大姐，跟她聊起龙舟是否存在摊派时，她连忙摇手，跟我说："不存在摊派，大家都是自愿给的，我们这边生第一个男孩要摆酒，我老大（大儿子）出生的时候我就给摆了五桌，摆的都是好东西，就希望能够保佑我儿子和我家里平平安安的。"民众对于美好生活的期盼，在行动上就转化为对龙舟运动的支持。出嫁的女子的夫家，会出"媛子银"来支持岳丈村内的龙舟活动。另外，女子的夫家要在龙舟游乡时摆祭。女子如果嫁得太远，也会请娘家人为自己摆祭。马桥的 HGY 就曾经为自己的几个女儿都摆祭过："她们都离得太远了，我又想让她们都能家庭和顺，于是我就在马桥给他们都摆了祭，希望他们都能得到保佑。"①

赛龙舟是一项集体参与的民俗活动，需要全体成员汇集身体力量去完成，整个龙舟队都要听从鼓点声来行动，"鼓是令、哨是命"，如果有人没有跟上鼓点的节奏，整个队伍就会乱作一团，无法正常的划行。这项民间体育活动需要所有船手紧紧地凝聚在一起，团结着向一个方向努力，达到共同的目标。身处龙舟之中，个人与团体的使命休戚相关，每一位队员都是被需要着的，他们能在龙舟活动中找到团体归属感和集体荣誉感，也能收获到队员之间的兄弟情谊。

端午的龙舟活动，是由村里头家操持的。头家一般是十户，资金筹备、龙舟制作、摆祭安排以及后勤保障都需要这些头家分工合作。头家们密切团结，有事儿一起抗，才保障了龙舟竞渡活动的顺利进行。在组织龙舟活动时，村民们团结协作，彼此间的交往增多，村落共同体意识增强，提升了村民的村落认同感。

---

① 被采访人：HGY，男，77 岁，中学学历，马桥村参龙师。访谈时间：2022 年 12 月 6 日。访谈地点：温州市瓯海区马桥村。

2　新中国地方政府的禁划限划与保护

2.1　新中国成立初的龙舟复兴与禁划

中华人民共和国成立后，温州各地的龙舟活动基本处于沉寂状态。第一个五年计划期间，国民经济的慢慢复苏，温州龙舟活动也陆续开展。文革期间，龙舟被认定为"四旧"被严重压制，龙舟活动再次沉寂。改革开放后，民间龙舟活动逐渐恢复，许多龙舟都汇集在会昌河、仙门河中竞渡，全盛时期，仙门河面有数百艘龙舟在竞渡。随着民间龙舟竞渡活动火热开展，许多社会问题也被暴露出来，温州发生了多次龙舟械斗案件，导致多人溺水身亡。因此，温州市政府在 1994 年发布公告，在全市范围内禁划龙舟。

据《仙门村志》记载，1982 年，仙门河内有龙舟竞渡，吸引西角大桥头（今属鹿城区）、慈湖北村等地的龙舟划来仙门河。1989 年，南塘三村、丽垟殿的六艘龙舟来访，与仙门村龙舟进行友好比赛。[18] 曾任永嘉县参议员的李增荣曾在 1993 年夏天来仙门河观看龙舟竞渡活动，并有感而发写成《九三年夏咏仙门大河龙舟竞渡》："十里清流载白红，水光山色映长空。碧波荡漾健儿勇，五彩飞扬巾帼风。两岸人山还人海，隔舟喊弟又呼兄。千古遗俗传佳话，为念当年一楚翁。"① 1993 年，民间就有女子龙舟队在河面上竞渡。站在岸边远远地望去，各色的旗帜跟随着疾驰的船只随风飞扬，岸边挤满了观看的群众，除了附近村落的居民外，也不乏如李增荣一般的外地观光者，万头攒动，好不热闹。

民间龙舟活动也引发了各种社会问题，械斗受伤、溺水伤亡事件等情况层出不穷，强制摊派、聚众赌博等不良风气盛行，这引起相关部门的高度重视，政府制定了相关措施和采取多种手段对龙舟活动进行组织管理和引导，但仍消除不了划龙舟带来的负面影响，1994 年起，温州市政府制定了强制禁止龙舟活动举措，禁令开始生效，温州龙舟活动再次处于沉寂

---

① 来自于瓯海区《中国龙舟文化之乡》申报材料，现未公布。

之中。

2.2 二十一世纪的龙舟限划政策

龙舟禁划后，政府加强了对龙舟活动的管控，温州的民间龙舟活动陷入沉寂。2003年教科文组织第32届大会通过《保护非物质文化遗产公约》，"非遗运动"正式兴起，国家顺应世界潮流发展，开始重视传统文化的保护。2003年仙门河里停满了前来竞渡的龙舟，地方政府害怕强行干预会引起矛盾冲突，默许了龙舟竞渡活动，只维持河面秩序而不阻止。2004年温州很多地方都纷纷开鼓准备划龙舟，民间想要划龙舟的愿望越发强烈，政府顺应民意，最终决定在2004年开禁龙舟，龙舟活动在政府有组织、有纪律的领导下重新焕发新的生机。2010年陈德荣调任温州市委书记，大力支持龙舟建设，成立了温州市龙舟协会，制定严格的龙舟管理条例，龙舟运动走上良性健康发展之路，逐渐去除传统龙舟中的迷信成分，逐步往竞技体育发展。

2.2.1 龙舟开禁与龙舟限划

1994年政府颁布禁令严禁龙舟进河竞赛后，仙门河四五年间无舟入河，民间的龙舟活动处于静默的状态，但从1999年开始许多地方的龙舟纷纷来到仙门河进行斗龙，民间龙舟活动又悄然间在乡间兴起，地方政府基于安全考量出面干预，出动警力捣毁龙舟，但是仍然抵挡不住民间想要竞渡的愿望，民众采取了许多方式来应对政府的干预政策，甚至有村落与地方政府正面"对抗"。面对地方民众的强势反抗，地方政府只得改变策略，允许民间龙舟竞渡，地方政府出动警力维持河面秩序保证竞渡安全。民间想要划龙舟的愿望已经呈现出一种势不可挡的劲头，从最先开始的偷偷摸摸进河到光明正大在河中竞渡，都在向政府传达出一种强烈的信号：民间的龙舟竞渡是时候该开禁了！

1999年端午，仙门河有仙门、山后、仙庄、浦北、梅屿、任桥等10支龙舟举行斗龙。2001年6月24日（农历五月初四），仙门河有仙门上村、山后、任桥、浦北四支龙舟斗龙，当晚散河后，潘桥派出所来仙门捣毁了仙门上村、山后的两只龙舟。次日，瓯海区工作人员到仙门河查看，任桥、浦北有地方政府担保，故龙舟免于捣毁，当日龙舟竞渡活动不欢而散。2002 年仙门河斗龙自 7 月 4 日到 7 月 11 日持续了 7 日，几乎每日都有 10 多支队伍划进仙门河，龙舟竞渡活动仍在仙门河内热火朝天的举办着。仙门龙舟因为龙舟去年被毁，租借下河乡茅竹岭龙舟在 7 月 6 日进河，7 月 7 日，山后龙舟也租借龙舟进河。2003 年政府严禁龙舟，但民间龙舟竞渡之风盛行。政府曾出面劝阻，甚至使用执法手段捣毁龙舟，当年农历五月初二，娄桥镇玗屿、古岸头、下斜、上汇、吕家等地互通声息约定一起进河，下午娄桥派出所闻讯，水上出动快艇，路上用车进行监察阻止。次日，玗屿有五支龙舟被锯掉，娄桥村龙舟也被锯掉。第三日，丁岙一支龙舟被锯，马桥浃上、潭头也各有一支龙舟被锯掉，任桥三支龙舟被捣毁。民间面对政府的强势手段，有的选择避其锋芒，上午偷偷进河，划完后偷偷将龙舟拖上岸。有的是选择采取欺瞒策略、攻击政府，任桥村事先将三支龙舟掩埋在十八弯河中，经审讯，村民被迫告诉龙舟藏匿之处，龙舟被全部捣毁。马桥则事先将龙舟装上石头沉入水中，因人告密龙舟也被锯掉，老人们非常气愤，当场辱骂镇长。马桥潭头花让女舟先下水，船员准备石头投击政府人员，政府人员无奈离去。而有的村子则"大大方方"地强行进河，端午，仙门河附近龙舟强行进河，仙门龙舟看别处都有龙舟举行，也抬起新制作的龙舟进河。早早等在河边的镇政府工作人员和公安局工作人员无力阻止，虽传闻特警要来阻止，但也无疾而终。当天下午，仙门河内仍有龙舟竞渡，镇政府虽派人阻止，但奈何龙舟众多，只得维护河面秩序，避免械斗事件出现。此后每日都有 20、30 支龙舟在仙门河上竞渡，而政府未进行阻止。[①]

2004 年龙舟开禁后，仙门村民众都显得异常兴奋，头家和船手们早早地便开鼓请神，筹备龙舟竞渡的事宜，仙门上村、下村都请乐清的师傅新建造了龙舟。为了保护观者安全，仙门桥、仙门河附近都围满了竹编。因政府允许划的日子，并非是进河的吉日，所以，4 月 30 日（农历三月十

---

① 资料来源于林伟昭老师多年对仙门龙舟竞渡的记录。

二)，仙门、山后龙舟进河，但不斗龙。6月4—8日恰逢高考，根据规定龙舟不能进河，影响考生，故未有龙舟进河竞渡。6月9日凌晨仙门上村、下村龙舟进河，下午仙门上村2艘龙舟与下村的龙舟进河斗龙。6月10日，仙门上村、下村花以及山后龙舟进河斗龙，仙门女龙也进河与塘下、浦东女龙竞渡。6月11日，仙门上村、下村、山后等29只龙舟进河斗龙，另有仙门、前汤等五支女龙。6月12—17日，恰逢温州中考，龙舟禁划。6月18日（五月初一）进入仙门河的龙舟近50艘，仙门上村、下村以及山后黄龙都进河斗龙，其中山后女龙也进河竞渡。6月22日（端午），温州电视台应邀来村里采访，拍摄仙门河龙舟竞渡情况。6月23日下午仙门和山后龙舟都收殇归位。

2.2.2　温州龙舟的现代化发展

龙舟的发展离不开政府领导的重视和支持，2010年7月陈德荣从嘉兴调往温州，任温州市委书记，之后温州开始重视龙舟，致力于将温州打造成龙舟历史文化名城。赵显品回忆说："陈书记来了温州后，觉得温州的龙舟比嘉兴的都好，那嘉兴可以搞龙舟，为什么温州不可以呢?"于是带领市领导前往嘉兴调研，之后，在市政府部门里成立龙舟办，由副市长带头，文化局、体育局、海事局以及各区的区长等部门领导参与来管理温州龙舟事务。① 2011年12月，温州市龙舟协会成立，开始进行龙舟安全培训、承办龙舟赛事、开展龙舟文化活动。赵显品说："龙舟协会起到的作用就是联系政府与民间的桥梁作用，成立龙舟协会其实是某种意义上的民间的事情民间办。"在龙舟协会的主持操办下，温州市举办了很多场大型龙舟竞技活动，打响了温州龙舟文化名城的称号。竞技龙舟可以全年划行，全国也有许多相关赛事，更有益于龙舟运动的传承。因此，政府更加鼓励竞技龙舟的发展，温州龙舟也逐渐从传统龙舟向竞技龙舟转型，龙舟中的迷信因素逐步消减。政府实行限划政策，严格监管龙舟活动，龙舟械斗现象不复存在。至此，温州龙舟活动走上了安全有序的健康发展之路，

---

① 被采访人：赵显品，男，44岁，温州市瓯海区龙舟文化研究会会长。访谈时间：2023年4月20日。访谈地点：温州市瓯海区茶山高教园区温州职业技术学院。

温州龙舟进入发展的黄金时代。

　　仙门青年龙舟队的成立与龙舟协会的成立息息相关，2012 年，瓯海区龙舟协会成立后，开始管理瓯海区的民间龙舟队，积极倡议民间成立专业的龙舟队伍。2012 年仙门村的青年龙舟队成立，它是由村及周边爱好划龙舟的年轻人组成的现代龙舟组织。队伍共五十多人，其运行资金大部分由队员个人出资，企业也会给予赞助。有时，村里也会以集体名义给予补贴。龙舟队也聘请了专业的教练员进行指导，积极地参与温州市龙舟协会举办的专业培训。所划龙舟是由玻璃钢制成的新式龙舟，平时，也会按照现代方式在大河中进行训练，去参加一些龙舟协会举办的拉力赛活动等。仙门青年龙舟队逐渐往现代化竞技龙舟的方向所发展演化，但是它也保持了传统的一面。2018 年端午，仙门青年龙舟队受邀替仙门上村划龙舟，他们仍然遵循传统，四月初一敲鼓开殿门，保留了传统的请神仪式，端午前，在仙峰道院请神，敬告神灵划龙舟事宜，请神灵出来相助。也保留了传统的参龙活动，请参龙师傅来参祭和参龙，进河后先划三遍哑巴船，再到任桥去报到，之后沿着既定的路线"游乡"。2019 年，以仙门青年龙舟队名义在仙门大河竞渡时，也遵循传统的节俗习惯进行竞渡。仙门青年龙舟队，在发展现代化竞技龙舟的同时，也基本上保留了传统龙舟的习俗，既使村落龙舟活动得以保留，同时也紧跟时代步伐，努力向现代化竞技龙舟转型。

　　与之相反，仙门传统龙舟存在"后继无人"的发展局限，根据走访调查，发现仙门许多年轻人并未接触过传统龙舟，对传统龙舟没有较深的情感，年轻人更愿意享受网络媒体带来的娱乐体验，对龙舟文化的兴趣和关注度不高。仙门村的三个花共有 6 支龙舟，但是老年人因为年龄逐渐不划了，青年人没有人愿意划，新老迭代，仙门划传统龙舟的成员越来越少。2015 年仙门下村女龙舟因为聚不齐人而弃划龙舟，2016 年仙门上村与山后女龙舟也因同样问题弃划，自此，仙门女龙舟成为过去式。2017 年，仙门下村的男龙舟因人员不足，放弃进河，只有仙门上村和山后进河竞划。2018 年，仙门上村人员聚集不齐，邀请仙门青年龙舟队的成员过来划龙舟。

2.2.3 "村改居"背景下的传统龙舟衰落

在仙门龙舟经历现代化转型阵痛的时候，村落形态也因为城市规划而发生转变，这影响了龙舟这项民俗体育活动的正常发展，仙门龙舟再次经历"生死存亡"考验。

2017年底，温州市正式启动仙湖调蓄工程和仙湖度假区项目，此工程致力于改善区域水环境，提高温瑞平原西片区域整体防洪排涝能力和抗灾减灾能力[19]。根据政府规划，仙门村要进行整村拆迁，这无可避免地对村落产生影响。仙门村的仙门山将被改造成仙门山隧道，仙门桥（寿安桥）被拆迁，仙门河上面修建了水域阀门，净化和清理污水，原本长河段的仙门河修建了三四座小桥，阻碍船只通行。村落房屋悉数被推倒，仙门村民陆续被安置在临时安置房、仙门锦园、中汇锦园和西泰锦园等地，村民被分散在各地。仙门河分支的两条仙门小河也被填平，仙门上村与下村的传统龙舟失去了原本进河的位置，仙门村的龙舟活动受到了很大的影响。刚开始以村落为主的龙舟活动还可以勉力举办，后面就因为人员离散和场地限制，龙舟活动就没有举办了。

2018、2019年的龙舟活动照常举办，龙舟队员自筹、本地企业赞助参加了两年的端午龙舟活动。龙舟队员开殿门后，请仙门上村的林秀东参龙师请神、进河、游乡，完成传统龙舟仪式，之后进河竞渡。2019年末，仙门村的拆迁大体结束，许多年轻人都迁出仙门原址，搬进了小区住宅中。2020年，端午将近，龙舟手却召集不起来，我询问了很多人缘由，其中青年龙舟队的队员徐辉的话令我印象深刻："拆迁了，人散了，心也散了，努力叫人都没有凑齐，这两年是不会有仙门龙舟了。"① 他的话让我唏嘘不已，也正如他所言，2018开始，仙门传统龙舟已经无力举办，由仙门青年龙舟队传承发展，但2019年后，村民拆迁到各地，青年龙舟队也无法聚集起来，再加上疫情禁赛，仙门龙舟再也没有出现在仙门河竞渡。2022年，

---

① 被访谈者：XH，男，仙门村村民，访谈时间：2023年5月4日，访谈地方：线上。

仙门与横塘、河西共同组建了一支横仙河龙舟队，但未曾参加当年端午活动，今年此支队伍也未曾训练。我走访村内青年、老人，询问今年是否会划龙舟，虽然众人给出的理由不一样，但得到的消息几乎是一致的："划不起来了！"

"仙门龙舟"是温州传统龙舟发展的一个缩影，纵观其历史，传统社会，温州政府基于安全和经济上的考量，对温州龙舟反复采取"禁划"管制措施，而民间龙舟则在其文化内核的支持下顽强地传承发展下来。新中国成立后，民间龙舟活动再度复兴，却也暴露了诸多问题，政府再次"禁划"，但民间龙舟仍然活跃。民众与温州政府在反复的互动博弈后，温州开始实行"限划"政策，政府引导温州龙舟从传统龙舟向竞技龙舟发展转变，民间传统龙舟也积极响应，同时也发挥民间智慧，既保留传统又与时俱进。但地方政府的顾虑、后继无人的发展生态以及村落拆迁导致的居民离散，让民间传统龙舟逐渐没落。在新时代，传承发展传统龙舟文化，需要政府与民间运用"民俗协商"的智慧，构建一种平等、互赢的交流模式。

参考文献

[1] 司马光. 资治通鉴 [M]. 胡三省, 音注. 上海：上海古籍出版社，1987.

[2] 叶适. 叶适集 [M]. 北京：中华书局，1961：54.

[3] 傅璇琮、倪其心、孙钦善等主编. 全宋诗. 北京：北京大学出版社，1992.

[4] 叶适. 叶适集 [M]. 北京：中华书局，1961：58.

[5] 祝穆. 方舆胜览 [M]. 北京：中华书局，2003：148、152.

[6] 叶适. 叶适集 [M]. 北京：中华书局，1961：52.

[7] 陈高华. 元典章 [M]. 北京：中华书局，2011.

[8] 成岳冲主编. 明清两朝实录所见宁波史料集 [M]. 明孝宗实录，卷二六，弘治五年四月甲子. 北京：商务印书馆，2015.

[9] 王瓒，胡珠生校注．弘治温州府志［M］．上海：上海社会科学院出版社，2006.

[10]（康熙）《平阳县志》卷4，清康熙刻本。

[11] 姜淮．岐海琐谈［M］．上海：上海社会科学出版社，2002：125.

[12]（康熙）《永嘉县志》卷2，清康熙刻本。

[13]（隆庆）平阳县志［M］．明隆庆五年刊清康熙间增抄本.

[14]（光绪）乐清县志，"中国地方志集成"浙江县志辑［M］．上海：上海书店．1993年影印本：229.

[15]（光绪）永嘉县志，"中国地方志集成"浙江府县志辑［M］．上海：上海书店，1993年影印本：652.

[16] 俞雄选编．张棡日记［M］．光绪廿一年（1895年）闰五月初五日．26.

[17] 中国政治协商会议浙江省瓯海县委员会文史资料委员会编．瓯海文史资料　第四辑［M］．政协浙江省瓯海县委员会文史资料委员会，1991.

[18] 林伟昭．仙门村志［M］．1996.

[19] 中共温州市委宣传部．百亿水利工程昨开工．［EB/OL］报道日期：2017—12—29，引用日期：2023—5—11. http：//www. wzxc. gov. cn/system/2017/12/29/013209593. shtml

从罗店龙船看龙舟文化的时代价值

刘崇沣[1]　刘祯贵[2]

（1. 复旦大学，上海200433；2. 成都市住房和城乡建设局，四川成都610041）

【摘要】龙舟竞渡不仅仅是一种节庆体育活动，更成为一种文化，是中华民族节庆文化、体育文化、传统文化的重要组成部分。在大力弘扬民族优秀传统的同时，应当主动吸收世界体育文化的精华来充实龙舟文化、发展龙舟文化，推动罗店龙船等龙舟竞渡走向世界，为中外文化交流及发展提供服务，提供交流渠道。本文以上海市宝山区罗店龙船为例，学习、了解龙舟文化在新时代的时代价值。为了解罗店龙船的历史文化及其传承，借助实地考察，参阅相关网络资料，从所了解到罗店龙船的基本情况、文化内涵等内容来探析新时代龙舟文化的时代价值。应在中国特色社会主义新时代采取切实可行的措施，弘扬"同舟共济、奋勇争先"的龙舟精神，深入挖掘和研究罗店龙船等中华龙舟传统文化，做好龙舟文化的开发与利用，展现出新时代的时代价值。重点是认清新时代弘扬罗店龙船等龙舟文化的紧迫性，多途径传播罗店龙船等龙舟文化知识，继续挖掘罗店龙船等龙舟文化内涵，有针对性开展罗店龙船等龙舟文化保护与传承活动，加大罗店龙船等龙舟文化的保护宣传力度，将罗店龙船等龙舟文化同经济发展紧密结合起来。

【关键词】罗店龙船；龙舟文化；时代价值

作者简介：刘崇沣，男，复旦大学硕士研究生，邮箱：592854767@qq.com。刘祯贵，男，成都市住房和城乡建设局二级调研员在几千年的历史发展之中，我国衍生出许多内涵丰富的优秀传统文化，其中之一便是端午节节庆体育活动——龙舟竞渡。龙舟竞渡是一项历史久远、流传广泛、深受人民群众喜爱、形成传统的文化、体育活动项目[①]。龙舟竞渡所展现出的龙舟文化是中国优秀传统文化的重要组成。作为中国传统文化一部分的龙舟竞渡，已冲出国门，走向世界，成为世界体育文化的一个组成部分，所蕴含的体育性、娱乐性、中华民族"龙文化"等方面的文化内涵，已成为中国特色社会主义新时代全面建设社会主义现代化国家、实现中华民族伟大复兴的宝贵历史文化财富。

党的二十大报告强调："坚持和发展马克思主义，必须同中华优秀传统文化相结合。"[②] 本文拟以上海市宝山区罗店龙船为例，学习、了解龙舟文化在新时代的时代价值。为了解罗店龙船的历史文化及其龙舟文化传承，特到罗店古镇进行实地考察，并参阅相关网络资料。在此基础之上，从所了解到罗店龙船的基本情况、文化内涵等内容来探析新时代龙舟文化的时代价值。

1 罗店龙船的基本情况

党的二十大报告指出："中华优秀传统文化源远流长、博大精深，是中华文明的智慧结晶。"[③] 龙舟竞渡不仅仅是一种节庆体育活动，更成为一种文化，是中华民族节庆文化、体育文化、传统文化的重要组成部分。罗店龙船是上海市宝山区的传统民俗活动，于2006年申报市级遗产。罗店龙船具有多方面的特色，有着深厚的地域文化底蕴和民间艺术的积累。

---

① 林建文：《蛟龙耀九洲，文化传千年——五位一体总布局下广府龙舟文化当代价值和传承》，《齐齐哈尔师范高等专科学校学报》2016年第5期。

② 习近平：《高举中国特色社会主义伟大旗帜　为全面建设社会主义现代化国家而团结奋斗——在中国共产党第二十次全国代表大会上的报告（2022年10月16日）》，人民出版社2022年版，第17页。

③ 习近平：《高举中国特色社会主义伟大旗帜　为全面建设社会主义现代化国家而团结奋斗——在中国共产党第二十次全国代表大会上的报告（2022年10月16日）》，人民出版社2022年版，第18页。

1.1　关于罗店古镇的历史背景及现状

罗店位于上海市宝山区西北部，南与顾村镇为邻，东与宝钢、月浦相依，西与嘉定区相连，北与宝山工业园区、罗泾镇相接，镇域面积 44.19 平方公里。据考证，始建于元代至正年间，迄今有 600 多年历史。历史上的罗店凭借其独特的地理优势，水陆交通都很发达，导致其经济快速发展，不仅市面大，商号多，而且还是棉花和棉制品的重要集散地，罗店生产的斜纹布久负盛名，畅销于外省。早在明万历年间，罗店已是一个物产丰富、商贸辐辏的商业大镇，为嘉定县七镇五市之首；到了清康熙年间，棉花、棉布交易兴隆，使得罗店有"金罗店"之美称。到了清末民初，仅三里长街的罗店，就有商铺六七百家，每日三市，四方来客，车船不断，足见当时罗店的繁华程度①。

罗店也是兵家必争之地，曾在古镇发生过九次比较大的战役，几乎每一次都是灭顶之灾。明初倭寇入侵、明清交替的对垒之战、清朝抗英、小刀会起义之战、太平天国攻沪之战、民国十二年有齐卢之战。最为惨重的还是抗日战争时期，1937 年"八·一三"淞沪抗战最为惨烈，古镇变成了"血肉磨坊"，战乱摧毁了大量珍贵的文物，破坏了众多的历史建筑，罗店也开始处于萧条状态，慢慢变得冷清。到新中国成立后才得以逐渐恢复发展。

罗店古镇有宝山寺、花神堂等历史遗迹。2005 年 5 月宝山寺移地重建，历经 5 年完工。宝山寺被誉为"凝固的诗，立体的画"。明清时期，罗店有一大特色就是生产棉花，所以纺织业非常繁华。罗店人用棉花织出的布，一度畅销江、浙等地，维系了整个罗店百姓的生活。所以，棉花在百姓心中的地位颇高，甚至被罗店人视作"万花之神"。便建起这座"花神堂"。每逢农历二月十二花神诞辰日，都要举行迎神、祭神的活动，求风调雨顺。此外，罗店古镇还有以北欧风情小街为特色的美兰湖，具有一

---

① 程喜杰、杨小凤：《端午节上海宝山罗店龙船活动文化传播研究》，《体育研究与教育》2015 年增刊第 1 期。

股浓厚的异域风情①。

改革开放以来，罗店迎来千年难得的发展机遇。2001 年，罗店镇被列为上海市重点开发建设的"一城九镇"之一，拉开了罗店"一镇二貌"建设的序幕，并取得了实质性的重大进展。然而，相比于朱家角和七宝古镇，罗店没有太多的商业化气息，几乎没有什么游客，较为荒凉萧条，很多店铺都没有开门，没有曾经的繁华。罗店古镇更像是原始江南古镇，绿树蓝天，日影翩跹。

1.2 关于罗店龙船的来历

罗店在端午节有划龙船的习俗，其始于明，兴盛于清，在罗店的民众心目中，福为龙所赐，祸须龙来避，这种虔诚之志是图腾崇拜的体现，也是罗店龙船的实质内涵②。

罗店的经商之人，其中有一位至今不明身份者在外出之时看到了他乡端午划龙船之景，颇感新鲜，又观者众多，便把龙船队伍请回了罗店。自此之后，每到端午，罗店镇上都会有商家请龙船队伍在市中河里划龙船，早期进入练祁河的龙船来自他乡，却与罗店相距不远，既有来自嘉定、昆山，又有来自苏州，龙船数量多，且持续时间长。经年历月，此举已成惯例，而且在方圆数十里之内有了很大影响。

1952 年，宝山县第一次工人运动会在罗店举办，同年 7 月 29 日至 8 月 1 日，全县的城乡物资交流大会又将在罗店举行，在此期间进行了新中国成立后的首次划龙船活动。

1.3 关于罗店龙船的构造特点及发展现状

罗店龙船传承吴越文化，蕴藏者老百姓创造的智慧结晶。因为其水网密布，河道较为狭窄，所以没有办法进行龙舟竞渡的比赛，罗店龙船有轻竞驶、重观赏的特点。与其他龙船不一样之处在于，罗店龙船比的是船型

---

① 周欢畅、徐爱丽：《城镇化视角下上海罗店龙船传承探析》，《河北体育学院学报》2015 年第 2 期。

② 许莉萍：《端午节日文化的再创造——以国家级非遗"罗店划龙船习俗"为例》，《民间文化论坛》2010 年第 6 期。

的精美程度和划手的手艺。为适应河道狭小的问题，罗店龙船相对较小，长度一般为 6 到 8 米，宽 2 米。船底较为平整，吃水浅，船身设计小巧玲珑，平底、昂首、翘尾。其中，龙头的制作最为复杂，龙船向上翘起 45 度的弧度，这是最复杂的地方。利用木匠知识，他们用开水烫木板，让木头具备一定柔软性，四个人再一点点把板子扭过来。需要断了不少板子后，龙船弧度才成型。这种龙船的特点致使其出驶快，掉头便捷。

罗店龙船的整体造型是按照中国人心目中敬仰的神龙形象为原型，龙头龙尾可拆装，其中，龙头由香樟独木精致雕刻而成。栩栩如生，且龙嘴在雕刻之际是朝天张开的，别具一格。船上前有仿本土名阁的牌楼，后有艄亭，张灯结彩；船上按顺序插满旗仗，色彩鲜明。有鲜艳夺目的罗伞旗仗，树帅旗、架兵器、设供桌、挂彩灯，不仅寓意广泛，内涵丰富。其制作工艺集聚了造船、木雕、漆绘、织锦、刺绣、扎灯、书画等民间传统艺术的精华。突出罗店龙船的可观赏性与文化内涵。可谓博采众长的产物①。

参与者对龙船起航前的仪式部分认同度最高。起航仪式是一种情感的表达，是对神灵的致谢与对祖先的感恩怀念。罗店龙船的仪式部分是对龙神的崇拜，同时，寄托人民对美好生活的向往。

除了航前仪式，龙船水上表演部分是龙船文化节创新和发展的部分，龙船的暖场表演活动部分将会展示着丰富多彩的民间文化；龙船活动节还会设置龙船文化讲座与知识竞答，作为传播龙船文化的重要传播方式，促进人民群众对龙船文化的了解。种种活动组成多层次、多样化、丰富多彩的龙船活动内容。

当地居民对龙船活动的参与度都很高。船上的舵手一般是当地水性较好的居民，他们熟练掌握龙船，同时需向龙船上乐队进行发号施令，一般会采用脚踩船板的方式传递信息。但是，中老年人现在是龙船活动主力，断层的现象，现代社会很难让年轻人有时间去参与龙船活动。

---

① 许莉萍、陈志勤：《民间艺术与地方形象再定位——从"金罗店"到"龙船罗店"》，《内蒙古大学艺术学院学报》2012 年第 3 期。

1.4　近年来罗店龙船的发展情况

由于历史原因，罗店龙船活动曾一度停止。造船的船匠，表演的人才流失，相关技艺濒临失传，在罗店镇党委、政府的重视支持下，对罗店龙船进行了及时的保护和发展，并连续举办了四届上海罗店龙船节，取得了广泛的社会影响。罗店龙船，这一久负盛名的传统活动，在"金罗店"又焕发出了新的光彩。罗店端午节龙船习俗经历从重创到新生到成为国家级非物质遗产项目的过程：

1994年，举行改革开放后的首次划龙船活动。2004年，借宝山国际民间艺术节的东风，进行龙船表演活动，取得巨大成功，首次将龙船划向世界，获得国内外观众的一致好评。

2005年，罗店镇政府策划以罗店龙船为主题的文化活动，首次将罗店龙船作为主角，并以"第三届上海罗店龙船文化节"冠名，此后每年都举办龙船文化节。罗店划龙船习俗的保护工作基本上得到了社会各界和当地居民的广泛支持和积极反响[1]。

2008年，罗店划龙船习俗入选第一批国家级非物质文化遗产扩展项目名录。

2010年，上海世博会将当年的宝山罗店龙船文化节名称改为端午节民俗活动。罗店龙船文化节相比于端午节龙船活动规模更大，持续三天，有行街、下水等一系列活动。

2　从罗店龙船看龙舟文化的时代价值

党的二十大报告强调："坚守中华文化立场，提炼展示中华文明的精神标识和文化精髓"[2]。龙舟习俗活动，突出地以中华龙崇拜为主线，是民间进行爱祖国、爱家乡，以及传统礼仪传承教育的载体，兼有展示集体风

---

① 陆辰佳：《端午节罗店划龙船习俗：非遗传承与文化认同》上海师范大学 2019 年硕士论文。

② 习近平：《高举中国特色社会主义伟大旗帜　为全面建设社会主义现代化国家而团结奋斗——在中国共产党第二十次全国代表大会上的报告（2022 年 10 月 16 日）》，人民出版社 2022 年版，第 45 页。

采和团结奋进精神的竞赛，体现出独具一格的地方特色，其丰富的文化内涵值得深入研究并加以重视和保护、传承①。应在中国特色社会主义新时代采取切实可行的措施，弘扬"同舟共济、奋勇争先"的龙舟精神，深入挖掘和研究罗店龙船等中华龙舟传统文化，做好龙舟文化的开发与利用，展现出新时代的时代价值。

2.1　认清新时代弘扬罗店龙船等龙舟文化的紧迫性。罗店龙船文化具有丰富的文化内涵，是上海等民俗文化的瑰宝。因此，认清保护和传承罗店龙船等龙舟文化的急迫性，认识到所蕴含文化知识所折射出的文化精神和民族自尊心自豪感的培养，把罗店龙船等龙舟文化最科学最有价值的基因留下来。总的来说，整个罗店龙船从龙船的制作到人员配置，都凝聚着罗店人智慧的结晶。同时，龙船业积淀着深厚的传统文化及历史底蕴。虽然罗店龙船在"文化大革命"时期遭到重创，但在当地老百姓对罗店龙船的热爱以及罗店镇政府对罗店龙船文化的保护与发展之下，多次举办罗店龙船节，每次都吸引成千上万人驻足观赏，让罗店龙船这一久负盛名的民俗传统文化，在古镇罗店又焕发出新的光彩。

2.2　全方位展示罗店龙船等龙舟文化的时代价值。龙舟文化是一个具有区域特色的文化，它不仅具有优良的文化品格，而且有带动经济发展，促进全民健身，提高国民整体身体素质的作用和价值②。任何一种优秀文化，不仅是民族的，同时又是时代的。在中国特色社会主义新时代，罗店龙船等龙舟文化不仅是中华民族的珍贵遗产，也应当是全人类文化宝库中难得的文化珍品。因此，在大力弘扬民族优秀传统的同时，应当主动地吸收世界体育文化的精华来充实龙舟文化、发展龙舟文化，推动罗店龙船等龙舟竞渡走向世界，为中外文化交流及发展提供服务，提供交流渠道。

2.3　多途径传播罗店龙船等龙舟文化知识。龙舟赛事借助我国传统节日，可观赏性强，以至于参与人员不仅众多，而且认同程度相当高。同

---

① 邓云波：《桂林民俗龙舟活动的文化特色及其价值意义》，《中共桂林市委党校学报》2022年第3期。

② 柴广新：《赣南客家龙舟文化价值评估的研究》，《成功（教育）》2011年第7期。

时，龙舟活动同经济贸易、旅游、文化、娱乐、国际交流等有机结合起来，形成盛大的群众欢庆活动和经贸洽谈活动，有力带动，当地商贸、经济、传媒、旅游等方面的发展，助推当地人民群众的生活水平。政府部门、专业机构等都应行动起来，开展形式多样的活动，吸引更多的人作为罗店龙船等龙舟文化传承者、保护者和实践者，让罗店龙船等龙舟文化走进生活、运动和学习中。让广大基层的社区、农村、群众成为传承罗店龙船等龙舟文化的主体。充分发挥企业和政府的合力，吸引更多年轻人参与到龙船活动当中；呼吁政府积极开展文化讲座和知识竞答；及时了解民众需求，不断优化罗店龙船活动内容，实现民族传统文化传播与人民需求得到满足的"多赢"局面①。

2.4 继续挖掘罗店龙船等龙舟文化内涵，展示其魅力。龙舟文化是我国传统节日文化的重要组成部分，具有健身娱乐价值、教育价值、经济价值及社会整合价值，挖掘和整理龙舟文化的价值对推动我国民族传统体育文化的发展及体育产业具有重要的现实意义②。龙舟竞渡之所以受到世界各国人民认同和赞赏，主要它蕴含着深刻的文化内涵。因为龙舟本身是一件艺术品，它不同于一个足球或羽毛球，已显示了中华各民族的风格和特色③。邀请罗店龙船等龙舟文化的传承者进行言传身教，提高影响力，形成罗店龙船等龙舟文化保护和传承的合力。继续加强学术研究和实践探索，为非遗传承保护实践的科学性和可持续性提供智力支持。

2.5 有针对性开展罗店龙船等龙舟文化保护与传承活动。龙舟文化蕴含的爱国情怀、人文精神与民族传统，历经千年传承仍然历久弥新。作为一项优秀的传统文化深深植根于中华民族大地，是中华民族不可割舍的部分④。全面搜集罗店龙船等龙舟文化口述资料，组织有关机构、专家、

---

① 程喜杰、杨小凤：《端午节上海宝山罗店龙船活动文化传播研究》，《体育研究与教育》2015 年增刊第 1 期。

② 梁义骆：《基于体育产业视角龙舟文化的价值研究》，《科技视界》2017 年第 3 期。

③ 霍丽明：《初探龙舟竞渡的文化内涵与时代价值》，《广州体育学院学报》192 年第 4 期。

④ 林建文：《蛟龙耀九洲，文化传千年——五位一体总布局下广府龙舟文化当代价值和传承》，《齐齐哈尔师范高等专科学校学报》2016 年第 5 期。

学者开展罗店龙船等龙舟文化学术研究。要以促进非遗融入现代生活为理念，把确保创造、延续和传承非遗的社区、群体和个人最大限度地参与，放在保护传承工作的首位；要通过培训、学术研讨等多种方式，保护传承罗店龙船等龙舟文化。在传承发展龙舟文化的同时，开展罗店龙船等龙舟文化学术研究，交流保护经验，促进跨学科对话，出版研究成果等。

2.6　加大罗店龙船等龙舟文化的保护宣传力度。龙舟竞渡所体现出来的龙舟精神是一种奋发向上、团结互助、同舟共济的精神。作为一种积极向上的精神，是我们炎黄子孙的精神支柱，同时也深深地镌刻在中华传统文化的历史上。发展龙舟文化可以培育道德精神的力量[①]。应让全社会共同关注、弘扬和传承罗店龙船等龙舟文化。要通过制作宣传片，详细描述罗店龙船等龙舟文化的内涵与意义，提升公众尤其是年轻一代对该项遗产及其重要性的认知和保护意识。在全国范围内开展罗店龙船等龙舟文化的相关调查，全面搜集罗店龙船等龙舟文化口头资料、文献资料以及与之相关的实物资料等，运用数字技术手段进行对罗店龙船等龙舟文化系统化建档和保存。

2.7　将罗店龙船等龙舟文化同经济发展紧密结合起来。罗店龙船等龙舟文化的弘扬，不应只是拘束于端午节当天的活动，需要常态化弘扬，为其注入时代元素，让龙舟更贴近我们的日常生活。应与当地经济建设结合起来，构筑多元化行动方协同增效的罗店龙船等龙舟文化保护机制，使其更好融入现代生活，缩短，乃至消除公众与非物质文化遗产之间的距离，提高全社会的认知度。应通过定期举办建造龙舟历史文物博物馆、龙舟旅游文化节、龙舟竞渡等活动，吸引全国各地的投资者前来投资，来自四面八方的游客前来观赏，带动当地旅游业及其他产业的发展，从而促进当地城乡经济建设。

---

① 林建文：《蛟龙耀九洲，文化传千年——五位一体总布局下广府龙舟文化当代价值和传承》，《齐齐哈尔师范高等专科学校学报》2016 年第 5 期。

端午龙舟文化新探

——以浙江湖州长兴地区花龙船为例

沈月华

（湖州市非遗保护中心，浙江湖州 313013）

【摘要】端午节是我国传统节日中民俗内涵最丰富的节日之一，从某种程度上来说，竞技游戏是其节日娱乐的主要内容，尤其是龙舟竞渡。但在浙江湖州长兴东部地区的端午龙舟活动，所用龙船样式非常特别，人们不追求竞技速度，且龙舟活动仅在一定区域内按既定路线绕行。针对这一特殊端午龙舟活动，笔者在长兴洪桥等地开展实地调研，以文献法、田野调查法、访谈法等为主要调查方法，通过记录龙舟的构造、民俗活动实况等获取第一手资料，并结合史料记载推断分析，得出以下结论：在蚕桑文化大背景下，该区域的人们以端午龙舟活动来实现对田蚕丰收的感恩与祈祷，并以此促进族群认同，展现以血亲和姻亲关系为纽带的社会规则和交往方式。但面对当下环境条件的改变，如河浜被填、通婚圈范围扩大等一系列不利于花龙船举行的问题时，民间又以其独特的智慧来捍卫这种活动，体现自己的立场，诸如车载花龙船、新兴龙船包等出现。端午龙舟活动在地方性文化的独特逻辑下，又以它独特的方式延续与传承。

【关键词】端午；龙船；蚕桑文化；传承

作者简介：沈月华，女，1985 年 2 月出生，浙江湖州人，硕士研究生学历，现为湖州市非遗保护中心副研究馆员，主要研究方向为非物质文化遗产的保护。邮箱：283840898@qq.com

端午节是我国传统节日中民俗内涵最丰富的节日之一，萧放老师曾提炼出传统端午节俗五大节日要素：全生避害（避瘟保健）、人神祭祀、饮食、娱乐、家庭人伦等①。其中，竞技游戏是端午节日娱乐的主要内容，尤其是龙舟竞渡。甚至从某种程度上来说，龙舟几乎成了端午的代名词，端午节亦称"龙舟节"。

龙舟竞渡起源于南方水乡，竞渡以划船者之间的技术与体能的较量为内容，双方的竞争象征着阴阳的争锋，六朝时又增加了悼念屈原的解说。但龙舟作为端午水上竞技运动，速度是其主要目的，其中包含着智与巧的竞技。

浙江湖州长兴县西倚天目，东临太湖。东部地区的太湖平原，湖滨田畴、河塘港汊。当地人们在端午举行龙舟活动，其中所用的船称为"花龙船"，样式特别，仅在一定区域内按既定路线绕行，不追求速度，是端午节日文化中的一朵奇葩。

那么这种花龙船究竟起源于何时？现很难确切考证。人们又是出于什么目的而举行呢？清郑元庆在《湖录经籍考六卷》中对此加以了揣测："独长邑（长兴）每岁于城濠竞渡，不于清明于端午，习水战耶？宜田蚕耶？莫可究诘已"。可见，端午花龙船活动至少在清就已存在，但《湖录》中并没有对此作出解释。下文笔者将从龙舟构造、活动内容等多方面加以分析，推断这一民俗活动的实际意义。

1 龙舟构造

花龙船，又称"太湖花龙船"。一般选取一条长约 7 米左右，最宽处约 1.2 米的小渔船，先把船抬上岸晾干，然后抹油，达到不渗水效果。待船身表面油漆不沾手时即可制作。花龙船所有装饰都扎在渔船上。龙船的构造大致分为龙头，龙身和龙尾。

龙头：即船头部分，由扎龙船的师傅用竹篾扎成，外面包以彩布，涂

---

① 萧放：《端午节俗的传统要素与当代意义》，《民俗研究》2009 年第 4 期。

上色彩。龙头分"死"龙头和"活"龙头。"死"龙头固定在船头上，相对简单，虽然不能灵活转动，但表演时不容易损坏。"活"龙头可以上下左右前后灵活转动，也可以内外伸缩。表演活动时，根据需要由坐梢者拉动安装在龙头主心骨的拉动绳。在龙头后上方还设置了一个特殊区域，即"水晶宫"。水晶宫由镀金的木料或硬纸制成宫殿状，前上方书"水晶宫"三字，水晶宫中摆放龙王太子。

船身：船身的装饰俗称"搭黄瓜棚"。在船舱的上方由木匠用竹木等材料搭成一个不超过75厘米高的船棚，舱顶上插满彩旗，每一面旗的旗杆下端都用铁丝与棚顶固定。彩旗的数量一般有260面。舱棚前端与龙头相连的部分，写有各类吉祥对联。船棚的两侧则用两块适当大小（大约40厘米宽）的板斜向下固定，再在两边各向下各挂一块彩布，以遮住船舱内的人。所以花龙船在划行的时候，人们是看不到划船者。

船尾：船尾的制作相对较为简单。先在船尾周边用木板、彩布及鲜花等围成约30厘米高的围圈，中间是一个用稻草编成的大蒲团，供掌舵之人站立。在船尾的右后方有一根竖直的短木条，用以勾住船舵。船尾后方高竖旗帜，上书该龙船所在村村名。

从龙船构造上来看，显然，繁复的装饰，尤其是船身上260面彩旗，有悖于以追求速度为目的的端午竞渡龙舟。而且，花龙船在划行时，民间一般以船舷贴着水面，船头龙须沾水为宜，所以人们特意会在船舱里扔入桑树根、柴木之类的东西，以求整艘船的重量恰到好处。

2 花龙船民俗活动实录

2.1 节前准备

由于花龙船工艺精致，制作复杂，一般提前2至3个月村民们就陆陆续续忙碌起来。制作花龙船的经费由村中较富裕的村民出资垫付，等龙船活动结束后再从龙船包（龙船拜亲祈福活动中会有一定的资金收入，俗称"龙船包"）里扣除。尽管村里会推选出一位德高望重的人全权负责，但花龙船的制作应该说举全村之力。村里木匠、漆匠等都会配合扎龙头师傅一起制作划桨、艄刀、旗杆等各种部件，妇女们则缝制彩旗。还有专人负责外出宣传，旧时发帖，现以短信告示居多。此外，负责打鼓和敲锣的人每天要在村中心练习敲打。龙船的扎制耗时耗资，一般以村为单位，倘若村子经济条件相对较差，也存在几个村合扎一艘龙船的情况。

2.2 初一下水

农历五月初一龙船下水试划。初一上午，村民们将龙船抬出，由村里有名望的老人在前引路，慢慢将龙船请入河中。龙船下水之后先在本村的河浜里首划，再到邻近的村子划行。

2.3 "前三后四"① 日活动

前三日主要按照既定路线有序抵达周边村庄。路线的安排必须遵循先东后西，也就是说初三龙船一定是往东面划。而龙船又象征着一地的风水，当地人不愿意把好风水带到外地，以免本地风水遭破坏。也正因此，花龙船的活动范围非常局限。在当地有"北不去父子岭（宜兴界），南不过图影桥（吴兴界）"之说。早在1996年，当时湖州太湖乐园邀请花龙船到湖州参加端午民俗活动，当地政府也已对接妥当。但当花龙船行至图影桥的时候，成百上千村民不断往水里扔石头、粪便，阻止花龙船前进。活动被迫取消，太湖乐园出售的票也一应全部退回。

龙船每到一村，需沿河埠绕圈，称"打桩"，意为龙船打桩带来好运。村子越大，河埠越多，打得桩也就越多。若两条龙船同时从桥下驶过，就要各自在桥桩边绕圈比赛，称"钻桥洞"。

初五日开始收"龙船包"。龙船包，通俗地讲就是份子钱。初六、初七重新到前三日去过的村庄，俗称"龙福双喜临门"，并收取龙船包。龙船两边各有两只船，称"把滩船"，专门负责收取和存放村民资助的钱物。最初的龙船包一般是新豆或新米，现多为现金，龙船包的多少则依据亲戚关系的远近而定。倘若龙船行至的村庄与本村村民有近亲，则龙船在此地会多绕一圈，称"打圆形桩"，相应地龙船包也会大些。一艘龙船上共有

---

① 花龙船活动时间在当地有"前三后四"之说，即农历五月初二、初三、初四为"前三"，初五、初六、初七、初八日为"后四"。

12人（8人划桨，1人打鼓，1人敲锣，1人撑舵，1人坐梢），非常有意思的是，坐梢的人是不固定的，他的推选标准是龙船所到村庄其亲戚最多者。

2.4 谢龙王与龙王酒

龙船活动一般在初七结束，人们将龙船从下水处（龙船在哪个埠头下水，要在哪个埠头登岸）有意倾翻沉没，再将龙船请至岸上并抬至扎龙船的场所。把龙头拿下，边上摆上船桨等拼装成简易的龙船样子，并摆上猪头三生，焚香祭祀。俗称谢龙王，又称"谢蚕花"。祭祀完毕，人们将鲤鱼放生，旧时将龙头焚化（据当地老人回忆，过去龙头制作相对简单，以桑树根为主要材料），现龙头制作较为考究，一般龙船活动结束后，相应的物件由村里统一保存。人们还可以出适当的钱接走龙船上的龙王太子，据说未生养的夫妇接走后来年可生育。

初七或初八晚上，人们在本村选房屋宽敞的人家摆上酒席。凡是出过龙船包的人都会被邀请来喝龙王酒。酒席的开支则是划龙船所收来的龙船包扣除先前村里人垫付的钱、扎龙船工钱等后所剩的钱。大家欢聚一堂，酒席散后，本年划龙船活动也宣告结束。

3 花龙船民俗活动分析

3.1 家族血缘伦理意识的强化

中国传统节日中，聚合家庭情感，强化家族血缘伦理意识尤为突出，端午也不例外。花龙船的活动，从某种意义上来说是游龙探亲。花龙船于当地百姓，不止是龙船这么简单，它象征着吉祥。一方面花龙船兼具一定的包容性，活动围绕本村，发散于周边村庄，也就是说，村民可以把这份吉祥分享于外村。另一方面，其活动范围又非常清晰，仅仅只是围绕家庭血缘展开，所谓外村只针对与本村有姻缘亲属所在的村，但不能突破"北不去父子岭（宜兴界），南不过图影桥（吴兴界）"。可见，从花龙船的活动范围上来说，强调的是家庭血缘关系，由此带来的吉祥共享也只能在具有家庭血缘关系前提下。

龙船活动结束后，本村大摆龙王酒，具有血缘亲属关系的外村人也同样受邀。人们借龙王酒，群体血缘上的认同得以再现，亲属之间的凝聚也得以加强。应该说，这是一场全村及与本村具有家庭血缘关系相关人员的大集合，人们有意或无意地向他村渲染家族力量的强大，家族内部的凝聚力。

3.2　花龙船的多重功能性

花龙船不同于一般意义上的端午龙船竞渡，而是围绕蚕事活动举行的一场集体大狂欢。在蚕乡，农历四月为"蚕月"，是养蚕的关键时刻。期间，哪怕是亲朋好友，都得严格遵守"禁往来"的乡规，俗称"关蚕门"。人们经过一个多月的高度紧张，直到端午，春蚕收获之季，解除禁忌，大家聚集在一起借花龙船活动走亲访友，感谢蚕花娘娘的庇佑，祈祷来年蚕事大丰收。从极度劳累状态到完成劳作后聚集在一起放松放松，合情合理。同时新一轮的蚕事也伴随着前一轮的结束，开启美好的祈福祝愿。花龙船象征着蚕事的大丰收，备受人们的喜爱。每每驶入一村庄，鞭炮齐鸣，锣鼓喧天。

而在花龙船的构造上，前面安置有水晶宫，摆放龙王太子。所以，花龙船除了蚕事的祈祷外，又增加的一个特殊功能——送子。在调研中，当地流传着大量关于夫妇多年不育，抱走龙王太子后来年便生下孩子的灵验故事。信仰在民间更多的是根植在人们心里的思维活动，他们并不要求有严格的教义、组织等，只希望通过随时可行的却不失神圣意味的仪式来满足自己的诉求。所以花龙船蚕事祈祷、送子两者功能的兼具，也不存在冲突与矛盾，于百姓而言，凡有利于自己的诉求，恐怕是多多益善。

3.3　民间为人的哲学

在调研花龙船过程中，笔者发现几乎每个村都有一本特殊的"人情簿"。上面非常清楚地记录每一个龙船包的礼金数。一来用于活动结束后统一盘账。二来，在民间，礼品（礼金）的交换是社会圈子和关系的强化与重构。如果 A 村扎制龙船，前往 B 村，B 村中某人与 A 村中某人存在近亲关系，那么他相应地龙船包礼金数会增加。若亲属关系远些，则龙船包礼金稍微减少些。所以，从龙船包的礼金数就非常直观地可以看出双方感情强度、远近距离等。

在民间，"帮助""人情"是自然而然地可以被需求、供给、消费、拥有、退还、交换、积累的。①而且，在公开化的乡土社会中，礼金不仅仅只是一个简单的数目，其中蕴含了民间的为人的哲学。一旦有谁不符合这种哲学，遭人谴责那是必然的。花龙船两边"把滩船"在收取龙船包后，当场象征性地会退还部分礼金（礼品）。当然，退还原则也必须遵照民间不成文的规矩，民间独特的一套哲学全然体现其中。

3.4 人文传承、乡民传承与国家在场的交融

端午节自古以来就存在着文人传承与乡民传承两大系统，两者之间充满交融与对抗。乡民传承系统立足于生活，并不断汲取养料，尽管也旁顾文人的解释，也向"强势"文人的解释靠拢，但是他们更多的则是轻描淡写地"引用"和"因袭"②。

一般情况下，花龙船船艄尾会插上一面旗帜注明"××村"，表明该花龙船所在地。但非常有意思，往往同时会写上"凭吊屈原"这四个字。当然，这离不开地方精英们的推动。笔者采访过洪桥镇制作龙船的吴益清师傅（原为当地一学校老师），虽然他也知道本地花龙船与屈原没有任何关系，但是在端午宏大背景下，作为地方精英，自觉或不自觉地向文人解释靠拢，顺理成章地在他设计的龙船上加入"屈原"这一元素，注入更多普遍意义上的端午文化元素。

调研中，同样也见于部分龙船船艄尾端再增加一面国旗。"民间社会复兴自己的仪式，总是要强调自己的民间特色和身份，但同时又要利用国家符号。越是能够巧妙地利用国家符号，其仪式就越容易获得发

---

① 王铭铭：《村里视野中的文化与权利：闽台三村五论》，生活．读书．新知三联书店，1997年，第174页。
② 林继富：《端午节的文化精义在于庇佑生命——基于清代两湖地区端午习习》，《华中学术》2009年（第一辑）。

展。①"在当地精英们以"民间娱乐要与政治形式相结合"为宗旨，注重运用国家符号发展与传承花龙船，充分利用传承人、各类协会等角色，游走于政府和民众之间。在端午活动期间，也会邀请代表政府的相关人员参与。

尽管三者之间存在交融，但并未根本性动摇端午花龙船在当地祈福探亲送子的原发力。端午节期间民众的文化行为依然指向蚕事丰收，指向当地人的日常生活需求。

3.5 民间的立场与智慧

端午花龙船作为一项传统民俗活动，在当下也随着时代的改变有着细微的变化。但对乡民而言，花龙船祈福拜亲送子的意义远远大于纪念屈原的诉求。颇有意思的是，当下生活或者说当下的条件不利于花龙船的举行时，民间又以其独特的智慧来捍卫这种活动，体现自己的立场。

首先是车载花龙船的出现。随着交通事业的快速发展，长兴县不少河浜被填平，而花龙船活动需要水域，这是其首要条件。水域面积小或者没有水域的乡村，花龙船很难进行。为了愿景的实现，村民们发明了车载旱船。用电瓶三轮车替代小船，所有装饰全部轧制在电瓶三轮车上。配以一名司机，一名敲锣，一名打鼓，其他的人则跟随在车后面。尽管车载花龙船的活动范围从某种程度上来说不再受限，但它依然没有突破村民们所认定的"本地"范围，即便是车载花龙船，也不可能行至吴兴、宜兴界。

其次，新兴龙船包的出现。过去受交通、通信等各类限制，农村婚姻的选择一般范围不大，花龙船活动也能在不突破其限定范围的周边村庄围绕家庭血缘关系开展。但伴随着年轻一辈通婚圈范围不断扩大，花龙船的活动纯粹以血亲和姻亲开展逐渐受限。民间一方面继续秉承传统，另一方面，也出现了一种特殊的龙船包，即花龙船划至某村，而该村除了有血亲关系的亲属送龙船包外，再由村委统一包龙船包。这正是当下环境改变后

---

① 高丙中：《民间的仪式与国家的在场》，《北京大学学报》2001年第1期。

民间作出的一种应对，体现着民间的智慧与立场。

4　结语

湖州长兴地区的端午花龙船，是当地表述和传承的一种集体文化记忆，在蚕桑文化的大背景下，人们以此来实现田蚕丰收的感恩与祈祷，促进族群认同，展现以血亲和姻亲关系为纽带的社会规则和交往方式。同时，在地方性文化的独特逻辑下，面对当下环境的改变而作出应对，使之得以不断延续与传承。

以口述人视角解读永嘉龙舟竞渡民俗

胡胜盼

（浙江省永嘉县桥头镇第七小学，浙江永嘉 325107）

【摘要】 温州是龙舟文化的重要发源地之一。永嘉县作为温州市下辖的一个县，多山，地理环境特殊。从历史溯源上看，永嘉龙舟竞渡活动主要局限于永嘉上塘中心城区至瓯北沿江一带。八十年代到九十年代中期，永嘉曾一度开展永嘉龙舟竞渡赛，传统的民俗文化活动得以传承。九十年代后期，政府出于安全考虑，永嘉龙舟又陷入"禁赛"困局。永嘉龙舟竞渡与温州其他地区龙舟活动相比，本身就存在影响力微弱的先天不足现象。"禁赛"后，永嘉龙舟逐渐淡出民众视野，几近无人知晓。本文主要采用文献资料法、专家访谈法和实地调查法，以永嘉龙舟文化推广人杜培祥口述视角解读永嘉龙舟竞渡民俗，意在唤醒民众记忆，为丰富具有区域特色的民间民俗文化资源留下第一手资料。同时，通过挖掘永嘉龙舟民俗文化底蕴，为呼吁官方部门和民间组织再次审视龙舟文化内涵；为恢复和进一步完善开展永嘉龙舟民俗活动集思广益，推动活动良性发展；为弘扬"龙舟精神"，激励昂扬士气，凝聚奋进力量提供思考。

【关键词】 永嘉龙舟；口述；楠溪江；竞渡；民俗文化

作者简介：胡胜盼，男，1980 年 11 月生，浙江永嘉人，本科学历，一级教师，主要研究方向为文艺评论及温州非遗文化，邮箱：912929394@qq.com

龙舟竞渡，温州俗称"斗真龙"。据明朝万历年间刊行的《温州府志》记载："竞渡起自越王勾践，永嘉水乡用以祈赛。"永嘉是温州的古称。可知，温州龙舟竞渡已历 2000 余年。温州市区自古多河道，因此龙舟竞渡多集中于瓯海区、鹿城区、龙湾区，也就是温州中心城区。其余各市县，受地理环境条件约束，龙舟竞渡活动开展受到较大或者根本性的限制，只能部分或根本无法开展。永嘉县，作为温州市下辖的一个县，多山，但永嘉上塘中心城区至瓯北沿江一带，尚有一定水域，故而永嘉龙舟竞渡活动得以部分开展。杜培祥，作为资深的致力于永嘉龙舟文化的推广者，其口述永嘉龙舟竞渡史料，具有历史价值。本文以通过必要的解释结合现场原生态的口述实录，意图还原口述人眼中的永嘉龙舟，为永嘉龙舟竞渡民俗文化留下参考资料。

1 杜培祥个人经历

2019 年，笔者参与由温州市民俗学会牵头的温州市社会科学界联合会课题《温州龙舟文化口述史》项目，承担采访永嘉龙舟文化推广人杜培祥先生。同年 11 月 30 日，笔者在永嘉上塘中心城区杜培祥家中对其本人进行了采访。采访结束后，在杜先生的陪同下，笔者还对永嘉龙舟遗存实物和活动场所进行了踏访。

采访者：杜先生，能先谈谈您本人的一些人生经历吗？

杜培祥：好的。我是 1937 年出生的，提到我的人生经历感觉还是蛮丰富的。我文化程度不高，只有初小学历。就是小学都没上完。可我这个人比较勤奋，也就是爱学。所以在 1960 年的时候，县里组织了一个文化培训班，我也被选过去了。培训结束后，我到了永嘉文教局工作了一段时间。后来国家提出"精兵简政"的口号，我也就响应号召回家务农了。当时我担任了浦东村的大队长。我这个人一向反对自私自利，感觉做人一定要多考虑公众利益，这样呢，我当大队长也就很受大家伙的认可。现在在家没事，我主要做些公益的事情。比如给老人协会做点事什么的，也有很多地方找我设计亭台楼阁。我也很乐意帮他们去做。闲了，也写写字，你看我门口的春联都是我自己写的。另外，我也喜欢摄影，前些年买了一架小型的摄像机，录制了很多民俗活动。这些都是我自学的。我觉得，做人一定要善良，多做功德的事，对自己，对后代都好。我现在几代同堂，有四五个孩子叫我阿太了。八十几岁了，身体都好，所以也就觉得很知足。

采访者：您姓杜，好像我们永嘉这边姓杜的人不多啊？您祖上是从哪迁过来的？

杜培祥：是的，永嘉姓杜的人很少。我听我的祖辈说，我们杜家的老祖是从宁夏那边迁过来的。很多人的祖上是在河南、山西那边，我们老祖在宁夏，有点特别。

2　永嘉"五色龙"的特殊之处

清代光绪年间的郭钟岳曾著有《瓯江竹枝词》一百首。其《瓯江竹枝词》选中这样描述过瓯江龙舟竞渡："龙舟竞渡闹端阳，五色旌旗水上扬。争看秋千天外落，梢婆笑学女儿装。"无独有偶，明代万历年间乐清人侯一麐也有二首《竞渡曲》形象地描述了明朝时期温州龙舟竞渡的场景。其诗一云："青烟横拂五云旗，一片洪波倒翠微。顷刻鼓声何处尽，天边遥见六龙飞。"龙舟竞渡，以五色旗、五云旗作为辨识旗帜，既易于区分，又渲染了气氛，一举两得。永嘉龙舟有"五色龙"，其不但利于分辨，且有特别用意，可谓特殊。

采访者：听杜昌兴先生说，您对咱们永嘉龙舟十分熟悉，能谈谈永嘉龙舟相比较温州其他地区的龙舟有什么特别的地方吗？

杜培祥：我今年83岁了。关于楠溪江"五色龙"龙舟的事，的确是比较了解的。楠溪江"五色龙"龙舟和温州其他地区是有不同的。最明显的区别在于两点：温州其他地区龙舟在划行时，有人是站在那里"蹲"的，可我们这是在那里"摁"的。是抓住龙头的龙唇在那里"摁"。说到这里，不得不提新中国成立前永嘉"摁龙头"最擅长的是一对"黄金搭档"，他们叫叶岩金和叶祖洪，他们"摁龙头"手法独特，讲究配合默契，所以他们出手就很有可看性。另一个不同的是，我们永嘉的龙舟是随着潮水走的。也就是潮水什么时候来，就什么时候划。温州其他地方的龙舟是在河里划的。我们划的区域也很有限，就是下塘到上塘殿这一段水域，约2000来米。

采访者：永嘉龙舟的历史约有多久了？

杜培祥：永嘉"五色龙"龙舟，据相关史料记载，以及民间传说，已有700多年的历史了。

采访者：能具体谈谈永嘉"五色龙"龙舟吗？

杜培祥：好的。咱们永嘉称龙舟为"水龙"，地上纸扎划的叫"旱龙"。"五色龙"分红、黄、蓝、白、黑五种。"红龙"归浦东；"白龙"归浦西；"黑龙"归浦口；"绿龙"归下塘；"黄龙"归渭石。颜色划归是历史沿革下来的，传到现在不变。"五色龙"划行时，有42人。打鼓1人，打旗1人，"摁龙头"的1人，扶头的1人，掌舵的2人，划手36人（两边各18人）。划"五色龙"在新中国成立前很盛行，新中国成立后由于多种原因就停下来没划了。在1986年，由我倡议，联合几个头家，把"水龙"给恢复了。我们那时总共有6个发起人，大家分别出300元钱，凑齐1800元，先把浦东的"红龙"给重新打造起来了。历史上，浦东"红龙"是最有名的，竞渡时划得最快。那时永嘉没有打造龙舟的老司，我们先去乐清请，乐清也没有。后来就再去瑞安请。所以，改革开放后，我们浦东这条"红龙"是瑞安塘下，一位叫瑞丰的龙舟老司打造的。我们浦东的这条"红龙"打好以后，其他几个地方也开始打了。从1986年开始划，一直到1999年文化节龙舟竞渡赛，总共划了13年。但从1999年竞渡赛结束后，县里认为跟潮划龙舟存在安全隐患，就没有再允许我们划了。这样一停就停到了现在。

采访者：温州其他地区划龙舟历史上曾多次发生"械斗"事件，咱们永嘉这边有吗？

杜培祥：据我所知，没有。我们这边打斗、淹死人等都没有发生过。1999年后，永嘉"水龙"被禁止，有部分干部是出于这样的考虑的。但我觉得他们考虑问题是有片面性的，是怕背责任。很可惜，我们浦东的"红龙"也在当时的情况下，被切掉了。其他地方的几只龙舟，虽然现在都还在，可因为我们浦东不能划了，他们也就跟着不能划了。

采访者：杜先生，您刚才提到永嘉"五色龙"划的水域很有限，当时也是在斗吗？

杜培祥：当然。五只一起斗。听号令，五只龙舟同时向前冲划，随着潮水冲。有时候，冲到底，再回斗。斗的时候，两岸是人山人海。可以说，这种景象比及温州其他地区的龙舟，要好看许多。提到斗龙，浦东"红龙"显得特别勇猛，大家都公认是第一。

采访者："五色龙"在形制、制作工序方面有什么特别吗？

杜培祥：这个和其他地区的龙舟应该是差不多的。

3　永嘉"五色龙"竞渡民俗

温州龙舟竞渡之所以吸引人，除了体育竞技带给人的视觉美感外，还在于其包蕴着深厚的民俗文化积淀。温州历来民间信仰活跃，自古以来，"尚鬼巫、崇佛老""信鬼神、好淫祀"。明万历《温州府志》记载有："东瓯王敬鬼，俗化焉，尚巫渎祀。"自然地理环境上的特殊和古老瓯越遗风的沉淀，孕育了永嘉（温州）一带以敬神为中心，敬神和娱人相结合的特殊文化。温州龙舟入水、竞渡、起水、参龙等都有一套完整成熟的仪式，寄托着民众朴素的祈福愿望。永嘉"五色龙"竞渡也不例外。

采访者：永嘉龙舟在起划前，募集资金方面有什么讲究吗？

杜培祥：要决定划龙舟了，首先要考虑募集资金。以前我们称"打干龙"。怎么个"打干龙"法呢，我们是在未划"水龙"前，打着旗帜，端着香官爷，到各处募集。以前，各家各户家庭经济都比较困难，乡下人家，给的也多半是麦子、番薯干、土豆、大米等等，基本上不会有现金的。打的时候，是不局限于自己地方上的。比如，我们"红龙"出来，会去沙头以下，清水埠以上一带，边募集，边招呼大家端午过来看斗龙。也正因为这样，一到划龙舟的时候，人根本就站不下。我们"打干龙"是很讲究自出手的，有多给多，没有不强求。至于要敲一笔那样的事，是不会去做的。不过，到后来，"打干龙"也发生了改变。没有出去四处募集了。一般有钱的人，自己认过去，你一千，我几千的，这样呢，也就把钱给凑齐了。

采访者："五色龙"一般什么时候进水，什么时候开始斗？

杜培祥：永嘉龙舟一般都是五月初二进水，旧时为图吉利叫"上水"，不叫"下水"，初三开始斗。初三、初四、初五，斗三天。

采访者："五色龙"除了在2000米的水域里划，还划到过其他地方吗？

杜培祥：提到这个，我倒想起了两个源流。上塘里面有个地方叫山仓。浦东的"红龙"和浦西的"白龙"是属于上塘殿的卢氏娘娘的。在端午那天，两条龙船会划到山仓去，给当地的群众看一看的。为什么会这么做呢？因为上塘殿月台的台址，原来是山仓当地群众一位"老太"的坟基。后来要造月台，就把坟给迁出去了。为了表示感念，所以在端午那天，把龙舟划过去给山仓群众看一看。山仓群众也很讲究，他们看了龙舟，会把事先做好的麦饼发给划手，每人一个。反过来，二月十五，上塘殿庙会，山仓群众过来赶集，我们浦东、浦西这边的群众又会把做好的馒头送给他们，让他们带回家去。另外，上塘里面还有一个地方叫响山。下塘的"绿龙"会划到响山。下塘原来有个"老太"婆嫁到了响山。当时两家都是好人家。刚开始"老太"婆不愿意嫁过去。她说，我们下边有"水龙"看。响山没有龙舟。为了说服新人嫁过来，响山人家答应她，到时一定让"水龙"划过来给她看。"老太"婆说，划过来也只有一条，下面有五条。响山人家又答应她，说让其他四条龙一起陪着"绿龙"划上来。就这样，每年的端午，五条"水龙"会一起划到响山，吃午饭。吃的时候，"绿龙"划手居中，其他"水龙"的划手环绕两边。"水龙"进山仓和响山的规矩发生在新中国成立前。新中国成立后，为了表示尊重传统，我们也曾经划过几次。

采访者："五色龙"除了划到山仓和响山，有划到城底吗？

杜培祥：有过。新中国成立前，浦东有个人叫岩益，他的一个女儿嫁到了温州城底。女儿夫家在朔门。这样，"水龙"就顺着潮水，划到了瓯江里。"水龙"一到瓯江口，对岸就鞭炮齐鸣，热闹非凡。岩益女儿夫家是开面店的，划手们就在她家吃了点心面，然后再划回永嘉。

采访者：杜先生，您有当过划手吗？

杜培祥：有过。那也是新中国成立前。当时人还小，我一般都是在没有斗的时候划。一开始斗龙，力吃不消，就给大人了。

采访者：永嘉"五色龙"的旗号有什么特点？

杜培祥："五色龙"的旗号，浦东"红龙"是红旗，正方形全红；浦西"白龙"是白旗，正方形全白；浦口"黑龙"是黑旗，正方形旗心黑，环边白；下塘"绿龙"是绿旗，正方形；渭石"黄龙"是黄旗，三角形全黄。听前辈说，下塘的"水龙"也可以打红旗，其他地方的都不可以。

采访者：温州的龙舟一般都有归属于哪个祭拜神，我们永嘉的"五色龙"也都分别有归属吗？

杜培祥：浦东的"红龙"和浦西的"白龙"归上塘殿卢氏娘娘。浦口的"黑龙"归苍龙殿。下塘的"绿龙"归三港殿。渭石的"黄龙"归白马殿。

采访者：杜先生，我们永嘉是山区，在山底那边有划过龙舟吗？

杜培祥：没有。永嘉有句谚语说，山底是"千年不见锣鼓响，万年不见划龙灯"。因为山底是山区，没有水根本不可能去划龙舟。我这边是因为有比较宽的江面，加之有潮水，是"潮港"，所以才会有龙舟。

采访者：我们划"五色龙"，有参龙先生吗？

杜培祥：有的。你刚才提到的杜昌兴会参龙。参龙一般都是背旗子的人参的。参龙的内容也无外乎是说吉祥话。诸如保佑风调雨顺，地方平安等等。

采访者："五色龙"进水时，有什么仪式吗？

杜培祥：这个是一个地方有一个地方的不同。我们浦东划"水龙"进水时，是划稻田里过的。那时我们地方里有个人叫际盈、另一人叫顺水。所以，进水的时候，大家就高声齐呼"际盈"和"顺水"，意思是斗龙要赢，要顺风顺水。这是个彩头。我们浦东这边是这样呐喊着下来的。浦口的"水龙"进水是偷偷地进的，不开声，叫"偷龙"。为什么偷着进呢，传说他们那边的香官爷是从别地请来的，是"偷"来的，所以要低调。

采访者：龙舟进水后，又有什么做法呢？

杜培祥：龙舟进水后，打鼓手要在鼓钉上顺三圈，倒三圈，再前敲三下，后敲三下。

采访者：刚才您提到鼓，永嘉"五色龙"的鼓看来还很有特别的地方。

杜培祥：对。永嘉"五色龙"的鼓有三面。一面是请太保爷的鼓。浦东的太保爷是从上塘殿请过来的，龙舟划好后，要用这面鼓把太保爷送回上塘殿。太保爷和香官爷是不同的。过去地方里为了相互激起划龙舟的劲头，要"黄一黄"（温州俗语，即相互激一激）。比如有些地方头家可能不想划，但其他地方为了能多一个对手，就把太保爷请出来放到那个地方一个显眼之处。当地群众看到太保爷都出来了，就会说"今年不划也要划了，难道就随随便便把太保爷送回去"。太保爷是划"水龙"的头儿，香官爷相当于他的先锋，是听太保爷指挥的。另一面是"打干龙"时的鼓。再一面就是龙舟上的这面鼓。新中国成立前，永嘉龙舟打鼓最出色的是一个叫杜彩龙的人。与此相对应，永嘉龙舟"打旗"最出色的是杜培乾。

采访者：永嘉划"水龙"期间，有做一定的法事吗？

杜培祥：龙舟进水前，要念清经。一般是在哪里划，就在哪里搭一个棚，请来道士念。道士念完经，把太保爷送回殿里。留下香官爷去"打干龙"，参与划"水龙"。

采访者：温州其他地区的龙舟在结束后，要做下收尾，永嘉这边有吗？

杜培祥：永嘉这边没有。斗龙结束后，参龙师在舟上念几句就算正式收尾了。龙舟出水上岸，回归存放处。相反，永嘉划"旱龙"是有做收尾的，做一场法事。搭棚、"打干龙"跟地方上闲忙有关，闲的时候就早早准备了，忙的时候就显得紧凑些。

4 杜培祥寄语永嘉龙舟

笔者在采访过程中，能时刻感受到杜培祥老人对永嘉龙舟的一份真情。对于永嘉龙舟因故未能重新开展活动，他感到非常遗憾，一再嘱托笔者能借此予以呼吁。他认为龙是中华民族的象征，龙舟竞渡是中华传统文化的一部分。恢复永嘉龙舟竞渡活动，既有利于振奋民族精神，也能使古老的民俗文化得以延续。

采访者：历史上，永嘉就只有您刚才提到的五条龙舟吗？

杜培祥：应该不止。我听前辈说，以前永嘉黄田那边也曾有过，只是后来消失了。现在"五色龙"也处在禁划阶段。我觉得，永嘉如今要搞旅游，把舴艋船都推出来搞，却放弃"五色龙"是很可惜的。底下群众"恢复永嘉龙舟竞渡"的呼声也很强烈。这是人民群众喜爱的民俗和文化形式，理应考虑恢复。

采访者：对于永嘉龙舟，您还有什么想说的吗？

杜培祥：永嘉龙舟尽管范围很小，但却是很有特色，是永嘉楠溪江地域文化的代表之一。现在因为各种各样的原因停下来了这么多年，真的希望有关部门能引起关注，尽快恢复永嘉龙舟文化活动。

5 结语

2022年5月25日，杜培祥先生给笔者打来电话，说永嘉龙舟在多方呼吁下，已允许再度开展活动，并盛情邀请笔者观看。可惜，因笔者在外地培训未能得以到现场参观活动盛况。作为温州龙舟大家庭中的一员，永嘉龙舟恢复活动实在可喜可贺。笔者也热切希望永嘉龙舟能借助杭州亚运会的东风，紧跟时代步伐，"守正创新"，继承古老瓯越文化传统，为书写新时代温州人"龙舟精神"再续新篇。

参考文献

[1] 陈莉. 温州龙舟民俗文化缘起、历程及嬗变探析 [J]. 山东体育

学院学报，2010，26（2）：41—63.

［2］胡晓明. 温州龙舟竞渡的历史与文化研究［J］. 西部学刊，2021，4（137）：131—133.

［3］李雨阳，赵明楠. 江南民俗体育的"龙文化"表达——来自洪蓝镇水秋千的民族志报告［J］. 南京体育学院学报，2020，19（4）：69—72.

［4］叶大兵　编著. 温州民俗［M］. 北京：海洋出版社，1992.

［5］彭艳芳. 浙江民俗体育传承与发展——以温州龙舟竞渡为个案分析［J］. 浙江体育科学，2015，37（1）：42—46.

第三篇　龙舟运动发展研究

乳腺癌幸存者龙舟运动干预相关研究进展的可视化分析

孔庆涛[1]　季程程[2]　庞德功[1]　闵大六[3]

（1. 上海海洋大学体育部；2. 上海工程技术大学保卫处；

3. 上海第六人民医院肿瘤科，上海 201306）

【摘要】为探讨近 10 年乳腺癌幸存者龙舟运动干预相关研究思路和趋势，剖析研究动态和热点内容。本文以 Web of Science 数据库为基础，检索 2010—2021 年乳腺癌幸存者龙舟运动干预的相关文献，采用 CiteSpace V 对学科、国家/地区、作者及关键词进行科学计量和可视化分析，绘制科学知识图谱，通过荟萃分析、问卷调查、随机对照实验等方法，集中探讨了龙舟项目在乳腺癌幸存者上的作用，并与其他运动干预模式进行对比。结果显示：该领域的研究以社会科学和运动科学为主导，与肿瘤学、心理学、生理学等多学科交叉融合；发文量最多的国家为美国；高产作者之间合作密切；乳腺癌幸存者的运动干预偏向于单侧抗阻运动加有氧运动的混合模式，这个运动模式与龙舟项目的运动规律类似。现有研究显示龙舟项目可促进乳腺癌幸存者生活方式、社会支持等心理健康，同时还可提高肌肉耐力，减轻相关疲劳等生理健康。建议在未来研究中，还需要进行更大样本、品质更高、研究周期更长的研究项目，并且重点研究龙舟运动对乳腺癌幸存者的长期作用和副作用。

【关键词】龙舟；乳腺癌；运动干预；术后康复

第一作者简介：孔庆涛，1975 年 6 月出生，河北邯郸人，博士，副教

授，主要研究方向为学校体育和水上运动，邮箱：qtkong@ shou. edu. cn

　　乳腺癌是乳腺上皮细胞在多种致癌因子的作用下，发生增殖失控的现象，疾病早期常表现为乳房肿块、乳头溢液、腋窝淋巴肿大等症状，晚期可因癌细胞发生远处转移，出现多器官病变，直接威胁患者的生命。乳腺癌是女性最常见的恶性肿瘤，根据世界卫生组织国际癌症研究机构发布的2020 年全球最新癌症统计数据，乳腺癌新发病例高达 226 万，正式取代肺癌成为全球第一大癌症，其发病率在世界范围内呈现上升趋势，是威胁女性健康的重要疾病之一[1]。

　　乳腺癌根据肿瘤的大小以及淋巴结的转移和有无远处的转移，主要分为四期。一期、二期属于相对较早期的乳腺癌，三期属于中期，四期一般属于晚期的乳腺癌，其愈后较差。术后早期和晚期可能出现的症状主要发生在上肢，包括肩关节疼痛、活动范围减少和肌肉力量不足等。乳腺癌及其治疗过程中带来的一系列副作用、长期的不良症状以及外观的变化等都有可能会大大地降低与健康相关的生活质量[2]。大部分乳腺癌幸存者还会出现如易疲劳、体重增加、睡眠障碍等问题[32]。

　　在 2014 年的一篇运动对乳腺癌幸存者的影响中提到，从 1989 年开始业界普遍仅使用有氧运动作为干预方法一直到 2013 年发展到开始使用针对性的单侧抗阻运动加有氧运动的混合模式来干预乳腺癌患者幸存者，并在心血管系统、身体成分、力量、疲劳、生活质量等方面取得一定程度提升与改善[33]。龙舟运动是一个对于乳腺癌患者是一个比较理想的运动，相对于跑步等这样等依靠重量活动的运动具有零负重、受伤概率低等特点，并且可以在控制技术动作的前提下进行可控小重量单侧重复上肢活动，达到对骨骼肌肉系统和心肺系统的锻炼效果，同时可以容纳不同健康水平和能力的个人在同一艘船上进行运动[4]，目前在乳腺癌幸存者中已成为最流行的运动方式之一[3][4]。龙舟运动是一项集众多划手以划动单片桨叶为推进方式使舟船前进的竞技活动，1996 年在温哥华举办的海外国际龙舟节，有一支新手队伍完全由接受过乳腺癌治疗的女性组成，她们中的许多人都只有"一个乳房"[5]。目前我国对于龙舟运动的研究发展尚处于起步阶段，我国龙舟项目研究更多地集中在龙舟赛事、传统体育、体育文化、体育史、发展、民俗端午节等领域[31]。龙舟项目在其他领域方面的应用目前尚未得到重视，其在乳腺癌康复领域的应用在我国乃至世界仍处于一个值得探索的领域。本文希望通过回顾近十年来国外对龙舟在乳腺癌康复上的研究，为我国国内龙舟运动在乳腺癌幸存者应用上提供一个参考。

1 数据来源与研究方法

1.1 数据来源

本研究以 Web of Science 数据库为来源数据库进行检索。检索 TS =（dragon boat）And（breast cancer）的相关文献，共 37 篇。所有检索语言为"English"，文献类型为"Article"，检索时间跨度为 2010 年至 2022 年，检索与下载的截止日期为 2022 年 2 月 20 日。

1.2 计量工具及研究方法

本研究采用基于 Java 平台的 CiteSpace V（版本号 5.1. R6. SE. 8.1. 2017）的可视化软件绘制科学知识图谱。在 CiteSpace V 软件中，分别以学科、国家/地区、作者和关键词为节点，时间设置为 2010 年至 2022 年，时间区间间隔选择 1 年，在阈值选项中选择"Top N per slice"，阈值设定为 50，运行软件绘制知识图谱。

2 研究结果

2.1 学科分布

2010—2022 年该领域的研究共涵盖了 56 个学科，其中高频学科为社会科学（18）、运动科学（18）、肿瘤学（17）和心理学（16），高中心性学科为社会科学（1.04）、心理学（0.21）和肿瘤学（0.11），表明该领域的研究以社会科学和运动科学为主导，与肿瘤学、心理学、生理学等多学科交叉融合，为龙舟运动与乳腺癌的相关研究提供了专业的理论基础。

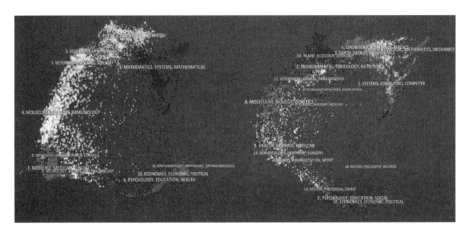

图 1 2010—2022 年相关研究的学科分布

2.2 国家分布

研究结果显示，2010 年—2022 年共有 10 个国家（地区）发表了龙舟运动与乳腺癌的相关研究。其中，美国的发文数量最多，为 17 篇，占总发文量的 45.95%，处于领先地位。其次为加拿大发文 12 篇，占总发文量的 32.43%；意大利发文 11 篇，29.73%；西班牙发文 2 篇，占总发文量的 5.41%。澳大利亚、英国、菲律宾等国家的发文量均为 1 篇。

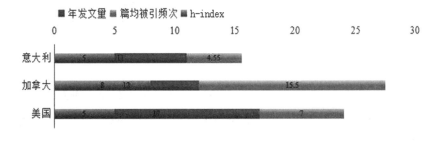

图 2 2010—2022 年相关研究的国家分布

2.3 作者分布

通过 CitespaceV 得到龙舟运动与乳腺癌相关研究的作者知识图谱，结果显示发文量最多的作者为 Meghan H McDonough 博士，发文 6 篇，其次为

Catherine M Sabiston 博士（5篇）、Laura Stefani 教授（5篇）。通过节点间的连线可以看出，高产作者之间有着较为明显的合作关系，如 Meghan H McDonough 和 Catherine M Sabiston，他们分别来自卡尔加里大学和多伦多大学，研究的主要方向为运动人体科学。

图3　2010—2022年相关研究的作者分布

2.4　关键词分布

对37篇文献的关键词进行聚类分析，得到出现频次较高的关键词如图4所示。可以看出，2010—2022年龙舟运动与乳腺癌的相关研究主要集中在血压、运动相关应激源、乳腺癌、癌症幸存者、局灶性肌肉振动和癌症治疗等几个方向。进一步对高频关键词分类得到表1，如表1所示，龙舟运动与乳腺癌的相关研究主要通过荟萃分析、问卷调查、随机对照实验等方法，围绕龙舟运动和体力活动对女性乳腺癌幸存者的生活质量、身体健康水平以及术后康复等内容展开深入探讨。

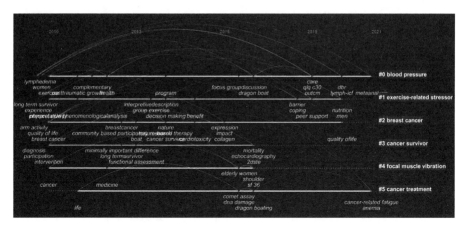

图 4 2010—2022 年相关研究的关键词分布

表 1 高频关键词分类

分类	关键词
研究对象	Women（女性）、breast cancer survivor（乳腺癌幸存者）、long term survivor（长期幸存者）、elderly women（老年女性）
干预方式	dragon boat（龙舟）、exercise（锻炼）、physical activity（体力活动）
研究方法	meta-analysis（荟萃分析）、questionnaire（问卷）、randomized controlled trial（随机对照实验）
研究内容	breast cancer（乳腺癌）、cancer（癌症）、quality of life（生活质量）、health（健康状况）、functional assessment（功能评估）、mastectomy（乳房切除术）、cancer survivorship（癌症存活率）、physical fitness（体能）、myocardial performance（心肌功能）、skeletal muscle（骨骼肌）、survivorship（生存率）、daily fatigue/fatigue（疲劳）、cancer-related fatigue（癌症相关疲劳）、rehabilitation（康复）、mortality（死亡率）、post-breast cancer lymphedema（乳腺癌后淋巴水肿）、lymphedema（淋巴水肿）、lymph-icf（淋巴-ICF）、lymph node dissection（淋巴清扫术）

3 讨论

龙舟运动对乳腺癌患者康复的作用不断凸显，有利于为乳腺癌患者营造积极的心理健康环境，增强身体素质，同时有利于提高乳腺癌患者术后的生存质量和生存率。

3.1 龙舟运动对乳腺癌患者生活质量的影响

频繁出现的压力和负面评价对乳腺癌患者的心理健康和自尊心都是有害的[6]。乳腺癌幸存者经历着与疾病及其治疗相关的巨大压力，这对他们的生活质量产生着长时间的持续影响。体育活动可以提高乳腺癌患者的生活质量，减少乳腺癌患者的痛苦、疲劳，降低乳腺癌死亡的风险，提高乳腺癌患者的自尊和积极情绪[7]。值得注意的是，有数据表明体育活动可使乳腺癌死亡率降低 34%，全因死亡率降低 41%，复发率降低 24%[8]。

研究发现，参与龙舟运动可以帮助乳腺癌患者缓解频繁出现的压力，促进身心健康[3]。龙舟运动的训练方法通常包括有氧运动和抗阻运动，通过龙舟运动，可以促进乳腺癌幸存者术后康复，提高健康水平和生活质量。Ray 等[2] 通过癌症治疗功能评估－乳房（Functional Assessment of Cancer Therapy-Breast，FACT-B）、慢性病治疗功能评估－精神幸福感（Functional Assessment of Chronic Illness Therapy-Spiritual Well-Being Scale，FACIT-SP12）和癌症治疗功能评估－疲劳（Functional Assessment of Cancer Therapy-Fatigue Scale，FACIT Fatigue）等量表对 100 多名确诊时间在 5 年以上的乳腺癌患者的身体健康和生活方式、情感力量和压力、社会支持、障碍和威慑以及心理健康等几个方面进行调查研究，结果显示多次参与龙舟运动对提高乳腺癌患者生活质量具有积极作用。

3.2 龙舟运动对乳腺癌患者身体健康水平的影响

大量研究证实，科学的体育锻炼可以改善疲劳，促进身心健康[9]，并且可以有效缓解与疾病相关的许多影响和症状[10]，特别是在辅助治疗癌症方面得到积极肯定[11][12]。有氧运动作为一种非药物干预方式，可以有效缓解癌症治疗带来的不良影响[13]。Stefani 等[14] 对乳腺癌幸存者进行 4 年的随访，其中 55 名被诊断为乳腺癌的女性接受了龙舟运动辅助治疗，经过 4 年的龙舟运动，乳腺癌幸存者的心肌功能得到了改善，并且没有发生转移，显示 4 年的龙舟运动使乳腺癌幸存者的心脏舒张功能得到渐进式改善。

参加龙舟运动可有助于改善乳腺癌的侵入性症状，增强患者身体素质。龙舟运动中的划桨动作，可以有效提高乳腺癌患者的上肢力量和耐力水平，同时改善上肢肿胀。Bloom 等[15] 的研究指出，进行龙舟运动不仅可以增强乳腺癌患者心血管功能，而且可有效改善患者肌肉力量，提高肌肉耐力，减轻与癌症相关的疲劳程度，使患者长期保持积极健康的生活方式。Tresoldi 等[16] 将 34 名乳腺癌患者分为运动干预组（20 人）和久坐不动组（14 人），运动干预方案为 8 周抗阻/有氧联合训练+8 周龙舟训练，结果显示运动干预组抗氧化水平（Biological Antioxidant Potential，BAP）显著提高，证明龙舟运动可以有效提高乳腺癌患者机体的抗氧化能力。Tomasello 等[17] 通过对 75 名乳腺癌幸存者血清过氧化氢水平、超氧化物歧化酶、谷胱甘肽过氧化物歧化酶等氧化应激标志物进行研究，同样证实了龙舟运动对乳腺癌患者的抗氧化能力有益。

3.3　龙舟运动对乳腺癌治疗术后康复的影响

乳腺癌相关淋巴水肿是乳腺癌术后常见的并发症之一，其平均发生率达 20%，主要指因乳腺癌手术、放疗等对淋巴结、淋巴管的破坏，导致淋巴液回流受阻所引起的组织水肿、慢性炎症和组织纤维化等一系列的病理改变，可能发生于术后数月、数年甚至数十年，具有终身发病的特点，一旦发生不可逆转[18]。有学者指出，女性在接受腋窝解剖的乳腺癌分期时应当避免剧烈的、重复的上半身活动，否则会导致淋巴水肿的持续发展，从而造成慢性和不可逆的肿胀[3]。因为运动会增加血流量，从而增加淋巴细胞的产生，并可能导致淋巴水肿[19]。在一项对 175 名接受过乳腺癌治疗的澳大利亚女性的调查中，70%的人表示"害怕淋巴水肿"，因此她们打算避免参与剧烈的上肢运动以避免更进一步的恶化[20]。

目前没有充分的证据表明，龙舟运动会诱发或加重淋巴水肿。McNeely 等[21] 研究指出，适度的龙舟运动对有或没有淋巴水肿的乳腺癌幸存者都是安全的。Stefani 等的研究同样证实了乳腺癌幸存者可以安全地练习龙舟运动[22]。同时还有部分研究表明，由于乳腺癌治疗后的许多女性进一步的化疗或卵巢切除术导致更年期提前，从而增加了罹患心血管疾病和骨质疏松症的风险，而龙舟运动能提高有氧耐力、增加肌肉力量、刺激免疫系统以及降低淋巴水肿风险，对乳腺癌生存者具有积极的康复作用。然而，乳腺癌术后龙舟运动干预的强度、频率和时间等需要根据不同的身体状况和需求等进行规范化定制，否则会导致疼痛、肿胀或者达不到预期效果等问题出现。虽然 Stefani 的研究证实了规范的龙舟训练没有对乳腺癌患者的心脏功能带来负面影响，但是在心脏多普勒检查中观察到龙舟实验组的心脏舒张压要比对照组要低一些[23]。

3.4 其他运动对乳腺癌患者的影响

适宜的有氧康复训练不仅可以很好缓解化疗对乳腺癌患者心肺功能带来的不良影响[23][24]，还能在一定程度上促进乳腺癌患者术后身体机能的康复[25]。乳腺癌患者的运动强度一般要控制在最大心率的 50%～70%，有的可达到 80%[26]。除了龙舟运动以外，也有许多其他运动对乳腺癌患者术后康复具有良好的效果，如瑜伽、有氧健身操、太极拳等。瑜伽作为一种非常古老的综合性有氧运动，不但具有简便易行、锻炼体位、调节呼吸和提高生理代谢等优点，而且还可以通过静思冥想释放和缓解患者的精神压力和情绪焦虑[27]。张超等[28]研究发现，乳腺癌根治术后约 1 年的患者通过瑜伽运动的干预，患者的肺功能、形体和精神状态得到有效改善。在何敬和等[29][30]的研究发现，有氧健身操和太极拳相结合的系统化运动干预方案使乳腺癌患者骨骼肌毛细血管内皮细胞增大、数目增多，肌肉组织因此得到更多养分，提高肌肉的收缩作用及协调性，使肌力增强。为辅助化疗后的院外乳腺癌患者进行科学、合理的康复指导提供依据。

目前大部分的相关实验都证明了运动对于乳腺癌幸存者具有正向的干预作用，但目前还需要进一步研究运动强度、运动类型与方法、对于不同个体干预方法的效果等方面[34]。并且在运动对于乳腺癌幸存者的副作用还有待进一步研究，在 Battaglini[33] 等的综述表示还没有足够的证据证明运动会带给乳腺癌幸存者任何确定性的副作用，不过在少数个例研究中汇报了极个别参与者出现了如淋巴水肿等副作用。

4　结论与建议

目前，相关的研究主要通过荟萃分析、问卷调查、随机对照实验等方法，围绕龙舟运动对女性乳腺癌幸存者的生活质量、身体健康水平以及术后康复等内容展开探讨。龙舟项目的前景也是有目共睹，在划桨中可以自我控制对水的运动强度相当于抗阻运动，同时单边重复性长时间运动也可以作为有氧运动，比较符合当下单边抗阻加有氧的混合运动模式。龙舟运动对乳腺癌患者的积极作用在许多研究中不断被证实，龙舟运动对乳腺癌患者的吸引力越来越大，乳腺癌幸存者龙舟运动干预的内涵也得到越来越多的认可。

龙舟运动干预对于乳腺癌幸存者的作用从当前的论文中得到的效果与其他运动的运动效果相近，都具有改善心理与生理的效果。在未来的龙舟运动对乳腺癌幸存者的干预研究本文建议：

（1）取得更多的样本和实验数据。

（2）开展长时间跨度的龙舟运动干预研究。

（3）开展龙舟运动干预的强度、干预时常、干预频次等具体干预方式的研究。

（4）开展龙舟运动对乳腺癌幸存者的安全性，如引起淋巴水肿等副作用的研究。

参考文献

［1］Sung H，Ferlay J，Siegel R L，et al. Global Cancer statistics 2020：GLOBOCAN estimates of incidence and mortality worldwide for 36 cancers in 185 countries［J］. CA Cancer J Clin，2021，71（3）：209—249.

［2］Ray H A，Verhoef M J. Dragon boat racing and health-related quality of life of breast cancer survivors：a mixed methods evaluation［J］. BMC Complementary and Alternative Medicine，2013，13：205.

［3］Susan R. Harris，""We're All in the Same Boat"：A Review of the

Benefits of Dragon Boat Racing for Women Living with Breast Cancer"
[J] . Evidence - Based Complementary and Alternative Medicine, 2012,
2012: 6.

[4] McKenzie D C. Abreast in a boat—A race against breast cancer
[J] . Can Med Assoc J , 1998, 159: 376—378.

[5] Parry D C. The contribution of dragon boat racing to women's health
and breast cancer survivorship [J] . Qual Health Res, 2008, 18: 222—233.

[6] Hadd V, Sabiston C M, Mcdonough M H, et al. Sources of stress for
breast cancer survivors involved in dragon boating: examining associations with
treatment characteristics and self-esteem. [J] . J Womens Health (Larchmt),
2010, 19 (7): 1345—1353.

[7] Bower J R, Ganz P A, Desmond K A, Rowland JH, Meyerowitz
BE, Belin TR. Fatigue in breast cancer survivors: Occurrence, correlates, and
impact on quality of life [J] . PsychoOncology, 2000, 18: 743—753.

[8] Vivar C G, Mcqueen A. Informational and emotional needs of long-
term survivors of breast cancer [J] . Journal of Advanced Nursing, 2005, 51
(5): 520—528.

[9] Baldwin M K, Courneya K S. Exercise and self-esteem in breast canc-
er survivors: An application of the exercise and self-esteem model [J] . J Sport
Exerc Psychol, 1997, 19: 347—358.

[10] Berger A M, Gerbe L H, Mayer D K. Cancer-related fatigue impli-
cations for breast cancer survivors [J] . Cancer, 2012, 118 (S8):
2261—2269.

[11] Timothy R, Wilcox A. Effects of exercise on physiological and psy-
chological variables in cancer survivors [J] . Med Sci Sports Exerc, 2002, 34:
1863—7.

[12] Beidas R S, Paciotti B, Barg F, et al. A hybrid effectiveness-im-
plementation trial of an evidence-based exercise intervention for breast cancer

survivors ［J］.J Natl Cancer Inst Monogr, 2014, 2014: 338—45.

［13］ Stefani L, Maffulli N, Mascherini G, et al. Exercise as prescription therapy: benefits in cancer and hypertensive patients ［J］. Transl Med UniSa, 2015, 11 (7): 39—43.

［14］ Timothy R, Wilcox A. Effects of exercise on physiological and psychological variables in cancer survivors ［J］. Med Sci Sports Exerc, 2002, 34: 1863—1867.

［15］ Stefani L, Galanti G, Tante V D, et al. Dragon Boat training exerts a positive effect on myocardial function in breast cancer survivors ［J］. The Physician and sportsmedicine, 2015, 43 (3): 1—5.

［16］ Bloom J R, Stewart S L, Chang S, et al. Then and now: quality of life of young breast cancer survivors ［J］. Psychooncology, 2004, 13 (3): 147—160.

［17］ Tresoldi I, Foti C, Masuelli L, et al. Effects of Dragon Boat Training on Cytokine Production and Oxidative Stress in Breast Cancer Patients: A Pilot Study ［J］. Open Journal of Immunology, 2014, 4 (1): 22—29.

［18］ Tomasello B, Malfa G A, Strazzanti A, et al. Effects of physical activity on systemic oxidative/DNA status in breast cancer survivors ［J］. Oncology Letters, 2017, 13 (1): 441.

［19］ Salonen P, Rantanen A, Kellokumpu – Lehtinen P L, et al. The quality of life and social support in significant others of patients with breast cancer-a longitudinal study ［J］. European Journal of Cancer Care, 2014, 23 (2): 274—283.

［20］ Petrek J A, Pressman P I, Smith R A. Lymphedema: current issues in research and management ［J］. Ca A Cancer Journal for Clinicians, 2000, 50 (5): 292—307.

［21］ Lee T S, Kilbreath S L, Sullivan G, et al. Factors that affect intention to avoid strenuous arm activity after breast cancer surgery ［J］. Oncology

Nursing Forum, 2009, 36（4）：454—462.

［22］Mcneely M L, Campbell K L, Courneya K S, et al. Effect of Acute Exercise on Upper - Limb Volume in Breast Cancer Survivors：A Pilot Study ［J］. Physiotherapy Canada Physiothérapie Canada, 2009, 61（4）：244—251.

［23］Stefani L, Galanti G, Tante V D, et al. Dragon Boat training exerts a positive effect on myocardial function in breast cancer survivors ［J］. The Physician and sportsmedicine, 2015, 43（3）：1—5.

［24］Kim C J, Kang D H, Smith B A, et al. Cardiopulmonary responses and adherence to exercise in women newly diagnosed with breast cancer undergoing adjuvant therapy ［J］. Cancer Nurs 2006, 29（2）：156—165.

［25］Thorsen L. Effectiveness of Physical Activity on Cardiorespiratory Fitness and Health-Related Quality of Life in Young and Middle-Aged Cancer Patients Shortly After Chemotherapy ［J］. Journal of Clinical Oncology, 2005, 23（10）：2378—2388.

［26］Pintoa B M, Trunzoa J J, Reissb P, et al. Exercise participation after diagnosis of breast cancer：trends and effects on mood and quality of life ［J］. Psychooncology, 2010, 11（5）：389—400.

［27］McNeely M L. Effects of exercise on breast cancer patients and survivors：a systematic review and meta - analysis ［J］. Cmaj, 2006, 175（1）：34—41.

［28］Wetmore J B, Quarles L D. Calcimimetics or vitamin D analogs for sup-pressing parathyroid hormone in end - stage renal disease：time for aparadigm shift? ［J］. Nat Clin Pract Nephrol, 2009, 5（1）：24—33.

［29］张超, 董玉红, 姚健慧, 冯秀芳. 瑜伽有氧运动方案对乳腺癌患者术后康复效果的影响研究 ［J］. 中国全科医学, 2014, 17（27）：3179—3181+3185.

［30］何敬和, 姚丽, 常震, 刘冠男. 有氧运动锻炼对乳腺癌术后患

者的康复效果［J］．中国康复，2011，26（03）：204—206.

［31］陈翀，张雪临．基于可视化知识图谱我国龙舟项目研究热点和导向分析［C］//．第十二届全国体育科学大会论文摘要汇编——专题报告（体育史分会）．2022：149—151. DOI：10.26914/c.cnkihy.2022.003495.

［32］Listed，N..（1987）.Psychological response to mastectomy.a prospective comparison study.Cancer，59（1）.

［33］Battaglini，and L.Claudio."Twenty-five years of research on the effects of exercise training in breast cancer survivors：A systematic review of the literature."世界临床肿瘤学杂志：英文版5.2（2014）：14.

［34］McNeely，and L.M.."Effects of exercise on breast cancer patients and survivors：a systematic review and meta-analysis."Cmaj 175.1（2006）：34—41.

中国龙舟文化传承与龙舟运动发展策略研究

夏云建[1]　徐　煊[2]　任玉龙[3]

（1. 武汉商学院体育学院，湖北武汉 430056；2. 佛山科学技术学院，
广东佛山 528225；3. 佛山科学技术学院，广东佛山 528225）

【摘要】 中国龙舟文化底蕴深厚，群众基础好，关注度高，覆盖面广，影响力大。本文运用文献资料法、专家访谈法、问卷调查法、数理统计法，对我国龙舟文化传承、发展与演变现状，龙舟赛事活动的开展和改革创新，青少年龙舟发展现状、龙舟市场的行业动态、发展前景等方面开展深入研究。研究结果表明：龙舟文化及龙舟精神得到了传承与发展，龙舟赛事活动规模不断扩大、赛事水平不断提高、赛事体系不断完善，青少年龙舟梯队逐步形成和建立，龙舟产业不断扩大和升级。对中国龙舟运动未来发展提出以下策略：加大龙舟文化传承与发展，弘扬中国龙舟精神；做大做强龙舟运动体系，打造龙舟赛事品牌；加强青少年龙舟运动培养，构建龙舟运动发展梯队；重视龙舟技术发展，提高科技助力龙舟；加快龙舟市场培育，打造龙舟产业主体；加强龙舟国际交流，提升国际赛场中国元素，这对推动龙舟运动科学化、规范化、合理化、产业化、国际化发展，增强民族凝聚力及国家软实力具有重大意义。

【关键词】 龙舟；文化传承；龙舟运动；策略

第一作者简介： 夏云建（1965—），湖北武汉人，二级教授，博导，邮箱：970109034@qq.com，主要研究方向：休闲体育与健康。

1 研究背景

中华优秀传统文化源远流长、博大精深，是中华文明的智慧结晶，二十大报告三十次提及"文化"一词，"推进文化自信自强，铸就社会主义文化新辉煌"是习近平总书记对文化做的新部署、提的新要求，文化自觉、文化自信，最终要实现文化自立、文化自强，这也是我国首次将文化自强写入党的代表大会报告。龙舟文化具有悠久的历史、承载了同舟共济的民族精神，经过两千多年的历史变迁，龙舟文化得到了继承和弘扬，龙舟文化作为中华优秀传统文化的重要组成部分[1]，集中华民族传统竞技文化、祭祀文化、服饰文化、歌舞文化、饮食文化、舟船制造文化、鼓文化、龙文化等多种文化于一体，是毋庸置疑的中华文化瑰宝，龙舟运动因其集竞技、娱乐、观赏、健身等于一体的特点，受到广大人民群众青睐。近年来随着社会经济的不断发展，健康中国 2030 和全民健身运动不断深入，以及龙舟文化的传承发展，龙舟赛事活动从地方到国家乃至国际越来越多，青少年参与龙舟运动群体越来越大，龙舟产业也不断扩大和升级，使龙舟运动不断向着规范化、科学化、健康化、产业化、国际化轨道发展，龙舟运动的社会效益和世界影响力与日俱增。

2 研究目的与意义

随着国家社会经济发展，龙舟经过多年的不懈推广与发展，在龙舟文化的挖掘、整理、传承及龙舟项目活动的普及和提高等方面已基本形成了政府主导、市场运营、社会参与、群众支持的运作体系，为贯彻落实《体育强国建设纲要》和《全民健身计划》要求，传承和发展中华民族优秀传统文化，推进龙舟运动的普及和提高，本研究从龙舟文化传承、龙舟竞赛活动开展、青少年参与龙舟活动、龙舟场地设施和龙舟产业发展五大方面进行了深入的调查研究，其目的是挖掘和传承中国龙舟文化及中国龙舟精神，掌握中国龙舟项目开展及龙舟产业发展的现状，从而针对性提出中国龙舟运动发展策略，为龙舟运动科学化、规范化、合理化、产业化、国际化发展提供科学的理论和实践依据，这对进一步传承和发展中华民族优秀传统文化，促进龙舟运动高质量发展具有重大意义。

3 研究对象与方法

3.1 研究对象

全国 21 个政府主管龙舟项目的部门，34 个市县各级龙舟协会、35 个高等院校、10 所中小学、中国龙舟协会指定的 8 家龙舟制造企业。

3.2 研究方法

3.2.1 文献资料法

本文运用文献资料法检索龙舟文化和龙舟运动发展策略等相关文献 39 篇，查阅了政府龙舟项目发展文件 12 份，同时查阅了体育统计年鉴，地方县志等，为该项目研究提供了充分的理论支撑。

3.2.2 专家访谈法

运用访谈法对中国龙舟协会下属的五个委员会 11 位负责人，8 位高水平龙舟俱乐部主要管理人员，5 名国家级赛事教练进行访谈，全面摸清和了解龙舟行业发展的现实状况及未来发展规划，为研究提供理论依据和基础。

3.2.3 问卷调查法

运用问卷调查法，委托中国龙舟协会下设 5 个委员会累计发放问卷 426 份，收回 413 份，有效调查问卷达到 96.9%，调查对象覆盖各个年龄段，行业不同身份人群。为保证问卷所得数据可靠，根据信度检验的"重测信度法"的测量理论，在首次发放问卷 7 天后，进行重新测量，问卷回收率 100%，计算两次测量的相关系数，两次重测相关性较高，表明问卷的可靠程度达到统计检验的标准，调查结果可信。

3.2.4 数理统计

运用数理统计对 413 份问卷数据进行统计分析，获取了当前龙舟文化、龙舟赛事活动、青少年龙舟开展情况、龙舟产业等方面相关数据及最新发展动态。

4　结果与分析

4.1　龙舟文化的演变、传承与发展

4.1.1　龙舟文化演变与传承

龙舟运动作为一项民族传统体育项目，它不仅服从和服务于体育事业的发展，更能满足普通老百姓日益增长的体育文化需求，龙舟文化在发展过程中与自然生态、地域文化、政治经济、端午、屈原发生各种各样的关系，龙舟文化的演变动因归纳如下：

4.1.1.1　自然生态对龙舟文化演变的影响

龙舟是一种以水为载体的传统文化内涵深奥的体育项目。龙舟文化发展演变的每一个环节和过程都体现着对自然生态的适应，不同地域的龙舟文化也在"水"的基础上呈现差异化的特征，如南方的端午龙舟、海龙舟、夜龙舟、彩龙、燕尾龙、双桡龙舟，北方的冰上龙舟、旱地龙舟，这是自然环境对龙舟文化演变的影响。

4.1.1.2　地域对龙舟文化演变的促进

不同历史时期、不同地域文化、不同民族文化之下的龙舟文化具有不同的表现形态和风格，龙舟文化在历史纵向维度上受社会生态的影响，在横向维度上受文化生态的影响，这种受他文化影响而引起自身某些特征发生改变的文化生态撷择也是龙舟文化演变的另一重要动力，如长江中游流域的屈原龙舟文化、长江下游流域的吴越龙舟文化、珠江流域的岭南龙舟文化都有其鲜明特点。

4.1.1.3　政治经济对龙舟文化演变的作用

自古以来龙舟运动就不是单一的赛龙舟，政治、经济对于龙舟文化演变起到了巨大的推动作用。唐代在长安城渭水地区进行龙舟活动，宋代进入汴梁城汴水流域，元、明时代龙舟则随着建都北京到了燕山脚下，在龙舟迁移的过程中龙舟与当地原有的文化习俗重新融合，演变出了新的文化。不屈不挠、勇于进取、凝心聚力、团结奋斗、追逐梦想、力争上游的龙舟精神已经凝聚在我们中华民族的血脉之中，成为伟大民族精神的一部

分，这种精神也是国家治理和民族发展所需要的。

表1 龙舟文化传承现状一览表

传统龙舟器材	传统龙舟活动仪式	传统龙舟特色项目	龙舟相关民俗文化	龙舟关相的文物、古迹	与龙舟相关的服饰	与龙舟有关的饮食	传统龙舟文化传承	相关节庆活动	龙舟活动基地
"花龙船"、杉木龙舟和坤甸木龙舟、木质龙舟、传统服饰	扎龙船、点睛、舞龙舞狮表演、屈原游江招魂、祭龙/采青、传统起龙舟活动和赫哲祭湖仪式、点睛	花龙船表演、花鼓灯、龙桨舞、龙舟拔河、彩龙表演、八仙巡游、捕鸭、青浦区朱家角地区的摇快船	"打柱"、五月端午节、龙神庙祭拜、土布秀、旗袍秀、包粽子、舞龙、周鳞船表演、传承百年的大冯氏彩龙龙舟拜祭	轩辕黄帝造舟车、屈原祠曹娥庙江大彩龙（四百年历史）轩辕黄帝像、淅川离骚碑	传统服装、汉服、楚服、龙服、传统彩龙服饰、花格子衣服	喝龙王酒、咸鸭蛋、绿豆糕、长江鱼、粽子、龙舟饭、全笋宴、本地海鲜特色饮食、吃粽子、鸭子、三全龙舟	各个村、龙舟协会作为"非物质文化遗产项目"代表性传承和单位、地方协会端午年每端午和元旦举办传统龙舟活动	中国端午文化节、招商引资推介会/万人笋宴、迎端午节、中秋及国庆龙舟公开赛、海鲜文化节、舞龙舞狮、放风筝等、五一、端午	自然水域、省级以上水上训练基地、水上公园、校园内河道和码头；配套设施有标准12人，22人龙舟，碳纤维浆，力量训练房、活动设施为现代龙舟等

由表 1 可见：各地龙舟竞赛活动依然载有本地区、本民族特色的龙舟传统文化元素，形成端午、龙舟、屈原三位一体的文化格局，也展示出各地龙舟文化特色。传统龙舟比赛有很广泛群众基础，在龙舟文化的引领之下，除保持一部分传统龙舟赛事活动外，已逐渐发展为现代竞技龙舟，并成为龙舟主流。传统龙舟借鉴现代竞技龙舟竞赛规则越来越规范，越来越有生命力，已形成龙舟特色。现代竞技龙舟也融入了一些传统龙舟文化仪式，如披红点睛、巡游、祭祀、龙舟饭等，同时，现代竞技龙舟也有了赛前裁判员点名及运动员举桨呼喊互动的创新，龙舟运动作为文化传承载体的作用显著，已经走在了传承与创新的良性发展道路上。

4.1.2　龙舟文化的传播

当前，以龙舟仪式文化、龙舟歌舞文化、龙舟服饰文化、端午龙舟饮食文化等为主要内容的短视频逐渐增多，自媒体作为新兴的传播手段在全球范围内掀起热潮，成为社会文化建设最具影响力的媒体力量，它及时、高效的传播为龙舟运动的发展起到了推波助澜的作用，这不仅扩大了龙舟文化的传播范围，也加速了龙舟文化的创新和发展。

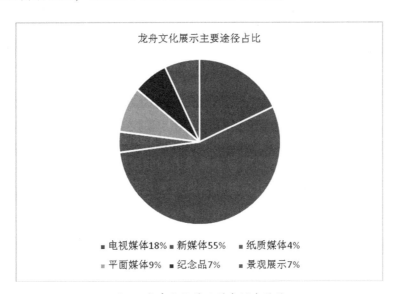

图 1　龙舟文化展示媒介调查结果

图 1 可见，在龙舟文化展示过程中，各种媒介占比，电视媒体 18%，平面媒体 9%，新媒体（抖音、快手、微博、公众号等）55%，纸质媒介 4%，纪念品 7%，景观展示 7%，可以看出新媒体已经成为龙舟文化传播的主流，要充分发挥电子媒介平民化、个性化、交互强、传播快、范围广的优势，大力弘扬爱国主义、集体主义龙舟精神。

4.1.3 龙舟国际交流与影响

龙舟运动在全球迅速兴起，国际龙联现已有 89 个正式会员组织，龙舟爱好者超过 5000 万，不定时、不定期开展龙舟祭祀和赛事活动。在中国经济迅猛发展的当下，龙舟运动承载着龙舟文化正在走向更广阔的世界舞台，龙舟国际赛事、龙舟国际论坛、龙舟国际器材展等相关国际活动越来越多。

表 2　各单位国际交流情况一览表

交流活动的国家和地区	参加活动次数	参加交流活动角色	参加交流活动任务
匈牙利、德国、保加利亚、加拿大、英国、美国、俄罗斯、立陶宛、乌干达，还有在中国境内、中国台湾、中国香港、中国澳门举办的国际华人的比赛。	一次 8 个单位、三次 5 个单位、五次 6 个单位、十次以上 2 个，其他为 0。	主办赛事，组队参赛、参赛队伍、举办单位、作为高校学生进行交流。	代表国家比赛，文化交流，互访互动，传承龙舟文化、了解境外龙舟发展情况、促进文化交流。

由表 2 可见，文明因交流而多彩，文明因互鉴而丰富，最近几年有 34% 的队伍具有参加境外赛事活动经历，加强了龙舟国际之间的学习交流，推动了中国龙舟文化的传播范围，龙舟融合了一些现代竞技体育元素，国外龙舟赛也学习了中国传统龙舟仪式，例如，立陶宛举办的龙舟比赛也进行点睛与巡游等活动。万物并育而不伤害，道并行而不相悖，国际赛事以龙舟为载体，不仅传播了龙舟文化，比赛期间的器械图案、服装图案、吉祥物、主题曲、宣传片等，都表达和展示了中国龙舟深层文化。

4.1.4　龙舟文化研究

近几年对龙舟文化研究成果越来越多，通过 CNKI 平台，以"龙舟文化"为关键词，查阅硕士论文、核心期刊等 400 余篇，对于成果研究的热点、作者的单位以及高级别龙舟文化科研项目进行了梳理，结合问卷调查发现高等院校的龙舟学者已经开始重视从多方面、多维度对龙舟文化研究，取得了一定的成果，并且越来越多重点大学的学者也关注龙舟文化相关的研究。问卷调查的结果显示有 32% 的高校（地区体育组织）拥有与龙舟文化相关的科研课题；43% 的高校（地区体育组织）曾发表与龙舟文化等相关的科研论文，这些研究成果为龙舟运动的发展奠定了坚实基础。

4.2　龙舟运动发展与创新

4.2.1　全国龙舟比赛场地日益专业化

随着龙舟运动的快速发展，对龙舟运动场地设施提出了更专业化的要求，龙舟场地设施的建设直接关系到龙舟运动赛事活动的开展，专业化的龙舟赛事场地满足了现代龙舟竞赛和现场观众群体的需求。

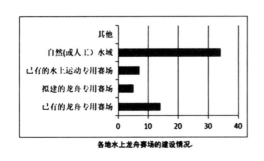
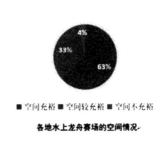

图 2　全国龙舟比赛场地情况

龙舟赛场用地量大，专业龙舟赛场要求水域长度大于 1000 米，宽度大于 100 米，从图 2 中可见，已建成和规划建设的专业龙舟赛场占比超过50%，龙舟比赛场地在设计时考虑了空间的问题，各地龙舟赛场的空间绝大部分是能适合龙舟竞技赛事的空间要求，这也从侧面反映了政府对龙舟的重视，群众对龙舟的喜爱，这些专业场地已为各级龙舟赛事和训练提供更多、更专业的选择，龙舟已经走上规范化、专业化的轨道。

4.2.2 全国龙舟赛事日益增多和升级

龙舟赛事活动的种类、规模和品牌在不断创新发展，各地各级政府举办龙舟赛事活动的积极性日益增强，政府主导、群众参与的龙舟办赛模式已经成为主流，各级各类赛事越来越多，正在打造龙舟品牌赛事。

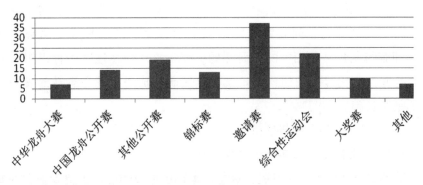

图 3 各地龙舟赛事类型

图3表明，龙舟赛事中邀请赛占比最高，国际级比赛主要有世运会、世界龙舟锦标赛、龙舟世界杯、亚洲龙舟锦标赛、亚沙会、亚运会，全国性比赛主要有全运会、学运会、中华龙舟大赛、中国龙舟公开赛、中国龙舟大奖赛等，除此之外还有一些非常有特色的龙舟赛事，如上海的世界华人龙舟邀请赛、厦门海峡两岸龙舟邀请赛，中国民族民间龙舟公开赛等，各级各类龙舟赛事活动的成功举办表明龙舟赛事规模和赛事体系已经初步形成，中国龙舟协会正在打造以中华龙舟大赛为代表的品牌赛事、特色赛事。与此同时，冰上龙舟[2]、陆上龙舟、沙漠龙舟、草地龙舟、龙舟操、龙舟舞等竞赛形式也不断发展，使龙舟焕发了新的生机与活力，龙舟运动朝着全域、全季的更广阔天地发展。

4.2.3 龙舟赛事活动受众面广泛

龙舟运动文化底蕴深厚、群众基础好，观赏性强，影响力大，老百姓喜欢，从地方赛事到国家级赛事，各类媒体对龙舟赛事都有专题报道，新媒体、电视媒体、纸质媒体等宣传方式，使每场龙舟比赛受众面广泛，部分龙舟赛事单场直播在线观众突破千万人次，单场赛事现场观众突破 20 万人次更是其他项目无法比拟的，据不完全统计，每年国内龙舟赛事现场观众已超 6000 万人次。

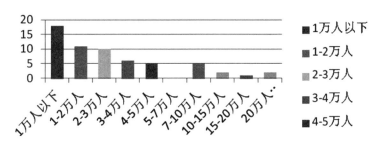

图 4　各地水上龙舟赛场可容纳观众量统计

从图 4 中可见，现场观众人数在 5—10 万之间的占 14%，人数在 10—15 万之间的占 8%，人数在 15—20 万人之间的占 5%，人数在 20 万以上的占 8%，这说明龙舟场地的设计充分考虑了龙舟项目现场观众的容纳因素，也反映了龙舟观众群体的庞大，龙舟项目群众基础深厚。

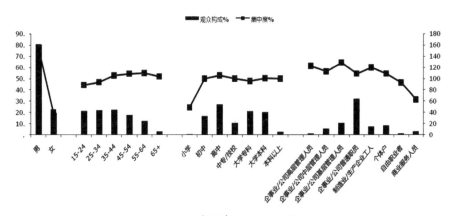

图 5　龙舟赛事活动受众群体

从图 5 可见，龙舟赛的观众覆盖了各个年龄段，核心受众是中青年男性白领群体和企业职工，这个群体也是运动休闲健康的核心消费群体，他们是龙舟发展及相关消费的中坚力量。

4.3　龙舟产业发展动态与前景

随着体育产业的不断发展，群众对休闲体育与健康的关注度和参与度越来越高，龙舟产业也在不断扩大和升级，龙舟器械制造商，龙舟衍生品开发、龙舟从业人员越来越多，龙舟的消费群体也逐渐覆盖到了各个年龄段。

4.3.1　龙舟制造业规逐年扩大

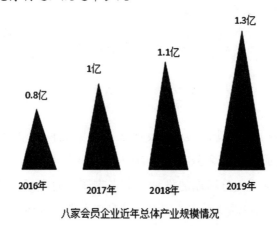

八家会员企业近年总体产业规模情况

图6　八家会员企业年总体产业规模情况

图6可见，从中国龙舟协会会员企业的产品销售产值数据得出，龙舟制造业规逐年扩大，相关企业的年产值稳步上升，通过天眼查数据，我国目前在业、存续、迁出的龙舟相关企业累计达到800家，近10年龙舟相关企业注册量整体呈现稳定增长趋势，年度增速保持在6%，龙舟经济正蓄势待发。

4.3.2　赛事带动产业发展

龙舟赛事是产业发展的平台，带动地方产业经济发展。随着赛事落地，冠名企业、广告赞助商，庞大的观众群体等纷至沓来，龙舟产业边界的持续扩大，除带来直接经济效益外，擦亮城市（地区、县）名片、提升旅游内涵品质等无形资产为城市发展注入了持续动能。

4.4 青少年参与龙舟竞赛活动情况

4.4.1 学校开展龙舟运动的年限

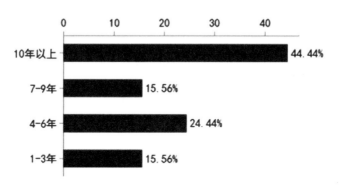

图 7 学校开展龙舟运动年限

校园龙舟运动开展的主要力量在高校，图 7 表明近 10 年间，开展龙舟运动的学校还在持续增加，开展 10 年以上的高校占比接近一半说明龙舟项目开展稳定，已经成为学校特色项目，龙舟项目在稳定发展。

4.4.2 学校开展龙舟运动年龄段

表 3 学校开展龙舟运动年龄段

年龄段	12—15 岁	16—19 岁	19—22 岁	22—25 岁
学校数	7 所	14 所	32 所	8 所
比例	15.5%	31.1%	71.1%	17.8%

从表 3 可见，龙舟进校园、进课堂、进社团以后，学生对龙舟的兴趣和积极性加大，龙舟运动开展较多的是在高等院校中，初高中和小学生这一年龄段龙舟运动开展的比例并不高。

4.4.3 学校龙舟运动队队员来源

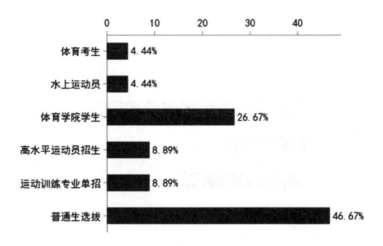

图8 各学校龙舟队员招收形式

从图8可见，绝大部分学校开展龙舟运动，专业化培养发展较慢，主要原因没有招生资格，这也是大部分学校开展龙舟运动水平不高的因素之一。

4.4.4 学校龙舟师资队伍

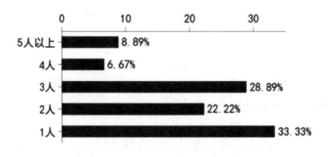

图9 各学校龙舟教练、师资情况

从图9可见，学校开展龙舟运动，大多数学校的师资投入是欠缺的，部分中小学在龙舟项目没有配备相关的专业师资。

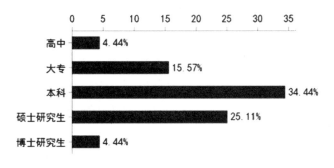

图 10 各学校龙舟师资学历层次情况

从图 10 可见，龙舟专业从教人才缺乏，把兼职的体育教师培养出专业龙舟教练、把经验丰富的队员后续培养成专业的龙舟师资是完善龙舟教练专业化的重要途径。

5 发展策略

5.1 结论

通过以上结果分析得出：龙舟文化得到了传承与发展，龙舟赛事活动规模不断扩大、赛事水平不断提高、赛事体系不断完善，青少年龙舟梯队逐步形成和建立，龙舟产业不断扩大扩大和升级。但按照新时代、新体育、新产业及创新的需求，龙舟运动发展还有很大空间和前景，因此，为了龙舟运动的高质量发展提出策略。

5.2 策略

5.2.1 加大龙舟文化传承与发展，弘扬中国龙舟精神

进一步加强龙舟文化的收集整理，组织专人专班挖掘、收集、整理、研究各地龙舟文化，形成龙舟文化专著和宣传推广片及相关资料[3]；在龙舟赛事活动中，通过多种形式加大对龙舟文化和龙舟精神的宣传力度，以及通过龙舟文化展示、龙舟文化推广专职人员培训，传承和弘扬中国传统龙舟文化；大力开展龙舟文化的科学研究和遴选龙舟文化研究基地，通过课题立项、论坛、专题学术会议及撰写专著、教材，建设龙舟博物馆等多

种形式开展龙舟文化的研究、传播及龙舟精神的弘扬，这不仅有利于增强民族认同感和民族凝聚力，而且是构建和谐社会的重要途径。

5.2.2 做大做强龙舟运动体系，打造龙舟赛事品牌

加强国家级龙舟赛事与地方龙舟赛事的紧密结合，加强中国龙舟协会对地方龙舟赛事的支持和指导，推动龙舟运动的发展；进一步完善龙舟赛事活动体系，在做大中国龙舟公开赛赛事规模的基础上，打造中华龙舟大赛赛事品牌；龙舟开展较好地区做到村村有龙舟，月月有比赛，建立健全龙舟赛事活动管理制度，达到中国龙舟赛事规范化、科学化、合理化管理，同时启动龙舟"入奥"战略[4]，组织专班开展龙舟"入奥"战略研究，早日实现龙舟"入奥"战略的中国梦。

5.2.3 加强青少年龙舟运动培养，构建龙舟运动发展梯队

进一步加强青少年龙舟兴趣培养，强化青少年训练，建立龙舟运动员等级制度，为青少年龙舟运动员提供更多升学机会，夯实国家龙舟事业人才基础；以学校为青少年龙舟发展的主阵地，把龙舟作为校园特色项目，成立龙舟学院、增设龙舟专业、开设龙舟课程，为培养龙舟运动员、教练员、科研人员、赛事管理等专业人才提供有力保障。中国龙舟协会为高校提供政策支持，在大专院校中设立直属龙舟分会，建立健全分会功能，开展丰富多彩的龙舟活动；组织开办高校龙舟联盟，开创青少年龙舟联赛，使龙舟运动梯队建设尽快完善。

5.2.4 重视龙舟技术发展，提高科技助力龙舟

发挥高校师资力量和科研能力，全方位开展龙舟科学研究，推动龙舟技术革新、科学训练，尽快将数字化训练、人工智能三维动作捕捉等智能设备引入到龙舟训练，为龙舟运动未来的高质量技术发展提供科技支撑。

5.2.5 加快龙舟市场培育，打造龙舟产业主体

在加强和保持现有品牌龙舟赛事的基础上，加大打造新的龙舟品牌赛事，建设龙舟主题公园，加强组织龙舟器材行业联盟，制定行业标准，树立龙舟器材行业标杆、培育行业知名品牌，加强龙舟市场开发，提高龙舟器材的研发及创新的积极性，打通龙舟器材及衍生品研发、制造、销售，

形成上下游产业链，形成龙舟产业主体。

5.2.6　加强龙舟国际交流，提升国际赛场中国元素

加大龙舟国际交流力度，多举办国际邀请赛和参加国际各类比赛，采取"请进来、走出去"等方式加强国际龙舟交流，进一步推动中国龙舟文化向世界传播。

参考文献

［1］张永虎．南舟北移背景下京杭运河城市龙舟品牌赛事发展研究［J］．山东体育科技，2015（2）：102—106.

［2］吴向宁．2022年北京冬奥会背景下我国冰上龙舟运动发展审思［J］．哈尔滨体育学院学报，2021，39（1）：36—41.

［3］叶春生．龙舟文化三题［J］．文化遗产，2013（5）：146—149.

［4］杨阳．关于龙舟是否入奥的思考［J］．体育文化导刊，2017（7）：9—13，79.

龙舟研学实践基地构建与校园文化品牌建设的融合研究

——以上海海洋大学为例

贺越先[1]　方秋红[2]　宋志方[3]

(1、3. 上海海洋大学体育部，上海 201306；2. 湖北省妇女干部学校，武汉 430079)

【摘要】 本研究在借鉴上海海洋大学现有研究成果的基础上，对校园文化和龙舟运动进行梳理。采用文献资料法、调查问卷等研究方法，以上海海洋大学龙舟研学实训基地的构建为方向，分析龙舟运动对校园文化的影响和价值，尝试通过以龙舟项目为特色的校园文化的进一步推广，从物质层面、精神层面两方面分别提出构建龙舟研学实训基地融入校园文化的策略和方案，探索现代高等教育的校园文化品牌方向，推动高校思政教育创新发展的研究。

【关键词】 校园文化；龙舟；研学实践基地；上海海洋大学

作者简介： 贺越先，男，上海海洋大学副教授，邮箱：yxhe@shou.edu.cn

2022年10月，在党的二十大上，习近平总书记强调，"我们要坚持教育优先发展、科技自立自强、人才引领驱动，加快建设教育强国、科技强国、人才强国，坚持为党育人、为国育才，全面提高人才自主培养质量，着力造就拔尖创新人才，聚天下英才而用之。""育人的根本在于立德。全面贯彻党的教育方针，落实立德树人根本任务，培养德智体美劳全面发展的社会主义建设者和接班人。坚持以人民为中心发展教育，加快建设高质量教育体系"。

2021 年 3 月,《中共中央关于制定国民经济和社会发展第十四个五年规划和 2035 年远景目标的建议》明确提出要进一步传承弘扬中华优秀传统文化,提升中华文化在世界舞台的影响力。

2020 年 5 月,《中国上海自由贸易试验区临港新片区促进旅游及体育产业高品质发展的若干政策》发布,鼓励高校等单位盘活现有资源,加大向社会开放体育设施力度等。在《国家中长期教育改革和发展规划纲要》中也明确提出:高校要牢固树立主动为社会服务的意识,全方位开展服务。

在这样的大背景下,构建学习型社会,为社会各个阶层、各类人群进行研学服务是高校义不容辞的责任。而作为高校体育,也应以社会的多元化需求为导向,充分利用自身的优势资源,构建体育学科为社会服务的创新点,为其他高校起到示范作用,同时也为校园文化的建设提供助力。

上海海洋大学作为上海的百年老校,与"名校"相比,其"双一流"称号下无疑要承担更多的竞争压力。而努力创建和提升富有个性的校园文化品牌,无疑是提高人才培养质量,扩大学校知名度,提高学校竞争力的有效手段之一。

要创办校园文化特色品牌,就要"有所为,有所不为"。相比上海其他高校,就上海海洋大学目前体育运动项目优势来讲,作为独具特色的民族传统项目的龙舟是学校体育特长。构建以龙舟文化与实践教育为核心特色的研学实践基地,不仅能很好地打造高校校园文化的教育品牌,同时也能满足很多对龙舟运动培训学习的社会需求,深化体育育人,服务临港新片区,积极主动融入全民健身的战略。

鉴于此,本研究采用文献分析、归纳演绎、案例分析法和问卷调查法等,同时走访体育研学实践开展不错的基地和高校,重点是对龙舟运动开展有经验的院校和专家进行访谈,更深入地了解高校在体育研学实践教育方面的现状与存在的问题;结合上海海洋大学的实际情况、现有资源和教育条件等,研究分析龙舟研学实践基地未来发展的方向和融入高校校园文化建设的策略，进一步通过龙舟的教育元素融入到高校思政教育中，以优秀的中华优秀传统文化来涵养高校文化。

1 龙舟研学实践的基础

1.1 中华传统龙舟文化的价值

文化包括三个层面：物质文化、制度文化和精神文化。通常人们所说的精神文化只是狭义上的文化。

龙舟有着悠久历史和文化底蕴，是中华优秀传统文化的重要组成部分。相比其他体育项目，龙舟是我们民族符号的集大成者。在每一条龙舟上，我们都能看到风俗、传承、民族融合、文化底蕴的影子。龙形为舟是龙舟运动的物质载体；龙舟竞渡是龙舟运动的表现形式；约定俗成是龙舟运动的行为制度；龙舟精神是龙舟运动的精神动力；文化认同是龙舟运动的发展之本。

龙舟融合了中华民族传统的竞技文化、祭祀文化、服饰文化、歌舞文化与饮食文化等多种文化于一体，在竞赛形式、器材、服装、活动意识等方面体现了丰富的民族元素。其以外达内，蕴含的"同舟共济　一往无前"的体育精神、"顽强拼搏　奋勇争先"的进取精神、"排除万难　团结奋进"的合作精神和"精益求精　知行合一"的实践精神，这些已经超越了龙舟运动本身，由有形的身体活动促进无形的精神升华，承载了较多的中华民族精神，是龙舟文化内涵的真实写照。

在新时代高校教育中，中华传统龙舟文化的实质是蕴含有美的熏陶、情的引导、运动体验、道德潜化和生态教育等，而这些都非常符合当下时代所提出"五育并举"的思政教育理念。龙舟进入高校具有无可比拟的先天教育优势。

1.2 龙舟在校园文化建设上的作用

1.2.1 可以让龙舟的技能学习上升到项目教育

龙舟相比较高校开展的其他体育项目，不仅是喜闻乐见的传统活动，且更具有民族性和传统性。以端午赛龙舟为例，不仅仅是将划龙舟比赛作为一项体育娱乐项目来开展，更是以龙为图腾，祈求风调雨顺，保佑一方平安，同时将对爱国诗人屈原的永久纪念作为一种文化情怀来颂扬。龙舟文化是中华民族过往的生活方式的一种，承担着中华优秀民族文化传承的使命，其尊崇自然、以人为本、同舟共济的行为理念和价值取向，与我国不同地方划龙舟的语言习俗、岁时节令、伦理道德、宗教信仰、思维方式等紧密联系在一起，折射并蕴含着中国传统文化的精髓与内涵。让大学生在情境内学习龙舟的运动技能和感受龙舟文化，才能更好培养大学生对本民族传统文化的认知和认同，继而产生文化自觉，既激发大学生的民族自豪感，又增强大学生的健康体魄。充分利用中华龙舟文化的思想道德精髓在青年大学生价值观确立、道德修养提升和高尚人格塑造等方面的价值，让龙舟运动在文化中舞动，实现对优秀传统文化的创造性转化和创新性发展。

1.2.2　补充体育课程在高校思政教育教学的相应作用

长期以来，高校体育课程更关注的是对学生身体素质、体质健康、运动技能等物质层面的教学，而对学生的文化修养、品德陶冶、思想升华等精神层面的教育较为单薄。将中华传统龙舟文化纳入高校教学体系，以传统龙舟项目为抓手，充分结合中华优秀传统中的文化自信教育，深入挖掘龙舟课程中的思政要素，使体育课程配合学校思政教育的导向和要求，丰富高校思政课的课程内涵，通过龙舟文化贡献体育学科在高校思政教育教学中的智慧与力量，更好促进高校思政课课堂教学方式改革创新的客观需求，更积极有效地践行"思政育人""以体育人""以德育人"等理念。

1.2.3　探索民族传统体育文化在高校教育中的现代价值内涵

"民间文化是中华民族精神和情感的重要载体，是民族亲和力和凝聚力的核心。"高校教育是青年学子在人生观、价值观和文化观塑造成形的重要教育阶段。龙是中华民族的象征，我们是龙的子孙。在当前多样化的思想意识和社会思潮的大背景下，尝试将中华传统龙舟文化的精神实质展示出来，把其具有的历史价值、文化价值、教育价值和世界意义的文化精髓进行提炼，积极弘扬与推广承载着中华民族情感与力量的龙舟文化教育，既可以增强高校师生对中华优秀民族文化传统的自信心和自豪感，也有助于高校思政教育积极转化思想、凝聚共识来增强和巩固高校主流意识形态的竞争力，提升高校思政教育工作的质量和生命力，落实"立德树人"根本任务，实现当代大学生的"四个自信"。

1.3 建立龙舟研学实践基地的现有优势

在当今高等教育激烈竞争的背景下，学校要想在竞争中取胜，特色是其核心竞争力。学校特色的形成是在分析了自身优势的基础上，结合社会需要而确定的。上海海洋大学建立龙舟研学实践基地的优势如下：

1.3.1 上海海洋大学其他专业部门的产学研合作经验丰富基础好。学校已建成劳动与生命教育研修基地，学校水产、海洋、食品等学科的人才优势、资源优势，目前这些既有的成果都可以为体育部的龙舟研学实践基地的合作提供极大便利、经验和借鉴参考。

1.3.2 上海海洋大学研学实践的条件优厚。学校不仅在人文历史上有着悠久的水上运动史，而且在地理上有着天然的东海水域段和设施功能齐全的水上运动训练基地，为龙舟研学教育基地提供了物质保障。

1.3.3 上海海洋大学龙舟运动影响力很大。近些年来也多次在上海及全国比赛中取得优异成绩，吸引社会各界加入龙舟研学实践基地合作的优势明显。

1.3.4 上海海洋大学的教师队伍运用体育文化提升校园整体文化氛围的专业能力强。学校现有龙舟高级教练员、龙舟国际级裁判、运动康复师等若干名非常优质的师资队伍。

1.3.5 上海海洋大学与社会方面常年积极合作，初步形成了水上专业运动教育平台。通过与上海市水上运动中心、东方绿舟基地、滴水湖水上运动俱乐部等合作，形成了连接上海东滴水湖、西淀山湖的校内外相结合的水上专业运动教育平台，满足很多对龙舟运动培训学习的社会需求，积极主动融入全民健身的战略。

1.3.6 上海海洋大学多年来在完善包括龙舟、赛艇、皮划艇、桨板等在内的水上运动育人体系。学校围绕立德树人的根本任务，以打造具有海洋特色的体育育人体系为抓手，联合其他新片区高校、中学、小学建立水上运动大联盟，以进一步推进大中小幼一体化育人体系。

2　开展龙舟研学实践基地的意义

龙舟研学实践基地在培养学生实际解决问题的能力、道德修养提升和高尚人格塑造等方面有着天然的优势。龙舟研学实践基地的研修不仅是知识技能的学习，更重要的是校园文化、育人价值的传递。本研究结合我校的体育文化特色、自身地域条件、场馆场地及教师资源等优势特点，以龙舟研学实践基地作为着力点和研究视角，试图在高校体育与校园文化之间寻找一个实践的切合点，其意义在于：

2.1　提高学生综合素养。作为教育的一种新兴尝试，龙舟研学实践基地具备为临港青少年学生和研学者提供课外知识的补充、传统龙舟特色文化的传承、爱国情怀的培养等功能。在基地的推动下，将习近平新时代中国特色社会主义思想融入临港大中小学生群体，学生能在参与龙舟运动及与水域自然的接触中获得丰富的实践经验，并逐步提升对自热、团体和自我之间内在联系，培养学生对责任担当、问题解决、团队合作等方面的意识和能力，同时潜移默化中学习龙舟文化、感受体育精神，并以此确立正确的价值取向、坚定的理想信念和人生追求，以实际行动助力校园文化的建设与提升，实现立德树人的根本任务。

2.2　促进校外资源的开发与利用。在这种营地实践观的指引下，不断打造校园文化品牌，形成以上海海洋大学龙舟基地教育为核心的，产学研一体化、校内外打通的临港体育产业发展。这不仅有力地拓宽临港大中小幼学生知识面，而且也促进区域内社区和居民体质健康水平，进一步服务当地经济和文化。

2.3　提升学校的社会影响力。上海海洋大学位于临港新片区，我们的优势之一就是具有明显的地域性。将高校的校园文化与地域文化建设结合起来，有助于充分发挥我校的体育教育资源，打造区域性的体育特色育人品牌，能够真正地盘活文化活动。

2.4 丰富校园文化内涵，实现对传统教育的补充。在新形势下，面对域外文明的强势冲击，教育在对学生文化自觉、文化自信和文化自强的培养上有所缺位，很多大学生对我们的文化自信度还不够，校园文化品牌的力度不大。"在一代代以接受西方体育为主要内容的教育过程中，逐渐使当代社会的主流人群对自己民族传统体育的存在形式、内容及文化内涵产生了隔阂。"与传统教育方式相比，通过对龙舟研学实践基地的构建，在理论与实践相结合的过程中，提高当代大学生的文化自信，立足中国、借鉴国外，挖掘历史、把握当代，赋予校园文化以新的生命力，借此提高上海海洋校园文化的格调、品位和特色。

3 龙舟研学实践融入校园文化建设的现状

校园文化品牌建设应该依托于校园文化传统，在对文化传统的继承和发展过程中不断积累和完善。然而，长期以来，高校体育课程更关注的是对学生身体素质、体质健康、运动技能等物质层面的教学，而对学生的动手能力、品德培养、思想升华等精神层面的教育较为单薄。尤其是在面对全球化、信息化和网络化高速演进的当下，上海海洋大学的校园文化建设同龙舟研学实践的融合程度就明显不足，相关理论研究、运行机制与实践成果均待改善，具体表现为以下三点：

3.1 龙舟研学实践融入校园文化建设的渠道比较局限。对有关龙舟文化的内容了解不全面，内容也较为单一。对中华优秀龙舟文化的传承引入通常以标语或景观作为实现方式，融入教育乏力、教学的方法手段不够灵活多样、教学方式被动传授和灌输。这不仅不能对学生进行深刻的思想意识引领，也难以营造良好的校园文化氛围。

3.2 龙舟研学实践同校园文化建设的融合方式刻板僵硬。较多是局限于参观活动或教学，有些校园文化的融合活动流于表面，学生的学习动力不足。

3.3 龙舟研学实践同校园文化建设的融合发展之路偏于一隅，龙舟文化融入高校教育环境的创设也不完善，未能在多部门、校内外之间形成合力，宏观层面的顶层设计仍处于空白状态。

4 龙舟研学实践基地与校园文化品牌建设的融合路径

上海海洋大学作为研究型大学，一方面其既有的产学研经验和成果可以为龙舟研学基地实践提供极大便利和经验借鉴；另一方面，其雄厚的科研条件，浓郁的学术氛围中熏陶和培育的创新型人才，为构建龙舟研学实践基地提供了物质保障和创新创造可能。

资料研究显示，随着我国对研学实践的重视与大力推进，好的研学基地与优秀的校园文化建设深度融合，不仅需要物质上拥有独特的自然环境硬件，精神层面上也需要有完善的综合服务能力、管理能力及教学能力等，各方面条件都缺一不可。

4.1 物质层面

基地将立足青少年民族传统体育文化教育，通过组织龙舟课程、龙舟竞赛以及包粽子、经典咏读等社团活动，培养青少年学生对中华优秀的传统体育文化领域的兴趣，传承优秀传统文化和爱国主义情怀，掌握基本的运动方法，不断提升广大青少年的龙舟运动能力。

4.1.1 初步构建以营地为核心的校内外体育产业链框架。以上海海洋大学龙舟营地教育为主，产学研一体化为辅，面向社会各阶层积极推广龙舟营地教育，形成校内外打通、管理人才培养、营地教育市场化需求相结合的临港体育产业链。

4.1.2 转变思路，探索适宜的体育产学研合作模式。调研显示，目前很多研究型高校产学研合作和服务社会方面做得还有很多不足。这就需要我们体育管理者转变思路，积极将体育学科的产学研合作提到工作日程上，主动与体育科研所、企业等进行合作，在服务社会的同时，获取社会资源促进体育学建设。具体在龙舟研学实践基地的开展上，对教师不仅仅是理论知识对传授，更为主要的是教学生如何灵活机动的将理论书本的知识转化运用到实践中，这就需要师生都要具有较强的动手操作能力、实际解决问题能力和创新创造能力等。

4.1.3 对龙舟研学实践营地教育的内外机制和指导体系进行研究。本研究将在前期理论研究和龙舟营地培训实践的基础上，一方面继续深入挖掘和建设具有活动频次、专业户外能力、特色鲜明的学生龙舟营地的内在动力机制和外在激励机制；另一方面通过实践，提高学生身心综合素质，同时初步形成可参与国际接轨的，具有竞技体育特点，蕴含丰富传统文化底蕴的龙舟营地教育理论的指导体系。

4.1.4 打造具有一定知名度的龙舟赛事。调研整理上海海洋大学龙舟赛事的举办历史和活动情况，分析未能构建出较为响亮的龙舟赛事品牌的原因，设置一些常态化的龙舟比赛，积极承接国内外龙舟营地实践和龙舟竞技比赛等赛事活动。

4.2 精神层面

4.2.1 建设教学实践基地，开发校社合作增加影响力

在高校建立足够多的中华民族传统龙舟的教学实践基地，让更多的大学生进入到基地进行实践和锻炼学习；也可以为学生提供项目训练，明确学生在其中所要承担的责任，对学生进行全方位的考核。有意识地培育这块中华民族自身的传统民俗品牌，举办一些具有品牌效应的活动，理论与实践相结合，让更多的人了解龙舟文化的渊源和根基；开发校社合作模式，增加影响力，营造龙舟运动教育的社会大环境，吸引各种力量和资金进入高校龙舟这块优势民族传统中。在高校创设体现中华传统龙舟文化精神实质的思政实践基地，可以切实有效地将龙舟运动从"民俗活动"融入到高校"课程思政"的教育中，传承和保护民族传统优秀文化基因，陶冶情操，使大学生更加热爱自己国家，达到以龙舟文化素质新时代的教育目标。

4.2.2 创新龙舟文化交流及传播方式，建立"走出去，请进来"的模式

在信息全球化的今天，各种文化很容易受到另一种文化的干扰。通过创新不仅会在世界文化大家庭中标新立异，同时也会增强青年学子对于龙舟文化的兴趣，从而使龙舟文化得到更好的传播。著名传播学者麦克卢汉

曾说："媒介即讯息。"因此，在高校思政教育中，要积极利用新媒体，创建思想教育新平台。通过微信、微博、APP、网站等新媒体，加强民族传统体育文化的推送，构建培育新时代大学生体育文化认同的网络平台，持续增加龙舟文化的普及宣传和推广，通过媒体网络舆论平台强化龙舟文化在高校思政教育的意义和价值。同时，在与外来文化交流和学习的过程中，要体现出龙舟文化应有的文化价值，对外来文化发展好的方面则积极"请进来"，在交流的过程中也要制定保护好龙舟文化"走出去"的相关政策，不断调整高校的文化结构，使龙舟文化更好地融入高校的文化氛围中，适应当下社会的发展。

4.2.3　编写体现中华传统龙舟文化精神实质的思政教材，创建现代高等教育的文化品牌

以优秀的中华优秀文化传统涵养高校文化品牌。深入挖掘龙舟文化的思想政治教育元素和资源的基础上，将原有的一些教学模式、教学方法改造成为适用于龙舟课程思政建设所需要的资源和要素，在编写新教材时坚持与时俱进，用创新的思维，开放的胸怀去传承和发展。认清和做好这一点，对我们确立文化自信，打造高校"课程思政"的教育品牌将会起到很大的作用。龙舟文化是以具象化的形式和活力呈现在高校师生面前的，让我们以时代精神激活中华优秀龙舟文化的生命力，用文化凝心聚力，为高校教育发展注入精神力量。

5　结论

当前是全民健身发展的时代，龙舟研学实践基地的发展空间十分广阔。龙舟研学实践模式作为提高校园文化品牌的重要举措。本研究就如何将其有效地融入高校校园文化建设中，从运行机制、教学层面及社会实践等方面进行了积极探索，但最终我们要做的是：通过对龙舟研学实践基地的构建，尝试用龙舟为学校赋能，协调大学与社会的关系，尝试动员和配置各种社会资源，依托上海海洋大学的体育优势资源，立足学校在价值引领、知识探究、能力培养、人格养成等方面的办学特色，围绕文化品牌的

建设，让龙舟运动与高校校园文化同频共振，逐渐形成独特的校园文化，最终形成学校发展的软实力。同时为上海其他高校、中学、小学、临港新城社区等形成培训、研究和实践服务一体化的合作共同体，引导全体师生投身全面建设社会主义现代化国家崭新篇章，开创新时代上海海洋大学"双一流"建设的新局面。

参考文献

［1］习近平在中国共产党第二十次全国代表大会上的报告．2022.10.16.

［2］中共中央关于制定国民经济和社会发展第十四个五年规划和2035年远景目标的建议．HTTP：//WWW. GOV. CN/ZHENGCE.

［3］张建世主编．中国的龙舟与竞渡［M］．北京：华夏出版社，1988.

［4］徐锋．中国传统武德文化融入高校思政教育的价值寓意与实现路径［J］．体育文化导刊，2019.12.

［5］郭建宁．中国文化强国战略［M］．北京：高等教育出版社，2012：3.47—49.

［6］孔庆涛等主编．向水而生奋楫者先［M］．上海三联书店出版社，2020.1.

［7］尹继林、李乃琼、陈宁．现实旨归、时代向度与内在进路——论"中国梦"视域下的中华民族传统体育文化复兴［J］．武汉体育学院学报，2021（1）．

［8］崔乐泉、孙喜和．中华优秀传统体育文化传承发展的理论与实践——《关于实施中华优秀传统文化传承发展工程的意见》解读［J］．北京体育大学学报，2018.

［9］赵富学、焦家阳、赵鹏．"立德树人"视域下体育课程思政建设的学理要以与践行向度研究［J］．北京体育大学学报，2021.3.

［10］陈刚．体育在文化中舞动——体育运动项目与文化特征及影响

探析［J］．体育与科学，2017.6.

　　［11］周红萍、苏家福．襄阳市龙舟竞渡的特点与当代价值［J］．运动，2016.17.

　　［12］刘青．传承与变迁：清水江苗族独木龙舟的文化传播研究［D］．北京体育大学博士学位论文，2017.

　　［13］教育部基础教育一司负责人就《教育部等11部门关于推进中小学生研学旅行的意见》答记者问．中华人民共和国教育部，2016.12.

　　［14］教育部等11部门《关于推进中小学生研学旅行的意见》．中华人民共和国教育部，2016.12.

　　［15］彭其斌.《研学旅行课程概论》．山东教育出版社，2019：33，35，36.

　　［16］［英］爱德华·泰勒著．原始文化：神话、哲学、宗教、语言、艺术和习俗发展之研究［M］．连树声译．广西师范大学出版社，2015.第341页．

　　［17］孔繁敏．从龙舟赛艇发展看中西体育文化差异［J］．体育文化导刊，2008.9.

　　［18］杨国桢．海洋世纪与海洋史学［J］．文明，2008.5.

　　［19］王岗．民族传统体育发展的文化审视［M］．北京：北京体育大学出版社，2005.

　　［20］张诚允．我国商业性搏击赛事品牌建设研究［J］．北京体育大学学报，2015：6.

　　［21］毛浓选．中国武术散打职业化：现状、问题及路径［J］．西安体育学院学报，2017.5.

高职院校龙舟运动的传承与发展

——以浙江交通职业技术学院为例

宋荣标

（浙江交通职业技术学院，浙江杭州 311112）

【摘要】 高校是我国龙舟运动传承与发展的重要沃土，为发展龙舟运动提供更加广阔的空间，既对龙舟运动的传承起到至关重要的作用，也为学校开展良好的素质教育搭建新平台。目前高校龙舟运动的开展屡见不鲜，但在开展过程中也存在一定的问题，本研究以浙江交通职业技术学院为例，对制约龙舟运动发展的因素进行剖析，为龙舟运动的传承与发展提供有效的参考。

【关键字】 龙舟；高校；发展策略

作者简介：宋荣标，浙江温州人，硕士研究生，浙江交通职业技术学院士官学院副院长，研究方向为龙舟文化，校园运动。

1 龙舟运动在高职院校中的发展现状分析

龙舟运动是我国传统文化中的一种古老的竞技运动，起源于我国南方的水乡地区，最初是作为一种祭祀活动而出现。其历史可以追溯到春秋战国时期，当时人们在农历五月五日举行祭祀活动，将粽子投入江河中，以祈求丰收和平安。而后，人们开始使用装饰华丽的龙舟来代替木筏，以突显仪式隆重和庄严。

　　随着传统文化的复兴和体育运动的普及，龙舟运动作为一种集体合作、团队精神和传统文化的体现，蕴含奋发图强、勇于拼搏的民族精神而愈加显示出其独特的魅力和强劲的生命力，逐渐受到了越来越多高校的关注。

　　1980—1999 年，起步阶段。20 世纪 80 年代末期，部分高校意识到了龙舟这项传统体育运动项目的价值，于是开始在课堂和课余引入龙舟运动。其中，天津市政府为了庆祝"引滦入津"工程建成五周年，开始组织开展龙舟邀请赛，其中就有一些高校代表队伍参加龙舟比赛。从此，我国高校正式拉开了组织龙舟运动教学和训练的帷幕。在龙舟运动持续性推广的背景下，越来越多的高校组织学生参与龙舟运动，组建本校龙舟队伍，同时开展本校以及校际间的龙舟比赛。例如，1990 年，广西民族大学成立龙舟队伍，成为我国开展龙舟竞技比赛的先行者。1999 年，天津体育学院也成立了自己的龙舟队伍，并在国际与国内龙舟赛事中屡创佳绩，甚至一度处于国际领先水平。

　　2000—2010 年，萌芽阶段。国家逐渐重视龙舟运动的发展，并在全国范围内推广龙舟运动，例如全国大学生龙舟锦标赛、中国大学生龙舟协会等。在国家政策号召下，部分高职院校积极响应，加强对龙舟队伍的培训和训练，提高队员的技术水平和比赛经验。同时，部分高职院校加强场地设施的建设，提供足够的训练和比赛场地。以上措施帮助高职院校的龙舟队伍在比赛中取得了一定的成绩，同时也吸引了更多的学生参与龙舟运动。

　　2011—2020 年，发展阶段。国家将龙舟运动列为国家级非物质文化遗产，加强对龙舟运动的保护和传承。高职院校也开始加强龙舟队伍的建设和培训，提高队员的技术水平和比赛经验。同时，一些高职院校开始加强与国内外龙舟队伍的交流和合作，提高队员的竞技水平和比赛经验。得益于国家的重视和高职院校的宣传和推广，越来越多的学生开始了解和参与龙舟运动，成为校园文化和体育活动的重要组成部分。

　　2021 年至今，复兴阶段。随着龙舟运动的发展，国家更加注重如何提高龙舟运动的竞技水平和推广龙舟运动的文化价值。但受新冠肺炎疫情影响，一些比赛和活动被推迟或取消，对龙舟队伍的比赛和训练造成了一定的困难。但是，以浙江交通职业技术学院为例，积极适应疫情形势，一方面通过线上训练和比赛，继续提高队员的技术水平和比赛经验；另一方面加强场地设施的消毒和管理，保证训练和比赛场地的卫生和安全，保持一定的活跃度和发展势头。

综上，在国家的高度重视与政策推动以及社会的支持下，我国龙舟运动发展越来越迅速，越来越多具备一定条件的高校也纷纷开展龙舟运动。在此背景下，龙舟运动在高职院校中的普及度得到了进一步提升，获得更多大学生以及社会大众的广泛认可。高职院校龙舟运动的发展情况因地区和学校的不同而有所不同，但可以预见，龙舟作为弘扬中国传统文化、促进学生身心健康、培养团队协作和领导能力的运动，随着更多高职院校的关注和投入，这项传统的文化和体育运动将会在高职院校中得到更好的发展和传承。

2 高职院校龙舟发展面临的问题

随着龙舟运动的不断发展与普及，越来越多的高职院校开始成立龙舟队，龙舟赛事组织、赛事流程也越来越成熟，龙舟运动在高校中的发展展现出较好的前景，但是依然还有很多不足之处制约我国高职院校龙舟运动实现可持续性发展。

一是高校对龙舟运动缺乏足够重视。虽然我国越来越多有条件的高职院校开展龙舟运动，但是由于龙舟运动属于非奥运竞技比赛项目，多数高校对龙舟运动的定位并不十分准确，只是将龙舟运动作为一项丰富高校体育课程内容的娱乐项目，对龙舟运动的器材、训练与赛事等方面缺乏足够重视。相对而言，一些高校的龙舟队尽管经过一段时间的训练，仍表现出运动水平不高、技术能力不强的现象，而且通常也只是参加一些表演类活动，很难有机会参加高水平的正式比赛。

二是缺乏专业教练和技术指导。一方面教师队伍的专业性不够强，龙舟队伍的教练和指导人员大多来自于高校的体育教师和志愿者，缺乏专业的龙舟教练和技术指导人员，导致龙舟队伍的训练和比赛缺乏系统性和专业性，队员的技术水平和比赛经验受到了一定的制约。另一方面，至今我国还没有建立正式培养龙舟教练员的有效途径，而高校在引进民间高水平龙舟教练员时也会受到一些制度的限制，导致高水平龙舟教练员难以进入高校任教，从而进一步影响了高校龙舟教练队伍的专业性。

三是龙舟运动员的培养机制不够完善。由于我国关于龙舟运动的教材较少，没有正式系统的教育课程，也没有青少年龙舟专业训练体系，导致我国广大青少年对龙舟运动普遍缺乏足够了解，龙舟运动在青少年阶段未能得到很好的发展。再加上，现阶段各个学校举办龙舟运动的集体活动与专业赛事有限，各个学校的专业龙舟运动员培养体系尚且不够完善，从而使得高校缺乏足够的专业龙舟运动员。

四是场地设施不足。龙舟运动属于水上项目，因此相对于其他体育项目，对开展环境有着更加特殊的要求，需要在水质较佳的水域环境中开展，而且水域需要满足水流静止、水深一致、没有暗流与风浪的要求，对航道宽度、长度与深度等都有着一定的要求，这些都无疑制约了高校开展龙舟运动。很多高职院校没有专门的龙舟训练场地，只能在学校的游泳池或者附近的水域进行训练和比赛，导致队员的训练和比赛条件不够理想，影响了队伍的竞技水平和比赛成绩。

五是缺乏资金支持。作为一项特殊的集体性的水上项目，龙舟队伍的发展需要一定的资金支持，包括器材设备方面龙舟、船桨、救生设备等的采购费，训练与比赛方面食宿费、差旅费，等等。然而，很多高职院校龙舟队伍缺乏足够的资金支持，限制了队伍的发展和提高竞技水平的能力。

六是缺乏比赛机会和赛事规范。高职院校龙舟队伍的比赛机会相对较少，很多比赛都是地方性的、校内的或者是非正式的友谊赛，缺乏正式的、标准化的比赛机会和赛事规范。这导致了队员的比赛经验和竞技水平无法得到有效的提高，也限制了队伍的发展和成长。

3 高职院校龙舟发展策略

浙江交通职业技术学院龙舟队成立于 2006 年，是学校体育运动中的一支重要力量。队伍以"团结、拼搏、奋进、创新"的精神为核心，坚持"体育强则学校强"的理念，不断提高队员的综合素质和竞技水平。自成立以来，队伍训练和比赛成绩一直处于浙江省高职院校龙舟队伍的前列，在历届浙江省高职院校龙舟比赛中多次获得团体总分第一名和单项比赛冠军，曾代表浙江省参加全国高职院校龙舟比赛，取得了优异的成绩。在此，以浙江交通职业技术学院为例，梳理总结近年来龙舟运动发展规律和经验，提出具体发展对策，以期借此推动龙舟运动在高职院校中健康蓬勃发展。

3.1 加强对龙舟运动的宣传和重视

作为一项非奥运项目，龙舟运动的受关注度不够高，大众对其兴趣度与认知度也不够高。在高职院校中的发展受到很多因素的限制，其中之一是很多学生对其缺乏足够的认识，通常只将其视为一项娱乐或体育拓展项目。这就大大影响了高校龙舟运动的良性发展。例如，武汉"同城双星"龙舟赛的发展虽然取得了一定的成绩，但由于赛事运作尚不够成熟，其影响力有限，仅限于两大高校学生中有着较高的知名度。每年只在端午节能够吸引人们与媒体广泛的讨论与关注，但在平时却缺乏足够的关注度。主要原因在于赛事宣传与社会报道方面的工作不够完善。因此，要想有效促进高校龙舟运动的发展，就需要增加高校与学生对龙舟的认识，加大对龙舟运动在高校中的宣传力度。

具体而言，高职院校可以经常性地组织校际龙舟赛事活动，并利用互联网对赛事进行直播与现场讲解。同时，可以利用抖音、快手等短视频以及腾讯、爱奇艺、优酷等各类视频网站通过截取赛事的精彩片段来对于赛事进行传播。此外，可以借助于官方网站、微博号、抖音账号、微信公众号、广播、展板等多种形式，对龙舟运动的起源、基本常识、文化内涵、体育价值、本校历届龙舟赛事、龙舟新闻报道、龙舟赛事活动相关信息等进行展示。组织学生通过线上与线下的方式集体观看龙舟赛事活动，使学生充分感受比赛的精彩、紧张与激动，感知到龙舟运动中富含的协作精神、拼搏精神。另外，高校也可以成立专门的龙舟社团组织，为学生提供发展龙舟运动潜力的空间，满足他们的龙舟兴趣。

3.2　构建专业的龙舟运动教育体系

高职高校龙舟运动的高效与可持续发展，需要培养高水平龙舟运动员，而龙舟运动员的培养离不开专业的龙舟教育体系，具体可以从以下几个方面着手：

首先，培养专业的龙舟运动师资队伍。一方面，吸纳民间专业退役龙舟运动员进本校，以此来提升本校龙舟运动师资队伍的实力。这些龙舟运动员不仅掌握着高超的专业技术水平，丰富的比赛经验，先进的训练方法，在很大程度上弥补现有高校龙舟教练员实践能力与实战经验不足的弱点，只是这些专业的龙舟运动员往往缺乏足够系统全面的龙舟理论知识，这就需要高校构建龙舟师资培养体系，加强其理论素养的提升，使其掌握龙舟发展演变、文化内涵、训练理论等知识。另一方面，高职院校应该加强与专业俱乐部、地方体育局的合作，构建健全完善、切实可行的龙舟教练员培养体系，借助于研讨、交流、学习等一系列活动来促使龙舟教练员的执教水平进一步提升，也可以通过邀请龙舟项目知名专家来学校向龙舟教练员传授经验与技巧，为教练员的教学与训练提供优质指导。

其次，加强龙舟运动队的培养，各高职高校应积极组织龙舟队伍进行互相交流与沟通，定期组织龙舟队参加研讨会、座谈会等活动，针对龙舟技战术的改进进行共同研究与探讨，利用空闲时间自发组织校际友谊交流赛，通过比赛交流实现共同进步。另外，借助于招生制度来吸引高水平龙舟运动员，以此来提升自身校龙舟队伍的水平。与此同时，还应该注重中小学龙舟运动的发展，搭建小学、中学、大学、职业俱乐部一体化的训练模式，保证龙舟运动员从小就有机会接受正规系统的龙舟运动训练，确保龙舟运动员掌握扎实的理论与技术，进而可以在后续获得持续性发展。

3.3　为龙舟运动的发展创造良好的环境

资金是确保高职院校龙舟运动的顺利开展的重要保证。现阶段，各高职院校普遍都面临资金不足的问题。要想有效解决高校龙舟运动发展的这一困境，有必要从多个方面着手为龙舟运动的发展提供良好的环境。

首先，合理规划经费，有效利用经费。通过开展校内院系之间的比赛、就近参加龙舟比赛等方式，通过开展规模较小、距离较近的龙舟赛事与龙舟活动的方式，既有利于增进龙舟运动队伍间的交流与学习，增加其实战经验，同时也有利于减少高校在龙舟队伍比赛中的开支。

其次，充分整合利用现有资源，完善龙舟运动训练条件，龙舟运动训练分为陆上体能训练与水域协调技能训练，因此，龙舟训练器材可以大致分为两类：陆上训练器材主要有哑铃、杠铃、拉力测试仪，这些训练器材一般高校体育馆、健身房就已经具备，无需重新购买，能够节省开支。水上训练器材主要包括龙舟、船桨、舵、救生设备，这些训练器材可以通过与当地体育运动协会的合作获得，以此来为学生提供充足的器材，确保其可以正常参与日常龙舟训练。

最后，拓展龙舟运动的资金渠道。除自身在有限的条件之内加大资金投入之外，还应该主动寻求新的资金筹集渠道。一方面，可与当地政府进行合作，通过积极参加当地政府举办的活动，来获得经费支持，以此来实现高校与政府之间在体育事业上的双赢。另一方面，可加强与社会企业的合作，获取企业的赞助与支持，通过校企合作的方式引入社会企业的资金，实现校企双赢，从而缓解自身的经费压力。

参考文献

［1］黎春生.高校龙舟运动的发展与发展对策研究［J］.当代体育科技，2017，7（28）：2.

［2］吴煜曦，王杰.全民健身背景下龙舟运动的发展现状及策略研究［J］.大众标准化，2021（14）：3.

［3］陈应，常丽娟，龙林杰，金万万，胡欢，刘青青.铜仁市思南县龙舟活动的传承与发展研究［J］.灌篮，2021（32）：68—69.

［4］黄健武，葛双兰，覃春丽.学校体育教学与民族传统体育项目的

深度融合探讨——以龙舟运动为例［J］. 当代体育，2021（27）：0121—0122.

［5］林秋华. 龙舟体育产业发展对策研究——以集美龙舟产业为例［J］. 长江工程职业技术学院学报，2021，38（4）：73—76.

［6］黄健武，覃春丽，葛双兰. 广西高校龙舟运动赛事可持续发展对策研究［J］. 运动精品，2022，41（2）：3.

亚运会背景下"东瓯争流"温州
龙舟文化品牌探索与实践研究

徐嘉遥　　叶禹挺

（温州商学院，温州 325035）

【摘要】本文以温州作为杭州亚运会龙舟赛事的举办地为背景和切入点开展研究，通过调查研究法分析温州龙舟文化品牌建设现状，目前温州龙舟文化品牌建设缺乏鲜明的地域特征、清晰的品牌定位和系统的品牌识别。针对调研结果，本文以打造具有独特性、文化性、地域性的温州龙舟文化特色品牌为目标开展研究。首先，挖掘与归纳温州龙舟文化品牌建设的特色，其中包含天然的生态环境与深厚的历史文化，丰富的赛事经验和广泛的群众基础，有力的政策扶持和浓郁的民间氛围，完备的赛事场地和多元的世界温州人力量；其次，提炼与总结温州龙舟文化品牌塑造的核心定位与策略，包含以下三个要点。第一，瓯越文化与龙舟文化有机融合；第二，温州精神与龙舟精神一脉相通；第三，体育竞技与民间娱乐良性互动。本文提出打造"东瓯争流"温州龙舟文化品牌。品牌呈现温州龙舟文化的悠久历史，展现赛事的激情活力，彰显"同舟共济，奋勇争先"的龙舟精神和勇于冒险、敢为人先的温州精神，表达温州勇立潮头、奋楫扬帆的宏伟图景。并通过标志设计、吉祥物设计、宣传海报设计、周边应用设计等龙舟品牌视觉形象，达到艺术性和平民化的传播，增加体育赛事的烟火气和赛事激情，增强温州龙舟品牌的凝聚力和影响力。

【关键词】温州龙舟；品牌形象；温州文化建设；亚运会龙舟赛事

课题项目：温州市哲学社会科学规划课题（编号：22wsk363），2022
年度温州市基础性科研项目（编号：R20220036）

作者简介：徐嘉遥（1995—），浙江温州人，上海大学硕士研究生，
温州商学院专任教师，研究方向为品牌形象设计、情感化设计、五感设计
等领域，邮箱：616232969@qq.com；叶禹挺，温州商学院学生，完成
"东瓯争流"温州龙舟文化品牌形象视觉设计部分。

　　龙舟运动是一项集健身、娱乐、竞技为一体的民间运动，是中国传统
文化中最具代表性的民俗体育之一。温州作为著名的中国龙舟名城，具有
悠久龙舟历史文化。每年的端午节期间举办龙舟活动是温州民间传统习
俗，寓意着来年风调雨顺，五谷丰登。在漫长的历史进程中，温州的龙舟
运动发展较为顺利，民间群众基础较为雄厚。作为2023年杭州亚运会龙舟
赛事的举办地，温州应以此为契机点燃龙舟文化激情，弘扬与传承龙舟文
化，培育温州龙舟特色文化品牌，促使更多温州市民了解龙舟文化，将温
州龙舟文化品牌推向全球，推动温州体育运动走向新的国际舞台。

1　温州龙舟文化品牌建设现状分析

1.1　缺乏鲜明的地域特征

　　温州龙舟品牌的传播多以"看龙舟、到温州"为主题进行宣传，主题
虽通俗易记，朗朗上口，但是只是简单在口号加入"温州"，没有体现温
州龙舟文化特色及温州地域文化特色。温州龙舟品牌宣传内容较为简单，
缺乏代表性的温州文化元素和温州地域文化的深度解读，在温州龙舟文化
品牌的传播过程中容易造成过于形式化的尴尬局面。同时，温州传统龙舟
制造标准的发布，多为了确保传统龙舟的安全性与稳定性，在品牌形象塑
造上未体现鲜明的温州地域特色元素，均不利于温州龙舟品牌的形象建设
与外部推广。

1.2　缺乏清晰的品牌定位

　　温州龙舟文化品牌定位较为模糊，尚未体现标志性的温州文化特色及

尚未凸显温州龙舟文化的与众不同之处，导致温州龙舟品牌传播缺乏主心骨，在一定程度上使得相关信息传播较为离散，品牌差异性与竞争力较弱，使得受众无法对其形成清晰的认知和印象，无法获取和捕捉温州龙舟品牌的独特魅力。因此，需要针对各类目标群体及温州龙舟文化特色，加强对温州龙舟品牌核心价值的挖掘，为其品牌定位提供精准切入点和发展方向。

1.3 缺乏系统的品牌识别

温州被国家体育总局授予"中国龙舟名城"的称号，同时温州市瓯海区被命名为"中国龙舟文化之乡"。目前，温州龙舟文化品牌最具鲜明的识别是"看龙舟、到温州"口号及温州龙舟文化公园等基础性公共文化服务设施，帮助大众加深对温州龙舟品牌和温州龙舟文化的印象。实际上，由于缺乏清晰的品牌定位，独特的品牌名称、系统的品牌识别系统和综合的品牌传播体系，温州龙舟品牌形象建设大多停留在表面，大众对于温州龙舟品牌缺乏整体的认识，使得品牌形象信息得不到巩固，导致受众接收的温州龙舟品牌相关信息较为单一，容易遗忘。

2 温州龙舟文化品牌建设的优势与特色

2.1 天然的生态环境与深厚的历史文化

温州位于中国浙江省南部，毗邻东海，河流纵横，水域广阔，以瓯江和温瑞塘河两条母亲河为中心，丰富的水域资源和优美的生态环境为龙舟运动的发展提供了良好的自然基础。温州的龙舟文化可上溯至古越族对龙图腾的崇拜和祭祀，自唐宋时期以来，瓯海就有会昌龙舟竞渡的历史传统，每年端午时节都会呈现"千帆竞渡、万人空巷"的壮阔场面，温州龙舟有着深厚的文化底蕴，在龙舟文化史上有着举足轻重的地位。

2.2 丰富的赛事经验和广泛的群众基础

温州龙舟系列赛已连续举办九届，成为温州本地最火热的品牌赛事，在2021年我市首次成功举办第十四届全国运动会群众比赛龙舟决赛。近年来，温州还相继举办了中华龙舟大赛、世界名校龙舟邀请赛、浙江国际龙舟公开赛等高规格赛事，并在国内外各大龙舟赛事中取得优异成绩。龙舟运动在温州地区已经广受欢迎，通过举办赛事和节庆等大型活动，推动全民健身事业的深入发展和持续进行。

2.3 有力的政策扶持和浓郁的民间氛围

温州龙舟运动发展迅速，市政府出台了一系列有利于龙舟运动和龙舟文化发展的政策措施，奖励和培育龙舟人才，倡导社会各界积极参与到龙舟文化的传承中。全省首家以龙舟为主题的体育书院落地，温州市龙舟文化研究会、参龙文化研究会、龙舟文化研究会等民间组织成立，龙舟雕塑、龙舟台阁、龙舟主题城市书房等基础性公共文化设施建成，《瓯海龙舟》《瓯海参龙》等书籍出版及中国温州龙舟文化大会等学术交流活动开展，使得温州的龙舟文化氛围逐渐浓郁，推动温州龙舟文化与体育赛事协同发展。

2.4 完备的赛事场地和多元的世界温州人力量

杭州亚运会龙舟赛事场地温州龙舟运动中心高标准建成，场馆以"龙跃东瓯境·桨舞丝路情"为设计理念，整体造型以龙的形象为基础依河而建，是全国乃至全亚洲最高端、最标准的龙舟体育运动综合体，能满足竞技体育比赛、群众健身、文化娱乐、旅游休闲、商贸会展等一体化需求。同时，另外，在西班牙巴塞罗那、意大利罗马、法国巴黎等地，还成立温州海外龙舟基地和海外龙舟队等，汇集世界温州人的力量，通过多渠道推广温州龙舟文化，促进温州文化与世界的合作与交流。

3 温州龙舟文化品牌塑造的核心定位与策略

3.1 瓯越文化与龙舟文化有机融合

瓯江和温瑞塘河这两条母亲河孕育了历史悠久、独具特色的瓯越文化，不仅如此龙舟文化也在这里得到了培育与发展。龙舟文化是温州重要的传统文化之一，与瓯越文化的发展是密不可分的。在温州龙舟文化品牌建设中，挖掘海洋文化、山水文化、瓯江山水诗路文化等多元的温州地域文化，并将瓯越文化与龙舟文化有机融合，促进温州龙舟品牌的塑造与发展，通过融入温州地方特色文化展现温州悠久深厚的文化底蕴，引发本地受众的归属感和认同感，增强温州龙舟品牌的地域性和识别性，通过传承创新温州龙舟文化，让温州龙舟文化呈现出时代感，从而引发内部受众的温州龙舟情结，丰富温州龙舟文化品牌的时代价值与文化内涵，拓展温州品牌的影响力，使其在国内乃至国际上具有更加广泛的影响力和认同度。

3.2 温州精神与龙舟精神一脉相通

作为传统文化与现代结合的民间体育项目，龙舟运动植根于中国悠久的历史和文化传统，展示了中国人民乐观向上、勇敢顽强的精神风貌。"同舟共济、奋勇争先"的龙舟精神是龙舟竞渡的核心价值之一，例如舵手带领队伍协同前进的团结精神，选手冲刺时顽强不屈的拼搏精神，遇到困难时不屈不挠的斗争精神等。坚韧顽强、顺应环境、敢于冒险、勇于开拓，敢为人先的温州精神与龙舟精神一脉相通。在温州龙舟文化品牌建设中，挖掘其共通之处，彰显综合的温州精神力量，具有潜移默化的教育功能和凝心聚气的社会功能，激励着大众在社会浪潮中坚持不懈、勇敢进取，在时代变迁中同心协力、艰苦奋斗，在改革发展中奋发有为、砥砺前行。

3.3 体育竞技与民间娱乐良性互动

龙舟运动是一项融合了体育竞技和民间娱乐的传统民俗体育活动，具有娱乐性、文化性、大众性、竞技性等特点。首先，龙舟比赛需要运动员具备专业技能和竞技能力，从而提高了比赛的可靠性，增强龙舟比赛的激烈程度，使得龙舟比赛有更高的观赏性。其次，龙舟运动通常以团队的形式参赛，既吸引了运动员、教练等专业人士的参与，也受到普通民众的喜爱，鼓手、运动者、观众热情高涨，增加了整个比赛的趣味性和娱乐性。在温州龙舟文化品牌建设中，把握体育竞技与民间娱乐良性互动的特点，呈现龙舟运动激烈的竞技性，独特的观赏性和娱乐性，能够让广大人民群众欢度传统佳节的同时也提高了身体素质和凝聚力，通过温州龙舟品牌的建设，让更多民众参与其中，享受传统文化和健康娱乐的魅力，营造民间的体育氛围，促进了大众健身意识提高，丰富了居民的体育文化生活，增强了获得感、幸福感。

4 "东瓯争流"温州龙舟文化品牌构建探索

4.1 "东瓯争流"温州龙舟文化品牌核心内涵

"东瓯"为温州古时候旧称，既展现温州文化的深厚底蕴，又寓意温州龙舟文化的悠久历史。"争流"表现"千帆竞渡，百舸争流"端午节龙舟景象，展现龙舟赛事的激情与活力，体现龙舟赛事的竞技性、大众性、文化性等特征，同时彰显"同舟共济，奋勇争先"的龙舟精神和勇于冒险、敢为人先的温州精神。

"东瓯争流"表达了对温州龙舟竞渡蒸蒸日上的美好愿景，绘就了在时代浪潮中温州勇立潮头、奋楫扬帆的宏伟图景。

4.2 "东瓯争流"温州龙舟文化品牌核心定位与特征

本文以"东瓯争流"为温州龙舟文化品牌名称，其将瓯越文化与龙舟文化、温州精神与龙舟精神、体育竞技与民间娱乐融合，表现了温州龙舟文化与龙舟事业发展的特点，描绘了温州龙舟品牌发展的伟大宏图。品牌定位准确，具有以下重要特征：

4.2.1 源远流长的历史文化

"东瓯争流"温州龙舟文化品牌体现了温州源远流长的历史文化。温州，地处浙江东南沿海，古为百越之地，有"东海明珠"之称，其古称"东瓯""瓯越"等。温州人自古以渔猎为生，喜欢游山玩水，尤其对龙舟情有独钟。温州古称东瓯之地，据《温州府志》记载："东瓯竞舟亦古俗，五月五日竞龙舟，谓之'东瓯争流'。"龙舟文化在温州民间有深厚的群众基础和久远的历史，"东瓯争流"温州龙舟文化品牌由此提出。

4.2.2 团结拼搏的时代精神

"东瓯争流"温州龙舟文化品牌彰显了温州团结拼搏的时代精神。龙舟比赛是一项集体性、竞技性和合作性很强的水上运动，需要所有队员通力合作才能获得胜利。龙舟运动也是团结合作、勇于拼搏的象征。温州龙舟文化品牌强调竞争性和合作性并重，将传统龙舟文化与现代体育赛事精神相结合，激发参与者的集体荣誉感和团队精神，展现同舟共济、奋勇争先的龙舟精神，同时彰显坚持不懈、奋发向上新时代温州人精神。

4.2.3　催人奋进的宏伟蓝图

"东瓯争流"温州龙舟文化品牌擘画了温州催人奋进的宏伟蓝图。温州龙舟文化品牌建设不仅弘扬与传承温州历史文化，还展望与书写温州美好未来，能够鼓舞和激励人心，是激发大众奋力拼搏、勇往直前的动力和热情。在未来时代的浪潮中，温州人民团结互助、艰苦奋斗、坚持不懈、自我超越，并持续注入发展与创新的力量，推动温州龙舟品牌发扬壮大，温州城市发展阔步前行。

4.3　"东瓯争流"温州龙舟文化品牌形象设计

4.3.1　"东瓯争流"温州龙舟文化品牌形象标志设计

标志设计以龙舟竞渡为主题元素，融入"同舟共济、奋勇争先"的龙舟精神和温州地域文化特色，采用了传统和现代相结合的设计理念。标志整体风格简约大气，主要包含温州龙舟、团队精神、瓯江波浪、温州首字母"W"等元素，呈现"东瓯争流"的温州龙舟文化品牌特色。标准颜色采用了"温州创新蓝"和"瓯江波浪青"两种颜色，一是可以代表温州人敢为天下先，敢于探索、勇于创新的"温州创新蓝"，二是仿佛瓯江波浪一般的"瓯江波浪青"，体现温州地域文化特色，具有前瞻性和时代性。

温州创新蓝

瓯江波浪青

4.3.2 "东瓯争流"温州龙舟文化品牌辅助图形设计

辅助图形设计提取 LOGO 中的几何图形进行解构、重组，通过图形的组合排列以及合理的色彩搭配赋予辅助图形不同的含义，增加设计的多样性和表现力，增加品牌设计的艺术性，提高视觉形象的传达效果，同时突出源远流长的历史文化、团结拼搏的时代精神和催人奋进的宏伟蓝图的特征。具体如下表所示：

序号	主题	图形展示	设计说明
1	"山海精神"		辅助图形上半部分用 logo 中的几何图形组合成山型为温州群山，下半部分用 logo 中的几何图形组合成波浪形代表温州海洋，体现温州龙舟赛事的地理地貌，表现温州人背靠大山、面朝大海的"山海精神"。
2	"团 结 一 心""拥抱世界"		辅助图形由 logo 中的几何图形旋转为同心圆，表现温州人团结一心的精神、开放包容的胸襟，展示出温州以积极昂扬的胸怀融入世界及世界温州人的气度。
3	"敢为天下先"		辅助图形是一条曲折大气的波浪线，仿佛瓯江的滚滚波浪一般，体现温州人乘风破浪，探索世界以及"敢为天下先"的精神。

4.3.3 "东瓯争流"温州龙舟文化品牌吉祥物设计

"东瓯争流"温州龙舟文化品牌吉祥物，名为"瓯小龙"，以温州龙舟为主题，结合龙的形象和温州文化元素，具有浓厚的地域特色和文化内涵。吉祥物的角为"鹿角"形状，来源于"白鹿衔花"的美好传说；吉祥物的头饰由龙舟船桨的几何形体组成了温州市花"茶花"的花瓣形状，加入具有代表性的LOGO元素。吉祥物设计色彩鲜艳、形象生动，展现积极向上、热情乐观的运动活力，表现了温州龙舟文化品牌的精神和特点。让人们在观赛时，感受到吉祥物所传递的欢乐和活力，从而把整个赛事氛围推向更高的高潮。

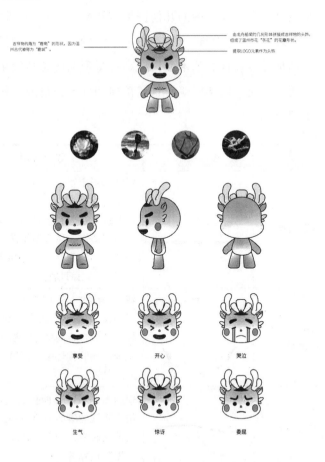

4.3.4　"东瓯争流"温州龙舟文化品牌宣传海报设计

海报设计以亚运会龙舟比赛的开展为背景，以"东瓯争流"为主题，融合山、水、龙舟、团队、波浪、品牌辅助图形等主题元素，描绘了在浪潮汹涌的瓯江上温州人背靠大山，面向大海，同心协力、奋勇争先的龙舟竞渡的宏大场景，颜色采用与整套视觉品牌设计配套的蓝色和绿色为主色调，将浓厚的文化气息与现代感完美融合，用现代化的表现手法彰显了温州人民的团结精神、拼搏精神、山海精神等，深化"东瓯争流"温州龙舟文化品牌的价值与内涵。

4.3.5 "东瓯争流"温州龙舟文化品牌系列衍生品设计

"东瓯争流"温州龙舟文化品牌系列衍生品设计是整个赛事宣传推广中非常重要的一部分，通过这些纪念品和伴手礼的设计，不仅可以提高"东瓯争流"温州龙舟文化品牌的知名度和美誉度，也可以为温州市的文化、旅游和体育产业注入新的活力和发展空间。包括邮票、钥匙扣，手机壳、手提包等等。

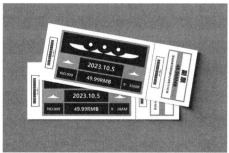

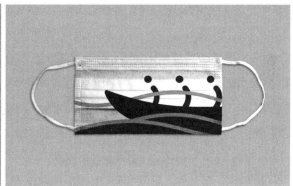

5　结语

本文以亚运会为契机，对温州的龙舟品牌进行定位分析，整合和联动各方面资源，打造属于温州的龙舟文化品牌，弘扬温州龙舟历史文化特色，激发温州龙舟品牌赛事激情，增强温州龙舟品牌的凝聚力和影响力，以此进一步推动温州文化品牌建设，传播温州人精神，向全世界展示温州形象，擦亮"看龙舟、到温州"城市名片。

参考文献

[1] 温慧静.温州龙舟体育赛事品牌培育研究［D］.成都体育学院，2021.

[2] 胡晓明.温州龙舟竞渡的历史与文化研究［J］.西部学刊，2021（08）.

［3］杨盼盼．浙江温州龙舟历史文化与传承研究［D］．杭州师范大学，2016.

［4］董淳伟．亚运会背景下温州龙舟竞渡数字化传承与发展［J］．体育视野，2022（22）.

［5］曹雨婕．基于地域文化的城市品牌塑造与传播——以江苏徐州为例［J］．公关世界，2022（19）.

［6］任文杰，司马伊莎．亚运会下绍兴城市品牌形象的传播策略探究［J］．新闻传播，2023（04）.

龙舟竞渡精神与高校校园文化构建研究

翟翠丽[1]　段全伟[2]　张盈迎[3]

（1.2.3. 北京体育大学中国武术学院，北京 100084；

1. 南宁职业技术学院人文教育学院，广西南宁 530008）

【摘要】校园文化在各种文化中意义非凡，属于一种十分独特的文化，随着各项体育竞赛在学校的开展，驱动着校园文化的稳步推进。龙舟竞渡进入学校，意味着一种新型校园体育文化成功地在高校中建立。本文通过分析高校龙舟竞渡的开展，探索龙舟竞渡精神对大学生产生的积极作用与价值，阐述龙舟竞渡的内涵、龙舟竞渡精神在高校校园文化构建中的影响及推动作用，并对构建积极的校园龙舟文化，推动高校校园体育文化建设的发展提出了具体的做法和相关的建议。

【关键词】龙舟竞渡精神；校园文化；构建；影响

基金项目：教育部人文社会科学青年基金项目："一带一路"背景下广西体育非遗的保护与传承——以宾阳炮龙节为个案（17YJC890043）、广西十四五规划重点课题：广西边境地区民族传统体育教育推进路径及实施策略研究（2023B152）。

第一作者简介：翟翠丽（1985—），女，安徽亳州人，北京体育大学在读博士研究生，副教授，硕士研究生导师，上海体育学院高级访问学者，研究方向：民族传统体育学，邮箱：948514344@ qq.com

1 前言

高校校园文化对社会主义先进文化建设具有深远的影响，而高校校园体育文化对丰富繁荣校园文化具有重要作用。龙舟运动文化具有很强的教育功能，龙舟竞渡作为中华民族传统项目，以其独特的魅力获得了全国乃至世界人民的喜爱。它融合了文化、体育、活动等各方面的内容，在宣扬爱国主义精神、挖掘人文历史文化、烘托节日气息、改善大众生活、协助全民养生、促进友谊与提升团队精神、呈现提升身体素质与竞争能力等领域拥有巨大的推动效果。[1] 大学生是高校校园的主体，是党和国家的栋梁之才，处于社会转型时期的大学生，要着重加强集体主义观念、增强爱国主义精神教育，让大学生在中华民族传统文化的熏陶中，培养成高素质的复合型人才。

2 龙舟竞渡的起源与发展

2.1 龙舟竞渡的起源

从历史上看，龙舟竞渡便有各种称呼，其中包括赛龙舟、龙船比赛等。最早的龙舟竞渡发生在端午节期间，由于水乡水系发达，人们划着船去走亲戚，途中也会遇到其他人划船，相互之间比赛谁划船的速度快。经过相袭，最终形成了集健身、娱乐、竞技于一体的一项水上群众性民俗体育活动。[2] 龙舟竞渡充分表现了民族拼搏的意识、民族强大的凝聚力、自强不息的战斗精神以及娱乐、教育等功能，自产生之日起，一直深受广大人民群众的喜爱。

按照人类发展的历史进程而言，当早期的某种生产生活用具，转化为人类生活中某一文化活动媒介时，必然伴随着人们的某种信仰或习俗嵌入。作为早期人类直接生活与生产用具的舟船，逐渐向一种水上竞渡的文化形式转化时，也同样把早期人们的文化信仰与习俗融入其中。这样一来，关于舟船竞渡的起源，就有了不同形式的民间传说。

有的专家学者认为龙舟竞渡起源于祛病驱瘟，有的认为祈求丰收，有的认为是图腾崇拜，然而更多的学者认为是纪念英雄人物。这一说法在古代南方各地都有着自己的传说，如在吴地是为纪念被吴王夫差冤死的伍子胥，后来更成为东吴地区的一种竞渡习俗；在越地是为了纪念越王勾践，通过竞渡以昭彰他坚韧不拔的复仇精神；在楚地则是为了纪念爱国主义诗人屈原，这种说法也是流传最广而被人们所普遍认可的一种说法。[3]

当然，上述传说仅仅是人们将自己信仰或祈愿注入舟船竞渡中的一种寄托，而且上述传说多出现在魏晋以后。实际上，早期舟船竞技的出现，是南方水域地区舟船发展到一定阶段的产物。善于操舟的南方民族，水上交通运输或捕鱼获取生活资料之余，很自然地就产生了通过自己使用的生产工具进行游戏、娱乐一番的愿望。久而久之，以舟船竞技为目的的所谓水上活动，就成为他们的一种"业余"演习形式。

早在西晋周处所著记述地方风俗的名著《风土记》中，有一段这样的记载："仲夏端午，烹鹜角黍……踏百草、竞渡。"[4] 稍晚于周处的南朝梁宗懔，在其《荆楚岁时记》中，也有魏晋时期盛行"五月五日竞渡"的记载。[5] 也就是说，依据目前所知资料，中国传统的水上竞舟活动在不晚于距今 1700 年前的魏晋南北朝时期，已经被正式命名为"竞渡"了。

2.2　龙舟竞渡在高校的发展

龙舟竞渡属于百姓特别热衷的一种体育比赛，在体育和教育部门的积极宣传下，在我国各大高校获得了迅猛发展。从 20 世纪 90 年代起，大部分大学龙舟队不断参与相关区域的龙舟比赛，截止到目前，大学生龙舟组织的建立，使得国际大学生龙舟邀请赛等许多为大学生而开展的比赛项目纷纷设立。例如，2006 年由国家体育总局社体中心、中国大学生体育协会等单位携手举办的中国天津"塘沽杯"国际大学生龙舟邀请赛中就有许多国际上享誉盛名的大学龙舟队参与，通过比赛强化了不同国家间的文化互动，协助我国高校龙舟运动的开发。龙舟竞渡虽然出自南方，然而北方也有龙舟运动发展较好的高校，比如聊城大学、淮海工学院等。

现阶段在国内，有大部分高校都建立了优秀的龙舟训练队，比如，广西民族大学、东北电力等；还有大部分高校都设置了龙舟选修课，变更了过去的学校体育项目的课程安排，提升了大学生参加龙舟运动的主动性，另外也让大学生更好地认知龙舟运动这一项目。例如，武汉体育学院拥有户外水上训练中心，龙舟运动也成为体育项目的选修课，包括理论与实践两个领域，使学生在学习运动技术的基础上还可以了解传统龙舟运动的文化含义。

又如，上海第二工业大学在校园中建立了龙舟码头，开展龙舟文化类活动。在活动中，该校还召开了龙舟队标征集活动，教师和学生携手参加设计，累计采集的作品超一百件，并设置了相应的奖项；开展了龙舟文化类比赛活动，有超一百位学生主动参与，并设置了相应的奖项；举办了龙舟文化知识展览，有400多名学生到场参观与学习交流；举行了龙舟下水仪式活动，有700多名学生参与，在仪式上分别为获奖同学颁奖。学校充分考虑到如何将体育竞技与传统教育结合起来，形成一种融单一的体育竞技活动与优良的民族传统内容为一体的文化活动，教育、丰富学生的校园文化生活。再如，上海海事大学每年举办一次相关学院间的龙舟竞赛，竞赛阶段校园中的节日气息特别浓郁。

事实证明，将体育活动和民族传统文化、学校精神相互融合更能展现出学生的体育激情、爱国情怀与团队精神。

3 龙舟竞渡与校园文化相关概念的界定

3.1 龙舟竞渡和龙舟竞渡精神

龙舟竞渡作为一项中国传统的民俗体育活动，龙舟竞渡又称龙舟运动，起源于中国，距今已有两千年的悠久历史，具有浓厚的群众基础。龙舟竞渡是一项集众多划手依靠单片桨叶的划桨作为推进方式，运用肌肉力量向后划水，推进舟船前进的运动。[6] 龙舟竞渡为何在历史上能持续获得百姓的青睐与认可，是由于其自身拥有显著的民族优势和运动意义，拥有多元的文化含义和巨大的精神助力。[7] 龙舟竞渡精神是龙舟文化的精髓，它所体现的不仅是统一指挥、步调一致协作精神，还有团结一心、奋勇争先的开拓精神，坚忍不拔、顽强奋斗的拼搏精神，克服困难、敢闯敢超的大无畏精神。这种服从、团结、拼搏、合作、进取的"龙舟精神"不正是代表和孕育着中华民族在中国共产党的领导下，带领全国人民共同怀着美好的憧憬，共同走向繁荣、富强！

3.2　校园文化

"校园文化"定义是由美国人华勒（W·Waller）开创的，他于20世纪30年代发表的《教育社会学》中，将其归纳为"学校中建立的具体文化"。直到20世纪80年代，我国大陆学者开始对"校园文化"进行研究。1986年，在上海交大举办的第12届学代会正式给出了"校园文化"定义，校园文化属于社会文化中不可或缺的内容，还是学校教育的主要构成要素，是学校中建立的与众不同的文化环境与精神内涵。通过厚重的学校传统、蓬勃向上的校园精神激励人，丰富多彩的校园文化教育人，给学生潜移默化而深刻的影响，在这种精神氛围中，不断陶冶学生的情操、启迪学生的心智，促进学生的全面发展。

4　龙舟竞渡精神在高校校园文化构建中的作用

4.1　丰富和发展了高校校园文化的内涵，呈现校园文化的多样性

优良的、稳定的、乐观的校园文化环境与文化气氛能协助大学生的身体素质获得提升，能协助校园文化更好地开展精神文明建设。龙舟文化身为体育文化平台中的构成内容，不但拥有体育文化的一般特点，还拥有其自身与众不同的特点。不论是行为文化，还是精神文化，都促进校园文化在持续发展与升级中建立多等级、丰富的综合体。龙舟竞渡所具有的观赏性、娱乐性、竞技性、大众性迎合了大学生发展的需要，有利于激发大学生身体和心灵的碰撞，有利于激发大学生亲自参与活动的欲望。龙舟文化为和谐校园文化建立的主要构成内容，主动强化龙舟文化建设，能协助建立校园文化的精神文化环境、提升学生的整体素养，进而使校园文化含义变得更为丰富，并使高校校园文化形式也变得更为丰富。

4.2　有利于培养学生听从指挥、协调一致的自觉意识

龙舟竞渡是一项集体参与的运动项目，划龙舟时，全体运动员必须在

鼓手的指挥与舵手的呐喊下按统一的节奏完成技术动作，要想取得胜利与成功，最重要的是全体运动员必须听从鼓手与舵手的指挥，队员之间相互配合、相互协作使分散的力量化整为一，形成巨大的推动力，最终取得比赛的胜利。处于转型时期的大学生们，处于成熟与半成熟状态，思想比较前卫、往往个人主义比较强，忽略他人感受，集体主义意识比较淡薄，与他人团结与协作的能力薄弱。而龙舟竞渡精神的意义即追求集体主义，这是我国优良传统美德的典型证明。在高校开展与弘扬龙舟竞渡精神的内涵，有利于培养大学生协调群体关系、教化他们形成服从、团结、协作以及同同舟共济的集体意识。

4.3　有利于培养大学生不屈不挠、奋勇争先的创新精神

"宁愿荒废一年田，不愿输掉一年船"。[8] 这句话充分表现出龙舟竞渡的团结、拼搏、奋勇争先的精神。最值得称赞的在龙舟竞渡的比赛中，在舵手和鼓手的呐喊下，可以使众多桨整齐划一，形成巨大的推动力，这是何等的壮观，配合是多么的默契和协调。毫无疑问，这一切都是运动员们同心协力、同舟共济、奋勇争先的结果，承载着一种团结合作、奋勇拼搏向上的精神风貌。龙舟运动的这种精神在很多学校都得以传承和发展。在吉林北华大学里流传了这样一句话："你能划得了龙舟、在今后人生的旅途中就没有克服不了的困难"。在广西民族大学里也流传着一句话："龙舟竞渡，没有第二，只有第一，第二就意味着失败。"正是凭借龙舟文化的这种精神，不仅对参赛者本身还是在校的大学生，无形之中激发他们的参训激情，激励着他们克服困难的勇气。校园的核心使命在于教育，龙舟文化所传承的积极向上、奋勇、拼搏进取的龙舟精神，渗透到高校的学风、校风之中，融入到高校独特的教育氛围里，将使参与的学生真正体验到龙舟比赛中的团队精神与文化思想，不知不觉地对学生人格的建立带来更大的影响。[9] 培养大学生们激流勇进、奋力拼搏、勇攀高峰的思想意识。

4.4　有利于塑造学校形象、建设具有浓厚民族文化特色的一流大学

高校校园龙舟竞赛的积极践行，得益于天津国际大学生龙舟邀请赛与

中国大学生体育协会赛艇与龙舟分会的设立，大学生龙舟队参加大型的龙舟竞技赛事，不仅表现出当今龙舟竞技的水平，更展现出一种积极向上勇于拼搏的精神风貌和办学特色。同时是一所学校对外宣传的窗口，反映一所学校的综合办学水平和精神文明建设的程度。例如，广西民族大学龙舟队自成立以来，多次代表广西民族大学甚至是代表广西参加国内国际甚至是世界大学生龙舟赛事，均取得优秀的运动成绩并多次夺得冠军。广西民族大学龙舟队通过多次参加大型龙舟赛事，让更多的国家和地区认识了广西民族大学，了解广西民族大学，提高了广西民族大学在国内国际的影响力和知名度。

5　利用龙舟文化的精神构建校园文化建设的具体做法

高校校园文化也是中国特色社会主义先进文化中的内容之一，应坚守以社会主义先进文化的含义为理论前提，为和谐校园建设提供优良的发展环境，培育综合能力强的人才，为其提供强大的文化内涵与精神动力。处于转型时期的中国大学生，由于受到西方强势文化的冲击，人生观、世界观和价值观的形成极易受到所处环境的影响，在这种境况下，应该加以正确的引导，充实和丰富他们的课余生活。龙舟文化是中华民族传统文化的一颗明珠，作为校园文化建设的一部分，也是校园文化建设的助推器，那么，如何利用龙舟文化的丰富内涵，发扬龙舟竞渡的精神，熏陶和感染大学生，构建和谐的高校校园文化呢。

5.1　传承和发扬龙舟竞渡文化内涵，加强和培育大学生的爱国主义思想

龙舟竞渡起源于纪念伟大的爱国诗人屈原，《随书·地理志》有提："屈原以五月望日赴汨罗，习以相传为竞渡之戏，其迅楫齐弛，樵歌乱响，喧振水陆，观者如云。"由于龙舟竞渡的持续弘扬和发展，龙舟文化渐渐成为以纪念屈原这一爱国人物的典型民间文化活动。龙舟竞渡所折射出来的爱国之心、威武不能屈的坚强意志、团结奋斗、不屈不挠的顽强精神维系中国人民的精神纽带和支撑中华民族生存、发展的精神支柱，也是大学发展的宝贵精神财富。[10] 当代大学生肩负着祖国建设的未来和希望，在高

校开展龙舟竞渡，传承龙舟竞渡精神，宣扬屈原眷顾君国的精神，让更多的大学生了解中华民族的优秀传统文化，激发大学生爱国热情。比如：高校可以在端午期间，举行各个学科各个年级的学生进行简单的传统赛龙舟、包粽子、趣味问答游戏等仪式教育，并采取奖励措施，激发大学生参与的兴趣和积极性，扩展视野，振奋民族精神。

5.2 传承和发扬龙舟文化的"和谐"精神，共创校园"和谐"氛围

龙舟竞渡属于一项多位队员参加的体育运动种类，要求团队中的所有运动员主动参与。那么，龙舟竞渡精神所展现出巨大的集体凝聚力和向心力，是怎么完成的呢？这就需要运动员与运动员、与教练员、与领队、与社会之间达到一种和谐。社会对教育人员给出的责任为：社会主义教育旨在在个人与社会的相互协调中掌握身心的协调发展与心智的协调发展。[11] 而党的十七大报告提出："社会环境的有序化是中国社会最根本的追求之一，全面建成社会主义和谐社会为中国特色社会主义事业应长时间坚守的一个目标。"高校是社会有机体的重要组成部分，校园文化构建是否和谐直接影响社会和谐的发展程度。目前独生子女越来越多，很少有大学生愿意吃苦训练，个人主义比较强，无论是生理还是心理的耐承受能力比较差。马克思曾说："所有人的自由发展最终都会促使其更好地发展起来。"如果每个人都能够积极提升自身的文化素质与修养，提高自身的耐承受能力，又何必担心整个校园文化、大到每个民族甚至每个国家的不和谐呢？而龙舟竞渡所展现出的包容性、团结性、娱乐性和竞技性可以使学生在身心方面得到锻炼。提高大学生综合素质的同时，促进了师生和学生之间的和睦相处，对构建和谐的校园文化甚至整个民族和国家起着重要的作用。

5.3 传承和发扬龙舟竞渡"奋力进取"精神，推动校园学子创新争优的发展动力

龙舟竞渡中的"竞渡"就充分体现出中华民族奋斗不息、奋勇向上的优秀品质。伴随着起航的号令、热闹欢快的锣鼓声，无论是竞渡者本身还是岸上的观众都无比亢奋。特别是最后的冲刺阶段，急促而有节奏的鼓

声，把大家的兴奋带到了高潮，夺得冠军的船，可以得到更多观众的认可和赞许，还可以得到更高奖励与荣誉。这种昂扬斗志、奋力拼搏的精神品质不正是现在学子应该要具有的优秀品质吗？据史料记载，元稹在《竞渡》中提到："其次有龙竞，竞渡龙之门。向来同竞辈，岂料有我存。壮哉龙竞渡，一竞身独尊。"由史料可知，古代人便用龙舟竞渡的"奋勇、奋进、争先"的不息精神激励学子们奋发图强，百折不挠的优秀品质。这种精神不仅体现了中华子孙奋发图强、昂扬斗志的精神面貌、更是中华民族基本精神的体现。

处于 21 世纪的大学生，面临着挑战与机遇共存的关键时期，社会的发展、就业的压力、人与人之间的相处之道，都要求着当代的大学生在竞争中求得生存与发展。有位伟人说过"创新是一切国家的灵魂"。同样，校园的发展与兴旺离不了学子们的文化知识的创新，学子们利用"龙舟竞渡"的精神内涵在文化求新的过程中也推动了校园文化构建的创新发展。大的方面来说，一个国家要在当今越来越激烈的全球化背景下求得生存与发展，实现中华民族伟大的复兴与昌盛，就要充分发扬"龙舟竞渡"的奋力进取、永不言败的不服输的进取精神，继承并发展、传播"龙舟竞渡"的这种精神，将鼓舞、激励包括大学生在内的每一位中国人，最终实现利用"龙舟竞渡"的精神内涵推动校园文化与国家共同创新的良好局面。

6 结论与建议

6.1 结论

6.1.1 龙舟竞渡精神也是龙舟文化精神，是在锣鼓的敲击下，队员们为了争取胜利，所展现出的一种勇往直前、奋勇争先的开拓精神；一种坚忍不拔、顽强奋斗的拼搏精神；一种团结一心、步调一致的协作精神；一种克服困难、敢闯敢超的大无畏精神。

6.1.2 龙舟竞渡精神在高校校园文化建设中发挥着巨大的作用。丰富了高校校园文化的含义，还使学校的形象获得了提升，同时还为学校影响力的提升奠定了基础。

6.1.3　利用龙舟竞渡精神，加强和培育高校大学生的爱国主义思想，传承"和谐"精神、"奋力进取"精神，创建和谐的校园文化氛围，推动学子创新争优。

6.2　建议

6.2.1　高校应该重视龙舟文化的教育功能，为传承龙舟文化，推动龙舟运动在校园的发展，创造更好的氛围，推出更好的工作机制，提供更多的经费支持，并在校园内大力宣传龙舟队员"团结协作、吃苦耐劳、顽强拼搏、激流勇进"的龙舟竞渡精神。

6.2.2　不管在哪个阶段，均应铭记龙舟竞渡精神的真正含义，以此警示、教育后人要继承和弘扬龙舟竞渡的爱国主义思想、惩恶扬善以及自强进取的民族精神。

参考文献

［1］姚可军.中国"龙舟现象"的社会学分析［J］.体育科技文献通报，2006（07）：44+60.

［2］胡娟，王凯珍.从民俗到体育：龙舟竞渡的缘起及现代转型［J］.体育文化导刊，2007（02）：18—20.

［3］崔乐泉.中国古代的龙舟竞渡［J］.江汉考古，1990（02）：93.

［4］［唐］李匡义.资暇集：卷中［Z］.文渊阁四库全书电子版.

［5］［南朝梁］宗懔.荆楚岁时记［Z］.文渊阁四库全书电子版.

［6］范纯.伍广津.刘靖南，民族传统体育学［M］.桂林：广西师范大学出版社，2007（06）.

［7］赵源伟.龙狮和龙舟［M］.北京：中国社会出版社，2008（05）.

［8］http://www.66163.com/FuJian-w/news/fjrb/sitel/rbdzb/2008-10/29/content-1464259.

［9］伍广津，秦德增.龙舟文化的内涵及其当代价值［J］.黑龙江民族丛刊，2010（06）：141—144.

［10］蔡劲松，大学文化理论构建与系统设计［M］.北京：文化艺术出版社，2009（04）.

［11］朱小翠.和谐校园文化构建初探［J］.中国科技信息，2005（03）：174—175.

龙舟运动市场化发展研究

李鹏程　　许贵泉

（安庆师范大学，安徽安庆 246011）

【摘要】 运用文献资料等方法，探究龙舟运动市场化的发展历程，以及市场化为龙舟运动发展所带来的双重影响，并提出龙舟运动市场化的发展路径，从而促进龙舟运动的多元化发展，深入挖掘龙舟运动的市场价值，使其走向可持续发展的道路，同时为民族传统体育产业的市场开发借鉴经验。龙舟运动是我国本土化的一项传统体育活动，历史悠久，具有浓厚的文化底蕴和巨大的经济价值，在顺应自然、保护自然的基础上应合理的市场化开发利用，以促进龙舟运动的传承与发展。将从初始阶段（1976—1994 年）、发展阶段（1995—2019 年）、蛰伏阶段（2020—2022 年）和勃发阶段（2023 年及以后）总结龙舟运动市场化的发展历程。市场化对龙舟运动的双重影响，包括竞技水平提升、经济效益提升、影响力提升的积极影响和过度商业化、过度竞技化、追求短期效益的消极影响。从而提出龙舟运动市场化的发展路径：以乡村振兴为契机，促进龙舟运动的传承与发展；以赛事品牌为吸引力，增加龙舟运动的市场宣传与推广；以体旅融合为依据，推动龙舟运动与旅游的深度融合；以拓展研学为开展形式，促进龙舟运动多元化发展；以高校传承为突破口，培养龙舟市场发展所需人才；以凸显文化内涵为核心，走可持续发展道路；以完善龙舟市场为准则，加强媒体宣传，提高大众参与度；以打造多元化主体基地为基础，使政府、社会与个体共建共享。

【关键词】龙舟运动；市场化；发展历程；发展路径

基金项目：安徽省高校人文重点项目，龙舟文化的历史解读与现代建构（SK2019A0353）

作者简介：李鹏程（1998—），山东单县人，安庆师范大学在读硕士研究生，邮箱：1615826123@qq.com，主要研究方向：体育教学。

1　前言

中华民族拥有上下五千多年的悠久历史与灿烂文化，而龙舟文化是中华传统文化重要的组成部分。龙舟运动是围绕着"龙"产生的众多文化现象之一，古代称之为"龙舟竞渡"，是一项具有浓厚的传统文化色彩的群体性传统体育项目。在知网上查找并阅读龙舟运动的相关文献，发现龙舟运动的研究多聚焦于龙舟运动的起源，文化，历史，功能价值，比赛与训练，产业开发，课程教学，传播与传承，保护与发展等方面，而龙舟运动发展路径的研究集中在地域化发展、校园化发展、竞技化发展、市场化发展和全球化发展，其中市场化发展主要以龙舟赛事市场与龙舟旅游市场研究为主，对龙舟运动所含有的潜在价值未能充分的挖掘，龙舟运动的市场开发尚不完善。众多学者对龙舟起源的看法大致分为周穆王乘舟说（《穆天子传》）、宗教祭祀说（闻一多《端午考》）和英雄崇拜说（屈原、伍子胥、介子推、曹娥等）三类。龙舟运动传承至今，经历了不同发展阶段，从兴起到盛行，从空前到衰落，从恢复到新发展，可谓是生命力十分顽强，象征着中华人民勤劳勇敢、拼搏奋斗、自强不息的伟大民族精神，对于构建社会主义和谐社会、培养爱国主义情怀具有重要作用。《"十四五"体育发展规划》中指出要开展龙舟等传统体育项目文化特质研究，加强开发利用与活态传承，推动优秀传统体育文化创造性转化、创新性发展[1]。因此，随着经济的快速发展与体育市场的不断优化，有必要进一步对龙舟运动市场化发展进行研究。龙舟运动市场化的过程是一个推广、发展的过程，整合各种资源，从而达到创新和创造。龙舟运动市场化发展更是"以人民为中心"，以更好地适应现代社会发展为目标，走进人民群众的日常生活，使其得到更好的传承与发展，满足人民群众对于体育运动的多元化需求。

2 龙舟运动市场化发展历程

2.1 初始阶段（1976—1994 年）

1976 年 6 月，香港旅游局主办了第一届香港国际龙舟邀请赛，揭开了我国龙舟运动市场化发展的开端。1978 年，十一届三中全会的召开，我国进入改革开放时期，倡导"加强领导，积极提倡改革，稳步发展"的民族体育方针[2]。1984 年 9 月在广东佛山举行了全国首届屈原杯龙舟赛，2004 年更名为屈原杯全国龙舟锦标赛。1985 年中国龙舟协会成立，于 1988 年出版了《龙舟竞赛规则》和《龙舟竞赛裁判法》，使龙舟运动得到规范化的发展。1991 年，国际龙舟联合会正式成立，同年龙舟运被列为全国少数民族传统体育运动会的正式比赛项目。1992 年，亚洲龙舟联合会在中国北京成立。1993 年 6 月，我国第一届体育产业工作会议一致通过体育将以产业化为方向，面向市场，加快体育市场培养[3]。1994 年 7 月在广东汕头举办了首届亚洲龙舟赛。随着龙舟赛事的规范与丰富，龙舟市场也渐渐的显露雏形。

2.2 发展阶段（1995—2019 年）

1995 年，国际体育委员会颁布的《体育产业发展纲要（1995—2010 年）》中进一步明确了体育发展要走"产业化、社会化的道路"[4]，这个纲要促进了体育赛事市场的崛起和发展。1995 年 6 月第一届世界龙舟锦标赛在岳阳市南湖举行。1997 年，党的十五大确立了建设社会主义市场经济的行动纲领，体育事业由单独的体育部门走向了市场。2002 年，龙舟运动正式成为了全国体育大会的比赛项目，龙舟比赛项目加入到国家综合性运动会中[5]。2005 年，中国龙舟协会主办了首届龙舟月活动。2006 至 2014 年，龙舟被列入国家非物质文化遗产名录（如表 1 所示），推动龙舟运动的普及与发展，拓展龙舟运动市场化的发展空间和效益。2010 年龙舟竞赛首次成为亚运会正式比赛项目。中国龙舟公开赛和中华龙舟大赛皆自 2011 年创办，2012 年中央电视台体育频道首次对中华龙舟大赛进行全程直播，这是我国龙舟运动市场化的一个里程碑。2017 年，龙舟赛首次被列为全运会群众比赛项目。到 2019 年为止，龙舟市场化一直都处于发展阶段，每年都会举办诸多龙舟比赛（如表 2 所示）。龙舟赛事与龙舟市场的发展紧密相连，随着赛事的发展，龙舟运动市场也越做越大，有些地域做出龙舟赛事品牌，相关龙舟产业也逐渐发展起来。

表 1　国家级龙舟非物质文化遗产名录

名称	类别	类型	时间	申报地区	单位
龙舟说唱	曲艺	新增项目	2006 年（第一批）	广东省佛山市顺德区	佛山市顺德区杏坛镇文化站
龙舟制作技艺	传统技艺	新增项目	2008 年（第二批）	广东省东莞市	东莞市中堂镇文化广播电视服务中心
苗族独木龙舟节	民俗	新增项目	2008 年（第二批）	贵州省台江县	台江县非物质文化遗产保护中心
端午节五常龙舟胜会	民俗	扩展项目	2008 年（第二批）	浙江省杭州市余杭区	杭州市余杭区非物质文化遗产保护中心
端午节蒋村龙舟胜会	民俗	扩展项目	2011 年（第三批）	浙江省杭州市西湖区	杭州市西湖区蒋村龙舟协会
端午节大澳龙舟涌	民俗	扩展项目	2011 年（第三批）	香港特别行政区	香港大澳传统龙舟协会
端午节泽林旱龙舟	民俗	扩展项目	2014 年（第四批）	湖北省鄂州市	鄂州市群众艺术馆
赛龙舟	传统体育、游艺与杂技	新增项目	2011 年（第三批）	湖南省沅陵县	沅陵县文化馆

续表

名称	类别	类型	时间	申报地区	单位
赛龙舟	传统体育、游艺与杂技	新增项目	2011年（第三批）	广东省东莞市	东莞市万江区文化服务中心
赛龙舟	传统体育、游艺与杂技	新增项目	2011年（第三批）	贵州省铜仁市	铜仁市碧江区体育事业发展中心
赛龙舟	传统体育、游艺与杂技	新增项目	2011年（第三批）	贵州省镇远县	镇远县非物质文化遗产保护中心

表2　我国著名龙舟赛一览表

龙舟赛	赛事名称
国际性	广州国际龙舟邀请赛；澳门国际龙舟赛；香港国际龙舟邀请赛；国际青年龙舟邀请赛；世界华人龙舟赛；武汉国际龙舟邀请赛；世界华人龙舟赛等
全国性	中国龙舟公开赛；中华龙舟大赛；"屈原杯"全国龙舟锦标赛；海峡两岸龙舟邀请赛；中国大学生龙舟锦标赛；全国传统龙舟大赛；"九龙杯"全国龙舟赛；中华轩辕龙舟大赛等
地方性	湖北省龙舟大赛；岳阳汨罗江龙舟节；上海市苏州河城市龙舟赛；浙江宁波东钱湖龙舟邀请赛；"嘉庆杯"龙舟邀请赛；苏州金鸡湖龙舟赛；延庆龙舟赛；集美龙舟赛；苗族的独木龙舟赛等
综合性运动会	中华人民共和国全国运动会；亚洲运动会；全国少数民族运动会；全国水上运动会；全国农民运动会；全国体育大会

2.3　蛰伏阶段（2020—2022年）

新冠肺炎疫情期间，龙舟运动的市场化发展受到了严重影响。一方面，疫情的爆发使得龙舟赛事和龙舟俱乐部的经营受到了很大的冲击，许多赛事和俱乐部因为疫情的限制无法正常运营，导致运动产业的营收受到了较大的影响。在健康卫生意识的影响下，越来越多的人开始关注运动对身体健康的益处，龙舟运动作为一项全身性的运动项目，受到了更多人的青睐。2021 年 8 月 3 日，受东京奥组委邀请，中国皮划艇协会派出中国龙舟，在海之森水上竞技场进行展示，中国龙舟传遍世界。随着疫情的不断弱化，国家也逐渐开始放开，龙舟运动慢慢重新开展起来，龙舟市场也渐渐开始复苏。

2.4 勃发阶段（2023 年及以后）

三年的防疫经历，使人们对于健康与生活方式有了更深入的认识，更加注重自己的身心健康，更加关注环境与生活的品质。随着疫情的放开，龙舟赛事逐渐恢复开展，2023 年中国龙舟公开赛将定于 4 月至 11 月举办，共分为分站赛和总决赛两个阶段，总决赛将在福建南平市进行。澳门特区政府体育局、中国澳门龙舟总会等单位联合主办的 "2023 澳门国际龙舟赛"，将在南湾湖水上活动中心举行。在中共中央、国务院印发《扩大内需战略规划纲要（2022—2035 年）》[6] 和《中共中央、国务院关于做好2023 年全面推进乡村振兴重点工作的意见》[7] 中，提出要扩大文化与旅游以及群众体育消费，完善现代文化产业体系和文化市场体系，发展乡村文化体育与旅游休闲等生活服务，实施乡村休闲旅游精品工程，深化农村群众性精神文明创建。这些政策文件的颁布，为龙舟运动市场化的发展指明了方向，使其围绕 "以人民群众为中心" 的主题，发展群众体育，丰富群众精神文化生活，完善龙舟的多样化市场。程大力[8] 和张作斌[9] 等学者，认为龙舟运动更容易被奥林匹克运动所接受。随着龙舟运动的不断普及与发展，在不久的将来势必会被列入奥运会，同时为龙舟运动的市场化发展迎来辉煌时刻。

3 市场化对龙舟运动发展的双重影响

3.1 市场化对龙舟运动发展的积极影响

3.1.1 市场化促进竞技水平的提升

市场化可以促进龙舟运动竞技水平的提升。首先，可以提高赛事的组织水平和赛道条件，市场化运营推动龙舟赛事的专业化、规范化和创新性，促进赛事组织水平的提升，同时也会提升赛道条件，创造更好的比赛环境。其次，可以改善赛事的奖金和待遇，市场化运营可以推动龙舟赛事的商业化发展，吸引更多的赞助商和投资者加入，提高比赛的奖金和待遇，从而激发选手们更大的比赛热情。再者，可以加强赛事的科技支持和数据分析，市场化运营可以通过技术手段，提高赛事的竞赛性和趣味性，动态跟踪选手的表现和数据，为选手和教练提供更好的技战术分析和训练指导。最后，市场化运营可以推动龙舟竞技水平的不断提升，促使赛事更加精彩、专业、规范，让更多的人能够感受到龙舟文化的魅力。

3.1.2 市场化促进经济效益的提升

市场化可以促进龙舟运动经济效益的提升。首先，通过市场化运作，能够更好地调节龙舟赛事供需关系，以及各项赛事资源的分配，龙舟企业可以根据市场需求，量身定制针对不同龙舟赛事的产品和服务，不断提升自身核心竞争力。其次，通过市场化营销策略，能够更好地拓展龙舟赛事的品牌，提升龙舟文化的传播度，将其与品牌较强的企业进行合作，也能够提供更加完善的赛事服务和体验，吸引更多参与者和观众。再者，通过市场化运作，可以形成更加完善和规范的赛事组织管理体系，提升赛事的公信力和组织水平，为龙舟运动产业的长期发展奠定更加坚实的基础。最后，通过市场化创建龙舟运动生态圈，将龙舟产业的上下游企业、龙舟爱好者以及广大观众等产业链衔接起来，协同推进龙舟运动的发展，由此打造龙舟产业的新动力，推进龙舟经济效益的全面提升。

3.1.3 市场化促进龙舟运动影响力的提升

市场化可以促进龙舟运动影响力的提升。首先，市场化对龙舟运动进行了有效的推广和宣传，提高大众对龙舟运动的认知度和理解，提升中国本土体育在世界各地的知名度。其次，市场化可以增强赛事的吸引力和知名度，通过赛事品牌包装、营销推广等手段，增强赛事的吸引力和知名度，吸引更多人群参与，吸引更多的商家和赛事赞助商。再者，市场化可以优化比赛体验，提高服务质量，丰富周边活动和增加参与者互动环节等方式来增加比赛的趣味性和互动性，提高参与者和观众的满意度。然后，市场化有利于发展龙舟文化产业，进行文化旅游、文化产品开发等活动，扩大龙舟文化在社会上的影响力。最后，市场化可以加强国际化推广，与其他国家、地区的文化进行交流与合作，提高龙舟国际影响力。

3.2 市场化对龙舟运动发展的消极影响

3.2.1 过度商业化

随着中国经济的快速发展，体育产业已成为国家经济社会发展的重要组成部分，作为中国传统体育项目之一，龙舟运动也受到了越来越多的关注。然而，随着市场化的推进，龙舟运动逐渐向商业化发展，给运动造成了不利影响。首先，过度商业化导致龙舟运动的纯粹性受到了破坏，使广告牌、商业标语以及商家的宣传活动过多，降低比赛的观赏性，导致比赛成果不再以队伍的水平和运动员的实力为主，失去竞赛的公平性。其次，过度商业化也增加了运动员参与龙舟运动的压力，龙舟队或运动员为获取商家赞助，将放弃底气和个人的真正能量，参与商家、赞助商工作和营销活动，以获得更多赞助。最后，过度商业化极大地削弱了龙舟比赛的意义，最终获胜者而是商家的营销创意，竞赛中不再是运动员实力为主，而是市场营销的胜负之争，使比赛失去了它本身的含义。

3.2.2 过度竞技化

市场化发展使我国本土化的龙舟运动项目出现了过度竞技化的现象。市场化发展导致龙舟运动背离传统文化精神、不利身心健康、经济压力过重以及引发不良行为等一系列的消极影响，从而致使龙舟运动脱离人民群众。首先，过度竞技化导致龙舟变成职业比赛，脱离群众，强调胜利和个人荣誉，违背了传统文化精神。其次，过度竞技化的龙舟运动注重速度、力量和技巧，导致运动员过度训练、高强度比赛，容易造成身心疲惫、运动损伤和职业病等问题。再者，过度竞技化的龙舟运动需要大量的资金和资源支持，运动员需要支付巨额的训练费用、装备费用等，而且为了追求更好的成绩，对运动员造成了经济上的巨大压力。最后，过度竞技化的龙舟运动会引发一些不良行为，例如使用兴奋剂、暴力竞争等，容易伤害他人和自己，破坏运动员之间的团队合作和友谊。

3.2.3 追求短期效益

随着龙舟市场化的发展，龙舟运动不再纯粹化，导致人们只顾追求短期效益，长远角度看不利于龙舟运动的健康持续发展。首先，由于商业赞助和电视转播等因素的影响，许多龙舟比赛注重比赛的盈利性，而非龙舟的发展和推广，主办方会通过减少比赛时间、降低运动员技术和安全标准等方式来节约成本，从而追求更高的商业回报。其次，龙舟运动逐渐进入市场化阶段，龙舟比赛只注重效益，运动员也受到商业利益的吸引，导致龙舟比赛规则、赛程等方面的临时性变动，不利于龙舟运动的长期发展。再者，高额的奖金成为龙舟运动员追求短期利益的主要因素之一，市场化使龙舟运动员的追求转向了金钱和名利，导致在龙舟比赛中趋于急功近利，忽视龙舟运动的核心意义和精神内涵。最后，由于赞助商、电视台、媒体等为了推广商业效益，可将龙舟运动局限在商业活动范畴，从而丧失了龙舟文化的内涵和积淀，引起对龙舟运动的过度包装和商品化。

4 龙舟运动市场化的发展路径

4.1 以乡村振兴为契机，促进龙舟运动的传承与发展

乡村振兴，文化先行，传统体育文化是乡村文化建设的精华与底色，是浩浩荡荡的传统文化的重要分支[10]。龙舟运动市场化的发展，以乡村振兴的契机，建设特色龙舟运动项目，促进乡村生态环境建设，带动地域经济发展，丰富当地文化娱乐产业。以《"十四五"体育发展规划》《中共中央、国务院关于实施乡村振兴战略的意见》《中共中央、国务院关于做好2023年全面推进乡村振兴重点工作的意见》等相关政策为依据，发展龙舟运动市场，打造人与自然和谐发展的良好生态环境；建立以龙舟为市场的多元化产业模式，鼓励地方推行商品出售摊位；以龙舟文化为主题，结合社会主义核心价值观，强化农村思想文化阵地；优化龙舟市场环境，打造龙舟产业链，丰富乡村文化体育、旅游休闲等生活服务[11,7]。深入挖掘龙舟运动文化底蕴与经济价值，发展周边产业，比如民宿、农家乐、出租车、私人娱乐场等，以增加居民收入，使龙舟运动得到更好的传承与发

展，拓宽龙舟运动的市场空间。

4.2　以赛事品牌为吸引力，增加龙舟运动的市场宣传与推广

龙舟市场化的发展，可以作为当地赛事品牌进行打造，邀请各方龙舟队参加比赛，以增强龙舟的影响力，吸引更大的客流量，促进市场宣传与推广。随着中国体育产业的快速发展，很多城市开始承办各种各样的体育赛事，以借助体育赛事促进当地经济发展。张惠彬与刘诗蕾提出赛事组织者应充分考虑公众利益，将体育赛事作为一项公共文化产品，发挥体育赛事的社会价值[12]。龙舟赛事品牌的打造，以可持续发展为理念，从以下几个方面进行考虑：首先，要定位目标群体，本地居民或来自其他城市、国家的游客或专业选手或业余爱好者，直接影响赛事的规模、难度和宣传策略；其次，要选择合适场地，应有足够的空间容纳观众和参赛者，考虑安全性和便利性；再者，要设计明确的比赛规则和丰盛的奖励，以确保比赛的公平、公正，吸引更多参赛者；然后，要策划有趣的活动和表演，如舞狮、舞龙、中国民乐演奏等，以增加比赛的趣味性和吸引力；最后，要运用有效的营销策略，利用社交媒体、广告、新闻报道等方式宣传比赛，提升观众的体验感和留存率。

4.3　以体旅融合为依据，推动龙舟运动与旅游的深度融合

龙舟市场化的发展，可以作为体旅融合的特色项目，推动龙舟与旅游的深度融合，同时增加当地的经济收入。民俗体育旅游高质量发展具有促进民族文化交往交流交融，优化民俗体育旅游产业链条，以及促进体育非遗的生态性盘活等价值[13]。近年来，体育与旅游的融合成为热点问题，为龙舟运动带来了新的发展机遇，金媛媛[14] 等认为体育产业中旅游要素不突出，旅游产业中体育元素的融入也不充分。在《国务院办公厅关于进一步激发文化和旅游消费潜力的意见》中提到要不断激发文化和旅游消费潜力，支持非物质文化遗产主题旅游等业态发展[15]。推动龙舟与旅游的深度融合，必须赋予龙舟运动新的时代内涵，以彰显社会主义核心价值观，打造特色文化旅游产品，促进娱乐、网络、工艺等行业进行创新发展，积极拓展文化消费的广度和深度，为人民群众提供更加丰富的体育旅游消费产

品，满足群众的多元化需求。

4.4 以拓展研学为开展形式，促进龙舟运动多元化发展

龙舟市场化发展可以结合户外运动产业，以拓展训练和研学旅行的形式进行开展，促进龙舟运动的多元化发展。拓展训练（Outward Bound）源于西方，原意为一艘小船，在暴风雨来临之际，离开平静的港湾，驶向波涛汹涌的大海，去迎接更大风雨的考验和挑战[16]。研学旅行（研学），广义上是一种将旅游和研究性学习相结合的活动，狭义上是指中小学生群体的研究性学习和旅行体验相结合，集体参加的有组织、有计划、有目的的校外参观体验实践活动[17]。2013 至 2018 年，国务院、教育部、原国家旅游局皆相继颁布了有关研学旅行的政策文件，以促进研学的发展。拓展训练项目的实施过程是"导入—体验—反思—实践—分享"，研学旅行的实施过程是"先行学习—身临其境—讨论总结"，为龙舟运动的拓展项目化实施提供了实施程序。拓展训练和研学旅行的发展为龙舟运动市场化发展开辟了新的路径，丰富了龙舟市场化的开展形式。

4.5 以高校传承为突破口，培养龙舟市场发展所需人才

龙舟市场化发展需要以高校传承为突破口，培养大量的专业技术人员。高校不仅是培养社会精英、造就社会主义现代化建设的接班人，而且还是传播及弘扬优秀文化和民族精神的重要阵地。高校拥有高素质的龙舟运动教练，师资力量雄厚，具有庞大的运动群体，充足的运动场地和器材，为龙舟运动培养大量优秀的龙舟运动员和龙舟教练员，利于龙舟运动的普及与发展。目前，国内有众多高校开展了龙舟运动，成立了龙舟队和大学生龙舟协会，其中南方高校居多，北方高校较少。高校开展龙舟运动，可吸引学生积极主动的参与其中，以强健身心、娱乐休闲，还能增强大学生的民族自信心和自豪感，更加重视和弘扬民族文化，使龙舟运动得到更好的传承与发展。

4.6 以凸显文化内涵为核心，走可持续发展道路

龙舟运动市场化发展应以凸显龙舟文化内涵为核心，使其走可持续发展道路。随着社会的不断发展与进步，龙舟文化也不断地进行创新与升

级。首先，建立可持续发展的龙舟文化体系，延续传统文化，为后代留下健康、绿色的文化环境。赛事组织方可以通过各种形式的保存与传承，如制作龙舟文化图片册、文化背景介绍板，以及关注龙舟文化内涵的宣传报道等，使龙舟文化得到保护与传承。其次，杜绝追求短期利益行为，通过长远的规划，建立可持续发展的龙舟文化产业，主办方与参赛队伍应利用丰富的资源，发展龙舟文化产业，为龙舟市场提供广阔的发展空间。最后，构建多元化的文化形式，龙舟文化体现在竞技赛事中，也体现在服装、音乐和舞蹈等各个领域，举办多元化文化活动，形成正反馈，推动龙舟文化的发展。

4.7　以完善龙舟市场为准则，加强媒体宣传，提高大众参与度

龙舟运动市场化的发展要以完善市场为准则，加强媒体的宣传，提高大众的参与度。完善龙舟市场需要营造良好的龙舟市场氛围，规范市场秩序，建立市场规范标准，规定参与者的资格条件、行为准则等；丰富市场的文化内涵和活动形式，创新龙舟文化，举办龙舟文化展览、文艺晚会等活动；鼓励市民参与龙舟娱乐活动，使龙舟成为一种健康、充满乐趣的休闲运动；优化龙舟运动市场，协调发展龙舟的竞技化和娱乐化，满足群众对文化、竞技、娱乐、健康等多方面需求；开展龙舟文化商品的设计和销售，如龙舟文化衫、龙舟文化书籍等，将龙舟文化融入到现代生活中，增强新颖性和时尚性。为了更好地推广和传承龙舟运动，需要加强市场观念和意识，以电视、报纸杂志、网络媒体等多种方式进行宣传，将龙舟运动打造成知名品牌。提高龙舟大众参与度要完善和扩大龙舟市场，降低门槛，提供更多的龙舟运动场地，开展多样化的赛事，提供多种参与方式，扩大参与人群，增强龙舟市场的活力。

4.8　以打造多元化主体基地为基础，使政府、社会与个体共建共享

"共建共享、全民健康"是建设健康中国的战略主题。龙舟基地的建设以人民为中心进行建设，以政府为主导，社会与个体等多方共同参与建设，以打造多元主体共建共享的龙舟运动基地。一是政府部门应积极参与龙舟基地建设，通过完善产业政策等方式，加强文化建设力度，推动龙舟

文化的可持续发展。二是企业部门要重视龙舟基地建设，积极参与组织龙舟活动，为当地社会提供支持和帮助，为整个龙舟文化建设做出贡献。三是文化机构要发挥积极性，深入挖掘和研究龙舟文化，落实具体保护与传播措施，加强文化教育，为激发全民热爱龙舟文化奠定基础。四是社会各界人士要积极参与龙舟基地建设，在尊重传统、保护传统、继承传统的基础上，弘扬龙舟文化，从而形成良性循环。

5 结论

党的二十大报告中明确提出中华优秀传统文化要得到创造性转化和创新性发展[18]，而市场化正是龙舟运动为迎合时代所需，适应现代社会，可面向未来的发展路径。将龙舟运动市场化的发展历程概括为初始阶段、发展阶段、蛰伏阶段和勃发阶段，龙舟运动势必会加入奥运会，成为中国特色的奥运项目之一。从经济水平、经济效益和影响力三方面阐述市场化对龙舟运动发展的积极影响；从商业化、竞技化和效益三方面阐述市场化对龙舟运动发展的消极影响。基于此，从乡村振兴、赛事品牌、体旅融合、拓展研学、高校传承、文化内涵彰显、市场完善以及基地建设等方面提出龙舟运动可持续发展的市场化道路。希望通过对龙舟运动市场化发展的研究，为龙舟运动的未来发展指明方向，促进龙舟运动的传承与发展，同时助力于民族传统体育的市场化发展。

参考文献

[1] 体育总局关于印发《"十四五"体育发展规划》的通知 [EB/OL]. 中央政府门户网. www. gov. cn. 2021—10—8.

[2] 贺菲. 我国龙舟赛事市场现状及发展对策研究 [D]. 首都体育学院，2016.

[3] 吕尤. 优化我国体育产业结构的必要性和策略 [J]. 理论导报，2013，33（6）：42—43.

[4] 国家体育总局. 体育产业发展纲要（1995—2010 年）

［EB/OL］.2004 年 2 月 16 日.https：//www.sport.gov.cn/n315/n331/n403/n1957/c573999/content.html

［5］陈丽珠，薛可，郑秀琳.民族传统体育文化产业的创建——以龙舟活动为例［J］.沈阳体育学院学报，2011，04：15—18.

［6］新华社.中共中央　国务院印发《扩大内需战略规划纲要（2022—2035 年）》［EB/OL］.2022 年 12 月 14 日.http：//www.gov.cn/zhengce/2022—12/14/content_ 5732067.htm

［7］新华社.中共中央　国务院关于做好 2023 年全面推进乡村振兴重点工作的意见［EB/OL］.2023 年 2 月 13 日.http：//www.gov.cn/zhengce/2023—02/13/content_ 5741370.htm

［8］程大力.民族传统体育迈进奥运前的选择［J］.体育学刊，2003（06）：63—64.

［9］张作斌.对我国传统体育项目入奥发展策略的思考——以竞技龙舟运动为例［J］.沈阳体育学院学报，2012，31（03）：126—128.

［10］向云平.乡村振兴背景下传统体育文化现实困境及发展路径［J］.体育文化导刊，2023，No.248（02）：62—67.

［11］新华社.中共中央、国务院关于实施乡村振兴战略的意见［EB/OL］.2018 年 2 月 4 号.http：//www.gov.cn/zhengce/2018—02/04/content_ 5263807.htm

［12］张惠彬，刘诗蕾.体育赛事财产化的反思——寻求体育赛事传播商业利益与公共利益的平衡［J］.上海体育学院学报，2023，47（3）：37—48.

［13］潘怡，姚绩伟.民俗体育旅游高质量发展价值、困境与策略［J］.体育文化导刊，2023，No.248（02）：81—87+94.

［14］金媛媛，杨越，朱亚成.我国体育产业与旅游产业融合发展研究［J］.体育文化导刊，2019（6）：82—87.

［15］国务院办公厅.国务院办公厅关于进一步激发文化和旅游消费潜力的意见［EB/OL］.2019 年 08 月 23 日.http：//www.gov.cn/zhengce/

content/2019—08/23/content_ 5423809. htm

　　［16］李冈嬙. 做最好的拓展培训师（第2版）［M］. 北京：企业管理出版社，2017（1）：52.

　　［17］陈雨蕉. 首都博物馆"读城"系列研学项目的策划与解读［J］. 中国博物馆，2021. 144（01）：70—74.

　　［18］新华社. 习近平：高举中国特色社会主义伟大旗帜　为全面建设社会主义现代化国家而团结奋斗——在中国共产党第二十次全国代表大会上的报告［EB/OL］.2022年10月25日. http：//www. gov. cn/xinwen/2022—10/25/content_ 5721685. htm

温州市高校龙舟运动的 SWOT 分析与对策研究

吴子莫　张　朋　刘佳玺　张欣怡

（温州大学体育与健康学院，浙江温州 325035）

【摘要】为推动我国高校龙舟运动的发展，本文运用文献资料法、SWOT 分析法、实地调查法等方法，对温州市高校龙舟运动的优势、劣势、机遇和威胁进行分析，研究发现温州高校龙舟的优势是训练条件充足、群众基础雄厚、历史文化悠久、龙舟运动具有独特的魅力，劣势主要为学训矛盾突出、龙舟专业人才缺乏、投入经费不足。机遇主要有亚运机遇、龙舟受到高度重视，面临的威胁主要有：其他体育项目的竞争、龙舟运动效益未受到重视。因此从内外部因素来看，要推动温州高校龙舟运动发展，需要从文化建设、科研投入、课程体系、人才培养、加强宣传、竞技化与民族化相齐并进等方面入手，利用优势和机遇，共同推进高校龙舟运动的发展。

【关键词】SWOT 分析法；龙舟运动；温州市；高校

作者简介：吴子莫（1996—），男，安徽蚌埠人，在读研究生，邮箱：1766567959@ qq. com，研究方向：体育教学。张朋（1982—），男，山东寿光人，副教授，硕士生导师，研究方向：学校体育，邮箱：148043762@ qq. com

传承与发展中华优秀传统文化是推进社会主义文化强国的重要举措，

在 2021 年的全国两会中，"传统文化的传承与发展"就作为大会主题之一并得到了深入的探讨，高校在传承与发展中华优秀传统文化方面有着不可推卸的责任。龙舟运动是我国传统的体育项目之一，其蕴含的优秀传统文化对于大学生教育及社会发展有着巨大的作用，温州是"中国龙舟文化之乡""中国龙舟名城"，拥有雄厚的群众基础。目前，在体育、教育等相关部门的推广下，龙舟运动在我国高校中得到了快速发展。目前，温州大学、温州医科大学、浙江东方职业技术学院、温州科技职业技术学院等四所高校已组建龙舟运动队，其中温州大学还开展了桨板、皮划艇、赛艇、游泳等水上运动，项目数量较为丰富。得益于温州地域特点，各高校都有自己的训练水域，在训练条件上具有一定优势。

本文以高校龙舟运动为出发点，运用 SWOT 分析法，分析高校龙舟存在优势（S）、劣势（W）、机遇（O）、威胁（T），提出一系列相关建议，为高校龙舟运动发展提供一定理论依据，促进高校龙舟运动更好发展。

1 温州高校龙舟运动的内部因素分析

1.1 优势分析

1.1.1 训练条件充足

良好的水道是龙舟运动开展的必要条件之一。温州市地处浙江东南部、瓯江下游南岸，市域内有瓯江、飞云江、鳌江三大江，其中瓯江干流长达 384 公里，流域面积达 18100 平方公里，是龙舟竞渡的天然场所，其众多的支流造就得天独厚的训练条件[1]。温州地处中亚热带季风气候区，温度适中，适合一年四季开设训练。2022 年温州市政府提出要打造运动之城，其中特别提到了重点办好亚运会温州地区的龙舟赛，充分依托各区域优势，打造瓯海时尚运动休闲区等五个运动休闲区，对于河道的治理投入了大量资金，2022 年就对 16 个中小河流列入到了市民生实事中，总投资达到了 1.5 亿元。河道条件的改善，为龙舟运动的开展创造了一定的水资源环境[2]。

1.1.2 历史文化悠久

温州是龙舟文化的重要发源地之一，也是吴越文化的重要组成部分之一。相传在吴越春秋时代，温州地区的古越人就凭借舟楫提升了一定的水上作战能力。在明代历史《温州府志》中就有记载："竞渡起自越王勾践，永嘉水乡用以祈赛。"永嘉是温州的古称，这是迄今为止地方上关于龙舟竞渡最早的记载，由此可见温州的龙舟竞渡文化已有悠久的历史[3]。2012年温州被国家体育总局誉为"中国龙舟名城"；2023年总面积达到2200平方米的温州龙舟文化博物馆建成，将成为杭州亚运会期间接待社会各界人员的主阵地，也将在"后亚运时代"继续擦亮"看龙舟，到温州"的特色名片。

1.1.3　群众基础雄厚

温州龙舟竞渡历史十分悠久，几乎每个村都有自己的龙舟队，成为当地一种特色的地域文化，全市县（市、区）共有一百多个龙舟俱乐部，每年都会有两千多条龙舟下水。当地独特的"参龙"仪式为龙舟文化的传承奠定了基础也增强了人们对龙舟文化习俗的记忆，并且温州龙舟"参龙"仪式所用的语言也都是温州方言格式的诗句，在一年一度的"斗龙"期间沿岸村民都会互帮互助、相互支持，吸引了上万名群众前来观看[4]。

1.1.4　龙舟具有独特的魅力

龙舟不仅是水上项目，而且是我国优秀的传统文化之一。龙舟运动本身就具有很强的观赏性，在比赛时，舟桨齐舞，鼓声雷动，呐喊声起，观者无数。根据数据统计，2013年中央电视台体育频道直播的中华龙舟大赛的收视率高于相较于同时段播出的其他赛事，在2014年中华龙舟大赛（温州站）中，共有203支队伍参加比赛，创下了"参赛队伍最多"和"参赛人数最多"的两项吉尼斯世界纪录，这充分证明了龙舟运动拥有独特的魅力。

1.2　劣势分析

1.2.1　学训矛盾突出

目前，龙舟运动的人才培养还没有一套完整的体系，在调查研究中发现，龙舟队在招收新成员时不会设立门槛，因此，温州市各高校的龙舟运动员都是本校的学生，这种人才培养体系就衍生出一系列的问题，部分学生因强度较大的训练而选择退队，而选择留队的队员又因为课程、学业等相关问题，不能全身心推入到龙舟训练和比赛中。龙舟运动是团体运动，在训练课中可能会出现左桨和右桨的队员不匹配、不对等等情况，无法兼顾所有参训队员，这就导致了训练的系统性及科学性，因此影响了龙舟运动水平的提升，这也是阻碍温州高校龙舟运动发展的重要原因之一。

1.2.2 投入经费不足

龙舟作为一项高投入高回报的运动项目，对于提升学校知名度和扩大影响力有着巨大作用，保持一支水平较高及良好社会声誉的龙舟队需要有相当大的经费投入，其中不仅包括训练经费、比赛经费、交通经费，而且包括教练员的工资和运动员的补贴，根据调查研究温州市各教练员的工资、运动员的补贴微乎其微，并且龙舟每年的装备、比赛等所需的费用也很昂贵，通常少则几万多则几十万，而大多数高校只靠学校拨款，对于学校来说又是一个沉重的负担。

1.2.3 龙舟专业性人才缺乏

在温州市各高校的龙舟人才体系中不难发现，不仅是教练员、高校运动员、科研人员及管理人员都存在人才匮乏问题。在教练员方面，多数龙舟教练员为赛艇、划艇退役运动员及其他项目教练员，缺少对龙舟文化的深入了解，多数都是以竞技比赛为主，忽视了对于龙舟传统文化的推广及传播，值得一提的是温州大学相较于其他高校的师资力量较强，该校龙舟教练共为2名，其中皮划艇国际级健将一名及皮划艇国家级健将一名，其他各高校教练员缺乏系统性、专业性的龙舟培训，而高水平、龙舟经历丰富的龙舟教练员多出自民间，他们却因为缺乏高学历等硬性要求无法在校中任教。在科研人员方面，近年来关于龙舟运动的研究成果较少，缺乏对龙舟训练科学性、系统性等相关研究。在管理人员方面，龙舟管理人员综合能力不足、专业技能不强。在运动员方面，多以普通大学生及体育生为主，参训时间最多为3年而且人员流动性大。这些问题都在一定程度影响了高校龙舟运动的发展。

2　温州市高校龙舟发展的外部因素

2.1　机遇分析

2.1.1　龙舟运动受到高度重视

在十四五期间，是体育强国建设的重要时期，国家相继提出要贯彻落实《体育强国建设纲要》《全民健身计划》等相关要求，传承和发展中华民族传统文化，进一步提高龙舟运动的普及。

自 2011 年中华龙舟大赛的开展后，龙舟热就席卷全国。同年，龙舟运动又被列为第三批国家级非物质文化遗产[5]。此外龙舟项目于 2010 年首次进入亚运会，温州作为龙舟之乡，在龙舟运动及文化的建设推广方面都取得了卓越成果，在 2012 年被国家体育总局评为"龙舟名城"，2020 年瓯海区又被中国民间文艺家协会命名为"中国龙舟文化之乡"，其传统文化价值得到高度肯定，高校作为传播与弘扬优秀传统文化的"先锋者""担当者"，龙舟运动的开展是对国家、地方政府相关政策积极响应的充分体现，通过龙舟运动的开展可以更好地传承龙舟运动深厚的文化底蕴以及更好地发展龙舟运动。龙舟运动已经成为推动中华优秀文化"走出去"的重要载体[6]。

2.1.2　亚运机遇

杭州亚运会龙舟比赛落户于温州，将会产生 6 枚金牌，对于提升温州龙舟知名度有一个巨大的提升。温州借助社会力量办体育的东风，相继成功建造龙舟运动基地、龙舟公园、龙舟文化博物馆等场地，位于瓯海区的温州龙舟运动中心成为目前亚洲最高标准的龙舟赛事场地，进一步打响"看龙舟，到温州"的城市名片。在"后亚"时代，龙舟运动中心还将承办更多大型龙舟赛事以及群众赛事，届时将会吸引更多投资方，加强社会办体育的力量，让温州人精神与龙舟精神相互汲取，更好地与民营企业建立合作关系，吸引更多投资，普及推广龙舟运动并大力弘扬中华优秀传统文化。

2.1.3　赛事体系较为完整，各校比赛经验丰富

温州市龙舟协会成立于 2011 年 12 月，自成立以来先后举办了中华龙

舟大赛、世界龙舟名校邀请赛等大赛，已经打造了一批具有民间特色龙舟赛事，其中温州市龙舟系列赛已连续举办八届，涉及到了高校、职工、村、商会等队伍，已经成为温州龙舟项目的品牌赛事，具有一定的影响力。温州市各高校也在建队以后得到迅速成长，并且在比赛中取得了佳绩。例如：温州大学在 2022 年首届世界龙舟联赛（福州站）中就勇夺两银两铜、在 2019 年国际划联龙舟世界杯中被借调到中国国家队的 8 名队员荣获 6 枚金牌、2018 中华龙舟大赛（海南·万宁站）又获得四金四银的成绩。

2.2 威胁分析

2.2.1 其他体育项目的竞争和替代

对于高校学生来说，最受欢迎的是足球、篮球、排球、羽毛球、网球、乒乓球等传统体育项目，高校来说有着丰富的教学资源和训练基础，在开展这些体育项目来说有着天然的优势。对于飞盘、定向运动等新兴体育项目因其"新""奇"等特点也被学生接受且迅速火热，而龙舟运动要求参与者必须会游泳，对于学生的身体素质也有一定的要求，并且在大多数学校龙舟并不作为高校评估体系的重要指标，这也限制了很多高校发展龙舟运动的动力[7]。

2.2.2 龙舟运动效益未受到重视

龙舟运动是"团结协作、拼搏进取、奋勇争先"精神的最好载体，也更有利于进行爱国主义和集体主义教育。经调查，高校龙舟团队凝聚力的总体水平处在一个较高水平，对于完成团队任务和目的有着极强的作用[8]。而很多高校开设龙舟运动仅仅是因为在比赛前临时组建队伍，龙舟运动对于高校开设龙舟不仅仅是为了参赛，更重要的是要推广和发展龙舟运动的精神。再加上龙舟运动需要高额的经费投入，因此龙舟运动没有受到更好的重视，其蕴含的效益也没有得到发掘[9]。

3 高校龙舟运动 SWOT 矩阵分析与解决对策

根据高校龙舟运动发展的内外部因素分析，进行 SWOT 矩阵分析，制作了矩阵分析图（见表1），具体解决对策如下：

表 1　SWOT 矩阵分析

优势与劣势 机遇与威胁	优势（S） 1.训练条件充足 2.群众基础雄厚 3.历史文化悠久 4.龙舟运动具有独特的魅力	劣势（W） 1.学训矛盾突出 2.龙舟专业人才缺乏 3.投入经费不足
机遇（O） 1.龙舟运动受到高度重视 2.亚运机遇	SO战略 1.重视团队文化建设，提高团队凝聚力	WO对策 1.加强科研投入，提高教材建设水平 2.拓宽经济来源渠道
威胁（T） 1.其他体育项目的竞争 2.龙舟运动效益未受到重视	ST对策 1.加强龙舟运动宣传推广的力度 2.竞技化与民族化相齐并进	WT对策 1.培养高质量龙舟课程体系

3.1　重视团队文化建设，提高团队凝聚力

龙舟运动是一项团体性运动，队员们通过听鼓声和一致性的口号做到齐心、齐力、齐桨，形成一种良好的运动氛围。在制定口号上还可根据地方特色进行设计，例如温州大学龙舟队在打破以自我为中心，队伍口号上充分结合温州话的"冲"也就打造了独具一格的"嘿，sei"的口号。在训练和课程中，通过建立龙舟队伍的荣誉感和使命感增强龙舟队员的归属感和存在感，提高高校学生集体主义、团队凝聚力、互帮互助的观念，最终形成龙舟运动的可持续发展。

3.2　加强科研投入，提高教材建设水平

虽然近年来国内学者开始关注龙舟领域，相关的研究成果也为高校龙舟的发展提供了有力的理论支撑，但是大多都集中于关于温州市龙舟传统文化的相关研究，从竞赛的角度来看，还缺乏专业性的相关研究。2002年7月，我国第一部关于龙舟运动技术的专著《龙舟技术与训练》由北京体育大学出版社出版并发售，标志着我国龙舟运动正式走向专业训练阶段[10]。高校应与地方龙舟协会组织力量对龙舟技术及训练方法进行理论研

究与实践探讨，加大对高校龙舟教练及裁判员的培训力度，加强各高校之间的合作交流，定期召开龙舟运动研讨会，创新龙舟训练方法，科学制定训练计划，保证高校龙舟运动朝着良性、健康、持续的方向发展。

3.3　拓宽资金来源渠道

高校龙舟的发展不仅可以由学校直接划拨，还可以采用校企合作、校与校之间合作、学校与政府合作的方式来获取更多的资金。通过和社会企业、民间投资进行合作，与相关机构、企业建立合作关系，共同推广龙舟运动。

3.4　加强龙舟运动宣传推广的力度

高校必须要认识到龙舟运动所蕴含的文化价值和体育价值，利用校园媒体、社交媒体等网络渠道对龙舟运动进行大力宣传，提高其知名度和吸引力，在组织活动和训练时，以龙舟文化和传统为基础设计更有吸引力的主题活动，增强学生参与热情，在端午期间或者其他重要节日举办相关友谊赛，调动大学生参与龙舟运动的积极性。组织各种互动活动，例如体验课、比赛观摩课等，吸引更多的人参与，并通过这些活动，进一步推广龙舟运动。

3.5　培养高质量龙舟课程体系

高校应该面向全校学生开设龙舟选修课程，在制定课程目标时应当以"健康第一""终身体育"为指导思想，充分结合爱国主义培养、团队合作精神培养等以适应社会发展需要，弘扬中华优秀传统文化，推动传统文化的发展。在课程设计时，高校应充分考虑心理学、训练学、教育学等相关学科知识，努力打造更加科学化、系统化课程体系。在课程安排上要充分考虑天气、场地、气温等影响因素，在适宜的季节安排课时。面对无法开展水上教学的课时，可安排其他力量、耐力、技术动作训练。在教学时应进行适当的基础理论知识，增强学生对龙舟历史文化的了解，提高学生的兴趣，教练员应积极发现人才，扩大龙舟运动员选拔。

3.6　竞技化与民族化相齐并进

龙舟运动是我国优秀的传统运动项目之一，为了更好地提高高校龙舟运动水平就需要不断提高训练的科学性，加强龙舟运动人才队伍的培养，提高运动员的整体素质，参加更高水平的赛事，让龙舟运动走进群众的视野中。高校也应该承担传播传统文化的责任，不断挖掘龙舟运动的文化价值、文化底蕴，在训练和比赛中注重传统文化的融入，例如在队伍服装、器材、队名等方面融入龙舟文化的元素。

4　结语

龙舟运动是我国一项传统的体育项目，其蕴含的优秀传统文化是人们民族精神和爱国主义精神的体现，对于当代大学生来说参加龙舟运动一方面能够提高其身心素质、团队合作意识，另一方面能够丰富校园文化生活、传承优秀的龙舟文化。在发展龙舟运动时，我们应该在运用高校龙舟运动优势和机遇的同时把握好外部存在的威胁和自身劣势，将不利因素转化为龙舟发展的机遇，推动高校龙舟更好地发展。

参考文献

［1］陈田希.浙江省龙舟竞渡发展的SWOT分析与对策研究［J］.运动，2016，No.130（02）：154—155.

［2］温州市水利局.温州：多举措推进中小河流整治　打造绿色生态河流环境［EB/OL］.（2022—06—29）.［2023—04—10］.http：//slt.zj.gov.cn/art/2022/6/29/art_ 1513110_ 59029356.html.

［3］陈莉.温州地区龙舟竞渡文化研究［D］.北京体育大学，2011.

［4］杨盼盼.浙江温州龙舟历史文化与传承研究［D］.杭州师范大学，2016.

［5］朱建高.我国高校龙舟运发展现状与未来发展趋势探析［J］.亚太教育，2015（1）：130—131.

［6］刘强，郭劲雄.高校龙舟运动发展及龙舟运动课程建设的研究［J］.当代体育科技，2015，5（14）：108—109＋111.DOI：10.16655/j.cnki.2095—2813.2015.14.089.

［7］林耀辉.高校龙舟运动发展的SWOT分析与对策研究［J］.淮北职业技术学院学报，2017，16（05）：73—75.DOI：10.16279/j.cnki.cn34—1214/z.2017.05.024.

［8］李奎.高校龙舟团队凝聚力影响因素研究［D］.上海体育学院，2021.DOI：10.27315/d.cnki.gstyx.2021.000128.

［9］周胜胜.共生理论下我国龙舟运动文化传承与现代化发展桎梏与纾困研究［J］.当代体育科技，2023，13（04）：123—128.DOI：10.16655/j.cnki.2095—2813.2210—1579—7103.

［10］张华，沈勇进，费涛.浅谈龙舟运动发展及其社会化［J］.湖北体育科技，2004（04）：535—537.

"传统体育"融"课程思政"：
龙舟运动进小学校园的教学路径

邵志皓[1]　崔孟斌[2]　顾思益[1]　鲍鸿乾[1]　王明巧[1]

(1. 南海实验学校长峙小学校区，浙江舟山 316022；

2. 南海实验学校初中部，浙江舟山 316022)

【摘要】本文从小学教学的视角解读龙舟运动从"传统体育"融"课程思政"的教育意义，分享龙舟运动进校园的教学路径，旨在提供龙舟运动的小学体育课堂教学的路径，为以"龙舟"为代表的传统体育运动进小学校园打下理论与实践的基础。本文通过文献资料法、教学实证研究法和调查法进行研究。研究结果：一是提供龙舟运动进小学校园的教学路径：①劳动教育：龙舟运动的起源；②语文教育：龙舟运动的形与义；③体育教育：龙舟运动的技能；④道德与法治：龙舟文化的传承。二是分析龙舟运动进小学校园的教学意义：①爱国主义是龙舟精神的核心要义；②敏学善思是龙舟竞技的发展之术；③温暖良善是龙舟队伍的组织规范；④担当有为是龙舟运动的传承精神；⑤追逐梦想是龙舟文化的创新动力。三是龙舟运动进小学校园是课程思政的教育载体：①以德树人；②以文化人；③以体育人；④以美润人；⑤劳动立人。四是对龙舟运动进小学校园困境因素调查与反思：①理念传统，跨学科协作水平较低；②缺乏可参照传统体育运动的教学实践经验；③小学阶段水上运动教学人才短缺；④安全顾虑缺乏小学生涉水活动、赛事；⑤社会推行力度不够。最后，提出了构建了龙舟进小学校园的教学建设路径：①更新教学理念是教育关键；②打造特色课程是教学形式；③完善师资队伍是实施保障；④安全制度预设是前提条件；⑤小学研学课程是长期机制。

【关键词】传统体育；课程思政；龙舟运动；跨学科融合教学

作者简介：邵志皓（1996—），男，汉族，浙江舟山人，小学班主任，任教体育、道德与法治；一级社会体育指导员，浙江海洋大学龙舟队外聘教练，曾任温州大学龙舟队队长，浙江省第三届体育大会舟山市龙舟队教练。现主要从事小学德育与体育教学研究。邮箱：763661169@qq.com

党的十八大以来，以习近平同志为核心的党中央高度重视学校课程思政建设，进行了顶层设计和系统部署，教育部先后颁布实施《习近平新时代中国特色社会主义思想进课程教材指南》等多个规范性文件，重新修订小学阶段新课程标准，全面修订小学《道德与法治》统编教材……马克思在《资本论》中就明确指出，体育、智育和生产劳动相结合是造就全面发展的人的唯一方法[1]。

教育是有目的的培养人的社会活动，是有效传递文化的工具。自古以来，我国就流传着"以体育德、以德育人"的传统体育教育思想，课程思政理念也很好的沿袭概括了这一思想[2]。龙舟运动作为一项孕育于中国古代农耕文化的有着悠久历史文化积淀的传统体育运动，在当下仍受人们的喜爱。龙舟运动在发展和变迁的过程中表现出来的文化价值，呈现出特有的风格和文化底蕴，与教育存在着自然而然的血缘关系，教育造就文化，任何文化特性或形态如果脱离教育就难以传承[3]。

教学团队立足浙江舟山，自2017年执教浙江省第三届体育大会舟山市龙舟队起就与舟山的龙舟事业紧密相连。2018年起作为外聘教练加入浙江海洋大学龙舟队，负责队员的日常训练与技术指导。协助浙江海洋大学承办舟山市每届"舟山市端午龙舟大赛"的技术与培训工作。2019年起承接了南海实验学校长峙小学校区开展龙舟进校园"公开课"、舟山小学龙舟进校园公益宣讲等活动，促进了龙舟运动在舟山的学校教育中生根、萌芽。

1　传统体育：龙舟运动的教学路径与教学意义

区别于大、中学校，龙舟运动进小学校园有其特定的教学路径及意义。结合中国特色社会主义教育体系与现行课程标准与学科教材，龙舟运动进小学校园的路径更为清晰。

1.1　龙舟运动进小学校园的教学路径

1.1.1　劳动教育：龙舟运动的起源

龙舟运动起源于中国古代的劳动实践。在河湖众多的南方地区，广布"鱼米之乡"和稻作文化，古代先民就凭借舟楫航行江湖进行生产活动。后又逐渐发展为一项体育竞技和文化活动，并衍生出制作龙舟、组织划船团队、调节节奏等一系列劳动活动。通过劳动课堂体验，学生的实践技能得到提升，崇尚合作、热爱劳动的品质得到发展。

1.1.2　语文教育：龙舟文化的形与义

龙舟文化作为中国优秀传统文化的一部分，是语文教育中重要的学习内容之一。这在语文教材中就多次体现：在统编版二年级下册就包含"过端午，赛龙舟，粽香艾香满堂飘"并把"端午赛龙舟"作为三年级下册教材封面内容；教科版三年级下册将《赛龙舟》一课列为必修内容；北师大版五年级下册也包含《乐山龙舟会》一课……

龙形之舟作为龙舟文化的物质载体，为学生提供了丰富的语言表达和写作实践的素材。学生可以通过描述龙舟赛事、描绘龙舟健儿的风采等方式，展示自己的观察力和写作能力。这样的实践不仅促进了学生的语言表达能力和创造力，也增强了他们对龙舟文化的理解和体验。

1.1.3　体育教育：龙舟运动的技能

龙舟运动属于体能主导类力量耐力型运动项目，对学生的身心发展有着积极的影响。划龙舟需要大量的体能投入，提高学生的耐力、力量和协调能力。同时，划桨技术作为龙舟运动的技术基础，是体育课上学练龙舟运动的开端。

1.1.4　道德与法治：龙舟文化的传承

龙舟文化强调团结协作、奋力拼搏等价值观念，这与《2022版义务教育阶段道德与法治课程标准》是契合的。此外，龙舟文化中有许多脍炙人口的历史故事。例如讲述《屈原》中的屈原投江和人们划船救援的故事，弘扬了忠诚、助人为乐和法治精神，可以向学生传递正确的价值观和行为规范，引导他们成为遵纪守法、正直诚信的公民。

1.2 龙舟运动进小学校园的教学意义

1.2.1 爱国主义是龙舟精神的核心要义

在历史长河中，龙舟精神随着时代发展愈发清晰。自战国时期爱国诗人屈原以身殉国后，民间自发组织龙舟竞渡起，龙舟文化中的民族认同与家国情怀就逐渐演变成了龙舟精神的核心要义，成为中华各民族文化共识。在小学课堂讲好龙舟故事，就是培养中华文化的传承者、社会主义的接班人。

1.2.2 敏学善思是龙舟竞技的发展之术

20世纪80年代，龙舟从民间走向世界，从传统体育走向竞技。在现代科学技术的加持下，各龙舟队伍对人体生物力学、结构力学、牛顿定律，特别是对流体力学掌握的深度，直接影响到训练成绩提升的高度。因此，在面向小学生的龙舟技能教学中，鼓励学生自主探究、合作探究，激发学生的学习内驱力意义深远。

1.2.3 温暖良善是龙舟队伍的组织规范

组建队伍，是开展龙舟运动的第一步。在教学实践中，学生也常分为多个小组进行技术比优、速度比快、配合比整齐的运用练习。而生生间的个体差异却无法避免，出现"短板效应"。因此，温暖且良善作为统一且制约学生行为的准则，保障队伍的"凝聚力"与"战斗力"就显得尤为重要。

1.2.4 担当有为是龙舟运动的传承精神

纵观龙舟运动的千年传承史，期间跌宕起伏，而今繁荣。1983年龙舟被列为全国正式体育竞赛项目；2010年龙舟运动走进亚运；2021年龙舟运动走近奥运……这离不开一代代龙舟人的勇于担当、不懈努力。践行"为党育人，为国育才"的新时代教育任务，培养担当有为的新时代好少年是党和人民赋予基层教育的使命。

1.2.5　追逐梦想是龙舟文化的创新动力

"勇立潮头、敢为人先"的逐梦精神在千年龙舟文化传承中已成为人们的共识。在这种精神的影响下，中国龙舟文化不断推陈出新。习近平总书记曾寄语全国各族人民群众坚定信心、迎难而上、勇于追梦。从小接受龙舟文化的洗礼，能潜移默化地树立世界观、人生观和价值观。

2　课程思政：龙舟运动进小学校园的教育载体

龙舟运动进小学校园本质上是多学科在依"标"据"本"的前提下，进行的跨学科协同育人活动。将龙舟运动散落在语文、体育、美术、道德与法治等学科现有教材中的零散片段进行组合，进一步开发龙舟运动对于小学教育的意义。最终实现思想政治教育、知识体系教育和体质健康教育的有机统一，达到以龙舟运动立德、启智、健体、育美、崇劳的"五育"并举效果。

2.1　以德树人

龙舟运动强调纪律和秩序，重视历史和传承，能够培养学生的团队合作精神、勇敢拼搏精神、纪律意识、社会责任感以及对传统文化的认同和热爱。这将有助于他们全面发展，并成为有品德、有担当的公民。

2.2　以文化人

龙舟运动源远流长，龙舟故事脍炙人口，相关诗词歌赋浩如烟海。通过教学培养学生热爱和认同传统文化，提升文化素养、文化自信和创新意识。这将有助于学生的个性发展和综合素质提升，培养出具有文化底蕴的新时代人才。

2.3　以体育人

将龙舟运动引入小学校园，学生将获得全面的体育教育，培养他们的身体素质、团队合作精神、竞争意识及挑战精神。这将有助于学生的身心健康发展，提升他们的综合素质和体育文化素养，培养具有体育精神的新时代人才。

2.4　以美润人

龙形之舟行于水上，两岸人们竞相观看：富有节奏的高低桨频；"插、拉、提、推"一气呵成的划桨动作；人船合一、踏浪前行的舵手技术无不展示着龙舟运动所特有的形态美、生态美、体验美和欣赏美，提高学生对美的感知、表达及理解能力。

2.5　劳动立人

龙舟的制作是一项烦琐的工艺活动，涉及到测量、切割、雕刻、搭接等工艺，能体现出"匠人精神"。学生能感知劳动乐趣及合作劳动的作用。这有助于学生劳动意识的启蒙与劳动习惯养成，体会到劳动光荣。

3　教育反思：龙舟运动进小学校园的现实困境

为了大力推动龙舟进小学校园活动，我们教学团队在 7 年的调查研究、运动实践和课程教学中发现，在现实教育中存在着很多的阻碍。

3.1　理念传统，跨学科协作水平较低

杜威认为，为了刺激促进统整人格的生长，课程应成为一个各方面事物彼此连续的世界。而现今小学各学科自成系统，协同度不尽如人意[4]。基于"减负增效"原则，龙舟运动进小学校园首要各学科教学落实"大单元"教学理念，以提高协作水平，实现共赢。

3.2　缺乏可参照传统体育运动的教学实践经验

目前很多大、中学校在积极探索龙舟运动的校本化实施路径。而作用有着得天独厚"教材支撑"优势的小学却鲜有实施，缺乏教学实践经验。因此，有一定基数的体育教师仍然无法在水域之外进行龙舟运动教学。

3.3　小学阶段水上运动教学人才短缺

我国是水上运动大国，参与人数众多。但遗憾的是，相较于田径、体操、球类等其他运动项目，能够进入基础教育阶段的水上运动教学人才短缺。这也阻碍了龙舟运动进小学校园的落地。

3.4　安全顾虑缺乏小学生涉水活动、赛事

龙舟竞赛由于其水上运动的特点属于高危性体育项目，学校和家长都

存在安全顾虑，有抵触和审慎心理。近年来，浙江地区也鲜有面向小学生的龙舟竞赛。所以要想龙舟进校园，安全教育首当其冲。

3.5　社会推行力度不够

龙舟运动进小学校园需要一个良好的社会环境。目前政府的政策扶持有力度但单一，缺少小学教育专题的龙舟文化研究；教育部门也仅形成了少数"中学——大学"系统性的规划，起点过高；针对小学生开展的各类龙舟运动主题的研学活动缺乏。

4　教育路径：龙舟进小学校园的教学建设路径

结合教学反思与我们教学团队 7 年来先后在舟山市龙舟队及浙江海洋大学龙舟队的运动训练经验，在舟山市中小学实施"龙舟进校园"的活动经历及在南海实验学校长峙小学校区的教学实践提出以下教学建设路径。

4.1　更新教学理念是教育关键

坚持教育教学依标据本原则的同时，认识到多学科协同教学的优势。落实"减负增效"的原则，不让龙舟运动进小学校园成为"加法"或流于形式。充分体现龙舟运动在小学阶段拥有多学科教材支撑的先天优势，五育并举促进学生成长。

4.2　打造特色课程是教学形式

课程是教学的动力源泉。推进各学科协同育人，打造并开展小学龙舟特色体验课程体系，满足学生个性化需求，推动学校特色文化的形成[5]。突破龙舟运动必在水上的桎梏，突显龙舟运动作为传统文化课程，可以弘扬热爱祖国、团结协作等优秀传统文化；作为涉水体育课程，可以培养学生安全意识与运动技能；作为生态教育课程，可以让学生沉浸式体验人、自然、社会三者协调可持续发展的生命之美。

4.3　完善师资队伍是实施保障

教师是教学的第一资源。可以通过学校"教练"岗位引进优秀退役龙舟运动员参与教学，亦可以进行校际合作或是线上协同教学。

4.4　安全制度预设是前提条件

安全是进行小学体育教学的前提。龙舟进校园前，应率先建立课程风险应对模型。陆上教学时确保场地、器材使用的安全；技术练习的安全；体能练习的安全。水上体验应依据小学生龙舟赛事要求确保参加体验的学生具备 200 米游泳能力并且做好课前风险评估。

4.5　小学研学课程是长期机制

自 2016 年教育部等部门印发《关于推进中小学生研学旅行的意见》以来，各地小学纷纷响应国家号召，学生走出校园进行综合实践学习。龙舟竞渡作为端午传统文化之一，部分社会机构推出包含龙舟竞渡的端午研学清单。通过研学课程，提高学生、家长对龙舟文化的认可度，为龙舟运动的发展注入源头活水。

2020 年教育部出台《关于全面加强和改进新时代学校体育工作的意见》，其中单列、指出要梳理龙舟等中华传统体育项目，并融入学校体育教学、训练、竞赛机制。据此，我们把小学部分学科关于龙舟运动的知识点进行梳理，结合当下学校教育体系，提出并实践以上切实可行的教育路径。促进学生知行合一、刚健有为、自强不息。

参考文献

［1］张宇飞 . 高校体育课程思政教学质量的基本内涵、影响要素和评价维度［J］. 西部素质教育，2023，9（5）.

［2］董逢威，汤晓波，马晟等 . 新时代体教融合背景下学校武术教育的现实困境与改革举措［J］. 广东技术师范大学学报，2022，43（06）：101—106.

［3］杨惠 . 中华优秀传统文化融入思想政治教育的方法探究［J］. 学校党建与思想教育，2020（2）：77—78.

［4］董宏建 . 网络环境下教师跨学科协作学习研究［D］. 华东师范大学，2008. 陶坤 . 中韩民俗体育庆典仪式研究［M］. 成都西南交大出版社，2017：126.

［5］张有红 . 例谈学校特色课程开发［J］. 湖北教育（政务宣传），2023，No. 1037（04）：55.

长三角地区高校龙舟运动发展驱动路径

——基于三螺旋理论视域

刘思浩　叶建强

（温州大学体育与健康学院，浙江温州 325035）

【摘要】党的二十大指出"推进文化自信，实现中华民族伟大复兴"。龙舟运动是中国传统文化发展的重要载体之一，在区域化高校教育改革发展的宏观背景下，长三角地区的地理特点为三省一市的高校龙舟运动提供了发展机遇。本文运用文献资料法、专家访谈法、实地考察法，分析长三角地区高校龙舟运动开展的现状和需求，在此基础上引用三螺旋理论，阐述长三角地区高校龙舟运动发展过程中行为主体的应然角色。研究结果发现：（1）高校龙舟运动协同发展制度与赛事机制不完善、组织动力不足和创新发展缓慢、被动一体化协同现象较为明显；（2）高校在开展龙舟运动过程中存在师资力量匮乏、队员流动性大、资金渠道单一、资源场地不足等问题。研究认为：政府与大学通力合作构建人才培养的健康体系，搭建优质的高校间合作交流平台，形成地区龙舟运动发展的"保护膜"；企业与政府形成互助，促成长三角地区的多主体参与和新型体育经济的发展；大学与企业深度合营，依据企业需要培养复合型人才，并积极建设高校的龙舟运动俱乐部，实现高校龙舟运动创新成果转化和人才对口输出。因此，政府应作为监管和链接的角色；高校应作为创新和输出的角色；产业应作为产出和消费的角色，三者相互作用，功能交叉形成平衡模式，从而打破我国长三角地区高校龙舟运动发展的现实困境，构建三省一市高校龙舟运动健康发展的驱动路径。

【关键词】长三角；三螺旋理论；龙舟运动；高校

作者简介：刘思浩（2000—），男，浙江宁波人，硕士生，邮箱：1255227180@qq.com，研究方向为体育教学。叶建强（1971—），男，浙江乐清人，硕士，副教授，硕士生导师，研究方向：体育人文社会学。

2019年国务院印发《长江三角洲区域一体化发展规划纲要》中主要包括区域共建、产业联动、生态共治和资源共享等，分别代表长三角地区在地区空间联通，产业经济互联、政治壁垒消解三个层面上的理想状态[1]。区域化高校教育发展是全球高校教育发展的主流趋势，也是我国高等教育改革的重要议题，长三角高等教育一体化通过重新配置区域高等教育资源，推动区域高等教育人才流动、合作共建、资源共享、优势互补，为区域发展提供知识和人才支撑，并促进区域高等教育自身高质量发展[2]。

龙舟运动作为我国体育强国建设进程中典型的民族体育传统项目，同时也是推广传统体育文化的重要载体，其发展潜力与公共政策的制定和执行、高校的培养和创新及企业的价值和转化息息相关。一方面，基于长三角洲一体化格局的新期望和长三角地区的天然水域基础，在区域协调发展的宏观背景下长三角洲区域内的高校龙舟运动迎来了新的挑战和任务。另一方面，中华民族文化认同不断深化，铸牢中华民族共同体意识已经进入重要阶段，龙舟运动作为长三角洲地区民族性的传统体育项目，具有深厚的文化底蕴和庞大的运动人口基数，但是以跨省市为单位的协同发展模式仍然缺少完善的制度和经典案例以供参考。因此，本文立足长三角地区高校一体化发展趋势及潜力，引入创新系统中的三螺旋理论，分别分析政府、大学和企业在长三角地区高校龙舟运动发展过程中行为主体的应然角色，为长三角地区高校龙舟运动实现一体化发展，推动龙舟产业转型和地区联动，加快高校龙舟创新交流，构建良性驱动路径并提供相应对策，为我国推广传统体育文化、持续推进区域协同发展打下良好基础。

1　研究对象与研究方法

1.1　研究对象

本文以长三角地区高校龙舟运动发展驱动路径为研究对象，对长三角地区高校进行分层随机抽样，分别在上海市、浙江省、江苏省和安徽省各抽取 4 所高校，共 16 所为调查对象。

1.2　研究方法

1.2.1　文献资料法。本文以龙舟运动和三螺旋理论为关键词，通过查阅中国知网、万方数据库、谷歌学术和 Web Science 等各大数据平台检索相关文献，对龙舟运动的核心概念、历史变迁、社会特性和价值、开展现状和策略进行分析，为本研究提供理论依据。此外学校体育学、社会体育学、运动训练学和民俗传统与文化作为本研究的理论支撑，以完善研究内容。

1.2.2　专家访谈法。围绕高校龙舟运动发展现状与困境等方面问题，对公共管理学、体育经济学、民族传统体育学、体育教育训练学的专家及高校龙舟运动的教练员进行访谈，并请专家就长三角地区高校龙舟运动的发展提出自己的见解与建议。

1.2.3　实地考察法。通过对长三角地区开展龙舟运动的高校进行分层随机抽样调查，分别在上海市、浙江省、江苏省和安徽省共 16 所高校，主要考察 16 所高校的师资力量、场地条件、学生认知、当地习俗等方面进行调查，收集相关数据和材料，为本研究提供强大的实证材料。

2　三螺旋理论下高校龙舟运动发展的概念释义

三螺旋理论（Triple Helix Theory）最早出现在生物学中，是由美国的遗传学家查德·列万延最早使用，用于阐述基因、组织和环境之间模式化的关系。他在《三螺旋：基因、生物体和环境》中总结了其哲学的原理，由三个主体成螺旋状缠绕在一起，形成相互之间互为因果关系的动态模型[3]。三螺旋理论作为一个指导性理论，主要关注大学产生的知识成果向社会进行转化的过程，重点在于政府—大学—产业之间相互联系进行创新性发展和演化的进程，政府、大学和产业之间的动态关系之所以可以促进区域间知识技术型经济发展的创新，是因为三螺旋结构模型具备实现三者的相互链接与对话的功能，例如在 20 世纪 80 年代，麻省理工学院确定了知识型经济发展的三重互动，目的就是让学术界参与解决当前领域所需的难题[4]。

在高校传统体育发展过程中，研究发现龙舟运动发展质量较高的高校是由政府、企业、大学等多元主体的相互作用而实现三元平衡模式，也就是说长三角地区的高校龙舟运动的发展离不开政府政策支持与宏观调控、企业的赞助与成果转化、大学的项目创新与人才培养。然而现阶段长三角地区高校龙舟运动发展过程中各行为主体之间独立存在，形成自由放任模式发展的高校，虽然能够最大限度地发挥各主体的职能与功能，但仍存在师资力量匮乏、资金渠道单一、资源场地不足等问题。形成中心集权模式的高校，尽管能够规则开展龙舟运动和培养龙舟运动所需人才，但是高校间协同发展缓慢，自组织能力不足，创新能力欠缺成为此类模式高校的难题。因此，厘清各主体之间的应然角色和主体之间相互作用的关系，有助于长三角地区高校龙舟运动为实现共同目标而采取的协同机制，进一步发现区域协调发展对高校龙舟运动高质量发展的协同策略。

3 "政学产"对长三角地区高校龙舟运动的功能局限

3.1 以政府为主体的功能局限

我国现阶段的高校龙舟运动具有极强的政策主导性。随着国家战略的具体实施，政府对长三角地区高等教育一体化的进一步强化，加快形成区域化高等教育的发展战略，教育部、财政部和国家发展改革委于 2022 年印发《关于深入推进一流大学和一流学科建设的若干意见》提出"十四五"期间应着力解决"双一流"建设中高层次创新人才供给能力不足、资源配置亟待优化等问题，立足服务国家战略，提升区域创新发展水平，加强高校、科研院所、企业等主体的协同发展[5]。高校龙舟运动在政府政策的大力支持和有效的监管下进行开展与竞赛，"十四五"发展计划中强调要重视龙舟运动文化的带头作用，促进其文化的支持、发掘、传播等[6]。2021年浙江省教育厅在《关于全面加强和改进新时代学校体育工作的实施意见》中明确指出，培养特色地域品牌，因地制宜组织开展龙舟运动等传统体育项目与浙江特色体育项目[7]，使龙舟运动在高校发展中如火如荼。长三角地区高校龙舟运动赛事开展形式多样，各地区在政府的引导和支持下开展长三角地区高校的赛事联办，各省市高校赛事独办等现象，可以从中发现高校赛事的举办基本是以地方政府牵头，高校或地方龙舟协会协办的中心集权模式。这种模式下存在很多问题，一是很少有学生以兴趣为驱动力参与训练，同时也缺乏高校自发性组织的赛事，长三角地区的高校基本上都存在自组织动力不足的情况。二是长三角地区以政府为主导的模式，在一体化的背景下所培育出的开展龙舟运动的高校大部分存在资金渠道单一，场地资源不足，器材装备陈旧等问题，单一的政府支撑会导致高校间协同缓慢，技术水平产生明显差距，资金供给不足，从而打击到部分高校开展的积极性。

3.2 以大学为主体的功能局限

高校作为龙舟运动与文化传承和传播的首要阵地，龙舟运动在我国高校也开展已久，最早可以追溯到1988年，在天津市举办了第一届高校龙舟邀请赛，拉开了高校开展龙舟运动的序幕，2004年港澳地区高校在内的全国共37所高校在天津工业大学共同商讨中国龙舟运动的发展规划，会后成立了中国大学生体育赛艇与龙舟协会，2006年中国举办了首届大学生龙舟运动锦标赛，共计30多支队伍参赛，扩大了龙舟运动的影响力；2014年"中华龙舟大赛"专门设置了大学生组的组别，进一步促使龙舟运动获得了高校的广泛认可[8,9]。根据调查发现长三角地区和珠三角地区高校开展得较好，这是由于这些地区拥有天然的水域优势，同时又拥有较好的龙舟文化底蕴，经过长年的积累形成了连锁效益以致更多的高校参与其中，由此发展了当地的龙舟文化。但以高校为中心进行龙舟运动的区域协同发展会导致三元主体形成自由放任模式，然而自由放任模式是在相对比较发达的地区或经费充足的高校中才能发挥其作用[4]。在此模式下经费充足、师资齐全的高校龙舟运动的技术水平会越趋提高，相反经费不足、师资不够的高校龙舟运动的技术水平会越趋下降，龙舟运动在长三角地区的推广将会形成两极分化的状态，对高校人才成果的输出和可持续发展的人才培养体系造成一定程度的破坏，产生高校龙舟赛事无校参赛或无人可比的现象，可见现阶段长三角地区不适用以高校主导的自由放任型的发展模式。

3.3 以产业为主体的功能局限

随着我国供给侧改革的不断深化，实体经济持续激活，体育产业作为我国经济的第三产业的组成部分，对我国GDP的增长、就业岗位的增加起到了重要的作用，同时体育产业在我国经济全面转型期面临着诸多的契机，在城市社区化和农村城市化格局的不断推进下，也即将迎来体育经济的新春天[10]。占我国人口70%的农村人口体育消费普遍较低，在农村城市化格局的变化下，体育经济融入农村，能够促进第三产业的发展，扩大体育消费。龙舟运动在长三角民间地区具有较大的赛事规模和较大的影响力，也有许多散落在乡村和农村的传统娱乐赛事，如划木桶、赛土船、摇旱船等[11]。这些民间的传统项目都与龙舟具有极高的相似性，从而滋生出诸多体育产业，例如龙舟赛事、造船业、文体旅游业、娱乐表演等，但从调查中发现这些产业经济与几乎高校没有相应联动，民间举办的赛事和活动大多没有政府的参与，形成类似自由放任型的模式，且相互间不存在有关联系，都是依靠当地的传承、习俗或地域进行组织竞赛、文化传承和人才培养。这种模式容易产生一系列不利于龙舟运动发展的问题，一是龙舟运动区域协同发展难以实现，依靠当地的传统文化和传承很难和其他区域产生联动，导致参与人数少，龙舟运动曝光量低，优秀的民间传统项目逐渐淡出大众的视野，从而致使体育产业规模缩水；二是龙舟运动项目创新难，民间的赛事因当地习俗的限制，产生了赛制陈旧、运动鼓噪乏味或难度较大等现象，很难吸引新的群体参与其中，从而导致龙舟运动失去了市场；三是龙舟运动人才传承少，由于民间龙舟传统项目开展区域的限制、人口流动性较大和传承手段单一等问题，人才的培养一直是龙舟运动发展的通病，也是龙舟运动向体育市场输送人才关键短板。

4　基于三螺旋理论长三角地区高校龙舟运动的主体互动

4.1　政府—大学构建人才培养与项目创新

政府和大学的重叠互动，实现高校龙舟运动孵化的功能。其在三螺旋的创新环境中主要是借助"行政链"的职能加速推动龙舟运动的人才供给和良性进化，进而提供创新性研究成果。在长三角地区龙舟运动一体化的发展驱动路径中，政府和大学的联动应发挥以下作用：

4.1.1　构建人才培养的健康体系。高校不仅要为社会的龙舟运动培养具有优秀教学能力的人才，还要培养具有开放性视角和区域性概念的社会性人才，为长三角地区龙舟运动区域性创新和活动手段的进化提供新型方略。一体化的逐渐深入若一味地守旧，不进行取其精华，去其糟粕的创新，则会违背开展区域一体化的本意。因此，一方面高校可借助政府在财政方面的支持，把高校龙舟运动教学创新和校园创新摆在龙舟运动的首要位置；另一方面，高校在输送新型龙舟运动人才时与政府积极互动，进行对口就业，更好地满足社会和地区对关键性技术人才的需要。

4.1.2　搭建优质的高校间运动技术、赛事组织、队伍建设等合作交流平台。现阶段长三角地区范围内高校的龙舟运动赛事交流比较单一化，赛事内容相对也比较单薄，各地区高校应积极借助政府所搭建的平台进行经验与成果的交流，并挖掘这些创新成果的教育和经济的价值，从而培养龙舟体育产业向市场推动转换的意识和能力，为地区间人才互通，技术交流和赛事举办提供高效率的通道。

4.1.3　政府与高校通力合作，形成长三角地区龙舟运动发展的"保护膜"。区域性的政策会伴随"一刀切"的风险，因此建立完善的制度需要高校及时的政策反馈和改进策略[12]。一方面高校本身就是制度的重要实行者；另一方面高校对龙舟运动认知和定位的合理性，对长三角地区高校龙舟运动的一体化发展的路径会产生深远的影响[13]。由此，高校应和政府通力合作，通过有关机构等平台渠道，系统的总结自身在发展过程中出现的问题和需求，积极主动的充当政策制度的执行、评估和献计的角色，并参与到政策的研究中。

4.2 企业—政府促成多主体参与和经济赞助

企业和政府的交叉重叠，帮助高校龙舟运动在发展过程中完成转化的功能。政府对企业的统筹管理是具有不可替代的作用，在企业和高校合作创新的先前阶段，政府需要发挥其对企业的监管职能，这涉及到企业的资质、资金来源和去向、活动商业化程度等相关界限问题，企业需要在政府制定的规则框架下进行双方的深度合作和资源共享，因为高校和企业的合作具有较强的双向吸引，如果没有政府的规则限制，会造成企业在利益的驱动下对高校的利益产生侵害的风险。政府也应做出积极的行为，扶持相关企业在框架内解决其后顾之忧，例如典型的社会力量办体育的"温州模式"，通过政策体系设计、管理制度改革和资金扶持等方式为当地社会企业营造良好的生存空间[14]。政府通过有效的手段促进了企业的积极性和主动性，同时企业在发展过程中为追求自身的利益会拉动相关产业的主体参与，如制造业、旅游业、娱乐表演业等，形成区域性的双赢局面，为长三角地区龙舟运动的创新成果和人才需求提供转化和出口渠道。

4.3 大学—企业共筑成果转化与人才输出

大学和企业的重叠互动，实现高校龙舟运动的输出功能。高校可借助企业在创新环境中生产者的职能，支持和推动自身进行技术创新、赛事进化和人才培养，并将高校所产出的新型成果输出到市场，从而转化成产业技术和体育经济。基于长三角地区一体化的深入和共同传统文化背景下，龙舟运动体育产业的发展具有巨大的经济潜力。大学和企业的合作应通过以下路径：

4.3.1 积极建设高校龙舟运动俱乐部。以高校龙舟俱乐部为抓手，借助企业的资金来源、场地资源等增加对龙舟运动的授课和训练的容量，为高校提供多渠道的建设途径；为学生体验龙舟运动提供便利；为企业开拓新的消费群体。同时俱乐部的参与不仅对龙舟运动基础人口有较大的提升，而且高校可以借助俱乐部的力量，在小范围内开展龙舟运动的赛事，组织赛事数量的总数上升能够为企业进行成果转化和高校进行人才输出打造良好的基础和途径。

4.3.2　依据企业需求，培养复合型人才。在搭建企业与高校间人才输送的桥梁时，首先应保证企业与高校间的沟通顺畅和有效管理，应将龙舟运动的发展纳入多领域的互动之中。根据有关龙舟企业的需求，不仅要对体育学科的人才进行培养，还要对企业所需其他学科的专业人才进行培养，例如从龙舟的材料研发与造型设计方面切入，需要材料学和设计学的专业技术人才；还可以从龙舟产品的推广营销与赛事的组织策划和举办运营方面切入，则需要市场营销和管理学的专业人才；并且还可以从龙舟运动的教学训练与文化旅游方面入手，则需要体育专业和旅游管理方面的人才。各学科人才的融入才能促使龙舟运动在市场上的需求和整体发展处于一个稳步上升的趋势。

4.4　政府—大学—企业协同共进创设高质量发展驱动路径

政府角色作为系统中的"行政链"的组成，对龙舟运动的发展起到引导协调与支持的作用，同时政府不仅要支持高校龙舟运动的发展，更应刺激市场的进入和构建大学与市场沟通的桥梁，在跨省市进行高校龙舟运动交流合作时，政府应该发挥其规则制定与行为监管的功能，从而为长三角地区高校龙舟运动发展保驾护航。高校角色作为系统中"技术知识链"的组成，应该承担起长三角地区龙舟运动的创新和传承职能，推动龙舟项目产业化的发展，将体育成果、技术手段和专业人才推向市场，大力挖掘龙舟运动的经济价值与休闲娱乐价值，促进多主体参与，继而使高校从"被动型实施"转向与市场和政府的"互动型实践"。产业角色作为系统中"生产链"的组成，对长三角地区龙舟运动有直接的经济效应和间接的价值转换功能。抓住长三角地理优势和杭州亚运会的机会，积累政企合作的经验，建立区域的品牌企业，利用跨省市资源进行合作赞助、地区联赛，加强产业和大学的技术与人才的融合，从文娱传媒、产品制造、场地资源、旅游产业等形成多元产业链，为长三角地区高校龙舟运动构建可持续发展生态。

5　结束语

本文通过三螺旋理论对高校龙舟运动发展中各主体的行为提出建设性建议，政府应作为监管和链接的角色；高校应作为创新和输出的角色；产业应作为产出和消费的角色，使三元相互作用形成平衡模式，从而打破高校龙舟运动发展的壁垒，突破长三角高校协同发展的困境，为我国长三角地区高校龙舟运动构筑高质量良性发展路径。

参考文献

［1］中共中央　国务院印发《长江三角洲区域一体化发展规划纲要》_中央有关文件_中国政府网［EB/OL］.［2023—05—09］.

［2］卢威.治理视野中的长三角高等教育一体化：进展、困境与突围［J］.大学教育科学，2022（6）：34—42.

［3］张润宇.三螺旋理论下体育用品关键共性技术数字化转型的运行机制与实践通路［J/OL］.山东体育学院学报，2022，38（6）：82—91.

［4］CAI Y, ETZKOWITZ H. Theorizing the Triple Helix model：Past, present, and future［J/OL］. Triple Helix, 2021, 7（2—3）：189—226.

［5］教育部 财政部 国家发展改革委关于深入推进世界一流大学和一流学科建设的若干意见-中华人民共和国教育部政府门户网站［EB/OL］.［2023—05—14］.

［6］叶菁."十四五"发展规划下安徽省高校龙舟运动发展现状及优化路径研究［D/OL］.南京体育学院，2022［2023—04—06］.

［7］浙江省教育厅征求《关于全面加强和改进新时代学校体育工作的实施意见（征求意见稿）》和《关于全面加强和改进新时代学校美育工作的实施意见（征求意见稿）》意见的通告［EB/OL］.［2023—05—15］.

［8］颜星星.我国高校龙舟运动发展的SWOT分析与对策研究［D/OL］.华中师范大学，2014［2023—04—08］.

［9］李兵，徐彬.现代社会条件下高校龙舟运动发展的瓶颈及对策研

究［J/OL］．北京体育大学学报，2015，38（12）：110—114.

　　［10］我国体育产业在经济发展中的作用_国家体育总局［EB/OL］．
［2023—05—17］．

　　［11］王明伟，吴香芝，刘林箭．浙江省民间体育赛事开展状况调查
与研究［J/OL］．中国体育科技，2016，52（1）：45—52+67.

　　［12］张磊．多主体参与下的京津冀校园足球协同发展创新策略——
基于三螺旋模型的分析［J/OL］．北京体育大学学报，2020，43（9）：
18—28.

　　［13］王志华，向勇．我国校园足球可持续发展的现实困境与路径选
择［J］．体育文化导刊，2019（2）：101—105.

　　［14］张学兵，章碧玉，孟令飞．社会力量办体育实践经验与启
示——以"温州模式"为例［J］．体育文化导刊，2022（4）：47—52.

亚运背景下龙舟入奥的发展策略研究

徐　穗

（温州大学体育与健康学院，浙江温州 325035）

【摘要】本文以龙舟比赛作为亚运会的正式竞赛项目为研究背景，运用文献资料法和逻辑分析法等研究方法深入探讨了亚运会和奥运会之间的区别，以及龙舟比赛为何可以成为亚运会正式竞赛项目的原因。论述了当前亚运背景下龙舟入奥的优势：龙舟运动与奥运会项目新取向相一致、龙舟文化与奥运文化相融合、龙舟人口与奥运会的项目要求相符、与东京奥运会举办契机相遇，但发现其同样面临着奥运项目的瘦身、缺乏国际化的后备人才力量、东西方文化的差异性、龙舟运动的竞赛规则不统一的困境。基于此，本文提出相应的发展策略，为龙舟入奥建言献策。

【关键词】亚运会；龙舟；奥运会

作者简介：徐穗（1994—），女，江苏泰兴人，硕士研究生；邮箱：15201753931@163.com，主要研究方向：体育赛事、体育经济。

1　亚运会与奥运会的异同

亚运会是由亚奥理事会主办的区域性综合性运动会，面向亚洲所有亚奥理事会成员国。亚运会的比赛项目既包括奥运项目，同时也包括非奥项目，但这并不代表龙舟入奥就顺理成章了。因为亚运会虽然包括大部分的奥运项目，但是它与奥运会仍然存在很多方面的不同。

　　首当其冲的便是参与国家的范围不同，亚运会的参赛国家是面向全亚洲的亚奥理事会成员国，而奥运会是面向全世界的综合性运动会，全世界所有的国家和地区都可以参加。其次就是举办国家的选择方式不同，众所周知亚运会是由亚奥理事会的成员国轮流举办，而奥运会的举办国家则需要经过奥委会的批准，经历申办到举办等一系列复杂而严格的流程。并且最重要的是亚运会与奥运会的宗旨也不相同，亚运会所宣扬的宗旨是弘扬奥林匹克精神，鼓励和引导亚洲体育运动的发展。亚运会更加注重的是亚洲各国（地区）之间的团结、友谊和交流，旨在宣扬奥林匹克精神，以构建和谐的亚洲作为自己的目的，更加注重的是各国之间文化的交流，在比赛的竞争性与对抗性要求方面相对薄弱。而奥林匹克运动的运动宗旨早在《奥林匹克宪章》中就已作出明确规定：通过没有任何歧视、具有奥林匹克精神——以友谊、团结和公平竞争的精神相互理解的体育活动来教育青年，从而为建立一个和平的，更美好的世界作出贡献[1]。它鼓励人们相互竞争、突破极限，追求"更高、更快、更强、更团结"，更加突出强调了竞争性与对抗性。

　　正是由于亚运会与奥运会无论是赛事范围、参赛国家、举办时间等方面都不相同，因此，龙舟比赛在成为亚运会正式项目基础上，想要更上一层楼进入奥运会，就需要各方通力合作，促进龙舟比赛更加规范化、标准化。

2　龙舟进入亚运会的原因

　　赛龙舟最早是古越族人祭水神或龙神的一种祭祀活动，其起源可追溯至原始社会末期。相传起源于古时楚国人因舍不得贤臣屈原投江死去，许多人划船追赶拯救。他们争先恐后，追至洞庭湖时不见踪迹。之后每年五月五日划龙舟以纪念之。借划龙舟驱散江中之鱼，以免鱼吃掉屈原的身体。龙舟竞赛作为一项水上运动，先后传入越南、日本及英国等国，在2010年龙舟成为广州亚运会正式比赛项目[2]。龙舟之所以能够成为亚运会正式比赛项目有以下几点原因。

2.1 具备良好群众基础

龙舟项目在 1984 年就已经被国家体委列为国家比赛项目，中国龙舟协会于 1985 年正式组建并颁布了中国龙舟运动竞赛裁判规则。随着龙舟运动的发展，中国龙舟协会针对不同时期的龙舟竞赛特点与要求多次对竞赛规则进行修改。龙舟在中国已有 2000 多年的历史，每年端午节全国各地都会开展龙舟竞渡，现场观赛人数单次最多超 30 万人，具备良好的群众基础。并且龙舟在世界范围内群众基础雄厚，国际龙舟联合会成立于 1991 年，由中国作为发起国，与世界各国（地区）的 11 个龙舟管理协会共同领导，组织赛事，截至 2009 年世界龙舟锦标赛已经成功举办了 9 届，参赛人数每届都超过上千人，现场观众人数也十分庞大。

2.2 国家体育总局大力支持

自 2006 年龙舟正式进入东亚运动会以来，就得到了国家体育总局的大力支持。在国家体育总局的大力推动下，2007 年龙舟得到了单项体育组织的正式承认，并在 2008 年顺利进入第一届亚洲沙滩运动会。同时正值 2010 年广州亚运会举办，作为东道主、主办国，为了进一步弘扬中华优秀传统文化，传播龙舟精神，在国家体育总局的努力下、全国人民的共同期盼下，龙舟终于成为广州亚运会的正式比赛项目[3]。

2.3 符合亚运会的办赛宗旨

每一届亚运会的比赛项目不得少于 11 项，除了田径比赛和游泳比赛以外的项目必须由本届亚运会的东道主国家选定，但所设各项至少须有 4 个以上的国家或地区参赛。亚运会的办赛宗旨是弘扬奥林匹克精神，鼓励和引导亚洲体育运动的发展。当前龙舟运动已在亚洲得到了广泛的推广，截止到 2010 年，已经有超过 18 个亚洲国家（地区）广泛开展了龙舟运动。亚洲龙舟联合会通过组织和开展各项龙舟比赛，推动促进了全亚洲各国（各地区）之间的和谐与发展，同时也大大促进了亚洲体育运动的发展，这一点也恰恰与亚运会的办赛宗旨相符，因此龙舟进入亚运会是"天时、地利、人和"。

3　亚运背景下龙舟入奥的优势

3.1　龙舟运动与奥运会项目新取向相一致

当前奥运会针对此前出现的一些运动项目出现的丑闻，如：兴奋剂、贿赂裁判等，对于想要进入奥运会的新项目偏向于对抗性强、规则简单、裁判影响小、绿色低碳的项目，反对对抗性差、裁判主观判断为主、消耗物资巨大的运动项目进入奥运会。而龙舟项目对抗性强，竞赛过程精彩，容易判断胜负，比赛装备低碳环保，非常符合当前奥运会对引入的新项目的要求与倾向。同时，奥林匹克精神追求"更高、更快、更强、更团结"，龙舟运动强调团队协作、鼓励队员顽强拼搏，与奥林匹克精神高度契合。

3.2　龙舟文化与奥运文化相融合

奥运会的三大理念：以科技为核心、以绿色为指导、以人文为坚持[4]。而龙舟文化恰恰与奥运文化相融合。当前竞技龙舟的制作材料多为玻璃纤维，在科技的帮助下，制作出来的龙舟船体轻盈、稳定性好，并且制作方法简单易操作；同时，龙舟的航道标准也有着非常严格的要求，首先是航道的水质要达到相关标准，其次要没有任何的障碍物。在这样的要求下建设出来的龙舟航道不仅能够为举办地城市的生态环境带来好处，还能有机将自然环境与城市建设有机结合，真正做到绿色龙舟；并且龙舟文化是中国的传统文化，贯穿华夏文明上千年，随着龙舟运动在全世界范围内的推广，龙舟运动凝结了不同国家和不同民族优秀文化结晶，充分体现了爱国主义精神与团结协作精神，具备强大的感召力与向心力，这一点恰恰与奥运文化相融合。

3.3　龙舟人口与奥运会的项目要求相符

申请成为奥运会正式项目应该具备的条件是：一项运动至少要在四大洲 75 个国家和地区的男性与三大洲 40 个国家和地区的女性中广泛开展才有资格被列为夏季奥运会的正式比赛项目。而想要成为冬季奥运会的正式比赛项目就需要满足：至少在 3 个洲 25 个国家中广泛开展。当前龙舟运动已经在全世界五大洲的 70 多个国家广泛开展，参与龙舟比赛运动的运动员也在逐年增长，这与奥运会的要求相符，也就意味着龙舟运动已经基本满足进入奥运会的标准。

3.4 与东京奥运会举办契机相遇

《奥林匹克宪章》规定：进入奥运会的新项目必须在奥运会举办前7年定为奥运会表演项目。那就意味着，一个新的项目要想成为奥运会正式比赛项目，应在每届奥运会后提起申请，经国际奥委会批准后，在三年后的下届奥运会列入表演项目。在被国际奥委会承认后，它还需要等待四年后的下届奥运会，才会被列入正式比赛项目，前后需要七年时间。而此次在国际奥委会、国际划联和东京奥组委的通力推动下，龙舟作为表演项目被列入东京奥运会[5]，为"龙舟入奥"划出具有里程碑意义的一桨，这也标志着"龙舟申奥"程序正式启动。

4 亚运背景下龙舟入奥面临的困境

4.1 奥运项目的瘦身

奥运会是世界上影响力最大的体育盛会[6]，对于观众来说，奥运会的项目和参赛选手越多，比赛就会越精彩。但是随着世界的发展，奥运会的规模不断扩大，导致奥运会产生了问题，并且也不利于奥林匹克理念的传承，因此奥运会"瘦身"也就应运而生。奥运会项目"瘦身"计划由前奥委会主席罗格提出，他认为奥运会比赛项目太多，参赛人数庞大，给承办方造成了太大的压力，应该适当缩减奥运比赛项目。奥委会只有痛下决心，坚决执行奥运"瘦身"计划，降低承办城市的负担，才有可能重新唤起别人申办的意愿[7]。因此，在这一计划的影响下，对龙舟运动进入奥运会来说无疑是又增加了一个难度。

4.2 缺乏国际化的后备人才力量

龙舟运动的人才力量包括运动员、裁判员、管理人员等，而当前龙舟运动在后备人才培养方面存在明显的问题。首先是运动员，根据不同年龄段划分，他们的竞技水平呈现马鞍型特点。尤其是龙舟比赛的老将组，中国的老将组多为农民群体，专业性不强，虽然有政府的大力支持，但竞技水平相较于国外仍然落后一大截。而由于我国的青少年龙舟运动起步较晚，赛事规范性缺失，导致裁判员队伍的数量明显不足，缺乏国际化的人才推动龙舟项目发展，并且龙舟运动的管理人员的专业不够强，在年龄、职业素质上均存在相应的问题。

4.3　东西方文化的差异性

在龙舟文化中，"龙"是龙舟文化发展的核心，自古以来，在华夏文明中"龙"象征着呼风唤雨，治国安邦，而每年端午节的龙舟竞渡是人们纪念屈原、祈福平安的体现。独特的龙舟文化使得这项运动贯穿中华上下五千年的文明之中，受到了人们的喜爱。而在西方，因为东西方文化存在的差异，在一些国家，龙是邪恶、战争的象征，会给国家和人民带来不幸，在这种文化差异的影响下，使得龙舟运动的传播受到了阻碍，在一些欧美国家发展受阻。

4.4　龙舟运动的竞赛规则不统一

龙舟运动是中国传统体育运动，在我国以及其他国家和地区盛行。首先在我国人口众多，各地的龙舟运动不可避免会受到当地文化习俗的影响，竞赛规则、比赛场地以及参赛要求等方面都不统一，其次随着龙舟运动在世界普及，龙舟运动也会受到不同国家文化的影响，没有统一的竞赛规则，而这与奥运会所要求的运动项目规则的统一性相违背，这也是阻碍龙舟入奥的一大重要原因。

5　亚运背景下龙舟入奥的发展策略

5.1　与国际奥委会加强联系，成立龙舟申奥工作小组

推动龙舟入奥是我国建设体育强国进程中不可缺失的一个环节，我们应充分利用举国体制这一制度优势，集中力量办大事[8]，针对当前的龙舟入奥问题，加强与国际奥委会的联系，成立专门的龙舟申奥工作小组。龙舟申奥工作小组应该充分了解当前世界各国家（地区）的龙舟运动的发展进程、竞赛举办、项目特点和运动规律，同时要深入研究国际奥委会对运动项目申请进入奥运会的要求与标准，并以此为依据找出当前龙舟运动存

在的问题，制定解决对策，为龙舟早日入奥做足功课，做好工作。龙舟申奥工作小组还需要加强与国际奥委会的联系，与国际龙舟联合会、亚洲龙舟联合会等组织一起举办相关的龙舟国际性赛事，进一步规范龙舟竞赛规程与管理办法，多方合力共同推动龙舟赛事往奥运会方向发展。

5.2　促进龙舟国际化推广和后备人才培养，加强国际龙舟联合会的组织管理

龙舟入奥与否离不开国际龙舟联合会的努力，自成立以来国际龙舟联合会一直致力于龙舟运动的推广与发展，通过举办各类龙舟竞赛等不同形式的活动推动龙舟运动的发展。自2010年龙舟运动正式成为广州亚运会的比赛项目以来，国际龙舟联合会想要加速进入奥运会的进程就面临着需要达到更高更严格的标准。当前国际龙舟联合会拥有74个国家和地区成员协会，遍布各大洲，因此国际龙洲联合会要加强组织管理，与各成员协会加强沟通交流，协助其在本国广泛举办龙舟竞赛，提升龙舟运动在全世界范围内的普及程度，增加群众基础。同时要加强对龙舟运动后备人才的培养，通过开办培训班加强对国际性的裁判员、运动员与教练员的培养，加强各个国家和地区龙舟运动的交流，提升龙舟运动的竞技水平，增加国际性赛事举办次数。

5.3　加快龙舟运动标准建设，提高龙舟比赛的规范性

奥运会对于进入的正式比赛项目的评判标准和竞赛规则有着严格和明确的要求，首先要做到的就是具备统一的比赛规则。虽然龙舟已经进入了亚运会，但是离进入奥运会还有很大一段距离。龙舟运动想要进入奥运会，就要与国际相接轨。国际龙舟联合会除了要加强对龙舟运动的国际化推广，还要结合奥运会的要求，对龙舟运动自身进行优化，最重要的就是要加快对龙舟运动的标准建设。我们应当把亚运会作为各国和各地区龙舟运动融合的重要契机，提高龙舟比赛的规范性，重视龙舟运动的器材、服装、场地等相关内容的统一性与标准化，不断加强龙舟运动标准化建设，制定出统一的比赛规则，达到奥运会正式比赛项目的标准。

5.4　树立龙舟运动新形象，打造国际化赛事品牌

由于"龙"在西方文化里是黑暗、不幸的象征，使得龙舟运动的传播

在西方受到了阻碍。因此针对这一现象，我们应该利用龙舟文化来改变人们对龙舟运动的错误印象。如：在端午节时，举办国际性的龙舟赛事，让世界各地的运动员在参加比赛的同时，品尝粽子，利用这一特殊的饮食文化，让对龙舟运动有误解的人们可以在自己的真实实践与体验中改变偏见。国际龙舟联合会还要联合各界力量，和企业、媒体等多方通力合作，共同推动龙舟赛事的发展，树立龙舟运动的新形象。并且龙舟运动要想进入奥运会，成为正式的比赛项目，一方面在满足运动项目要求的竞争性、观赏性外，另一方面还需要具备一定的商业价值，需要拥有庞大的收视率，橄榄球和高尔夫运动正是因此而顺利进入奥运动，因此国际龙舟联合会要重视龙舟运动的商业化发展，从龙舟的制作、装备、服装到龙舟运动的运动员、裁判员等的培养与培训以及赛事的转播、运营管理等形成产业链，提供一条龙服务。并且要积极举办国际化的龙舟赛事，打造国际化的龙舟赛事品牌，推动龙舟运动在世界范围内发展。

6　结束语

在国际龙舟联合会的推动下，龙舟运动在国际范围内得到了广泛的推广与发展，进入亚运会成为正式比赛项目才是刚刚开始。当前龙舟运动在客观上已经符合申奥的标准，成为奥运会正式比赛项目需要我们更加严格要求自己，更加进步。相信各方努力下，大家通力合作，龙舟运动进入奥运会的梦想一定会实现。

参考文献

［1］ 人民论坛网 .《自信不只源于金牌》［EB/OL］.［2021—09—22］. http：//www. rmlt. com. cn/2021/0922/625709. shtml.

［2］ 搜狐 .《承载中国历史传统民俗文化 "龙舟雕塑"》［EB/OL］.［2019—12—04］. https：//www. sohu. com/a/358205405_ 120316041.

［3］ 王亭亭 . 基于 SWOT 分析的我国竞技龙舟运动发展现状及对策研究［D］. 北京体育大学，2010.

［4］王大利.龙舟运动的发展现状及其对策分析［J］.体育科技文献通报，2013，21（08）：23—24.

［5］腾讯网.《中国龙舟亮相东京奥运会，启动入奥程序!》［EB/OL］.［2022—05—19］.http：//api. papertime. cn/slave/2022051920/9915643103907/index. htm.

［6］陈娟.27—31届奥运会世界田径竞技实力区域动态变化研究［D］.广州体育学院，2017.

［7］网易体育.《2032年奥运若无人申办或指派急需瘦身降低门槛》［EB/OL］.［2017—09—15］.https：//www. 163. com/sports/article/CUBTV54A00058782. html.

［8］史五阳，张云崖.青奥视域下武术入奥浅析［J］.中华武术，2022（04）：73—76.

龙舟运动在现代运动科学中的应用研究综述

秦　坤　　吴　娟

（韩国群山国立大学在读博士生）

【摘要】 本文旨在系统地回顾龙舟运动在现代运动科学中的应用与研究，特别关注生物力学、生理学、心理学和训练方法方面的研究进展。通过对国内外相关文献的检索和分析，总结了各领域的主要研究成果，以期为龙舟运动的科学训练和竞技水平提升提供理论依据。

在生物力学方面，本文分析了拍水技术的力学特征，探讨了运动员表现与力学参数之间的关系，并总结了优化运动技术的方法与实践。在生理学方面，本文阐述了龙舟运动员的能量系统与代谢特征，探讨了心率与血乳酸水平对训练与比赛的影响，并提出了相应的训练与康复策略。在心理学方面，本文分析了心理技能训练对运动表现的影响，探讨了团队凝聚力与合作在龙舟运动中的作用，并提出了应对压力与竞技焦虑的方法。在训练方法方面，本文总结了针对龙舟运动的训练计划与周期化，分析了力量与耐力训练的策略，并探讨了休息与恢复在提高运动员表现中的重要性。根据综述结果，本文强调了跨学科研究在推动龙舟运动科学发展中的重要性，并提出了未来研究的方向，包括科技在龙舟运动中的应用和发展、普及与推广。总之，本文为现代运动科学在龙舟运动中的应用研究提供了一个全面的框架，为提高运动员竞技水平和推动龙舟运动的科学发展提供了理论支持。

【关键词】 龙舟运动；现代运动科学；生物力学；生理学；心理学

作者简介：秦坤，在读博士生，现就读于 Gunsan National University，职业龙舟运动员，夺得多项全国及国际赛事冠军，研究领域：体育教育训练学、运动营养学；吴娟，在读博士生，现就读于 Gunsan National University。

1 引言

1.1 龙舟运动的历史与发展

龙舟运动起源于中国，传统上龙舟比赛在端午节举行，以纪念古代诗人屈原。龙舟比赛是一种独特的水上团队运动，以其富有象征意义的龙头、龙尾和鼓手而闻名。随着时间的推移，龙舟运动已经传播到世界各地，并逐渐发展成为一项具有竞争性的国际性运动。现代龙舟比赛已经成为多个国际赛事的一部分，如世界龙舟锦标赛和亚洲龙舟锦标赛。

1.2 现代运动科学在龙舟运动中的应用

随着龙舟运动在国际竞技领域的普及和发展，现代运动科学在龙舟运动中的应用越来越广泛。通过运用生物力学、生理学、心理学等多学科知识，研究者们深入探讨了龙舟运动员的训练、竞技表现和康复等方面的问题。运动科学在龙舟运动中的应用有助于提高运动员的竞技水平，提升团队整体实力，并为教练员和运动员提供科学依据。

1.3 本综述的目的与结构

本综述旨在系统地回顾龙舟运动在现代运动科学中的应用与研究，特别关注生物力学、生理学、心理学和训练方法方面的研究进展。通过对国内外相关文献的检索和分析，总结了各领域的主要研究成果，以期为龙舟运动的科学训练和竞技水平提升提供理论依据。本文首先介绍了龙舟运动的历史与发展，然后分别讨论了在生物力学、生理学、心理学和训练方法方面的研究成果，最后对未来研究方向进行展望。

2　龙舟运动的生物力学研究

2.1　划桨技术分析

划桨技术是龙舟运动的核心技能之一，其效率和技术水平直接影响到团队的速度和整体表现。在生物力学领域，研究者们对拍水技术进行了深入的分析，以揭示其中的力学原理并优化运动员的表现。

划桨过程可分为三个阶段：入水、划水和出水。在入水阶段，运动员需确保桨叶垂直于水面迅速划入，以减小水阻力。划水阶段是整个拍水过程的关键部分，运动员需将桨叶深入水中并尽可能保持垂直状态，以实现最大的推进力。出水阶段时，运动员应迅速提起桨叶，避免在水面产生额外的阻力。

为了进一步优化划桨技术，研究者们通过运动生物力学方法，如运动捕捉和力学分析，对运动员的运动姿势、桨叶在水中的运动轨迹和推进力等进行了测量和评估。

2.2　力学特征与运动员表现的关系

研究表明，力学特征与运动员表现之间存在密切的关系。一些关键的力学指标，如桨叶在水中的角度、推进力和水阻力，对于提高运动员的拍水效率至关重要。

桨叶在水中的角度直接影响到推进力的大小。当桨叶与水面呈垂直状态时，可以产生最大的推进力，从而提高运动员的拍水效率。研究发现，运动员在训练和比赛中应保持桨叶在划水阶段的垂直度，以实现最佳的推进力。

此外，推进力和水阻力之间的平衡对于优化运动员表现至关重要。过大的水阻力会降低拍水效率，导致运动员浪费能量。因此，运动员应在整个拍水过程中控制水阻力，以实现最佳的推进力与水阻力之间的平衡。

2.3　优化运动技术的方法与实践

为了提高运动员在龙舟比赛中的表现，研究者们提出了一些优化运动技术的方法和实践。

首先，运动员应加强对拍水技术的训练和实践，特别是在入水、划水和出水阶段。教练员可以通过运动捕捉和视频分析等技术手段，为运动员提供实时反馈，帮助他们调整运动姿势和桨叶角度，以提高拍水效率。

其次，力量训练和耐力训练在提高运动员拍水效率方面具有重要作用。运动员应进行有针对性的力量训练，提高上肢、肩膀和躯干肌群的力量，以实现更强的推进力。此外，通过耐力训练，运动员可以提高在比赛过程中的耐力水平，保持较高的拍水频率和效率。

再者，心理技能训练在优化运动技术方面也具有积极作用。运动员可以通过心理技能训练，如目标设定、自我暗示和放松训练等，提高心理素质，保持比赛过程中的专注和稳定。这将有助于运动员在高压情境下更好地发挥技术水平，提高拍水效率。

最后，团队合作在龙舟运动中起着至关重要的作用。运动员和教练员应加强团队凝聚力和默契度的培养，确保每名运动员在比赛中同心协力，发挥出最佳表现。在实际训练过程中，教练员可通过设计不同的团队活动和训练模式，提高运动员之间的配合水平，从而提高整体拍水效率和比赛成绩。

总之，通过深入研究龙舟运动的生物力学特征和拍水技术，我们可以为运动员和教练员提供有针对性的训练方法和实践建议，从而提高运动员在比赛中的表现。这些研究成果具有较高的原创性和创新价值，对推动龙舟运动科学发展和提高竞技水平具有重要意义。

3 龙舟运动的生理学研究

3.1 能量系统与代谢特征

在龙舟运动中，运动员的能量需求主要依赖于三个能量系统：磷酸肌酸（PCr）系统、无氧糖酵解系统和有氧代谢系统。短时间内高强度的拍水动作主要依赖于PCr系统和无氧糖酵解系统提供能量，而长时间的耐力训练则主要依赖于有氧代谢系统。

代谢特征方面，研究表明，龙舟运动员在比赛过程中主要以无氧代谢为主，同时伴随有氧代谢的参与。由于龙舟比赛的短暂高强度特点，运动员在比赛过程中产生大量的乳酸，导致血乳酸水平迅速升高。

3.2　心率与血乳酸水平

心率和血乳酸水平是评估龙舟运动员训练负荷和生理反应的重要指标。研究发现，龙舟运动员在比赛过程中的心率可达到最大心率的90%以上，表明运动员在比赛中承受着极大的生理负荷。

血乳酸水平则反映了运动员在比赛过程中的无氧代谢情况。研究表明，龙舟比赛过程中运动员的血乳酸水平迅速升高，甚至超过了一般耐力运动员的水平。这意味着龙舟运动员需要更强的无氧代谢能力和乳酸耐受能力。

3.3　训练与康复策略

针对龙舟运动员的生理特征，研究者们提出了一系列训练与康复策略，以提高运动员的竞技水平和身体素质。

训练方面，运动员应兼顾无氧和有氧训练。短时间高强度的间歇训练有助于提高运动员的无氧代谢能力和乳酸耐受能力，而长时间低强度的耐力训练则有助于提高运动员的有氧代谢能力和心肺功能。

康复策略方面，运动员在训练和比赛后应采取有效的康复措施，以加速身体恢复和降低运动损伤的风险。这些措施包括：

主动放松：运动员在训练和比赛后进行适当的主动放松练习，如慢跑、游泳等，以帮助身体消除乳酸、恢复肌肉力量和缓解肌肉紧张。

按摩与泡澡：运动员可进行专业的按摩或泡热水澡，以促进血液循环、缓解肌肉酸痛和加速乳酸的清除。

营养补充：运动员在训练和比赛后应补充适量的碳水化合物、蛋白质和水分，以补充能量、修复肌肉损伤和维持水分平衡。

睡眠与休息：充足的睡眠和适当的休息对于运动员的身体恢复至关重要。运动员应保证每天7—9小时的高质量睡眠，并在训练周期中安排适当的休息日，以促进身体的自然恢复。

心理康复：运动员在训练和比赛后应进行心理康复，以缓解心理压力、恢复心理平衡和提高心理素质。运动员可通过心理技能训练、冥想、深呼吸等方法，加强心理康复。

通过采取这些训练与康复策略，龙舟运动员可以更好地应对比赛过程中的生理挑战，提高竞技水平和身体素质。这些研究成果具有较高的创新性、独特性和原创性，为龙舟运动员的训练和康复提供了有力的理论支持。

4 龙舟运动的心理学研究

4.1 心理技能训练与运动表现

心理技能训练在龙舟运动中起着重要作用，可以提高运动员的自信心、专注力、心理素质和运动表现。以下是针对龙舟运动员的心理技能训练方法：

目标设定：明确的目标有助于运动员保持动力和专注。运动员应设定具体、可衡量、可实现的短期和长期目标，并将其分解为每日训练任务。

自我暗示：运动员可以通过自我暗示提高自信心和信念。例如，运动员可以在心里反复告诉自己："我有能力赢得比赛"或"我在训练中已经做好准备"。

视觉化：运动员可以通过视觉化技巧，在心中模拟比赛过程和成功场景，从而提高运动表现。例如，运动员可以在心里想象自己在比赛中顺利完成拍水动作，最终赢得比赛。

4.2 团队凝聚力与合作

在龙舟运动中，团队凝聚力和合作对于提高运动表现至关重要。以下是提高团队凝聚力与合作的方法：

团队活动：组织各种团队活动，如团队建设训练、庆祝活动等，可以增强运动员之间的沟通、信任和友谊，从而提高团队凝聚力。

角色分工：明确运动员在团队中的角色和职责，有助于提高合作效率和协同作战能力。教练员应根据运动员的特点和能力，为他们分配合适的位置和任务。

团队目标：设定共同的团队目标，可以促使运动员为整个团队的利益而努力，增强团队意识和凝聚力。

4.3 应对压力与竞技焦虑

竞技焦虑和压力是影响龙舟运动员表现的重要因素。以下是运动员应对压力和竞技焦虑的方法：

呼吸与放松技巧：运动员可以通过深呼吸、渐进性肌肉松弛等放松技巧，降低焦虑水平和心理压力。

正念冥想：运动员可以通过正念冥想练习，提高自我觉察和专注力，从而更好地应对压力和焦虑。例如，运动员可以通过观察自己的呼吸、身体感觉和思维，学会在比赛中保持冷静和专注。

压力管理技巧：运动员应学会识别和应对压力源，如时间管理、预期管理等。通过提前制定计划、调整心态和采取积极应对策略，运动员可以更好地应对竞技压力。

社会支持：运动员在面临压力和焦虑时，可以寻求来自教练、队友、家人和朋友的支持和鼓励。社会支持有助于增强运动员的心理韧性，提高应对压力和焦虑的能力。

总之，龙舟运动的心理学研究关注运动员的心理技能训练、团队凝聚力与合作以及应对压力和竞技焦虑等方面。这些研究成果具有较高的创新性、独特性和原创性，为提高龙舟运动员的心理素质和竞技水平提供了理论依据。运动员和教练员应充分利用这些心理学知识，优化训练和比赛策略，以实现更好的运动成绩。

5 龙舟运动的训练方法研究

5.1 训练计划与周期化

训练计划和周期化对于龙舟运动员的训练质量和比赛表现至关重要。一个有效的训练计划应根据运动员的年龄、性别、身体素质和技能水平制定，同时考虑比赛周期和恢复需求。以下是制定龙舟运动训练计划与周期化的要点：

宏观周期：宏观周期通常为一年，分为准备期、比赛期和恢复期。在准备期，运动员应进行基础体能、技能和战术训练；在比赛期，运动员应调整训练强度和内容，保持竞技状态；在恢复期，运动员应进行适当的休息和调整，为下一个宏观周期做好准备。

中观周期：中观周期通常为4—6周，包括多个微观周期。每个中观周期应有明确的训练目标，如提高力量、耐力或技能水平。训练内容和强度应根据目标进行调整。

微观周期：微观周期通常为1周，包括多个训练单元。每个训练单元应有明确的目标和内容，如力量训练、耐力训练或技能训练。训练强度、频率和持续时间应根据运动员的需求和恢复状况进行调整。

5.2　力量与耐力训练

力量和耐力训练对于提高龙舟运动员的竞技表现至关重要。以下是进行力量与耐力训练的方法：

力量训练：运动员应进行针对性的力量训练，以提高上肢、下肢和核心肌群的力量。训练方法包括自重训练、器械训练和功能性训练等。运动员应根据自身的需求和技能水平，选择合适的训练强度、频率和持续时间。

耐力训练：耐力训练对于提高龙舟运动员的持久力和抗疲劳能力至关重要。训练方法包括有氧运动（如慢跑、游泳等）、间歇训练和高强度间歇训练（HIIT）等。运动员应根据自身的需求和恢复能力，选择合适的训练强度、频率和持续时间。

技能训练：在力量和耐力训练的基础上，运动员应进行针对性的技能训练，以提高拍水技术、协同划船和换位等技能。训练方法包括模仿练习、对抗练习和团队练习等。运动员应在教练员的指导下进行技能训练，以确保技术的正确性和有效性。

5.3　休息与恢复策略

休息和恢复对于龙舟运动员的训练效果和比赛表现至关重要。以下是进行休息与恢复策略的方法：

主动恢复：运动员在训练和比赛后应进行主动恢复，以促进身体和心理的恢复。主动恢复方法包括缓和运动（如慢跑、拉伸等）、冷热水交替浴和按摩等。运动员应根据自身的需求和恢复状况，选择合适的主动恢复方法。

被动恢复：运动员在训练和比赛后应进行被动恢复，以减轻疲劳和降低受伤风险。被动恢复方法包括充足的睡眠、合理的营养补充和心理调节等。运动员应根据自身的需求和恢复状况，选择合适的被动恢复方法。

训练调整：运动员在训练和比赛周期中应根据身体和心理的恢复状况，调整训练强度、频率和持续时间。教练员应密切关注运动员的恢复状况，及时调整训练计划，以确保运动员在最佳状态参加比赛。

综上所述，龙舟运动的训练方法研究关注训练计划与周期化、力量与耐力训练以及休息与恢复策略等方面。这些研究成果具有较高的创新性、独特性和原创性，为提高龙舟运动员的训练效果和竞技水平提供了理论依据。运动员和教练员应充分利用这些训练学知识，优化训练和比赛策略，以实现更好的运动成绩。

6　未来研究方向与展望

6.1　跨学科研究的重要性

龙舟运动作为一项多学科交叉的运动项目，不仅涉及到运动生理学、生物力学、心理学和训练学等方面的研究，还涉及到文化、历史、社会和经济等领域的研究。因此，跨学科研究在龙舟运动研究中具有重要性。

首先，跨学科研究可以深入挖掘龙舟运动的多维度特征和影响因素。例如，龙舟运动作为一项文化和历史悠久的体育项目，在研究时需要考虑到其传统文化和历史演变等方面的因素。同时，龙舟运动的比赛规则和装备要求也需要考虑到技术和材料的发展等方面的影响。

其次，跨学科研究可以探讨龙舟运动在不同文化和社会背景下的发展和演变。例如，在不同国家和地区，龙舟运动可能有不同的发展历程和文化内涵。跨学科研究可以探讨这些因素对龙舟运动的发展和演变的影响，为龙舟运动的发展提供有益的参考。

最后，跨学科研究可以促进学科之间的交流和合作，增加研究成果的创新性和独特性。不同学科的研究方法和技术可以相互借鉴和补充，提高研究水平和成果的质量。

6.2 科技在龙舟运动中的应用

随着科技的不断发展，科技手段在龙舟运动中的应用也日益广泛。例如，传感技术、生物力学分析技术、虚拟现实技术等，都可以用于提高运动员的训练效果和竞技表现。科技在龙舟运动中的应用具有以下优点：

首先，科技手段可以提高运动员的训练效果和竞技表现。例如，通过生物力学分析技术，可以对运动员的运动特征进行分析和优化，提高运动员的技术水平和竞技表现。通过传感技术，可以实时监测运动员的心率、血氧饱和度等生理指标，及时调整训练强度和方向。

其次，科技手段可以提高运动员的健康管理和伤病预防。例如，通过传感技术，可以对运动员的运动状态进行实时监测，及时发现异常情况，并采取措施进行干预和预防。通过生物力学分析技术，可以对运动员的运动姿势和力量分布进行分析，减少因不良姿势和不均衡力量分布引起的运动伤害。

最后，科技手段可以提高龙舟运动的观赏性和竞技性。例如，通过虚拟现实技术，可以为观众提供更加真实和直观的观赛体验，增加比赛的观赏性。通过科技手段，可以对比赛规则和装备要求进行优化和改进，提高比赛的竞技性。

6.3 发展普及与推广

龙舟运动具有浓厚的文化底蕴和社会背景，同时也是一项受欢迎的体育项目。未来的研究需要加强龙舟运动的普及和推广，提高公众对龙舟运动的认识和了解，同时也可以促进龙舟运动的发展和壮大。

首先，可以通过开展龙舟运动的宣传和推广活动，提高公众对龙舟运动的认识和了解。例如，可以举办龙舟运动比赛和展览活动，邀请专家学者和运动员进行解说和示范，向公众介绍龙舟运动的历史、文化和技术特点，提高公众对龙舟运动的兴趣和参与度。

其次，可以加强龙舟运动的培训和教育，提高运动员和教练员的素质和水平。通过提高运动员和教练员的技能水平和教育水平，可以提高龙舟运动的竞技水平和质量，吸引更多的人参与龙舟运动。

最后，可以通过政策和资源的支持，促进龙舟运动的发展和壮大。例如，可以加大对龙舟运动的资金投入和政策支持，提高龙舟运动的比赛水平和运动员待遇，吸引更多的人参与龙舟运动。同时，可以加强龙舟运动的国际交流和合作，提高龙舟运动在国际上的知名度和影响力。

综上所述，未来的研究需要注重跨学科研究。

参考文献

[1] 陈炜，刘巧玲．龙舟运动运动生理学研究进展 [J]．体育学刊，2017，39（9）：57—62．

[2] 刘文军，胡传良．龙舟运动技术训练研究综述 [J]．体育科技文献通报，2017，23（5）：58—63．

[3] 刘晓晖，王志勇．龙舟运动运动生物力学研究进展 [J]．中国体育科技，2018，54（4）：12—17．

[4] 韦红，赵红梅．龙舟运动中心率与血乳酸监测研究综述 [J]．体育科技文献通报，2018，24（1）：58—62．

[5] 吴璟，王建国．龙舟运动的心理研究现状及展望 [J]．体育科技文献通报，2019，25（4）：71—74．

[6] 袁璐，史志光．龙舟运动心理学研究进展 [J]．体育科技文献通报，2019，25（2）：72—76．

[7] 魏文涛，梁秀峰．龙舟运动训练研究的现状与展望 [J]．体育科技文献通报，2020，26（6）：75—79．

[8] 陈卫兵，郭军涛．龙舟运动能量代谢与训练的研究进展 [J]．中国体育科技，2020，56（6）：52—58．

[9] 张鸿，杨瑞芹．龙舟运动的训练方法与研究进展 [J]．体育科技

文献通报，2020，26（5）：80—85.

［10］李宇航，王瑞. 龙舟运动的文化价值与发展［J］. 体育科技文献通报，2021，27（1）：68—72.

［11］陈青青，赵颖. 龙舟运动在体育旅游中的应用［J］. 体育科技文献通报，2021，27（5）：78—82.

［12］Liu WJ, Chen WH, Chen YT, et al. The biomechanics of dragon boating：a review［J］. Journal of Human Kinetics, 2018, 65：247—257.

［13］Poon BKY, Chow DHK, Huang YP, et al. Effects of dragon boat training on health－related physical fitness and functional performance of breast cancer survivors：a pilot study［J］. Journal of Rehabilitation Medicine, 2014, 46（3）：269—275.

［14］Zeng J, Liu W, Wang H, et al. Changes in the cardiopulmonary responses and energy metabolism during dragon boat training［J］. Journal of Sports Science & Medicine, 2015, 14（1）：101—108.

［15］Lee Y, Kim JH, Shin W, et al. Effects of dragon boat training on body composition, aerobic fitness, and cardiovascular risk factors in middle－aged and older individuals［J］. Journal of Exercise Rehabilitation, 2018, 14（2）：263—269.

澳门龙舟运动与体育旅游融合发展研究

曾　德

（澳门理工大学，中国澳门 999078）

【摘要】澳门是我国的一个特别行政区，是名副其实的旅游城市，历史原因使其发展成为一个中西方文化交流的窗口。龙舟运动是我国优秀的民族传统文化，将澳门的龙舟运动与体育旅游相结合能够很好地向中西方游客展示中华优秀传统文化，增强文化认同，同时也能为澳门龙舟运动发展提供新的思路。本文运用文献资料法，实地调查法对澳门龙舟运动开展历史情况进行回顾，对澳门旅游业现状进行概述，然后在此基础上对澳门龙舟运动与旅游产业融合发展进行可行性分析。本文认为澳门地区龙舟运动与体育旅游相融合的可行性主要从以下四点出发：1. 从龙舟运动的核心特点看澳门龙舟运动蕴含丰富的旅游潜力；2. 国家和特区政策的出台为澳门龙舟运动与旅游产业融合发展提供了政策支持；3. 发展龙舟运动与建设世界旅游休闲中心相耦联；4. 澳门得天独厚的地理位置使澳门成为传播中华龙舟文化的重要窗口。通过分析最后提出了 4 条发展思路：1. 提高宣传力度，优化旅游线路设计；2. 加强政府主导的同时，加大社会参与力度；3. 打造世界龙舟文化名城；4. 培育以龙舟赛为龙头的赛事活动市场，通过龙舟+旅游的结合，弘扬中华传统文化，助力澳门旅游经济发展。

【关键词】澳门龙舟；龙舟运动；体育旅游

作者简介：曾德（1999—），湖北赤壁人，在读硕士研究生，邮箱：p2213334@ mpu. edu. mo

1　澳门龙舟运动开展历史回顾及现状概述

澳门地区开展的龙舟运动源远流长。龙舟运动，又称"赛龙舟""扒龙舟"或称"扒龙船"，龙舟运动是澳门地区一项重要的体育运动，它以体育为载体，往往还会伴随一些民俗活动。基于历史因素，澳门地区在中西传统文化交流发展中产生了自身鲜明的人文特征，并依托深刻的地缘、史缘、社会亲缘等关系，澳门的龙舟文化以岭南龙舟文化为本根，既丰富了自身地域人文特征又保留了共同的传统民俗文化深层结构与空间表现。一八七四年《申报》刊登这样一条消息："今岁澳门之华人于葡节日竞龙舟，各船户无不升旗贺节，热闹异常。"[1]，由这可看到早期澳门开展龙舟运动不但在我国传统节日端午进行，而且在葡萄牙的传统节日也开展了，这是一个早期的东西体育文化交流交融的范例，也是澳门社会多元文明在当时的生动写照。今天，在澳门路环十月初五街尾的谭公庙里，藏有一条用鲸骨雕制而成的龙舟工艺品，龙舟上还安装了木雕龙头、龙尾、锦旗、罗伞、铜锣，还有挠手等，惟妙惟肖。长四尺，是一种有着百余年多历史的物品，这艘龙舟是当年开庙时当地渔民赠送的。被视作"镇庙宝"也可认为它是本澳人参与龙舟活动的重要历史见证。依据现存材料，当代澳门最大规模龙舟赛事可以追溯至 20 世纪 40 年代，随后一直有断断续续举办，直到 80 年代初期，澳门政府旅游司与澳娱公司共同主办首届国际龙舟邀请赛及公开赛，众多境外队伍参赛，可谓盛况空前，为澳门龙舟赛开创了一个崭新的时代[2]。澳门的赛龙舟活动也从一项民间的民俗活动逐步走向由政府主导大型特色体育赛事。

1999 年，澳门回归祖国，澳门的龙舟运动在特区政府和澳门市民的支持下有了新的起色。澳门龙舟总会在这一年成立，澳门回归后澳门的龙舟运动蓬勃发展，原来的两大龙舟赛事澳门龙舟竞渡大会及港澳龙舟邀请赛合并举办，称为"澳门国际龙舟竞渡大赛"。延续至今，每年端午时节由特区政府体育局主办的澳门国际龙舟赛是澳门地区水平最高、规模最大的龙舟赛事活动，除此以外近年来中秋等传统节日澳门龙舟总会也会主办相关龙舟比赛，群众参与火热，新时期的澳门，龙舟运动有着良好的群众基础。

2　澳门旅游业现状

澳门（MACAO）古称濠镜澳，是位处于太平洋、南中国海沿岸的港口城市，地理位置优越，气候炎热而潮湿。16 世纪中叶，葡萄牙人从海上登陆取得澳门居留权，并于 19 世纪后半叶正式通过外交文书程序租借澳门。在中国人民不懈努力下，20 世纪末的 1999 年 12 月 20 日中国政府恢复对澳门行使主权。经过几百年东西方文化的碰撞，使澳门这座城市成为一座具有独特风貌的城市，留下了众多的历史文化古迹。澳门虽然说是一座旅游城市，但澳门主要产业是博彩业。博彩业占据澳门 GDP 的 80% 以上，大批海内外游客被博彩吸引前来一睹 "东方拉斯维加斯" 的风情，这也导致澳门旅游业依靠博彩业带动发展，博彩游和观光游更是以 7 比 3 的悬殊比例共同组成澳门旅游板块。由于博彩业和其他产业发展极不平衡，一些经济问题开始凸显。据相关统计资料显示，来澳门旅游的游客在澳门停留的时间较短。[3] 究其根本原因，主要在于澳门面积狭小，一天就能踏遍澳门大部分名胜古迹。大多数游客来澳门也只是想看一下澳门作为赌城的城市风貌，以获得新鲜感。近年面对国际旅游目的地竞争日益激烈，澳门在回归后所实施的自由行和终结赌权垄断政策对刺激经济增长的效果逐步减弱，依靠单一产业推动经济增长的模式受到边际报酬递减定律的约束，进一步突显了原有旅游产业结构的脆弱性。

3　澳门龙舟运动与旅游产业融合发展可行性分析

虽然澳门面积较小，但澳门却是一个历史底蕴深厚的中西文化交融发展城市，澳门历史城区在 2005 年 7 月 15 日的世界遗产委员会会议上被列入《世界文化遗产名录》。澳门的龙舟作为最能代表中国传统体育活动的项目之一，也是每年中国传统节日的活动之一，其推广价值远比其他新兴运动或奥林匹克运动项目更能吸引游客和观众，加上澳门龙舟运动有着很好的群众基础，以及澳门体育局和澳门旅游局对外界的大力宣传，使得澳门国际龙舟邀请赛每年都成为澳门旅游的特色活动，这为龙舟运动与澳门旅游产业融合发展创造了条件。

3.1 从龙舟运动的核心特点看澳门龙舟运动蕴含丰富的旅游潜力

龙舟运动的特点是民俗性，观赏性，参与性，健身性，竞技性。这与旅游中常讲到的"游""娱""玩""乐"相匹配。民俗性：指龙舟运动不仅仅是一项体育运动，它本身还是一项传统民俗活动，在游玩或竞赛中可以穿插一些传统的龙舟表演项目，让旅游者领略和享受到龙舟体育游带给人们的乐趣；观赏性：扣人心弦的龙舟竞渡比赛，竞争场面激烈，给人一种强烈的刺激感，是旅游者精神上极其美妙的享受，能吸引着更多的旅游者参与龙舟体育旅游和观赏精彩的龙舟运动比赛中；参与性：对于新手来说，进行龙舟运动上手简单，属于集体运动参与性强；健身性：龙舟运动归根结底是一项运动，它能增进健康，具有健身功效；竞技性：现代的龙舟运动有着很强的竞技性，竞技龙舟赛事也在蓬勃增长，每年的澳门国际龙舟赛吸引着全球各地选手参赛，他们的餐饮、住宿、交通运输还有购物等其他旅游服务所带来的经济收益是相当可观的。通过龙舟运动的核心特点看出龙舟运动融入澳门旅游产业有着很强的匹配度，它向游客展示、宣传澳门龙舟文化，直接或间接促进旅游产业上下链发展。

3.2 国家和特区政策的出台为澳门龙舟运动与旅游产业融合发展提供了政策支持

"支持澳门丰富世界旅游休闲中心内涵，打造以中华文化为主流、多元文化并存的交流合作基地"，这是中华人民共和国国民经济和社会发展第十四个五年规划和2015年远景目标纲要第六十一章第一节中提到的。2021年9月，中共中央、国务院印发的《横琴粤澳深度合作区建设总体方案》方案提到，"支持建设澳门世界旅游休闲中心，大力发展合作区休闲度假、会议会展、体育赛事观光等旅游产业，以及休闲养生、康复医疗等大健康产业"。2021年11月3日，澳门特区行政长官贺一诚在《2022财政年度施政报告》中发表题为《凝心聚力，共创新局》，指出"大力培育发展产业，加快适度多元经济"部分，通过丰富世界旅游休闲中心的内涵，提出了促进旅游休闲综合产业提质发展的思路；同时，加大文化、体育等产业发展力度，为新兴重点产业实现更快发展培育新的经济增长点。深化"旅游+"跨界融合，推动旅游服务业回暖。国家和特区政府出台相关文件支持发展体育赛事观光等旅游产业，为龙舟运动与澳门旅游产业发展提供了政策支持。

3.3　发展龙舟运动与建设世界旅游休闲中心相耦联

回归后，澳门特区政府首次在施政报告中提出，将澳门定位为国际旅游休闲娱乐城市，明确了澳门未来的发展战略，即通过打造一流的旅游设施、申报世界历史文化遗产、引入外资兴建高端度假休闲娱乐酒店等措施，提升接待服务水平，尝试举办更多大型旅游活动，为澳门的国际城市地位提供保障，并将其定位为旅游休闲娱乐。经过十多年的发展，随着一系列围绕国际都市地位和旅游休闲娱乐城市定位的项目落地，以及不断提升的祖国在国际上的影响力，澳门发展机遇前所未有。作为中华民族的传统体育项目，龙舟运动在国际旅游界也颇受欢迎，而澳门国际龙舟邀请赛每年一届，更是澳门旅游局重点推介的一项大型体育赛事。体育+旅游是当今社会热点话题，建设世界旅游中心需要一个这样的运动项目来展现城市多元文化，而龙舟运动正好吻合此需求。

3.4　澳门得天独厚的地理位置使澳门成为传播中华龙舟文化的重要窗口

因为澳门得天独厚的地理位置和历史背景，每年来澳旅游海内外游客络绎不绝。截至2017年3月，给予澳门特别行政区护照免签证或落地签证待遇的国家和地区共126个，其中85个属免签证国家、22个属免签证地区、19个属落地签证国家。另外，共有13个国家给予澳门特别行政区旅行证免签证或落地签证待遇，宽松的免签政策吸引了大量的海外游客前来旅游。澳门唯一的龙舟活动场地设在南湾湖水上活动中心，澳凼大桥从此经过、邻近澳督府、澳门旅游塔、新葡京娱乐场等，位于市中心，方便澳门居民及访澳旅客出行观赏，而且澳门每年举办的国际龙舟邀请赛都得到澳门特区政府体育局及旅游局的高度重视并大力宣传。龙舟运动以及与之相关的文化是中华优秀传统民俗文化的经典，借助龙舟运动这个载体可以很好地向海内外游客展示中华传统文化，澳门独特的地理位置和历史背景使它成为展示中华文化的窗口。

4 澳门龙舟运动与旅游产业融合发展思路

4.1 提高宣传力度优化旅游线路设计

加大文体旅融合力度，推动特色体育旅游区域联合发展，争取政府的大力支持，提高澳门体育+旅游的宣传力度。[4] 通过互联网等各种手段大力宣传澳门龙舟文化，但要注意开发与保护相结合，规划旅游线路将龙舟运动与旅游活动结合起来，达到区域旅游资源的优化整合，让游客通过旅游项目和相关产品了解澳门的龙舟文化及特色，带动其他相关产业，重视产品的组合创新，才能真正发挥资源优势，立足本土，以澳门特色大力发展旅游项目。

4.2 加强政府主导的同时加大社会参与力度

龙舟运动与旅游产业的融合实际上属于体育+旅游模式，体育旅游业是新兴产业，综合性和可塑性较强，因此需要国家和政府的调控与引导。应该认真研讨国家政策和大政方针，利用好国家对于澳门建设旅游休闲中心的支持政策，加强产业政策引导，制定和完善澳门体育旅游相关的一系列措施及服务，一方面争取政府的大力支持，另一方面进行民间融资，有了现在资本市场的保障，才能为澳门体育旅游业的发展提供充足的资金保障。

4.3 打造世界龙舟文化名城

利用澳门这个重要文化传播窗口，建设世界一流的龙舟文化名城。首先要收集、整理和研究澳门地区的龙舟文化，继承和发扬澳门古老的龙舟文化和民风民俗，做大做强文化体育旅游品牌[5]；其次以龙舟竞渡为载体，融入龙神话传说及民族风情，利用声光电等现代科技手段，开发龙舟主题观赏项目，如在南湾湖水域创建龙舟主题景观平台、龙舟文化景区；

最后开发建设龙舟文化博物馆等以观光旅游、休闲度假为主线的龙舟民俗文化旅游业。让龙舟文化成为这个澳门城市的一个特色，作为展示和传播中国龙舟文化的世界名城。

4.4　培育以龙舟赛为龙头的赛事活动市场

一场体育赛事带来的价值是巨大的。人们对运动、旅游的消费需求越来越大。越来越多的人在观赏体育赛事时追求在参与过程中体验刺激，喜欢在休闲旅游中融入更多的运动元素，"赛事+旅游"正成为时下热门的休闲运动方式。一场体育赛事可以吸引大量体育旅游、立足自身环境和资源优势，借助各类政策的大力支持澳门体育赛事常态化，形成以龙舟赛事为龙头办好澳门国际龙舟赛，带动其他体育赛事发展。

参考文献

［1］梁智聪．中国澳门龙舟运动发展研究［D］．北京体育大学，2013.

［2］马明达．澳门的龙舟运动［J］．体育文化导刊，2006（01）：87—89.

［3］李倩敏．澳门体育旅游发展研究［D］．北京体育大学，2016.

［4］胡梦奇，王金平．龙舟运动与体育旅游融合发展研究［J］．冰雪体育创新研究，2022（09）：146—148.

［5］姜伟，王玉瑾．粤港澳大湾区体育旅游产业创新发展研究［J］．广州体育学院学报，2019，39（06）.

叠滘龙舟运动创造性转化与创新性发展的对策研究——基于 SWOT 分析

莫　滨[1]　姚鸿彬[2]

（1. 广东省轻工职业技术学院，广东广州 510308；

2. 顺德职业技术学院，广东佛山 528300）

【摘要】叠滘龙舟运动是一种集祭祀、竞速、表演为一体的龙舟弯道漂移竞速项目，蕴含着独有的岭南文化。为实现叠滘龙舟传统体育运动的创造性转化与创新性发展，本文通过专家访谈法、问卷调查法、实地考察法的研究方法，利用 SWOT 分析，对现阶段叠滘龙舟运动的发展现状进行了"优势""劣势""机遇""威胁" 4 个维度的全面分析，发现叠滘龙舟运动的"优势"维度有：叠滘龙舟本身魅力、独到地方群众基础雄厚、具有独特的传统文化价值、赛事的举办具有多重效益；"劣势"维度有：专业人才相对匮乏、赛事专业化程度不高；"机遇"维度有：国家政策支持、互联网推广平台发展、中国外侨的影响力越来越大；"威胁"维度有：多种风格龙舟的竞争、生态环境污染。最后本文对这些"劣势"和"威胁"寻找有效应对措施，希望通过本文的分析与对策，不仅有效推动叠滘龙舟运动的发展，而且为我国龙舟运动的发展提供建议，最终实现中国龙舟入奥、叠滘龙舟运动创造性转化与创新性发展提供可靠的理论依据。

【关键词】叠滘龙舟；发展；对策

作者简介：莫滨，男，1981 年出生，广东肇庆人，体育硕士，皮划艇激流回旋高级教练员，国际级运动健将，国家级裁判员，现为广东轻工职业技术学院体育部副教授，水上运动项目负责人，研究方向为民族传统体育、运动训练，有丰富的皮划艇、漂流、龙舟、桨板训练经验。姚鸿彬，男，1996 年出生，广东佛山人，体育教育训练学（游泳方向）硕士。

1　前言

叠滘龙舟运动是一种内涵竞技、合作精神的传统体育运动，要求龙舟在曲折回环的河流中，过弯道时不减速，同时留下一道长长的水道，像汽车漂移过弯的胎痕和烟雾一样，速度大为提升的同时，观赏性、趣味性也大大提高。国家体育总局的《"十四五"体育发展规划》中明确提出：以国民水上休闲运动中心为焦点、以绿水青山系列赛事为支点、以江河湖海为发力点，向世界阐释具有中国特色、体现中国精神、蕴藏中国智慧的中华优秀传统体育文化，加大龙舟国际推广力度，提升项目赛事的竞技性、观赏性，促进项目发展的市场化和参与人群的年轻化。叠滘龙舟运动的创造性转化、创新性发展，对中国优秀传统文化传承、文化自信、民族延续、人类文化共享，具有重要理论意义和现实价值[1]。

本文通过实地考察、专家访谈、问卷调查对传统叠滘龙舟运动进行分析的基础上，利用 SWOT 方法，探讨传统叠滘龙舟运动作为一个新兴体育项目的可能性，打造叠滘龙舟体育产业体系，推动叠滘龙舟体育产业与其他相关产业联动发展，从而实现传统叠滘龙舟运动朝着高质量方向发展和活态传承中华优秀民族传统体育文化。

2　叠滘龙舟运动的内部条件分析

2.1　叠滘龙舟优势分析

2.1.1　叠滘龙舟本身魅力独到

叠滘龙舟比赛本质上是龙舟竞速漂移赛，与赛艇运动直道赛、绕标赛具有本质区别。龙舟能够漂移的前提，就是速度的不断提升，要求鼓手根据赛道角度、桨手体能状况击鼓指挥龙舟的速度，桨手们听从鼓手指挥控制好划桨频率，舵手把握好龙舟进弯道和出弯道的角度、力度和转弯的半径，从而实现漂移。原有叠滘赛龙舟是没有漂移的，以坤甸木为船体的龙舟因船体过重、重心较稳定，做不出漂移的动作。21世纪初随着杉木龙舟风行，龙舟的比赛速度有了质的飞跃，结合叠滘地区独有的乡村水道，人们为了追求龙舟可以快速入弯，在曲折回环的河流中用最短时间穿越，2007年庆云村选手参考汽车"漂移"过弯的方法，要求龙舟在过弯时采用不减速的"漂移"过弯方法，"龙舟漂移"得以呈现，这让龙舟比赛充满竞技性同时，具有非常强的观赏性。此创新引起其他村纷纷效仿，从此叠滘弯道赛龙舟进入了"漂移时代"。

2.1.2 地方群众基础雄厚

叠滘位于广东省佛山市南海区，人口367万人，岭南地区大部分属于亚热带地区，其气候表现为降水丰沛，夏天高温多雨天气时有发生，从而造就了水网密布，河流阡陌纵横。发达的水道为人们的出行、运输和生产等活动带来极大的提速，故划船成了当地人们的主要交通工具。叠滘赛龙舟运动最早文献记录在清朝，清代文献《叠滘十馨》的"七舟竞渡"里记载叠滘最早进行弯道赛龙舟的盛况。近代以来，叠滘居民一直保持端午节赛龙舟的民俗传统。每年叠滘龙舟赛事有上千名运动员参赛，运动员年龄组别有少年组至老年组，比赛当天万人空巷，岸上观众需提前几天占位置。

2.1.3 具有独特的传统文化价值

叠滘龙舟开赛前需要经过一系列仪式如：起龙、扒旱龙等，旨在祈求人丁兴旺、风调雨顺，比赛顺利举行；龙舟比赛时，要求运动员"漂移"过弯，不仅需要运动员能团结一致、齐心协力、还要勇往直前的血性与勇气；龙舟比赛后，主办方将会与所有龙舟健儿、龙舟比赛全体工作人员吃龙舟饭，最后进行藏龙仪式，将龙舟重新保存好。此外，叠滘弯道赛龙舟运动不仅有传统的男子队伍，也有女子队伍。1953年叠滘地区陈丰村进行了女子龙舟表演，轰动了整个叠滘乃至佛山地区，当时社会追求男女平等，"妇女能顶半边天"的口号响彻整个地区，从此深入民心[2]。此后的叠滘龙舟比赛，都开设女子组的比赛，充分体现了性别平等的观念。

2.1.4 赛事的举办具有多重效益

叠滘龙舟赛事吸引海外华侨回乡观赏和寻亲，海外华侨华人希望通过参加龙舟比赛，重温自己祖先的文化传统和历史渊源，寻根问祖，了解自己的身世和文化背景，有助于宗族传承与团结。

促进造船工艺的提高：龙舟选用木材历经坤甸木、柚木、杉木时代，使龙舟船体强度更强、重量更轻和更抗虫耐腐；龙舟外形设计从平地龙升级为尖底龙，造就出航速更高的船只；龙舟桨的材料从芦苇桨、竹质桨演变为碳纤维桨和玻璃钢桨，使龙舟桨日趋重量轻、强度高、耐久，利于运动员创造更好的成绩[3]。

龙舟比赛通常在河流、湖泊等自然水域进行。当人们亲身参与运动时，他们会亲眼见到河流和水生态的现状，引起人们关注河流生态，杜绝水体的污染和破坏，加深对水资源环境保护的认识。

2.2 叠滘龙舟运动劣势分析

2.2.1 专业人才相对匮乏

叠滘龙舟参赛运动员、教练员、裁判员和赛事管理员均由业余群众组成，运动员和教练员的训练时段为晚上7点后的业余时间，训练时期一般是赛前三四个月开始。叠滘龙舟比赛的裁判员负责在裁判中记录各队比赛用时、各队出场顺序等，但裁判员由村内高龄老人担任较多，裁判员人才队伍建设相对欠缺。赛事管理员多以志愿的形式募集，人员数量、参与态度难以得到保证。

2.2.2 赛事专业化程度不高

叠滘龙舟比赛赛道是基于当地自然水道所形成的4个赛道，分别为：东胜区"S"形赛道、潭头区"C"形赛道、圣堂杯"L"形赛道、茶基区直道冲刺折返赛道，4个赛道相互分开，难以统一管理比赛场地。

叠滘龙舟赛事组织通常由业余爱好者或社区组织自发组织和管理，缺乏专业的赛事组织机构。与专业赛事相比，叠滘龙舟赛事的组织架构和管理体系相对简单，缺乏统一的规章制度和专业的人员。赛事举办经费由地方村委会通过众筹等方式举行，活动经费浮动较大，赛事规格不统一。

2.3 机遇分析

2.3.1 国家政策支持

国家体育总局将龙舟运动列为国家级传统体育项目，同时也发布《全民健身条例》《"十四五"体育发展规划》等文件，鼓励地方政府制定龙舟运动发展规划，提供相应的财政支持，用于基础设施建设、场地提供、比赛组织和人才培养，进一步重视端午节和龙舟文化。另外，叠滘龙舟在2018年被列为佛山市非物质文化遗产项目，吸引社会各界积极参与龙舟运动，落实加强龙舟传统体育运动的开发利用、活态传承、创造性转化和创新性发展。

2.3.2 互联网推广平台发展

依托社交媒体如微博、微信公众号、快手、抖音、Bilibili、腾讯视频等移动媒体平台，以不同长度的视频形式，展示叠滘龙舟比赛的精彩瞬间、运动员训练过程和背后故事，吸引人们对叠滘龙舟的关注，引起优秀传统体育文化的共鸣。同时，借助国家官方媒体如CCTV5，将叠滘龙舟的精彩镜头实况转播，并邀请专业主播解说比赛，提供详细的赛况和解说，欢迎观众观看并参与讨论，使观众身临其境地感受叠滘龙舟的魅力。

2.3.3 中国外侨的影响力越来越大

随着中国影响力的提升，海外华侨在世界范围内生根发芽，对于许多海外华侨来说，龙舟运动不仅是一项体育运动，更是一种文化认同和自豪感。龙舟运动源自中国传统文化，具有深厚的历史和文化背景，参与龙舟运动可以让海外华侨更好地了解和传播中国传统文化，从而增强自身的文化自信和民族自豪感。同时，龙舟比赛不仅是一项竞技运动，也是一种文化交流的重要平台，海外华侨华人可通过举办龙舟比赛，广泛邀请外国友人参赛，增进中外文化的了解和认识，促进中外友谊的发展，为两国人民之间的相互了解和合作奠定基础。

2.4　威胁分析

2.4.1　多种风格龙舟的竞争

各地方龙舟有其地域特色文化风格，如闽式龙舟：它的特点是闽式龙舟的龙头和龙尾通常雕刻简洁大气，注重木材的质感和原始风味，船身较为宽大，船尾较为平直，整体呈现出稳健和厚重的感觉。湘式龙舟：是湖南地区的传统龙舟风格，常采用彩绘和彩绳编织等方式进行装饰，十分注重船身的装饰和细节，给人以绚丽多彩的感觉。北方龙舟：在中国北方地区，如北京、天津等地，龙舟的风格通常较为简洁和朴素，其船身较为宽阔，船头和船尾一般采用简单的造型和装饰，注重桨手划桨动作的速度和力量，以追求更快的速度。傣族龙舟：通常较小，船身轻盈，装饰着鲜艳的彩绘和布饰。广西壮族龙舟则通常较大，船头和船尾采用雕刻精美的龙头和龙尾，整体呈现出雄壮和庄重的特点。各地风格的龙舟使用的龙舟船型、器材不同，划法各异，叠滘龙舟难以取代它们的地位。

2.4.2　生态环境污染

叠滘地区发展主要以工业化为主，开发用地、建工厂、农业用地等，随现代城市化进程，陆生环境发生较为严重的恶化，人们环保意识相对薄弱，随意排放生活废水、工业废水，加剧河涌污染，使运动员不得不在污水中训练比赛。

3　对策研究

3.1　政府牵头抛砖引玉

目前我国的体育市场经济体制还不完善，社会团体的组织能力还十分薄弱，竞技龙舟运动属于人数众多的集体项目，赛事的成功举办涉及到的面很广[4]。因此，在大型龙舟赛事的组织过程中，仍然需要政府发挥重要的主导作用。通过政府的宏观布局和政策支持，成立叠滘龙舟运动主管部门、加强叠滘龙舟运动发展规划的制定，组织好叠滘龙舟教练员、裁判员的培训，建设高水平的叠滘龙舟训练基地、竞赛基地及科研基地。

与此同时，政府可扶持叠滘龙舟运动向市场化、产业化发展，给予赛事赞助企业经济政策上的支持，并配合赛事市场开发的需要，制定相关的规章制度以保障市场开发工作的规范，为赛事市场化运作奠定坚实的基础。

最重要的是，政府成立叠滘龙舟发展专项基金，不仅用于购买龙舟、器材、保险、组织比赛、培训和龙舟赛事提供组织保障等方面的费用，而且加强城市的基础设施建设及生态环境保护，增强城市对龙舟赛事的承载能力。

龙舟产业作为民族传统体育的朝阳产业，政府应妥善引导民间资本参与叠滘龙舟运动的各个环节，增强其自身的造血机能，最终实现叠滘龙舟运动积累流量价值并变现，从而反哺叠滘龙舟运动本身的发展。

3.2 创造性地转化为漂移竞速龙舟比赛项目

叠滘龙舟作为地方龙舟比赛，政府可将其上升为标准化的水上体育竞赛项目，须制定标准化的比赛赛道设施、器材、竞赛规则、竞赛办法等方面，具体办法如下：

赛道可以是一条固定距离，整合叠滘龙舟的"S"弯、"L"弯、"C"弯和直道折返的一条封闭赛道，弯道部分可用专用浮标制作而成，以量化赛道的宽度和转弯的半径。赛道选址可结合当地人工水道、自然湖泊等环境特点，可采用一半人工水道、一半自然水域组合成的，因地制宜地创造出相对封闭的赛道，这样可以采用较低的成本建造出专用赛道，降低天气对比赛的影响，也便于日后的管理维护。

当前叠滘龙舟一般采用杉木制作，舟长约25米，宽1.3米，运动员包含鼓手、桨手、舵手共计40人组成，其中船头、船尾各配3人共6个舵手控制龙船的转弯，舵手用的桨比普通桨手用的桨更大，保证过狭窄弯道时不会撞岸或翻船。为了缩小人数规模，保证项目的竞技性，可将龙舟长度由25米长缩短为13米，运动员人数保留6个舵手外，缩减为总计24人甚至更少，以保持龙舟的机动性。

比赛组别可根据年龄、性别、体重、排水量等维度设置，如规定整船运动员总年龄数相加不得大于若干岁数，利于新老运动员的传承；设立混合性别运动员组别，使女运动员也可参加其中，利于比赛队伍数量以及免于须同时举办男女组别而造成赛程工作量的增加；根据体重或排水量的维度设置组别，主要是确保比赛不受龙舟材质、工艺等客观因素影响比赛的公平性。

比赛形式可按叠滘龙舟原有的单船竞速的同时，亦可参考场地自行车追逐赛的形式，将两船同时出现在赛道上，以龙舟追逐赛的形式进行比赛，将有利于提高赛道的利用率；若条件允许，有非常宽阔的水道，亦可创造出龙舟漂移的接力赛，通过船中唯一的龙头、龙尾装饰或鼓作为交接物来进行接力赛，以提升比赛的观赏性和激烈程度。

比赛的计时办法，可由单纯比较全程用时，增加碰撞惩罚的加时，在漂浮平台制作而成的弯道旁边，设置碰撞裁判员，以举红、白旗的方法，提示总计时员该队的是否碰撞，从而进行惩罚加时，重点突出漂移龙舟的漂移技巧性。

通过不断改进，不仅漂移竞速龙舟项目能继承叠滘龙舟的外在表现，利于叠滘龙舟内在文化推广，而且标准化的漂移竞速龙舟项目，能够将该项目推行至全国，成为正式水上体育项目。

3.3　创造国家级别漂移竞速龙舟赛事

当叠滘龙舟发展为正式水上体育项目后，进一步的发展可参考 F1 赛车运动的分站赛形式进行[5]。例如，以广东省为试点，邀请广东省内各 21 个地市派出代表队，分站赛分为粤东（汕尾市、揭阳市、汕头市、潮州市）、粤北（韶关市、清远市、云浮市、梅州市、河源市）、粤西（湛江市、茂名市、阳江市）、珠三角（广州市、深圳市、佛山市、东莞市、中山市、珠海市、江门市、肇庆市、惠州市）四个区域进行，赛事每年或间隔一段时间举行，赛事筹备通过省政府漂移竞速龙舟赛事专项资金进行，一届广东省漂移竞速龙舟赛则有四个分站赛，各分站赛由该区域的一个城市承办，赛道可结合当地的人工水道与自然环境，组成该城市的特色赛道，开展广东省龙舟漂移竞速系列赛，为全国级别的漂移竞速龙舟赛事积累经验。

通过国家级别赛事的影响力"乘数效应"[6]：社会文化层面上，将叠滘龙舟文化广泛传播同时，亦展现地方城市面貌、特色人文景观，成为宣传城市的一次机会；生态层面上，赛道能实体化地展示国家的绿水青山政策成果，将保护环境政策深入人心；经济层面上，带动"龙舟赛事+当地旅游业"的发展[7]，带来赛事直播版权销售、广告及赞助等收入的同时，促进地方基建、旅游业等一系列产业的营收；竞赛层面上，因各分站赛赛道是地方特色赛道的缘故，要求各参赛队伍根据当地的海拔、气候、水文等自然条件制定相应的战术，从而杜绝主场垄断现象，确保竞赛公平；龙舟国际化层面上，因漂移竞速龙舟比赛区别于直道竞速的赛艇、皮划艇绕标运动，可效仿篮球项目入奥的历程，先以表演赛的形式出现在奥运会上，累积龙舟入奥经验[8]。

4 结语

在我国璀璨的民俗体育文化长河中，叠滘漂移竞速龙舟具有其鲜明的文化色彩、独特的竞赛价值。在绝大多数龙舟竞赛在直道竞速的时候，叠滘弯道赛龙舟独树一帜，彰显了自己独特的弯道竞速文化魅力。基于本文研究对叠滘龙舟运动进行 SWOT 分析，对其中优势进行继续发扬，对其中劣势进行规避，对机会进行准确把握，对威胁进行有效规避，最终通过以上对策，实现传统叠滘龙舟的创新性发展与创造性转化，使我国的民俗传统体育文化更多熠熠生辉、丰富多彩。

参考文献

[1] 尹继林. 中华民族传统体育文化全球化的哲学思考 [J]. 北京体育大学学报，2017，40（07）：139—145. DOI：10.19582/j.cnki.11—3785/g8.2017.07.022.

[2] 张明，刘文沃. 文化生态学视角下叠滘弯道赛龙舟竞速文化的探微 [J]. 浙江体育科学，2023，45（01）：63—69.

[3] 谢中元. 佛山龙舟制作技艺及其档案式保护探析 [J]. 佛山科学

技术学院学报（社会科学版），2016，34（04）：30—34. DOI：10.13797/j. cnki. jfosu. 1008—018x. 2016. 0057.

　　［4］曾飘. 龙舟运动发展的困境与出路［D］. 北京体育大学，2019.

　　［5］李国强，王俊明，徐浩然. 我国赛车运动产业创新发展动力机制及实践路径［J］. 体育文化导刊，2022（08）：87—93.

　　［6］吴诗晨. 体育赛事对城市经济的影响［J］. 商业文化，2021（24）：36—37.

　　［7］杨心宇. 巢湖市龙舟旅游产业发展对策研究［J］. 中国高新区，2017（14）：5—6.

　　［8］王亭亭. 基于 SWOT 分析的我国竞技龙舟运动发展现状及对策研究［D］. 北京体育大学，2010.

后　记

　　《2023年中国温州（瓯海）龙舟文化大会论文集》终于付梓出版了，这是继《2020年中国温州（瓯海）龙舟文化大会论文集》出版之后，又一次全国性龙舟文化盛会的学术成果总结。

　　习近平总书记在2023年6月召开的文化传承发展座谈会上强调："中国文化源远流长，中华文明博大精深。只有全面深入了解中华文明的历史，才能更有效地推动中华优秀传统文化创造性转化、创新性发展，更有力地推进中国特色社会主义文化建设，建设中华民族现代文明。"2023年6月16—18日在温州市瓯海区举办的"2023年中国温州（瓯海）龙舟文化大会"，正是全面践行总书记在文化传承发展座谈会重要讲话精神的一次实际行动。

　　中华龙舟文化经过两千多年的传承发展，从最初的图腾崇拜、祈福禳灾、缅怀先贤，到成为节庆民俗，再到现代的竞技运动，龙舟文化一路走来，积淀了深厚的人文精神，成为中华优秀传统文化中的典型代表。它蕴含的"同舟共济，奋勇争先"的龙舟精神、纪念先贤的爱国主义精神，以及端午民俗节庆中包含的老百姓对美好生活的向往，在新时代中都有着传承弘扬的现实意义。

　　自杭州亚运会龙舟比赛项目花落温州市瓯海区以来，"办好一场赛，提升一座城"就成为瓯海区人民的共识。瓯海紧紧抓住这次契机，把龙舟文化作为瓯海的特色传统文化品牌来重点培育。在硬件上，建成了温州龙舟运动中心，成为世界上目前最高标准的龙舟运动比赛基地；龙舟文化主题公园、龙舟博物馆、龙舟文化书房等一系列龙舟文化设施建成投入使用。在软件上，分别于 2020 年 10 月、2023 年 6 月，两次举办全国性龙舟文化大会，成为新中国后全国规模最大的龙舟专题学术交流活动；与温州大学共建温州龙舟学院；与厦门大学合作开展龙舟文化课题研究；《瓯海龙舟》《瓯海参龙》《2020 年中国温州（瓯海）龙舟文化大会论文集》《温州参龙与老物件的记忆》《百舸竞争流》等一批龙舟文化书籍编撰出版；获得了"中国龙舟文化之乡"称号。在社团组织建设上，相继成立了瓯海区龙舟协会、瓯海区参龙研究会、瓯海区龙舟文化研究会等社团，培养扶持了一批龙舟文化传承人。通过努力，瓯海龙舟文化发展走在了全国前列，打响了"看龙舟，到温州，温州龙舟看瓯海"的品牌。

"2023 年中国温州（瓯海）龙舟文化大会"的举办得到社会各界的大力支持。中国龙舟协会、浙江省社科联、中共温州市委宣传部、温州大学共同主办，浙江省民俗文化促进会、浙江省龙舟协会、温州市社科联、温州市体育局联合主办；由瓯海区委、区政府承办；瓯海区委宣传部、瓯海区社会科学界联合会、瓯海区文广旅体局、温州大学人文学院具体执行；温州市龙舟协会、温州市民俗学会、温州市瓯海区龙舟文化研究会、温州大学浙江省非物质文化遗产研究基地参与协办。

此次大会共收到全国各地学者撰写的龙舟文化论文 100 多篇，共有 72 篇优秀论文入选大会交流，这些论文，题材丰富，学术水平较高，主要包括了龙舟文化历史、龙舟民俗、龙舟现代经济文化价值、龙舟运动、学校龙舟发展等各个领域的最新研究成果。这次亲临会场交流的专家学者 61 人，副教授以上的高级学者有 30 多位，其中有不少是学术界的知名人士。

本次大会安排的活动内容比较丰富。浙江省社科联党组书记、副主席郭华巍在大会开幕式上讲话，中共温州市委常委、宣传部部长施艾珠致辞，协同中国龙舟协会副主席王成云、温州大学副校长徐和昆、中共瓯海区委书记曾瑞华、温州市社科联主席潘晓勇共同为大会敲响龙舟鼓。崔乐泉教授、张侃教授、刘晓春教授三位作主旨演讲；举办了由韦晓康教授、陈华文教授、黄涛教授、涂传飞教授等专家学者参加的龙舟文化沙龙活动；开展三个专题的分组交流研讨活动。还安排参会学者参观调研端午民俗市集、龙舟博物馆等活动。各位参会学者在浓厚学术交流的氛围里，有收获、有启发。同时，一个热情友好、文化底蕴深厚的瓯海印象，被各位参会学者留存在记忆里带走。

在论文集终于成书之际，感谢所有支持、参与这次大会的单位和人员，没有大家的辛勤付出，就不会有这本书。

尽管编委会做了大量艰苦细致的审校工作，但是时间仓促，精力有限，定有许多疏漏谬误，还望读者诸君不吝匡正指谬！

《2023年中国温州（瓯海）龙舟文化大会论文集》编委会
2023年8月16日